人力资源管理

Human
Resource
Management

刘雪梅 主编

图书在版编目(CIP)数据

人力资源管理 / 刘雪梅主编. —北京:北京大学出版社,2020.11
21世纪经济与管理规划教材.人力资源管理系列
ISBN 978-7-301-31744-0

Ⅰ.①人… Ⅱ.①刘… Ⅲ.①人力资源管理—高等学校—教材 Ⅳ.①F243

中国版本图书馆CIP数据核字(2020)第192807号

书　　　名	人力资源管理 RENLI ZIYUAN GUANLI
著作责任者	刘雪梅　主编
责 任 编 辑	任京雪　李　娟
标 准 书 号	ISBN 978-7-301-31744-0
出 版 发 行	北京大学出版社
地　　　址	北京市海淀区成府路205号　100871
网　　　址	http://www.pup.cn
微信公众号	北京大学经管书苑(pupembook)
电 子 信 箱	em@pup.cn
电　　　话	邮购部 010-62752015　发行部 010-62750672　编辑部 010-62752926
印 刷 者	天津中印联印务有限公司
经 销 者	新华书店
	787毫米×1092毫米　16开本　23印张　504千字 2020年11月第1版　2020年11月第1次印刷
定　　　价	62.00元

未经许可,不得以任何方式复制或抄袭本书之部分或全部内容。
版权所有,侵权必究
举报电话:010-62752024　电子信箱:fd@pup.pku.edu.cn
图书如有印装质量问题,请与出版部联系,电话:010-62756370

丛书出版前言

作为一家综合性的大学出版社，北京大学出版社始终坚持为教学科研服务，为人才培养服务。呈现在您面前的这套"21世纪经济与管理规划教材"是由我国经济与管理领域颇具影响力和潜力的专家学者编写而成，力求结合中国实际，反映当前学科发展的前沿水平。

"21世纪经济与管理规划教材"面向各高等院校经济与管理专业的本科生，不仅涵盖了经济与管理类传统课程的教材，还包括根据学科发展不断开发的新兴课程教材；在注重系统性和综合性的同时，注重与研究生教育接轨、与国际接轨，培养学生的综合素质，帮助学生打下扎实的专业基础和掌握最新的学科前沿知识，以满足高等院校培养精英人才的需要。

针对目前国内本科层次教材质量参差不齐、国外教材适用性不强的问题，本系列教材在保持相对一致的风格和体例的基础上，力求吸收国内外同类教材的优点，增加支持先进教学手段和多元化教学方法的内容，如增加课堂讨论素材以适应启发式教学，增加本土化案例及相关知识链接，在增强教材可读性的同时给学生进一步学习提供指引。

为帮助教师取得更好的教学效果，本系列教材以精品课程建设标准严格要求各教材的编写，努力配备丰富、多元的教辅材料，如电子课件、习题答案、案例分析要点等。

为了使本系列教材具有持续的生命力，我们将积极与作者沟通，争取每三年左右对教材进行一次修订。无论您是教师还是学生，您在使用本系列教材的过程中，如果发现任何问题或者有任何意见或建议，欢迎及时与我们联系（发送邮件至 em@pup.cn）。我们会将您的宝贵意见或建议及时反馈给作者，以便修订再版时进一步完善教材内容，更好地满足教师教学和学生学习的需要。

最后，感谢所有参与编写和为我们出谋划策提供帮助的专家学者，以及广大使用本系列教材的师生，希望本系列教材能够为我国高等院校经管专业教育贡献绵薄之力。

北京大学出版社

经济与管理图书事业部

序

近年来,全球格局迅速发生变化,我们面临着不确定性增加、新产业和新技术快速涌现、经济高速发展如何转变为高质量发展等诸多挑战。2018 年,习近平总书记提出,要牢固确立人才引领发展的战略地位。在此背景下,很多国内学者和企业管理者不再盲目崇拜西方的人力资源管理模式,而是根据中国企业实际情况、结合中国文化背景进行探索。

2018 年,陈春花教授提出的"激活个体""激活组织",得到了企业界的认可。著名人力资源专家彭剑锋教授在 2018 年也多次提出,后工业文明时期,要尊重人才个体的力量,人才要自主管理,人才结构要优化和跨界融合。他提出,我们要重建中国后工业文明时期的文化自信,重新把我们儒、释、道的优秀文化与后工业文明时期的人力资源管理结合在一起。同时,包括杨伟国教授、赵曙明教授在内的众多知名教授都在不同的刊物、会议上,从理论和实践相融合的角度指出,当下组织的重要职责之一应该是激活员工个体价值。而激活个体的价值,特别是激励"95 后""00 后"新生代员工时,组织必须进行人力资源变革。

2019 年,彭剑锋教授把未来企业经营与组织变革的趋势归纳为"新六化",即战略的生态化、组织的平台化、人才的合伙化、领导的赋能化、运营的数字化、要素的社会化。人力资源的变革必须符合时代大趋势,适应新的科技、新的制造、新的零售、新的模式、新的动能。人力资源变革,尤其是组织转型与能力建设,是一个系统工程,需要有顶层设计,需要统筹战略、组织、人力、领导力与技术市场、资本等要素进行系统推进,而不是仅仅依靠人力资源部一个部门去解决变革问题。在这些挑战和变革之下,本书为目前的人力资源管理实践增加了更具实践价值的内容和切合当今社会热点的案例;同时,通过对人力资源管理理论的梳理,增加了一些国内外著名学者的新观点。

根据人力资源管理的不同职能,本书共分为十二章。第一章是人力资源管理概述,主要介绍了人力资源与人力资源管理的概念、人力资源管理的发展历程、战略人力资源管理、移动互联网时代人力资源管理的未来发展趋势及人力资源三支柱模型与组织发展的最新研究。第二章是人力资源规划,在概述之后主要介绍了人力资源供需预测及人力资源规划的执行。第三章是工作分析,在概述之后主要介绍了工作分析流程、方法和结果。工作分析是后续几项职能的基础。第四章是员工招聘,在概述之后主要介绍了在变化的劳动力市场上如何通过恰当的渠道和方法招聘到合适的员工,涵盖了员工招聘的新发展。第五章是人员素质测评,在概述之后主要介绍了人员素质测评的作用、流程、主要方法及胜任力素质模型。第六章是员工培训,在概述之后主要介绍了员工培训的类型与方法、需求分析、实施过程与效果评估。第七章是职业生涯管理,在概述之后主要介绍了员工的职业生涯管理、职业发展阶段与职业选择,以及知识经济时代职业生涯发展趋势。第八章是员工激励,在概述之后主要介绍了激励理论、员工激励的原则和方法。第九章是绩效管理,在概述之后主要介绍了绩效计划与实施、战略导向的 KPI 与绩效管理、绩效考评、绩效反馈与改进。第十章是薪酬管理,在概述之后主要介绍了薪酬管理决策和制度安排、员工福利管理及薪酬战略的制定。第十一章是员工关系管理,这是目前我国企业管理者最关心的问题之一,在概述之后主要介绍了员工问题诊断与处理,以及员工援助计划。第十二章是国际人力资源管理,在经济全球化背景下,中国企业在"走出去"的过程中人力资源风险问题变得极为突出,本章主要介绍了在全球化背景下如何管理员工的问题。

  本书是团队合作的结晶,写作分工如下:刘雪梅主笔第一章、第二章、第三章和第八章,王璐主笔第四章,袁梦主笔第五章,徐何晴主笔第六章,杨艳玲主笔第七章,刘铮主笔第九章和第十章,朱文建主笔第十一章,刘容志主笔第十二章,刘雪梅对全书内容进行设计与统稿。另外,感谢硕士研究生付春艳、于玮玮、杨夏梦、王云等同学的认真校对。感谢北京大学出版社徐冰老师的辛勤付出!

  本书可以作为"人力资源管理"及其相关课程的本科生、研究生(包括 MBA、EMBA、MPA 等)教材,也可以作为企业管理人员的培训教材,还可以作为人力资源管理从业人员的工作参考书。

  在本书的写作过程中,我们得到了中南财经政法大学工商管理学院,特别是人力资源管理系各位同事的大力相助,还得到了各大院校人力资源管理专业的前辈和承担这门课程的教师们的帮助,他们给出了很多建设性的意见,在此表示衷心的感谢!

  最后,要感谢拿到这本书的所有读者,若发现错漏之处,敬请将反馈意见发至 lxm_6699@163.com。我们会高度重视大家对本书的批评和建议。

刘雪梅
2020 年 08 月

目 录

第一章　人力资源管理概述 ……………………………………………………… 001
　　第一节　人力资源及人力资源管理的概念 …………………………………… 002
　　第二节　人力资源管理的发展历程 …………………………………………… 009
　　第三节　战略人力资源管理 …………………………………………………… 017
　　第四节　移动互联网时代人力资源管理的未来发展趋势 …………………… 021
　　第五节　人力资源三支柱模型与组织发展 …………………………………… 029

第二章　人力资源规划 …………………………………………………………… 036
　　第一节　人力资源规划概述 …………………………………………………… 037
　　第二节　人力资源供需预测 …………………………………………………… 042
　　第三节　人力资源规划的执行 ………………………………………………… 047

第三章　工作分析 ………………………………………………………………… 051
　　第一节　工作分析概述 ………………………………………………………… 052
　　第二节　工作分析流程 ………………………………………………………… 054
　　第三节　工作分析方法 ………………………………………………………… 059
　　第四节　工作分析的结果 ……………………………………………………… 065

第四章　员工招聘 ………………………………………………………………… 073
　　第一节　员工招聘概述 ………………………………………………………… 074
　　第二节　招聘程序 ……………………………………………………………… 078
　　第三节　招聘渠道和方法 ……………………………………………………… 081
　　第四节　员工招聘的新发展 …………………………………………………… 087

第五章　人员素质测评 …………………………………………………………… 095
　　第一节　人员素质测评概述 …………………………………………………… 095

第二节	人员素质测评的作用与流程	099
第三节	人员素质测评的主要方法	103
第四节	胜任力素质模型	112

第六章　员工培训 … 120
第一节	员工培训概述	121
第二节	员工培训的类型与方法	127
第三节	员工培训需求分析	135
第四节	员工培训的实施过程	141
第五节	员工培训的效果评估	144

第七章　职业生涯管理 … 152
第一节	职业生涯与职业生涯管理概述	153
第二节	员工的职业生涯管理	157
第三节	职业发展阶段与职业选择	164
第四节	知识经济时代职业生涯发展趋势	176

第八章　员工激励 … 187
第一节	员工激励概述	188
第二节	激励理论	191
第三节	员工激励的原则	197
第四节	员工激励的方法	199

第九章　绩效管理 … 213
第一节	绩效管理概述	214
第二节	绩效计划与实施	220
第三节	战略导向的KPI与绩效管理	227
第四节	绩效考核	243
第五节	绩效反馈与改进	252

第十章　薪酬管理 … 267
第一节	薪酬管理概述	268
第二节	薪酬管理决策	275
第三节	薪酬管理的制度安排	280
第四节	员工福利管理	295

第五节　薪酬战略的制定 …………………………………… 303

第十一章　员工关系管理 …………………………………… 311
　　第一节　员工关系管理概述 …………………………………… 312
　　第二节　员工问题诊断 …………………………………… 315
　　第三节　员工问题处理 …………………………………… 321
　　第四节　员工援助计划 …………………………………… 328

第十二章　国际人力资源管理 …………………………………… 338
　　第一节　国际人力资源管理概述 …………………………………… 340
　　第二节　在全球化背景下管理员工 …………………………………… 345

第一章　人力资源管理概述

【学习目标】
1. 掌握人力资源的含义和特征；
2. 掌握人力资源管理的内涵和职能；
3. 了解人力资源管理在国内外的发展历史；
4. 理解战略性人力资源管理的概念；
5. 了解移动互联网时代人力资源管理的未来发展趋势。

引导案例

腾讯的人力资源管理变革

腾讯的人力资源管理变革分为三个阶段：

第一阶段：人力资源管理体系建立期（1998—2003年）。腾讯建立人力资源部，这个时期属于公司的初创期，公司亟须建立起独立的人力资源管理体系；人力资源管理工作以招聘、薪酬管理等职能性工作为主；角色较为单一，为行政职能类角色。这个时期的人力资源管理组织结构是以职能为导向的，但是管理理念中已经出现客户价值导向的理念与思想的萌芽。

第二阶段：人力资源管理发展转型期（2003—2009年）。这个时期以文化管理委员会和腾讯学院的建立为标志。在这个时期，腾讯面临企业文化被稀释、人才储备和培养跟不上企业发展等问题；公司对人力资源管理的要求剧增，逐步建立起职业发展体系、培训体系，进行企业文化的优化与变革等，人力资源管理的职能与角色急剧扩增，战略性角色和员工合作伙伴角色开始显现。随着员工规模的不断扩大，员工发展是否与行业和公司的发展同步是亟须解决的一个问题，公司的解决之道主要是靠文化——专门成立文化管理委员会，推广企业的价值观，加快新人融入公司的步伐。

第三阶段：新型人力资源管理组织结构的建立期（2009年至今）。这个时期公司业务和员工对人力资源管理的需求日益多元化和差异化。公司期望人力资源管理工作能够融汇公司战略，推动组织变革，提供专业快捷的人力资源服务，灵活高效地支持一线业务单元的人力资源工作。人力资源管理角色更加多元化，战略性角色特征十分明显。这个时期,腾讯建立并完善了人力资源专家线、人力资源共享中心和人力资源业务合作伙伴这三大组织结构,形成了客户价值导向的新型人力资源管理组织结构。

资料来源:环球网校.腾讯 HR 转型及 HRBP 模式揭秘[EB/OL].(2020-05-07)[2020-08-05]. http://www.hqwx.com/web_news/html/2020-5/15888298419648.htm,有删改。

思考题:
1. 你如何理解腾讯客户价值导向的人力资源管理组织结构变革?
2. 什么是人力资源三支柱模型?

第一节 人力资源及人力资源管理的概念

一、人力资源的定义

"资源"在《辞海》中是指"资财的来源",即形成财富的来源。资源最初是指天然存在的、未经人类劳动加工的一切自然资源,如土地资源、森林资源、石油资源等。经济学家认为,资源泛指能给人们带来新的使用价值和价值的客观存在。1954 年,管理学家彼得·德鲁克(Peter Drucker)在《管理的实践》(*The Practice of Management*)一书中提出了"人力资源"(Human Resource)的概念。他指出,人力资源是"特殊资产",具有独特的"协调能力、融合能力、判断力和想象力"。德鲁克的人力资源概念强调了人的独特性以及人的能力发挥。在管理实践中,管理者必须考虑这一具有"特殊资产"的资源。

人力资源的概念一经提出即被人们广泛接受和应用,同时,一些学者从不同的角度为人力资源下了不同的定义。伊万·伯格(Ivan Berg)认为,人力资源是人类可用于生产产品或提供各种服务的活力、技能和知识。内贝尔·埃利斯(Nabil Elias)认为,人力资源是企业内部的成员及外部的与企业相关的人,即总经理、雇员、合作伙伴和顾客等可能提供潜在合作与服务的,以及有利于企业预期经营活动的人力的总和。陈维政认为,人力资源是特定社会组织所拥有的能推动其持续发展、达成其组织目标的成员能力的组合。郑绍廉则认为,人力资源是指能够推动整个经济和社会发展的具有智力劳动和体力劳动的人的综合,包括数量和质量两方面。

从组织或企业人力资源管理的角度出发,**人力资源**由两部分构成:一部分是组织或企业内部成员所具有的、能推动组织或企业持续发展的、实现组织或企业目标的智力和体力的总和;另一部分是劳动力市场中的人力资源,包括潜在的人力资源和现实的人力资源。组织或企业内部的人力资源是人力资源管理的对象,而劳动力市场中的人力资源则是形成组织或企业人力资源的源泉。企业不仅要重视组织内部人力资源的开发和有效使用,还要时时关注劳动力市场中人力资源的变化,对劳动力市场的供求关系、劳动力的素质及其结构等进行研究,为企业制定人力资源战略和计划提供依据。

二、人力资源的特性

(一)人力资源的生物性

人首先是一种生物。人力资源存在于人体之中,是有生命的"活"资源,与人的自然生理特征相联系。人的最基本的生理需要带有某些生物性的特征。在管理中,首先要了解人的自然属性,根据人的自然属性与生理特征进行符合人性的管理。这是人力资源最根本的特性。

(二)人力资源的时限性

时限性是指人力资源的形成与作用效率要受其生命周期的限制。作为生物有机体的个人,其生命是有周期的,每个人都要经历幼年期、少年期、青年期、中年期和老年期。其中,具有劳动能力的时间是生命周期中的一部分,其各个时期资源的可利用程度也不相同。无论哪类人,都有其才能发挥的最佳期、最佳年龄段。如果其才能未能在这一时期充分利用和开发,就会导致人力资源的浪费。因此,人力资源的开发与管理必须尊重人力资源的时限性特点,做到适时开发、及时利用、讲究时效,最大限度地保证人力资源的产出,延长其发挥作用的时间。

(三)人力资源的再生性

经济资源分为可再生性资源和非再生性资源两大类。非再生性资源最典型的是矿藏,如煤矿、金矿、铁矿、石油等,每开发和使用一批,其总量就减少一批,绝不能凭借自身的机制加以恢复。另一些资源,如森林,在开发和使用过后,只要保持必要的条件,就可以再生,保持资源总体的数量。人力资源也具有再生性,它基于人口的再生产和劳动力的再生产,通过人口总体内个体的不断更替和"劳动力耗费——劳动力生产——劳动力再次耗费——劳动力再次生产"的过程得以实现。同时,知识与技能的陈旧、老化也可以通过培训和再学习等手段得到更新。当然,人力资源的再生性不同于一般生物资源的再生性,除遵守一般生物学规律之外,它还受人类意识的支配和人类活动的影响。从这个意义上来说,人力资源要实现自我补偿、自我更新、持续开发,就要求人力资源的开发与管理注重终身教育,加强后期的培训与开发。

(四)人力资源在使用过程中的磨损性

人力资源在使用过程中会出现有形磨损和无形磨损,劳动者自身的疾病和衰老是有形磨损,劳动者知识和技能的老化是无形磨损。在现代社会,人力资源的这种磨损呈现以下特点:首先,与传统的农业社会和工业社会较多地表现为有形磨损不同,现代社会更多地表现为无形磨损。其次,当今社会的一个重要特征是新技术不断取代原有技术,而且更新周期越来越短,致使员工的知识和技能老化加剧,人力资源的磨损速度越来越快。最后,人力资源补偿的难度加大,这是因为当今社会的人力资源磨损主要表现为无形磨损,而无形磨损的补偿比起有形磨损的补偿要困难得多;同时,由于人力资源磨损速度的加快,也使得补偿的费用越来越高。

(五)人力资源的社会性

人处在一定的社会之中,人力资源的形成、配置、利用、开发是通过社会分工来完成的,是以社会的存在为前提条件的。人力资源的社会性,主要表现为人与人之间的交往及由此产生的千丝万缕的联系。人力资源开发的核心,在于提高个体的素质。但是,在现代社会中,在高度社会化大生产的条件下,个体要通过一定的群体来发挥作用,合理的群体组织结构有助于个体的成长及高效地发挥作用,不合理的群体组织结构则会对个体构成压抑。群体组织结构在很大程度上又取决于社会环境,社会环境构成了人力资源的大背景,它通过群体组织直接或间接地影响人力资源开发,这就给人力资源管理提出了要求:既要注重人与人、人与团体、人与社会的关系协调,又要注重组织中团队建设的重要性。

(六)人力资源的能动性

能动性是人力资源区别于其他资源的本质所在。其他资源在被开发的过程中,完全处于被动的地位;人力资源则不同,它在被开发的过程中,有思维与情感,能对自身行为做出抉择,能够主动学习与自主地选择职业,更为重要的是人力资源能够发挥主观能动性,有目的、有意识地利用其他资源进行生产,推动社会和经济的发展。同时,人力资源具有创造性思维的潜能,能够在人类活动中发挥创造性作用,既能创新观念、革新思想,又能创造新的生产工具、发明新的技术。

(七)人力资源具有生产者和消费者的角色两重性

人力资源既是投资的结果,又能创造财富;或者说,它既是生产者,又是消费者,具有角色两重性。人力资源的投资来源于个人和社会两个方面,包括教育培训、卫生健康等。人力资源质量的高低,完全取决于投资的程度。人力资源投资是一种消费行为,并且这种消费行为是必需的、先于人力资源的收益。研究证明,人力资源的投资具有高增值性,无论是从社会还是从个人角度来看,都远远大于对其他资源投资所产生的收益。

(八)人力资源的增值性

人力资源不仅具有再生性的特点,而且其再生过程也是一种增值的过程。人力资源在开发和使用过程中,一方面可以创造财富;另一方面通过知识经验的积累、更新,提升自身的价值,从而使组织实现价值增值。

三、人力资源管理的定义

人力资源管理（Human Resource Management，HRM）是通过招聘、甄选、培训、报酬等管理形式对组织内外相关人力资源进行有效运用，满足组织当前及未来发展的需要，保证组织目标实现与成员发展的最大化的一系列活动的总称。一般认为，人力资源管理是"人事管理"的现代表达，但是人事管理的含义比人力资源管理的含义狭窄，它主要以事务性管理为中心。人事管理的主要职责是对员工的雇用、薪酬和福利、培训、人事档案、劳资关系等进行事务性管理，其作用主要是向企业管理者提供意见和建议。

随着管理理论和人力资源管理理论的不断发展，人们赋予了"人力资源管理"更多的内涵。人力资源管理活动超越了传统人事管理仅对雇用、薪酬和福利、劳资关系等的事务性管理，而更强调人力资源管理的战略作用，并把它纳入企业战略规划之中。二者具体差异见表1-1。

表1-1 人力资源管理与人事管理的比较

项目	人事管理	人力资源管理
心理契约	公平的工作获得公平的报酬	努力工作
控制点	外部	内部
员工关系	身兼数职 集体工作 低的信任度	单一工作 个人 高的信任度
组织原则	机械的 正式的/明确的制度 从上到下进行沟通 集权	有机的 灵活的制度 从下到上进行沟通 分权
政策目标	管理效率 标准绩效水平 成本最小化	适应的劳动力 不断改进的绩效 最大化地利用各种资源

人力资源管理学，研究如何最有效、最合理地管理和使用企业最宝贵的资源——员工们的才能和热情，从而实现企业的既定目标，使其经济效益最大化。人力资源管理可以分为宏观管理和微观管理。宏观管理是对社会整体的人力资源的计划、组织、指挥和控制，从而调整和改善人力资源状况，使之适应社会再生产的要求，保证社会经济的运行和发展。微观管理是通过对企事业组织的人和事的管理，处理人与人之间的关系、人与事的配合，充分发挥人的潜能，并对人的任何活动予以计划、组织、指挥和控制，以实现组织目标。

人力资源是企业至关重要的资源,但这并不意味着只要企业拥有了优质的人力资源就可以具有活力和创造力。企业的核心竞争力不仅要依靠优质的人力资源,更要依靠高水平的人力资源管理,只有这样才能充分调动员工的积极性。一家企业只有恰当地对人力资源进行管理,才不会丧失企业的人力资源优势。

四、人力资源管理的职能

人力资源管理的功能主要体现在四个方面:吸纳、维持、开发、激励。其中,吸纳功能是基础,激励功能是核心,开发功能是手段,维持功能是保障。四个功能是相互联系、辩证统一的。但需要指出的是,尽管人力资源管理功能和职能在形式上可能有些相似性,但其本质上是不同的。人力资源管理职能是指人力资源管理所要承担或履行的一系列活动,主要包括人力资源规划、职位分析和评价、招聘录用、培训开发、绩效管理、薪酬管理、员工关系管理等七个方面的内容。人力资源管理各职能之间相互作用和影响,共同促进人力资源管理功能和目标的实现。

(一)人力资源规划

人力资源规划处于整个人力资源管理职能体系的起点,是实现其他人力资源管理职能的保障。人力资源规划是职位分析在人事管理中的具体体现。职位分析为组织确定了长期的发展战略和招聘录用的宏观方向,人力资源规划则为组织解决了战术上的难题。从规划的内容上看,人力资源规划可以分为人力资源总体规划和人力资源业务规划两种。人力资源总体规划与职位分析联系较为直接,而人力资源业务规划对其他人力资源管理职能的发挥则有着重要的意义。

首先,人力资源供需预测的结果可为招聘和解聘提供数据支持。通过比较组织现有员工的数量和所需员工的数量,就可以确定出招聘或解聘需求,制订出合理的计划,保证组织的人员数量。

其次,在人力资源规划中,绩效考核和薪酬管理是进行人员需求和供给预测的一个重要基础,通过对员工工作业绩、态度、能力的评价,组织可以对员工的状态做出判断,决定是否对组织职位做出调整,并处理好由此带来的职位空缺、内部提升和内部供给等问题。

(二)职位分析和评价

职位分析工作主要通过工作岗位说明书、职位说明、职位评价表等体现。职位评价是指对人力资源管理中职位设置、任职资格、条件、岗位绩效等内容做定期或不定期的考评,使组织的职位设置和人员配置能适应组织内外环境的变化,满足其长期发展的需要,以保证组织的活力和效率。职位分析和职位评价是人力资源管理机制有效运行的两个端点。

在整个人力资源管理职能体系中,职位分析和职位评价起到了平台和基础的作用。首先,职位分析为人力资源规划、招聘录用、培训开发、薪酬管理等提供信息支持。组织为了发展,还必须依据职位分析中的各种任职资格要求对新招聘的员工及老员工进行技术培训和潜能开发。有了职位说明书作为依据,员工工资层级、福利待遇、奖惩就更显得科学和公平。

其次,职位评价对人力资源规划、培训开发、绩效管理、员工关系管理起到监督和调适作用。组织通过职位评价,可以对部门和岗位的工作绩效做出直观判断,分析出组织工作绩效低的原因,找到提高组织工作效率的方法。

(三)招聘录用

招聘录用的实质是让社会潜在的合格人员对本组织的相关职位产生兴趣并前来应聘,将合适的人录用到合适的岗位。它是组织与外部环境互动的有效形式之一。

招聘录用是组织人力资源管理职能发挥最常见和必不可少的手段。首先,招聘录用是人力资源规划的具体运用,它保证了组织人员补充计划的有效实施和新陈代谢的正常进行。其次,严格把关招聘录用的过程可以提高人员与组织职位空缺之间的适应性,降低组织的培训开发成本,在此基础上组织的绩效也相应得以提高。再次,招聘录用实质上是人员与组织的双向选择过程,招聘录用要想吸引更多的人参与竞争,就必须以诱人的薪酬设计和福利待遇为基础。最后,全面、高效的招聘录用有利于员工关系协调发展,避免组织成员间出现钩心斗角、拆台推诿的现象,提高员工对组织的信任和忠诚度。

(四)培训开发

培训开发是人力资源管理职能体系中的连接点,与其他各职能间建立了承上启下的关系。

首先,培训开发是人力资源规划和招聘录用之后必不可少的后续工作,在培训的过程中,培训需求的确定也要以职位说明书对业务知识、工作能力和工作态度的要求为依据,培训开发的难度也决定于招聘录用的质量。三者共同为组织的绩效提供保障。

其次,培训开发与绩效管理有着最为直接和紧密的联系。培训开发的目的就在于提高人员对职位的适应度,从而提高组织的绩效以实现组织的既定目标。

再次,培训开发与薪酬管理也有着密不可分的关系,员工薪酬的内容除工资、福利等货币形式外,还包括各种各样的非货币报酬形式,培训就是其中较为重要的常见的一种。

最后,从员工关系管理角度来看,培训开发为各部门员工提供了交流的平台。就部门内部来看,培训开发通过组织文化教育、发展需求教育等有利于形成共同的追求和价值观,提高组织承诺。

(五)绩效管理

绩效管理工作包括计划绩效、监控绩效、考核绩效和反馈绩效几个部分。

组织通过绩效管理,可以发现员工工作中存在的问题并加以改进。在整个人力资源管理职能体系中,绩效管理居于核心地位,其他职能或多或少都要与它发生联系。

在管理实践中,人力资源管理其他职能设置的目的实际上就是更好地实现组织的绩效,达成组织的愿景和目标。培训开发作为一种激励手段和提高员工技能水平的方法,对提高组织绩效的作用是不言而喻的,而且培训开发内容的确定也需要以绩效考核的结果为基础,只有通过绩效考核和反馈才能确定什么人需要培训、需要培训哪些知识和技能。薪酬管理与绩效管理则有着更为直接的联系,绩效考核的结果直接决定了员工的绩效工资和奖金,这会促使员工自觉地提高效率。组织通过员工关系管理,可以在组织中建立一种融洽的氛围,增强团队或部门间的协作,进而有助于绩效的提升。此外,职位分析制定出的岗位说明书为员工树立了明确的目标,指明了努力的方向。职位说明书还明确了职权和责任,这可为绩效考核和问责提供依据。

(六) 薪酬管理

薪酬管理是人力资源管理职能中最外显的职能。薪酬水平反映了组织内部各职位及整体平均薪酬的高低状况和企业的外部竞争能力。

薪酬的设定必须考虑到组织的经济实力和社会平均薪酬水平,具体的岗位还要具体地分析,这就要以组织事先做的职位分析和人力资源规划为依据。公平合理的薪酬制度有利于保持组织内部团结协作;而在薪酬设计中,适当地拉开岗位间的差距、对绩效突出的员工及时地给予奖励,则有利于在组织内部形成良好的竞争氛围。一方面,培训开发本身就是薪酬的重要组成部分,而且对于越是追求上进的员工来说,其激励作用就越明显;另一方面,通过培训开发,员工被组织委以重任,也就有了提高薪酬的可能性。

(七) 员工关系管理

员工关系管理职能是人力资源管理的基础职能,它需要人力资源管理其他职能的支持,同时也对人力资源管理的其他职能产生影响。

首先,组织的员工关系可以通过培训开发和薪酬管理制度的完善而得到改进。其次,员工关系的改善可以提高组织的凝聚力和员工对组织的承诺,所谓"众人拾柴火焰高",组织的绩效也会相应地得到提高。再次,员工关系管理中对员工的职业生涯进行设计和管理有赖于职位说明书及组织的人力资源规划,这样才能保证个人目标和组织目标的一致性。最后,组织通过员工关系管理,可以发现组织甚至细化到具体岗位需要什么性格、气质的人,什么渠道、哪个地域招聘的员工更有利于组织员工关系的良好发展,组织当下需要引进"鲶鱼"型人才还是"把稳持重"型人才。这些对提高招聘录用的质量和降低其成本是非常重要的。

五、人力资源管理的基本功能

从上述人力资源管理的职能中,可以总结出人力资源管理的五项基本功能。

（1）获取。包括招聘、考试、选拔与委派。

（2）整合。使被招聘的员工了解企业的宗旨和价值观，接受和遵从其指导，使之内化成为他们自己的价值观，从而建立和加强他们对组织的认同感与责任感。

（3）保持与激励。向员工提供薪酬，增加其满意感，使其安心和积极工作。

（4）控制与调整。评估员工的素质，考核其绩效，做出相应的奖惩、升迁、辞退、解聘等决策。

（5）开发。对员工实施培训，并提供发展机会，指导他们明确自己的长、短处与今后的发展方向和道路。

第二节　人力资源管理的发展历程

人力资源这一概念既可以从宏观经济层面来加以界定和理解，又可以从组织内部的微观管理层面来加以理解。而人力资源管理一词却是从一开始就作为组织内部，尤其是企业的一种职能性管理活动被界定的。人力资源管理诞生于从农业社会向工业社会转型时期出现的工业生产和工业管理的需要，而西方现代企业制度的发展和成熟以及市场经济的不断深化，则是促进人力资源管理理论和实践不断趋于繁荣的催化剂。进入20世纪90年代之后，网络经济、知识经济时代的到来及其所导致的人才争夺战终于将人力资源管理的地位和作用推向了一个新的高度。从历史的角度可以清楚地看到，人力资源管理这一学科的起源和发展，与西方企业管理实践的产生与发展是相随相伴的，同时也与整个管理学的奠基和发展过程是一个密不可分的整体。

中国的人力资源管理则经历了一个与西方不同的发展历程。尽管人力资源管理的概念是从西方传入的，而且人力资源管理的理念和实践在20世纪90年代以后才在中国大行其道，但是中国的人力资源管理实践发展得很快，中国企业以及政府对人力资源管理的理解也越来越深刻。

一、西方的人力资源管理发展历程

（一）人事管理萌芽阶段

人力资源管理的前身称为人事管理，人事管理的发展是伴随18世纪后半叶工业革命的到来而产生的。15—18世纪盛行于欧洲的行会制度是以家庭式管理来处理学徒培训和雇佣问题的。而工业革命的兴起则导致工作性质和雇佣关系发生了根本性变化，机器大工厂的建立需要大量的人集中到工厂来做工。这样，当时的所有问题都归结为：如何吸引农业劳动力放弃原有的生产和生活方式到工厂来工作，然后将工业生产所需要的一些基本技能传授给他们，同时使他们能够适应工业文明的行为规则，从而最大限度地发挥劳动分工和生产协作所带来的巨大生产力潜力。这些本来都是现代人事管理的主要内容,但在当时是企业经营者的主要工作内容。尽管当时已经有了人事管理的概念,但是早期的人事管理与现代意义上的人事管理在工作内容上是大相径庭的,因为当时的人事管理主要承担的是福利方面的工作。

美国收银机公司(National Cash Register Company)在1897年首次设立了一个叫作"福利工作"的部门,此后,"福利部""福利秘书""社会秘书"等名称相继出现。设立这些部门或职位的主要目的是改善工人的境遇,听取并处理工人的抱怨,提供娱乐和教育活动,安排工人的工作调动,管理膳食等。总之,这种关心工人福利的主张是现代人事管理思想的来源之一。

(二)科学管理阶段

从19世纪开始的科学管理运动成为现代人事管理发展的另外一条线索。著名的科学管理之父是弗雷德里克·泰勒(Frederick Taylor)。1898—1901年,泰勒在费城一家钢铁公司做工程师。为了解决他所认为的工人的消极怠工问题,他对工人的工作效率进行了研究,试图找到一种"最好的工作方法"以及一种能够最快地完成工作的方法。他在对工作进行动作研究和时间研究的基础上,制定了公平的工作标准,并且进一步强调要挑选一流的工人、对工人进行培训、倡导劳资合作等,他还发明了著名的差别计件工资制。所有这些观点对于现代人事管理理论与实践的发展都起到了非常积极的作用,许多观点直到今天仍然具有十分显著的现实意义。

在泰勒提出科学管理思想四五年之后,企业中便开始出现了人事部门,该部门负责企业员工的雇用、挑选和安置工作,而在此之前,人事或雇佣职能是基层管理人员(比较典型的是工长)工作的一部分。由于对改进人事工作日益重视,所以当时有一个"雇佣部门"甚至成为企业地位的一个标志,即使那些规模较小的企业,也设立了专门的雇佣经理。

不过,与福利主义的人事管理思想不同,泰勒所强调的是操作的规范化、差别计件工资制以及科学地挑选与训练工人,他并不认为福利是激发工人工作积极性的主要因素。然而,看似相互冲突的两种人事管理观点却共同成为现代人事管理的基础,现代人事管理是福利工作和科学管理联姻的产物。事实上,早期的雇佣部门或雇佣经理除了雇用、选拔工人以及在各个部门之间调配工人的工作,还要搞一些娱乐活动和其他福利项目,尽管他们在这一时期的职能极其有限,但会做一些他们认为最能改善劳资关系的事。

(三)人际关系运动阶段

以雨果·芒斯特伯格(Hugo Munsterberg)为代表的工业心理学的出现对人事管理的发展起到了积极的作用。芒斯特伯格的工业心理学是基于科学管理的伦理观产生的,它试图为人事管理提供一个科学的基础。芒斯特伯格在1913年完成的《心理学与工业效率》(Psychology and Industrial Efficiency)一书中,提出了与泰勒的观点密切相关的三个方面的研究:一是研究工作对人的要求,以判明哪些人具备完成某项特定工作的心理品质;二是研究在何种心理条件下才能从每一个人那里获得最大产量;三是研究从企业利益出发对人的需要施加影响的必要性。芒斯特伯格在这几个方面,如挑选人员的测试方法、培训方法、增加工人的干劲和减少疲劳的心理方法等,都在试验的基础上提出了明确的建议。

工业心理学早期主要的应用领域是职业指导,不过,在职业指导的早期阶段,很完善的人事管理工具和技术却极少。直到第一次世界大战时期,大量招募士兵并分配岗位的需要才使人事管理中的职业指导技术得到了较大的改进。第一次世界大战后,人事管理工作取得了大幅进步,人事测验盛行。亨利·福特(Henry Ford)面对供给紧张的劳动力市场和高达10%的工人转厂率,在1914年成立了一个早期名为"社会学部"的人事部,并于同年宣布实行5美元的最低工资制度。像福特汽车公司的这种人事部门得到了更多的承认,人越来越被认为是企业一项有价值的资产,关心人被认为是一种能够得到巨大收益的正当企业投资。不过,20世纪20年代流行的心理测试却衰落了,因为研究结果发现,员工的心理测试成绩与其实际工作绩效之间没有什么关联。而与此同时,人际关系学说却悄然兴起。

人际关系学说和人际关系运动是对人力资源管理的发展做出贡献的另外一支力量。它起源于1924—1933年间,哈佛大学的两位研究人员G.埃尔顿·梅奥(G. Elton Mayo)和弗雷兹·罗尔西斯伯格(Fritz Roersberg)在位于芝加哥郊外的西方电气公司所属的霍桑工厂中所进行的一系列研究。研究的目的本来是确定照明对工人及其产出所产生的影响。但研究最后得出的结论是,社会互动以及工作群体对工人的产出和满意度有着非常重要的影响。人际关系学说推动了旨在博取工人忠诚的各种福利计划如火如荼地发展起来。人成了企业最为重要的资产,人们认识到,关心员工的福利就能够提高他们的劳动效率。一个典型的口号就是,满意的工人就是生产率最高的工人。人际关系运动最终在20世纪60年代中期成为后来的组织行为学的一个分支,并且对其发展做出了自己的贡献。

在人际关系学说不断发展的这一时期,工会主义也开始崛起,这导致劳资关系成为美国企业人事管理职能的一个中心内容。工会主义的盛行导致集体谈判成为劳资关系中最重要的一个方面,工会越来越多地进入原来属于资方特权的工资、工时、雇佣条件等领域。在这种情况下,劳资关系问题就成了人事管理的一个重要方面。

(四)传统人事管理成熟阶段

在人事管理的工作内容相对稳定的很长一段时间里,人事管理者的工作就是在管理层和操作层(工人)之间架起一座桥梁;他们需要用自己的语言与工人对话,然后再向管理层提出建议,告诉他们应当做些什么事情才能使员工达成最好的工作结果。然而,人事管理工作在企业中一直处于一种非常尴尬的境地。德鲁克毫不客气地对以蓝领工人为导向的企业人事管理工作提出了批评,他认为在第一次世界大战过去35年之后,人事管理依然没有能够很好地说明自己对于企业的重要性到底何在,与20世纪20年代的情况没有本质的区别。在这种情况下,人事管理者不得不想尽各种办法去争取获得主管人员的认可,不断抱怨自己在企业中没有地位,并嘲讽说,把所有"既和人的工作无关,又不属于管理领域的事情"全部拿出来拼凑在一起,就形成了所谓的人事管理。人事管理工作包含一部分档案管理员的工作,一部分管家的工作,一部分社会工作者的工作,以及一部分"消防队员"的工作(防止和解决劳资纠纷)。德鲁克指出,这种工作只需要中等管理能力就已经足够,对于企业经营不会产生重大影响,更不可能成为需要高层主管人员来管理的重要部门。事实上,到20世纪60年代,人事管理一直被认为只是针对蓝领工人和操作类员工的。人们把它看成一个做记录的单位,它的主要功能就是为工作年限满25年的员工发放小纪念品以及协调组织公司每年一度的野餐会。

20世纪60年代以后,"人力资源管理"这一名词逐渐流行起来。在这一时期,有三个因素对人力资源管理概念的出现起了重要作用:第一个因素是经济学中人力资本理论的正式提出,人力资本被看成比物质资本更富有生产率的资本。人不仅不是服从于物质资本的,而且是比物质资本更有潜力的"活的资源"。第二个因素是第二次世界大战以后兴起的行为科学的不断发展,它使得组织人道主义的观点深入人心。后期的行为科学从人、组织、工作、技术等多个方面对组织中人的行为进行了系统的研究,不仅吸收了早期人际关系学说的一些有用的研究成果,而且借鉴了当时的组织、组织心理学、社会心理学等领域的最新理论发展,对人力资源管理的理论与实践产生了极大的影响。第三个因素是作为一门学科的人力资源会计出现了。这门学科的出现为衡量人力资本的利用效率提供了可靠的技术依据,使企业更加明确地认识到人力资源管理对于企业所可能产生的收益。

(五)人力资源管理阶段

人力资源管理的概念产生于20世纪五六十年代,然而,它在80年代中后期才受到企业的普遍重视。其中最主要的原因之一就是,在20世纪70年代末80年代初的日美企业管理制度比较研究热潮中,研究者发现,日本企业独特的人力资源管理制度与管理实践是造成日美企业生产率差异的最主要原因。比如,美国管理学家卡尔·佩斯格尔(Carl Pegels)在他于1984年完成的《日本与西方管理比较》(*Japan VS The West Implications for Management*)一书中,就将人力资源管理列为导致日美企业管理效率差距的首要因素。他指出,日美汽车行业成本差异的40%是人力资源管理效率的不同导致的。

人力资源管理的出现标志着人事管理职能发展到了一个新的阶段。它的内容已经全面覆盖人力资源战略与规划、职位分析、员工招募与甄选、绩效评估与管理、培训与开发、薪酬福利与激励计划、员工关系与劳资关系等各项职能。人力资源管理这一概念对人事管理概念的取代,并不仅仅是名称上的改变和内容上的进一步丰富,更是一种管理观念上的根本性变革。

（六）战略性人力资源管理阶段

人力资源管理对于一个组织的竞争和生存所具有的战略重要性，以及在帮助组织获取竞争优势方面的独特作用越来越明显地展露出来。人力资源管理逐渐开始与其他所有企业经营管理职能紧密合作，以帮助组织具备在本国乃至全球进行竞争所需的重要资源。随着人力资源管理与组织战略融为一体，人力资源管理在明确组织中存在的人力资源问题以及寻找解决方案方面扮演着越来越重要的角色。企业越来越清醒地认识到，在缺乏有效的人力资源管理方案和管理活动的情况下，要想实现组织的有效性并且维持这种有效性是很困难的。正因为如此，在20世纪90年代以后，"战略性人力资源管理"的概念越来越深入人心。战略性人力资源管理就是指有计划的人力资源使用模式以及旨在提升组织绩效、实现组织战略和具体的经营目标的各种活动。

战略性人力资源管理观点的实质是，应当在将员工看成一种价值极高的资产的基础上，制订和执行一套完整的计划，以达到赢得并维持竞争优势的目的。战略性人力资源管理通常需要满足两个方面的基本要求：其一是能够推动组织总体经营战略的实现；其二是包括一整套相互补充并且具有内部一致性的各种人力资源管理实践。总之，到目前为止，在发达市场经济国家，人力资源管理已经成为一门相当成熟的学科。经过长期的企业人力资源管理实践经验积累，以及大学、科研机构、咨询公司等的长期研究和探索，不仅人力资源管理的总体框架比较完整、理念相对成熟，而且许多与人力资源规划、招聘录用、职位分析、绩效管理、薪酬管理、员工关系管理等人力资源管理问题有关的工具和技术手段也日趋完善。如何突破传统的行政管理职能，通过参与战略制定，尤其是确保战略的有效执行，来帮助企业不断提升组织绩效、实现组织目标并赢得竞争优势，越来越成为现代人力资源管理的一个主要关注点。

此外，近年来，随着信息化程度的不断提高，欧美等国家和地区的人力资源管理软件化水平和网络化水平也提高得很快，e-HR成为人力资源管理领域中的一个热门话题。另外一些比较热门的人力资源管理话题包括国际人力资源管理、人力资源管理伦理与企业责任、企业兼并收购与重组中的人力资源管理等。

二、中国的人力资源管理发展历程

与西方发达国家的人力资源管理实践的发展历程不同，中国人力资源管理的萌芽和发展所走过的是一条完全不同的道路。西方国家的人力资源管理是在传统的企业人事管理的基础上，根据市场竞争环境和社会发展状况的要求演变而来的。尽管人力资源管理与传统的人事管理在基本的管理理念、思考问题的角度和方法等方面存在很大的不同，但是在一些具体的管理工具和技术手段上仍然是一脉相承的。无论如何，市场经济这个大环境在西方发达国家一直都没有改变。

然而,中国的情况却完全不同。1949—1978年,中国所坚持的都是计划经济体制,而计划经济体制与市场经济体制是两种完全不同的资源配置形式。市场经济体制主要是以价格信号为指导来进行资源的配置,人力资源的配置也同样是在市场信号的引导下通过企业和劳动者双方之间的相互选择实现的。而在传统的计划经济体制下,各种资源的配置都是通过计划和行政命令完成的,不存在真正意义上的市场,企业(实际上也并非市场意义上的企业)和劳动者之间的匹配往往也并不是双向选择的结果,而是强制性政府行政分配的结果。不仅如此,企业内部的人员管理在相当大程度上也受制于政府的各种法令法规以及政策的直接限制。因此,可以说计划经济体制下的中国企业在人员的雇用、报酬、解雇以及日常管理中所拥有的自主权是微乎其微的。所以,尽管中国在计划经济体制下也谈管理,但这种管理并不是一种基于市场机制的管理,一些在字面上与西方国家看似含义相同的词汇却有其特定的含义。不了解这一点,就无法了解中国今天的人力资源管理中所存在的诸多问题。

(一) 1949—1978年:中国传统的劳动管理与人事管理

在传统计划经济体制下的中国企业中并不存在真正意义上的"人力资源管理"或者西方意义上的企业"人事管理",但是有一个概念与这两个词汇比较接近,这就是"劳动管理"的概念。宏观劳动管理是指各级政府及其所属的劳动行政机构在全国或者一定的地区对社会劳动进行的管理,而微观劳动管理则是指企业、事业单位所进行的劳动管理。企业劳动管理的主要内容包括:①劳动力管理,即国家分配的劳动力的接收和安置、劳动定额与定员、在职职工的业务技术培训、劳动组织的调整和改善、劳动纪律的执行等;②工资管理,即贯彻执行国家的有关工资政策和制度、根据国家的统一规定完成工资调整等;③职工保险福利管理,即各项保险待遇的贯彻执行、职工集体福利设施的建设和福利补贴制度的实施等;④劳动保护管理,即国家劳动保护监察制度的贯彻执行、劳动保护制度的实施和有关工作的组织管理、职业病和职业危害的预防、职工伤亡事故的报告和处理、女职工和未成年工的特殊劳动保护等。

在计划经济的大部分时间里,企业对职工的激励主要是一种政治激励和思想激励,而不是一种经济激励或利益激励;企业生产率的提高主要依靠的是政治和社会压力,而不是利益引导和报酬刺激。由于一方面,计划经济体制下不存在真正意义上的市场,企业没有任何市场竞争的压力,在强化内部管理、提高生产效率方面的动力大多不足;另一方面,企业也缺乏能够对职工真正产生正向和负向激励的有效手段和足够空间,因此,在计划经济体制下,中国企业的生产效率很低,劳动生产率的增长速度也非常缓慢。从这种意义上说,尽管从管理所涉及的内容来看,计划经济体制下中国企业的劳动管理与西方社会传统的企业人事管理存在很大的交叉和重叠,但二者是在两种完全不同的经济体制下出现的、思维方式和激励手段都迥异的管理模式。

此外，在中国传统的计划经济时期，也存在"人事管理"的概念。不过，这是一个具有特殊含义的词汇，与西方社会传统的企业人事管理（现代人力资源管理的前身）的概念完全不同；相反，它与现代的国家公务员管理倒是具有一定的联系。中国传统的人事管理所涉及的是具有干部身份（区别于工人）的人，他们通常是由国家人事部门统一管理的专业技术类和行政管理类人员。在这些人中，不仅包括直接为中央和各级地方政府提供服务的各类工作人员，还包括尽管在企业中工作，但却有干部身份的专业技术类人员和行政管理类人员。因此，在计划经济时代的中国企业中，企业职工被人为地划分为两类，即作为劳动管理对象的工人和作为人事管理对象的干部。工人一般由企业内部的劳资部门来管理，而干部则由各级政府的人事部门或组织部门来进行超越企业的管理。就企业中的干部来源来看，一方面是每年分配到企业中的大中专院校毕业生和部队转业干部；另一方面则是在国家的严格控制之下从企业内部的工人中提拔任用的很少一部分人。总之，中国传统的"人事管理"的概念实际上特指干部的选拔、使用、晋升、考核、奖惩等。

（二）1993年至今：中国现代人力资源管理的产生与发展

中国自1978年开始进行经济体制改革，到1993年之前，改革的基调仍然是在计划经济体制的框架之内做些修修补补。在这段时间，企业在内部的人员管理上获得了一定的自主权，但传统的企业劳动管理以及人事管理的烙印仍然很深，管理的方式、方法也很难有大的突破。此外，外商投资企业开始进入中国，一些合资企业纷纷建立，这些企业的内部劳动力管理大多从一开始就采取与市场经济的要求比较一致的做法，因而给中国的企业管理带来了一些新的内容。然而，由于此类企业的数量毕竟有限，所以不能成为当时的主流。

1993年以后，社会主义市场经济体制正式在中国确立。由于计划经济与市场经济对人的看法有根本的不同，因此中国企业在进入市场经济之后很快发现自己过去对员工管理的方式越来越不合时宜。市场经济将人力资源看成一种非常宝贵的、活的资源，它一方面强调要发挥人力资源的最大效益，另一方面又强调必须尊重人的合理需要。而计划经济则基本上是将人力资源作为一种特殊的物质资源来看待，对人的重视甚至不如对资产或机器设备的重视，因此就更谈不上满足人的需求问题了。随着经济体制的转型，原有的依靠思想觉悟和政治压力来对劳动者进行激励的手段越来越失去其作用，而新的激励手段和制度又处于缺位状态，这样，中国企业就迫切需要了解在市场经济制度下到底应当如何对人进行管理。

20世纪90年代中期以后，中国改革开放程度进一步提高，市场经济有了长足发展，市场竞争日趋激烈，第三产业以及计算机、网络和通信等高新技术产业迅速发展。同时，国有企业改革逐步深入，外资企业的数量进一步增加，民营、私营企业的数量急剧扩张。在这种大环境下，中国企业一方面开始对竞争和市场这两个概念有了更深的理解，另一方面也对人在经营和竞争中所起到的作用有了更高的认识。企业提升自身人力资源管理水平的需求越来越强烈。

面对企业的这种迫切需求,市场做出了迅速的反应:一些专业性比较强的人力资源管理图书开始出现;一些较早接触到人力资源管理知识的大学教师甚至开始在模仿国外人力资源管理制度的基础上,摸索着帮助中国企业制定并实施新型人力资源管理体系;各种专业化的人力资源管理培训和咨询机构纷纷涌现;人力资源管理的计算机软件也大量面市;在各种报刊中,以人力资源管理为主题的文章越来越多;一些公司的人事、劳资部门也迅速更名为"人力资源部"……

总的来说,经过二十多年的发展,尤其是进入 21 世纪以来,中国的人力资源管理已经取得长足的进步,主要表现在以下几个方面:第一,人力资源管理的政治、经济、法律和社会环境有了很大的改善,无论是在国家的高度,还是在组织的层面,人力资源管理的重要性都已经得到越来越明确的认可。第二,人力资源管理的基本理念已经得到普及,人力资源管理对于竞争以及组织战略目标实现的重要性已经得到广泛认可。第三,职位分析、职位评价、求职者面试、员工满意度调查、胜任力素质模型、关键绩效指标技术、平衡计分卡等一些重要的人力资源管理工具和方法得到了推广与运用。第四,人力资源管理体系的整体性及其与组织战略和组织文化之间的匹配性得到改善,组织的人力资源管理工作已经从一些单一和零散的技术逐步朝着系统化体系建设的方向发展,一些依靠人力资源管理赢得竞争优势甚至在国际市场上赢得竞争优势的企业已经涌现。第五,一大批专业的人力资源管理人员逐步成长起来,人力资源管理的专业化水平不断提高。第六,组织中的各级领导者和管理人员对人力资源管理的理解更加深刻,很多人已经能够主动承担起管理角色所赋予他们的人力资源管理责任。第七,政府、事业单位、国有企业等公共部门在引进与吸收现代人力资源管理理念、方法和技术方面也取得了明显的进步,公共部门的整体人力资源管理水平有所提高。

尽管如此,我们必须清醒地认识到,与发达国家相比,中国的各类组织在人力资源管理方面还存在较大的差距。无论是在理念方面,还是在技术方面,都存在很多值得改进之处,尤其是在如何将人力资源管理的基本原理和方法与中国本土的政治、经济、文化以及市场环境等相融合方面,还有很多工作要做。近年来,随着中国产业升级的步伐逐渐加快,未来的一个发展趋势必然是降低附加值较低的出口加工业等在经济中所占的比重,逐渐提高具有较高附加值的制造业、信息技术产业等新型产业在经济中所占的比重,产业结构的变化必然导致经济对各类人才的需求量大幅增长,人力资源对经济增长的贡献将会进一步凸显。因此,能否有效开发和利用人力资源、不断提高人力资本存量、释放人力资源潜能,对于未来中国的经济增长将会至关重要。中国是一个人口大国,却不是一个人力资源强国,在将中国从一个人口大国转变为一个人力资源强国的过程中,人力资源管理对于中国企业的竞争力提升以及整个中国经济的腾飞和社会发展都具有不可估量的作用。一言以蔽之,中国的人力资源管理任重道远,人力资源管理领域的研究者和实践者都应当为此做出积极的努力。

第三节 战略人力资源管理

一、战略人力资源管理的概念与内涵

人力资源是一个组织的重要战略资产,甚至是获取竞争优势的首要资源,如果能够按照组织战略的要求,对人力资源进行合理的分析、配置、开发和激励,则人力资源管理活动将会对组织绩效的提高以及战略的实现产生积极的、重要的作用。而能够达到这种状态的人力资源管理则被称为战略人力资源管理。所谓**战略人力资源管理**,就是指为了提高组织绩效水平,培育富有创新性和灵活性的组织文化,而将组织的人力资源管理活动同战略目标和目的联系在一起的做法,或为了实现一个组织的目标而实施的有计划的人力资源运用模式以及各种人力资源管理活动。战略人力资源管理这一概念所要强调的核心理念就是,人力资源管理必须能够帮助组织实现战略以及赢得竞争优势。只有当人力资源管理战略与整个组织的战略和运营融为一体的时候,人力资源管理职能才能更好地帮助组织明确存在的人力资源问题,并找到解决问题的方案。与其他所有管理职能一样,人力资源管理职能在改善员工的技能以及组织盈利性方面也扮演着至关重要的角色。现代人力资源管理已经被看成一种"利润中心",而不仅仅是一种"成本中心"。

战略人力资源管理中的核心概念是战略匹配或战略契合,即一个组织的人力资源管理活动必须具有两个方面的一致性:首先是人力资源管理战略与外部环境和组织战略之间的一致性,也称外部契合或垂直一致性,它强调组织的人力资源管理必须与组织战略保持完全一致;其次是人力资源管理职能的内部一致性,也称内部契合或水平一致性,它强调组织内部的各种人力资源管理政策和实践之间必须保持高度的内部一致性,相互之间形成一种良性的匹配、互动关系。

种种证据表明,战略人力资源管理已经成为企业战略不可或缺的有机组成部分,它包括企业通过人来达到组织目标的各个方面的内容。由于人力资源是获取竞争优势的主要资源,战略也需要人来执行,因此最高管理层在开发战略时必须认真考虑人的因素。战略人力资源管理将组织的注意力集中于改变结构和文化、提升组织效率和业绩、开发特殊能力以及管理变革。其目的是通过确保组织获取具有良好技能并得到充分激励的人力资源,使组织获得可持续的竞争优势,从而形成组织的战略能力,依靠人力资源来实现战略目标,同时依靠核心人力资源来确定竞争优势。

战略人力资源管理要求组织的人力资源管理必须贯彻这样一些重要思想:第一,从以利润为导向的观点,而不仅仅是从以服务为导向的观点出发,来分析和解决各种人力资源管理问题。第二,对生产率、薪酬福利、招募甄选、培训开发、绩效反馈、缺勤、临时解

雇及员工态度调查等这样一些人力资源管理问题的成本和收益进行分析、评价和解释。第三，采用一些人力资源管理模型（包括可行性、挑战性、具体性以及有意义性等目标在内），同时针对组织所遇到的问题，提供人力资源管理方面的建议性解决方案。第四，为人力资源管理人员提供培训，并且强调人力资源管理的战略重要性及其对组织利润实现所做出的重要贡献。

战略人力资源管理的要求实际上意味着，人力资源管理的专业人员必须能够向其他人表明，自己对组织目标和使命的达成做出了贡献。他们必须对组织在人力资源管理方面所采取的行动、所做的语言陈述以及所达成的绩效进行衡量，并且进行准确的沟通和评价。为此，一个组织中的人力资源管理专业人员必须努力做到：第一，参与组织战略规划的制定过程，在这一过程中不仅要考虑与人有关的一些问题，同时还要考虑组织中的人力资源储备是否能够执行某种特定战略。第二，掌握与组织的战略目标有关的一些特定知识。第三，知道何种类型的员工技能、行为以及态度能够支持组织战略的达成。第四，制定具体的人力资源管理方案来确保员工具备实施组织战略所需要的这些技能、行为以及态度。

当然，要想使一个组织的人力资源管理活动取得成功，其他领域的管理人员也必须具备丰富的相关知识并且积极参与。各级管理者在确定组织的战略方向以及员工、企业与所要完成的工作之间关系的性质方面都起着重要作用。组织的领导者和管理者必须理解执行人力资源管理对于组织来说所具有的战略意义，如果没有各级管理者的参与，组织很可能遇到重大的人力资源问题。在理想状态下，应当由人力资源管理者和组织的高层管理者共同制定组织战略，然后把这种战略作为指导人力资源管理者制定人力资源管理战略及开展人力资源管理活动的基本框架。这些人力资源管理活动应当能够塑造员工的技能、行为以及态度，从而帮助组织实现其经营战略、达成经营目标。

二、战略人力资源管理 8P 模型

Devanna et al.（1984）提出了一个战略人力资源管理的基本框架（见图 1-1），他们认为，企业外部环境发生变化将会影响组织内部的战略、组织结构与人力资源管理，通过三者之间相互协调整合，能使组织迅速适应环境的变化。同样，组织内部也需自发地调整战略、组织结构与人力资源管理，只有这样才能构建出完整的战略人力资源管理体系，将人力资源管理提到战略高度。

Schuler(1992)构建了战略人力资源管理的 5P 模型，提出战略人力资源管理包括人力资源哲学（Philosophy）、人力资源政策（Policy）、人力资源计划（Plan）、人力资源实践（Practice）和人力资源过程（Process），它们之间通过组织的层级而相互联系，并成为一个整体，目的在于更有效地利用人力资源以适应组织的战略需要。

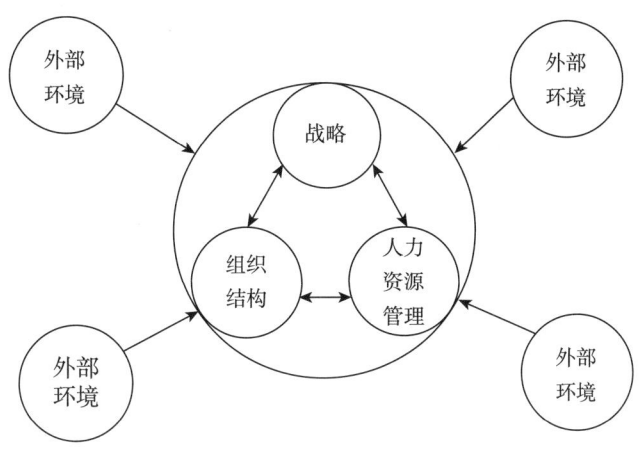

图 1-1 战略人力资源管理体系框架

彭剑锋(2003)提出了以职务分析与胜任特征模型为基础,合理运行人力资源规划、人员获取、培训、绩效管理及薪酬管理等五大系统,来实现企业战略目标。彭剑锋(2018)等还提出了提升企业战略能力的人力资源管理模型,该模型的核心在于形成"战略——组织——人力资源管理"的传导机制,并通过企业的任职资格提升、组织变革来有效支撑企业的战略转型,使企业实现战略目标的能力获得全面提升。

虽然国内外战略人力资源管理研究取得了很多有价值的成果,但是对于如何实现企业战略与人力资源管理系统的有效连接、构建战略人力资源管理体系框架、为企业实践战略人力资源管理提供可操作的系统思路和方法等方面的研究还不够。当前,中国企业人力资源管理与企业战略脱节现象非常严重。人力资源管理没有完全根据企业战略需要将员工队伍进行统一规划和部署,更未建立能够支撑企业战略目标实现的招聘、培训、职业生涯规划(晋升与淘汰)、考核与激励等系统。以下是作者在对国内外学者的文章、观点进行大量研究的基础上,结合自身的管理实践,提出的战略人力资源管理的 8P 模型。

按照经典的战略管理研究框架,企业战略是企业适应外部环境的机会和威胁、利用组织内部优势和劣势的产物。企业战略的制定必须考虑企业面临的外部环境和受到的内部资源条件的约束。企业应在基于环境和资源的基础上制定合适的战略目标。尤其需要注意的是,战略人力资源管理要求基于人力资源制定企业战略,因此人力资源管理部门必须参与企业战略决策。在企业战略制定以后,企业应思考要实现战略目标需把握哪些关键成功要素(Critical Success Factors,CSF)和具备哪些关键能力,由此确定员工队伍应该具备哪些关键素质,并以此为基础制定企业的人力资源规划。企业战略人力资源管理系统要涵盖 8 个子系统,即 8P,分别是:

(1)基于战略的人力资源规划系统(Plan)。明晰企业的战略决策及经营环境,是企业进行人力资源规划的前提。盘点企业现有人力资源的状况,是企业制定人力资源规划的基础工作。根据企业发展战略,结合企业人力资源现状,制定企业人力资源规划,使得企业的人力资源能够支撑企业的战略发展需要,为实现企业战略目标做出贡献。企业的人力资源规划活动主要包括人力资源供求分析、人力资源总量规划、人力资源结构优化规划和人力资源素质提升规划,以及实现人力资源规划目标的具体措施,即各项业务计划。

(2)基于战略的工作分析系统(Position)。工作分析又叫岗位研究,企业战略所确定的所有需要完成的事项都需要分解成各个岗位职责,岗位是具有战略意义的。岗位研究是企业战略人力资源管理中一项重要的基础工作,它同企业人力资源管理各项工作之间存在不可分割的联系。岗位设置与岗位研究是连接企业战略和人力资源管理的重要纽带。企业要根据自身战略需要,选择合适的组织模式;在此基础上进行部门设置与流程(包括管理流程和业务流程)梳理,并进行各职能部门的定位,明确各职能部门的职责权限;然后将部门职责权限分解到各个职位,进行职位设置,明确各职位的工作职责、内容,并分析各职位合格任职者应具备的知识、技能、经验和内在素质,为企业的战略人力资源管理提供基础和依据。

(3)基于战略和职位的员工素质分析系统(Personnel)。企业要从战略目标、客户需要和竞争要求出发,在职位分析的基础上,对各类职位高绩效员工的内在素质和工作行为进行深入分析、总结和提炼,建立各类员工的素质模型,为合理配置人力资源、充分发挥人的潜能、建立人才竞争优势提供基础和决策依据。

(4)基于战略与胜任能力的人才招聘系统(Provide)。基于战略的人才招聘任务不再是简单的招聘录用填补岗位空缺,而是要获取企业赖以生存和发展的战略资源,企业不仅关心应聘者能否胜任当前的职务,更关心应聘者能否支撑企业战略目标的实现。而基于胜任能力的人才招聘能够帮助企业找到具有核心动机和特质的人员,支撑企业战略目标的实现。招聘计划的编制要以基于企业战略的人力资源规划和素质模型与任职资格为基础。

(5)基于战略与员工职业发展的人才培训系统(Plant)。基于战略与员工职业发展的人才培训把重点放在支持企业战略和文化的技能与行为上,同时兼顾员工职业发展的需要。基于战略与员工职业发展的人才培训系统包括培训需求评估、制订培训计划和培训效果转化等三个关键环节,其中培训需求评估要综合考虑企业战略要求、员工素质现状和员工为满足职业发展需要所派生出的培训需求。

(6)基于战略的职业生涯规划系统(Profession)。基于战略的职业生涯管理要求企业根据自身战略进行职位设置和职位的分类及分级,在此基础上形成明确的员工职业发展通道;并根据自身战略确定各级各类职位的任职资格标准,牵引员工在企业内不断学习与提高;同时建立员工任职资格晋升评审系统,在员工具备晋升到某一职位的资格条件时,其可以主动向人力资源管理部门提出申请,由人力资源管理部门组织专门的评审委员会进行评审,获得通过后,员工就可以实现职位的晋升和职业的发展。基于战略的职业生涯管理还要求企业营造良好的人才成长环境,积极为人才提供职业发展的咨询平台和学习与提高平台,实现企业成长带动员工成长、员工成长推动企业成长。

(7)基于战略和关键绩效指标的绩效考核系统(Performance)。绩效是一种组织对实现战略目标的有效输出,是组织期望获得的结果,它包括组织绩效、部门(团队)绩效和个人绩效三个层面。战略人力资源管理关注企业整体层次的绩效,战略人力资源管理的目标是更有利于企业获取高绩效、更有利于企业在激烈的竞争中生存与发展。基于战略与关键绩效指标的绩效管理要求企业从战略目标出发,通过分析企业的价值链,确定企业关键成果领域和关键绩效指标,并层层分解,直至形成企业、部门(团队)和岗位三级关键绩效指标体系。组织绩效的实现建立在个人绩效和团队绩效实现的基础上,当组织绩效目标按照一定的逻辑关系被层层分解到每个工作岗位以及每个员工的时候,只要每位员工都达到了组织的要求,组织绩效的实现就有了保障。

绩效管理的规范化流程主要包括制定绩效考核及考核结果运用方案、管理绩效(包括绩效辅导、咨询、定期跟踪等)、绩效考核、绩效反馈(如绩效面谈)和绩效考核结果运用(如奖励、晋升、淘汰和绩效改进计划等)五个环节,这五个环节又构成了一个绩效管理的PDCA(计划、执行、检查、处理)循环。

(8)基于业绩与能力的薪酬管理系统(Payment)。衡量员工为企业创造价值的方法有三种,在此基础上就产生了三种不同的薪酬模式。第一种是基于职务的薪酬模式,这种薪酬模式依据员工所处岗位的重要性以及岗位在企业中的相对价值为员工付酬。第二种是基于业绩的薪酬模式,这种薪酬模式将员工的薪酬和业绩相挂钩,根据员工个人和所在团队甚至组织的绩效确定其薪酬水平,是一种结果导向的薪酬分配方式。第三种是基于能力的薪酬模式,这种薪酬模式根据员工所具备的职能、技能、经验和内在素质特征等来确定其为企业所创造的价值,并在此基础上为员工付酬。

战略人力资源管理框架下的企业薪酬激励系统要着眼于企业的短期业绩提升与长期发展,因此员工的薪酬管理必须结合绩效与能力考核,与业绩和能力挂钩,使每位员工的收入与其工作业绩及其对企业战略实现的支撑程度挂钩。基于业绩和能力的薪酬管理既关注个人和组织当前的价值创造,又关注个人和组织未来的发展及持续的价值创造。

第四节　移动互联网时代人力资源管理的未来发展趋势

有人说互联网是一种思维,也有人说互联网是一种技术或工具,彭剑锋教授则认为互联网是一个新时代!作为一个新时代,不管我们认不认识到、愿不愿意融入、抵触还是接纳,我们的思维方式、生活方式、交往方式、工作方式都或多或少受到互联网的冲击和影响,企业的经营管理尤其是人力资源管理,也同样面临互联网时代带来的前所未有的机遇和挑战。作为一个新时代,任何人、任何企业都应该顺势而为,而不是逆流而动,否则就抓不住新机遇,或者被时代淘汰。

一、移动互联网时代人力资源管理的新思维

移动互联网时代给人力资源管理带来了新挑战,同时也给企业人力资源注入了新活力,带来了新思维。

(一)价值创造无边界,员工与客户共创价值

移动互联网时代,员工与客户之间的界限模糊了。员工是客户,客户是员工,二者之间角色互换,价值创造无边界,共同为客户创造价值,为企业创造价值,为员工创造价值。比如,小米的粉丝军团就成为小米产品技术创新与品牌传播的主力军;美国维基百科数十万编辑既是客户,又是具有专业化知识与技能的员工。此外,人才价值创造的边界与范围也扩展了,企业人力资源产品与服务延伸到了价值链上的客户,如基于价值链经营的饲料企业、牛奶企业通过互联网学习发展系统将养殖户的能力提升与管理纳入企业人才发展系统之中。同时,企业人力资源产品与服务的研发和设计,通过员工社区让员工和业务经理参与其中,实现了人力资源管理的B2E(指企业与员工之间通过互联网进行服务及信息的交换)。基于互联网,员工与客户可以随时、随地互动交流,随时、随地为企业产品和技术的创新以及管理的改进与提升提出建议,使价值创造无时不在、无处不在。

(二)数据化人力资源决策与人力资源价值量化管理

互联网使得人力资源管理基于数据,让用数据说话和决策成为可能,使人力资源价值量化管理成为提升人力资源管理效能的有效途径。人与组织之间、人与人之间的互联互通所积累、集聚的巨量数据为人力资源的程序化决策和非程序化决策提供了宝贵的科学依据,人力资源管理真正基于数据并用数据说话。企业可以随时、随地收集关于工作现场、员工个人和员工互联互通数据,将员工行为与情感数据化,如从大数据分析中进行选人决策;从大数据分析中确定员工价值诉求与期望,从而制定薪酬策略;从大数据分析中寻求职位系统与能力系统的最佳效能匹配关系,剔除人力浪费,从而提升人才匹配决策的科学性;从大数据分析中确定劳资关系与冲突的临界点,以减少企业内部矛盾与冲突,降低管控与交易成本,减少内耗。通过互联网和大数据系统可以对组织的价值创造过程及经营绩效进行客观公正的定量化评价,使人力资源价值的量化管理成为可能。因此,未来的企业人力资源部要有计量专家和数据挖掘分析专家,强化人力资源价值量化管理。

(三)去中心化与员工自主经营和管理

互联网改变了人与组织的关系,改变了人与组织的力量对比。个体借助于组织平台,其价值创造能力和效能被极度放大。组织与个人之间不再是简单的依附与绝对服从

的关系,在网状价值结构中,CEO(首席执行官)不再是组织唯一的指挥命令中心,或者说CEO只是一个象征性的存在,犹如蜂巢中的蜂王,每一个成员都高度自治、自主经营。组织不再界定核心员工,每一个员工都可以在自己的岗位上发挥关键作用。正如张瑞敏在海尔所倡导的"企业无边界、管理无领导、供应链无尺度、员工自主经营",就是基于互联网的组织管理思维。同时,组织的话语权在互联网时代是分散的,过去组织的话语权在上,是自上而下的、单一方向的话语权链;但在互联网时代,谁最接近客户、谁最接近企业价值最终实现的环节,谁就拥有话语权,谁就可能成为组织的核心。比如,现在微软放弃员工分级制,认为任何层级的人将来都可以变成组织运行的中心,都可以变成组织资源调配的中心;华为倡导的让"听得见炮声的人"做决策,小米提出的合伙人负责制、扁平化管理、去KPI、员工自主责任驱动,海尔提出的人单合一、自主经营模式,就是去中心化与员工自主化经营的具体体现。

(四)核心非核心,小人物与非核心部门也能创造大贡献

互联网革命实际上是人的一场革命,这种革命是人的能力的革命,是人的价值创造的革命。一方面,在网状价值结构中,领导者不再是组织唯一核心,组织的真正核心是客户。谁最贴近客户、最了解客户,谁就拥有更多的话语权和资源调配权,如腾讯的项目制管理,小米的合伙人负责制与去KPI都是在淡化组织自上而下的权力中心意识,使组织整体面对市场和客户需求的反应最快、距离最短,内部交易成本最低;同时,强调组织的资源调配不再简单依据KPI指标的权重进行预先设计,而是依据市场与客户需求动态配置。另一方面,随着组织扁平化、流程化、数据化,组织中人的价值创造能力和效益能力被放大,一个小人物或非核心部门的微创新就可能带来商业模式的颠覆式创新,如微信这一创新产品的产生就不是来自腾讯的核心部门与核心人才。企业人力资源产品与服务的设计不仅要关注核心人才的价值诉求,而且要关注小人物的心声,否则小人物所搅动的群体行动会使企业的劳资矛盾与冲突陷入困境,最终影响企业经营绩效。

(五)情感链接、互动沟通,提升人才价值体验

互联网使人与人之间的沟通距离与成本趋于零,信息的对称与信息的透明使员工更能自由地表达自身的情感变化和价值诉求,并在员工社区形成共识和意见领袖。企业人力资源产品与服务的研发设计和提供要更关注员工的情感需求以及价值实现需求,并提升人才对人力资源产品与服务的价值体验。提升价值体验并不意味着更大的资金投入,而是要将人力资源产品与服务更精益化、更个性化,人力资源管理需要对人性有更透彻的了解。从某种意义上来说,从事人力资源管理的人,既是数字大师,又是人性大师;既要尊重数据事实,同时又要对人性有感悟、有理解。所以,在这么一个时代,人力资源管理很重要的任务之一是实现情感的链接、提升人才的价值体验。

(六)精准选人,构建人才全面发展系统,打造人才供应链

互联网时代是一个高速成长的时代,互联网思维是"能人"逻辑,优秀的人才对互联

网时代的企业来说至关重要。所以,企业在互联网时代更强调如何快速、精准地选择聪明、能干、合适的人才,去满足企业高速成长的需要。这就需要企业精准选人,构建人才全面发展系统,打造人才供应链,为组织战略和业务发展需要提供源源不断的人才支持。具体来说,要做好以下几项基础工作:完善企业人才发展体系,建立员工能力目录式、模块式、标准化管理体系,建设岗位职责标准库,建立应急事件与重大项目人力资源供给流程,做好基于战略的长期人才培养与储备等。

(七)即时反馈,从周期激励变为全面认可激励

员工的内在潜能激发与有效激励,是人力资源效能提升的动力源泉。随着新生代员工日益成为人力资源主体,传统的薪酬激励方式难以满足员工的期望和要求,难以激发员工的内在潜能及价值创造能量。比如,激励手段太过单一,激励过程缺乏员工的互动参与,绩效考核滞后导致激励不及时、激励失效以及无法吸引、保留人才等。将员工激励体系由周期激励变为全面认可激励,是解决这些问题和困惑的有效途径。认可激励是指全面承认员工对组织的价值贡献及努力工作,及时对员工的贡献与努力给予特别关注、认可或奖赏,从而激励员工开发潜能、创造高绩效。

互联网一方面使员工需求和价值诉求的表达更快捷、更全面、更丰富,另一方面也使企业对员工的价值创造、价值评价与价值分配更及时、更全面。因此,互联网时代呼唤全面认可激励,并且也为全面认可激励的实施提供了技术基础。通过互联网,企业可以让组织对员工的绩效认可与激励无时不在、无处不在;员工所做的一切有利于组织发展、有利于客户价值提升及自身成长的行为都可以得到即时认可和激励。全面认可激励可以给企业带来良好的组织氛围、更高的绩效产出,提高员工对企业的满意度;为员工提供优秀的企业社交网络平台,实现激励措施的多元化与长期化;提升员工的自我管理能力和参与互动精神,进行更多协作、共享;维护员工工作与生活的平衡;推动企业文化和制度的落地与实施。

(八)企业忠诚变为职业忠诚,人才企业所有制转向价值创造圈所有制

互联网时代是一个真正的人才主权的时代,是一个员工随时有可能"炒老板鱿鱼"的时代。虽然很多企业领导者都试图通过文化来解决价值观认同问题和凝聚力问题,但也必须认识到,这个时代不再简单地强调组织忠诚,而是更强调职业忠诚和专业忠诚。企业最大的财富不是拥有多少人才,而是拥有多少知识、能够使用多少人才。人才以用为本,人才不再是企业所有制而是价值创造圈所有制。也就是说,在互联网时代,人才由企业所有转变为由价值创造圈所有,企业应该从封闭式的人才平台转向开放式的人才平台,更强调不求人才所有,但求人才所用;不求绝对拥有,但求绝对所用。

同时,互联网时代的人才不再简单地强调忠诚于企业或企业领导者,而是更强调忠诚于客户、忠诚于自身的职业使命和专业。一些特殊的专业人才可以同时被多家企业所用。这也正是为什么在互联网时代,会出现大量的个体知识劳动者,这些个体知识劳动

者不再依附于任何一个组织,他可以同时为四五家企业提供服务。因此,在互联网时代,我们所讲的职业能力、职业道德的概念,颠覆了我们过去所谓企业忠诚的概念。

(九)人力资本优先,人力资本与货币资本共治、共享、共赢

互联网时代是基于大数据的知识经济时代,是真正的人力资本优先发展,人力资本与货币资本共治、共享、共赢的时代。在基于互联网的知识经济时代,在企业价值创造的要素中,人力资本成为价值创造的主导要素:一方面,人力资本要素是最活跃、最具价值创造潜能的要素,处于优先位置;另一方面,人力资本与货币资本具有同等的公司治理、资源调配和剩余价值分配的话语权。从资本结构的角度,阿里巴巴、腾讯、百度等互联网公司均是外资企业,但是通过人力资本合伙人制度等制度创新,实现了人力资本与货币资本对企业的共治、共享与共赢。具体来说,人力资本优先体现在:第一,人力资本的投资与发展要优先于货币资本;第二,人力资本对剩余价值具有索取权,要参与企业利润分享;第三,人力资本凭借其智慧要参与企业的治理与经营决策。互联网时代将真正迎来人力资本合伙人制度。

(十)跨界思维,无边界管理,构建人力资源价值创造网

互联网时代是一个"有机生态圈"时代,从金字塔式、命令式的协同方式到自动交互式的协同方式,流程化、团队化变得更加重要。人与岗位之间、人与人之间在以组合交互的方式进行劳动方式和合作方式的创新。可能是围绕客户的一个问题、围绕客户的价值创造来形成不同的团队,从而打破部门界限和岗位职责界限,管理也相应地要转变为流程管理和团队管理。这就需要人力资源管理具有跨界思维:向上,人力资源管理要承接企业的战略和业务变革需求,其将不断地碰触和影响企业战略,并站在越来越战略性的角度来管理人力资源,规划人力资源管理活动,引导人力资源管理行为,成为企业战略伙伴和变革推动者;向下,人力资源管理必须密切关注员工的需求和目标,尤其面对工作场所新生代员工的挑战,更要关注员工的需求,成为员工的支持者;向左向右,人力资源管理正寻求更有效地支撑企业主要业务活动的方式,扮演着业务部门合作伙伴(Partnership)的角色,要帮助一线经理带队伍、创造高绩效;向内,人力资源管理朝纵向发展必然带来程度越来越高的专业化、精细化和独特化;向外,人力资源管理越来越多地跨越传统边界与外界组织、社会进行交换,既包括有形的组织边界、地区边界、国家边界、家庭边界,又包括无形的文化边界、能力边界。

二、移动互联网时代人力资源管理的创新

移动互联网时代,人力资源管理可以在以下方面进行创新:

(一)人员招聘工作

上网终端的改变,使得企业的招聘渠道也在发生改变。未来企业宣传、招聘信息的

发布不再仅限于个人计算机端,而是更多地利用移动互联网的各种终端。在这些终端中,主要是智能手机和各种移动广告载体,例如各种交通工具上的移动广告载体。这些终端有一个最大的优势,就是可以随时随地发布信息,信息传播速度很快。

智能手机的另一大优势就是移动应用软件的广泛运用及普及。未来以手机或平板电脑为载体开发出来的各种各样的招聘软件将会越来越多,企业人力资源管理者需要与时俱进,及时转变招聘渠道,让企业招聘信息能更快地在社会和求职者之间进行传递,使企业与求职者之间的交流更顺畅,从而使岗位与人之间匹配的时间差缩小,保持企业管理的连续性,降低企业招聘成本、提高企业效益。

(二)人员培训工作

1. 培训方式的改变

未来的员工培训将不再以传统的面对面、一对一等空间和时间较为有限的方式进行,而是更多地利用移动互联网的线上教育模式,让员工培训的方式和渠道发生变化,空间和时间得到延伸和拓展,员工不再局限于在指定的时间和地点参加培训,而是可以利用移动互联网随时随地参加培训。

由于移动互联网的一个最大优势就是移动应用软件的大量开发及使用,企业人力资源管理部门可以根据企业自身实际情况开发符合自身战略与文化需要的培训软件,让员工可以通过使用软件获得企业和岗位所要求掌握的技能及知识。

2. 培训内容传播的速度更快

通过移动互联网的各种移动终端可以使员工在第一时间接收并消化吸收所需要培训的内容及知识、信息,这为建立企业文化和增强企业核心凝聚力起到了非常好的促进作用。

(三)建立移动人力资源共享数据库

传统的企业招聘流程为:用人部门根据空缺岗位需要提出招聘需求——人力资源部门审核——人力资源部门统筹安排,发布招聘信息——接收内部人员或外部求职者的求职信和简历——筛选简历——发出面试通知——面试、笔试——人事决策——发出录用通知——应聘者报到到岗。此流程最大的特点是耗时、耗力,也就是说用人部门提出招聘需求与应聘者真正到岗存在一定的时间差。快则几天、慢则几个月,甚至有时招聘到岗的人员不符合该岗位的需求,又得重新进行招聘。解决该问题的核心在于:一是要提前做好人才储备工作,以备不时不需;二是要让人才信息流通速度变快,利用一定的新技术或新系统加快用人单位与求职人员之间的信息交流,从而缩短时间差,及时满足用人需求和求职需求,达到双赢状态。

为此,通过移动互联网技术构建移动人力资源共享数据库是一种人力资源管理创新。移动人力资源共享数据库的表现形式为一种移动应用软件。通过设计和运用人力资源移动应用软件,可以把企业人力资源管理的各种信息和数据整合起来建立一个移动数据库。该软件可以安装在任何移动设备上,主要以智能手机或平板电脑为载体。数据库由两部分构成:一是内部数据库,即企业现有人力资源管理的所有信息,包括所有聘用人员的个人基本情况、年度考核情况等;二是外部数据库,即外部有意向到本企业任职的求职者的基本情况,也就是后备人才储备库。

1. 内部移动人力资源共享数据库用于内部人力资源信息共享

企业人力资源管理者和职能经理通过移动互联网终端,可以随时随地了解到企业实际的人力资源现状及员工实际绩效考核情况,并分析问题原因所在、提出解决方案。

2. 外部移动人力资源共享数据库用于外部人力资源信息共享

外部移动人力资源共享数据库的构建思路如下:

(1)借助以移动互联网为主的各种渠道,通过大力宣传,让社会上的求职者了解到本企业的基本情况及内部岗位情况,提前让有意向本企业求职的劳动者下载本企业移动应用软件,把个人求职基本情况录入数据库。具体做法如下:企业可以利用微信平台申请一个二维码,求职者只需扫描二维码或关注企业,就可以把个人求职意向和基本情况录入数据库,成为企业后备人才储备库备选人员之一。

(2)对于求职者来说,当企业有岗位存在空缺时,数据库就可以马上通过智能手机向公众推送招聘通知,让有意向的求职者做好应聘准备。

(3)对于企业人力资源管理者来说,一旦有岗位出现空缺,他们就可以马上查看已经在数据库中的后备人选基本情况,筛选简历后通过该软件与拟面试人选进行第一时间的交流。通过移动交流,企业人力资源管理者能够了解到面试者更多的情况,为下一步敲定最终人选提供更多的信息,以便做出人事决策,在较短的时间内找到与空缺岗位匹配的人员,缩短时间差,使企业管理保持连续性。

总之,应该认识到,移动互联网时代人力资源的变化,核心还在于人的变化,即人的需求多元化、个性化,人的流动频率加快,人对组织的黏度降低,人的价值创造能力放大,小人物能够创造大价值。这些变化要求组织重新审视人这个最重要、最核心的资源,真正从人力资本至上角度重构管理理念和模式。应用移动互联网,跟随时代发展脚步,不断寻求创新,是未来人力资源管理在移动互联网时代的发展趋势。

三、人工智能+人力资源

(一)人工智能背景下人力资源开发与管理面临的挑战和机遇[①]

1. 选才

选才也即人才招聘。传统的人才招聘会花很多时间用于筛选简历和进行两到三轮的面试,最终还要面临挑选的人不合适的风险。而借用人工智能技术,可以实现人岗精

---

① 李林雪.人工智能背景下人力资源开发与管理面临的挑战与机遇[J].合作经济与科技,2019(03):98-99.

准匹配。"人工智能+人才招聘"的优势体现在以下两个方面:首先,大数据分析可以实现求职者肖像与工作肖像的高度匹配。这可以直接通过深度机器学习技术以及大数据分析技术来实现。其次,人工智能可以精准匹配。求职者在上传简历后,人工智能将识别简历的语义,深入挖掘和分析求职者的职业经历,综合比较求职者肖像和工作肖像的匹配程度,并生成推荐报告发送给人力资源管理者。将人工智能与企业人才招聘相结合,无可置疑地将提高企业招聘效率、升级招聘行业的生态环境。

2. 用才

用才也即通过重视员工关怀和员工体验,使员工在工作中发挥最大潜能。随着时代的发展,人力资源变得尤为重要,人才竞争日益激烈,而员工关怀、员工体验则成为企业争夺并留住人才的关键因素。通过深度学习,人工智能逐渐学会根据不同的内外部环境,制定更加合适的绩效考核和激励方案。它可能比人更有思想和理性。特别地,人工智能通过发挥其优点——快速准确的计算,大大提高了方案的可行性,使绩效成为经营管理的工具,对充分挖掘优秀人才起到了重要作用。

3. 育才

育才也即员工的发展。如今,没有了智能手机,人们的正常生活便会受到影响。在信息爆炸的时代,智能学习显得尤为重要。企业可以使用人工智能技术整理员工的部门、岗位、晋升途径、兴趣爱好及潜能等数据,并通过智能匹配进行个性化推荐,形成员工个人的学习地图。通过这种方式,企业可以向员工推荐具体的、个性化的学习内容,为员工在企业中的学习和发展提供指导。

4. 留才

留才即在选拔、培养和用人之后留住优秀人才。要降低员工的离职率、留住优秀人才,找到离职原因并改进是企业需要关注的重点。由于现代企业竞争的加剧以及员工素质的不断提升,想要吸引和留住优秀人才,公平的薪酬评价体系必不可少。企业可以利用人工智能技术,对影响员工离职的职场因素(包括组织因素、个体因素等)进行分析,如员工年龄、性别、能力、绩效、薪酬等,根据这些因素构建不同维度的结构化指标,如办公环境、晋升轮岗、培训学习、薪酬福利等。

(二)人工智能背景下人力资源开发与管理的方向

1. 发展创新与社交意识和能力

需要注意的是,技术是有边界的,任何一个人工智能产品都是由多种技术支撑,人工智能技术是针对某一个特定的问题,提出最有效的解决方案。人工智能不具备创造力和社交能力,而实际工作中,无论是解决问题还是创新,都要求员工使用人工智能所不具备的创造力和社交能力。

2. 探索并管理好人工智能

人工智能技术如此强大,在不久的未来,人工智能技术将更多地应用于工作生活中。

但是人们也需要明白,人工智能的力量和大数据的爆炸性增长都具有双向作用。因此,人们在使用人工智能技术的过程中,要取其精华、去其糟粕,做到扬长避短。

3. 具备人工智能意识,注重跨界协作

人工智能对人力资源开发与管理部分工作的替代是大势所趋,人们一方面要勇于接受挑战;另一方面要抓住人工智能等新技术革命带来的机遇,借助人工智能技术的优势,视人工智能为同事。

4. 专注于判断性工作,做到精准定位

只有做到精准定位,员工才能在人工智能时代巩固并提升自己在企业中的地位、创造无可替代的价值。随着网络设施、数据、算法的快速更新,人工智能的应用正在席卷各行各业,相关技术也在飞速发展。毋庸置疑的是,人工智能技术的发展给人力资源开发与管理带来了很大的冲击,人力资源的很多常规性、操作性的岗位将会消失。但是,一方面,机器是由人设计的,人工智能只是人脑复杂工作的一小部分,所以机器在总体上是永远不会超越人类的;另一方面,从人类整个发展历程来看,新技术的应用往往会代替某些传统职业,但同时又会衍生出更多的新机会、新职业。因此,人工智能只是改变了人力岗位,而不是完全替代人力。

第五节　人力资源三支柱模型与组织发展

一、人力资源三支柱模型的内涵

戴维·尤里奇(Dave Ulrich)于1996年提出了企业中人力资源管理的三支柱模型。三支柱的核心包括HR-BP(Business Partner,即人力资源业务伙伴)、HR-COE(Center of Excellence or Center of Expertise,即人力资源专业知识中心或人力资源专家中心)、HR-SSC(Shared Service Center,即人力资源共享服务中心),如图1-2所示:

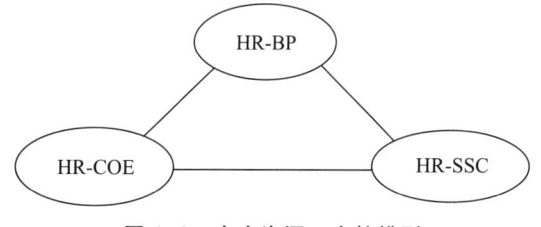

图1-2　人力资源三支柱模型

人力资源三支柱模型基于分工思想,重新定位了企业的人力资源管理职能分工,企业的人力资源管理工作不能单靠人力资源部门来完成;重新定位了人力资源管理部门,要求人力资源管理部门从职能导向转向业务导向,像业务单元一样运作,以实现业务增值。人力资源三支柱模型本质上是对企业人力资源组织和管控模式的创新。

二、人力资源三支柱模型在人力资源管理转型过程中的作用和影响[①]

(一)重视职能作用

中国很多企业的人力资源管理工作中,都应用了三支柱模型,如华为、腾讯、阿里巴巴。三支柱模型并不是固化的人力资源管理模式,而是需要根据企业自身情况,建设自己的共享服务中心、专业知识中心以及业务合作伙伴,不是完全照搬、照抄其他企业的先进经验。三支柱模型对于人力资源管理转型主要起借鉴作用,并不需要完全按照三支柱模型开展人力资源管理转型工作。

(二)优化管理流程

三支柱模型并不是三个固定的模块,而是对人力资源管理部门的工作进行重新梳理,建立新的组织架构,实现对管理流程的优化。

(三)提高工作效率

在人力资源三支柱模型中,人力资源管理更加贴近业务,聚焦到业务战略,并强调"端对端"支撑、减少中间环节。

三、组织发展

组织发展(Organization Development,OD)兴起于19世纪40年代,主要推动者是美国管理学学者库尔特·勒温(Kurt Lewin)教授。当代**组织发展**的定义为:由干预技术理论、原则和价值观组成,是一套产生于行为科学,并在现实世界中得到检验的、非常有力的概念和技术。它可以增进组织有限性和个人幸福感,其所带来的基本价值观包括以下方面:对人尊重、信任和支持、权力均等、正视问题、参与精神等。[②]

(一)组织发展的基本特征

1.组织发展是一个从诊断到改进的循环

一个组织的发展计划涉及对组织的系统性诊断,组织改善战略规划的形成,以及实施这些尝试所需要的资源调配。组织发展是一个对企业进行"多层诊断""全面配方""行动干预"和"监控评价"的循环过程。

---

① 王怡群.对三支柱模型对人力资源转型的作用分析[J].人力资源管理,2018(03):314.
② 姚健.浅谈组织发展(OD)及其发展趋势[N].企业导报,2010(02):197-199.

2. 组织发展包含价值导向的深层次变革

组织发展在组织文化层面包含着明显的价值导向。组织发展注重合作协调而不是冲突对抗,强调自我监控而不是规章控制。组织发展通过再教育手段,使新的行为规范建立在员工态度和价值体系优化的基础之上。

3. 组织发展是一个渐进过程,既有一定的目标,又是一个连贯的不断变化的动态过程

组织发展着重于过程的改进,既解决当前存在的问题,又通过有效沟通、解决问题、参与决策、处理冲突、分享权力和设计职业生涯等过程,使员工学习新的知识和技能、解决相互之间存在的问题。

4. 组织发展是一种有明确目标与计划的努力

组织发展通过目标订立与目标管理活动,不但能最大限度地利用企业的各种资源,发挥人和技术两个方面的潜力,还能产生高质量的发展计划,提高企业长期的责任感和义务感。

(二)组织发展体系的主要职能

1. 变革管理

企业所处的商业环境每天都在发生变化,企业只有保持不断变革方可从容应对。主流的一些变革管理项目包括架构调整、战略规划、组织文化建设、领导力提升等,致力于增强组织结构、进程、战略、人员和文化之间的一致性,发展组织的自我更新能力。

2. 培训与开发

目前,一些高绩效跨国企业主流的人力资源管理模式越来越多地将培训与发展结合在一起,并逐步形成体系,配合支持相对高端岗位的人才管理体系,使用一种基于企业胜任力素质模型的战略培训模式。

3. 人才管理

现在,一些高绩效跨国企业的主流人才管理,包含关键绩效员工管理、职业生涯规划、继任者计划、管理培训生等。鉴于组织资源相对有限,组织的人才管理和培养越来越多地集中于关键绩效员工。

4. 绩效管理

大部分企业的绩效管理模式都大同小异,区别在于,高绩效企业的管理模式更为完整、更为规范,在管理过程中更多地关注绩效沟通和提升,切实地将绩效管理作为一个管理和发展的工具而不是最终目的。

(三)组织发展的实施条件

实施组织发展需要具备以下条件:

(1)至少有一个关键决策者认识到变革的必要性而高层管理者人员不激烈反对。

(2)变革需要全部或部分由涉及工作环境的问题(诸如个人之间或工作小组之间的

关系问题)引起。

(3) 组织管理者愿意进行一种中长期的改进。

(4) 管理者与员工都能够以一种开放的心态听取内外部顾问的关键性假设。

(5) 在组织氛围中存在一定程度的信任与协作关系。

(6) 高层管理人员支持内外部专家的变革方案,并愿意为之提供必要的资源。

本章小结

1. 人力资源是企业至关重要的资源,而人力资源管理对于企业发展也起到了举足轻重的作用。人力资源管理经历了从传统的人事管理到现代的人力资源管理的过程,这是企业内外一系列因素的改变及其互动促成的,包括性质与观点的深层变化。

2. 现代企业越来越重视战略人力资源管理,立足于企业战略的高度,更加契合企业的发展,这使得人力资源管理的效用得到了更好的发挥。

3. 移动互联网时代要更加重视人的作用,使得人力可以得到更大的发挥,创造出更多有用的价值。这便要求企业不断地进行人力资源管理创新,这样才可以在越来越激烈的市场竞争中生存下去。

复习思考题

1. 什么是人力资源?为什么说人力资源对于企业来说是重要资源?
2. 什么是人力资源管理?其有哪些职能?
3. 传统的人事管理与现代的人力资源管理有哪些区别?
4. 什么是战略人力资源管理?
5. 中国人力资源管理的发展趋势会是怎样?

案例与讨论

微软研究院的人才管理方式

微软研究院在人力资源管理方面有很多独到之处,摘录几点如下:

1. 引导,但不控制

微软研究院研究的项目、细节、方法、成败,都由研究员自己决定。对于细节,领导层可以提出自己的意见,但决定权在研究员手中。研究员在研发过程中得到领导层的全力支持,即使领导层并不认同他们的决定。

2. 自由、真诚、平等

微软研究院不允许官僚作风、傲慢作风和明争暗斗的存在,鼓励不同资历、级别的员工互信、互助、互重,每一位员工都能够对任何人提出他的想法。就算是批评、争论,也是在互信、互助的前提下做出的。

3. 员工满足

很多人可能认为薪酬福利是员工最大的需求。当然,良好的薪酬福利是重要的,但是对于一位研究员来说,更重要的是能够有足够资源来专门从事研究,能够得到学术界的认可,并能有机会将技术变为成功的产品。微软研究院是这样做的:

(1) 丰富的研究资源。用公司雄厚的资本提供充分的资源支持,让每一位研究员没有后顾之忧,能够全心全意地做研究。这种资源是多元性的。比如,不仅包括计算机、软件、仪器、实验室等硬件资源,还包括出国开会、考察或回校学习等软件资源。微软研究院深知研究员更希望全神贯注地做他热爱的研究,而不必做他不热衷、也不专长的工作,所以微软研究院另外雇用了技术支持人员、行政助理、图书管理员、数据搜索员等来支持研究员的工作。

(2) 研究队伍。一个研究队伍,除数名研究员之外,还有多名副研究员(类似博士后)、实习生、开发人员和访问学者。这样一个多元的队伍能够很快地做出成果。

(3) 学术界的认可。有了开放的环境,研究员不必担心因公司把他们的重大发明变为公司机密而丧失与国外学者交流或被认可(获得论文奖)的机会。

4. 发掘人才

人才在信息社会中的价值远远超过在工业社会中的价值。原因很简单,在工业社会中,一个最好的、最有效率的工人,或许能够比一个一般的工人多生产20%或30%。但是,在信息社会中,一个最好的软件研发人员,能够比一个一般的软件研发人员多做500%甚至1 000%的工作。例如,世界上最小的Basic语言是由比尔·盖茨一个人写出来的;为微软带来巨额利润的Windows系统也只是由一个研究小组做出来的。既然人才如此重要,那微软是如何发掘人才的呢?

找出有杰出成果的领导者。这些领导者,有些是著名的专家,但有时候,最有能力的人不一定是最有名的人。许多计算机界的杰出成果,经常是由一批幕后研究英雄创造出来的。无论是台前的知名教授,还是幕后的研究者,只要他们申请工作,微软都会花很多的时间去理解他们的工作,并游说他们考虑到微软研究院工作。

找出最有潜力的人。在中国,因为信息技术起步较晚,所以现阶段杰出的成果和世界级的领导者比起美国要少得多。但是,基于中国年轻人(如应届硕士或博士生)的聪明才智、基础和创造力,微软专门成立了中国研究院,在中国寻找专家,寻找潜力。

5. 吸引、留住人才

很多人认为,雇用人才的关键是薪酬福利。更多的人认为,微软来到中国可以用"高薪收买人才"。微软认为,每一个人都应该得到适当的薪酬福利,但是除了提供有竞争性的(在合理范围内)的薪酬福利,微软更重视研究的环境。微软为研究员营造的环境极富吸引力,包括:充分的资源支持,让每个人没有后顾之忧;最佳的研究队伍和开放、平等的环境,让每个人都有彼此切磋、彼此学习的机会;造福人类的机会,让每个人都能为自己所开发的产品而自豪;长远的眼光和吸引人的研究题目,让每个人都热爱自己的工作;有理解并支持自己研究的领导,让每个人都能得到支持,在紧随公司大方向的同时,仍有足够的空间及自由去发展自己的才能、追求自己的梦想。

所以,微软认为,如果只是用高薪,或许可以吸引到一些人,但只有一个特别吸引人的环境,才能够吸引到并且长期留住所有最佳的人才。在微软全部三个研究院中,人才流失率不到3%(美国硅谷的人才流失率在12%左右)。人们在微软的最大感触是,每个人都特别快乐,特别热爱和珍惜他的工作。

资料来源:人大经济论坛案例库《微软研究院的人才管理方式》,有删改。

思考题:

1. 微软在人力资源管理方面有很多独到之处,其核心是什么?
2. 如果你是微软中国研究院的人力资源主管,你将在哪些方面加强人力资源开发与管理工作?

本章参考文献

[1] 陈维政,余凯成,程文文.人力资源管理[M].第3版.北京:高等教育出版社,2015.

[2] E.麦克纳,N.比奇.人力资源管理[M].北京:中信出版社,1998.

[3] 葛玉辉.人力资源管理[M].第3版.北京:清华大学出版社,2012.

[4] 加里·德斯勒.人力资源管理[M].第12版.刘昕,译.北京:中国人民大学出版社,2012.

[5] 李林雪.人工智能背景下人力资源开发与管理面临的挑战与机遇[J].合作经济与科技,2019(3):98-99.

[6] 刘善仕,王雁飞.人力资源管理[M].北京:机械工业出版社,2018.

[7] 马海刚,彭剑锋等.HR+三支柱:人力资源管理转型升级与实践创新[M].北京:中国人民大学出版社,2017.

[8] 彭剑锋.人力资源管理概论[M].第3版.上海:复旦大学出版社,2018.

[9] 彭剑锋.战略人力资源管理:理论、实践与前沿[M].北京:中国人民大学出版社,2014.

[10] 彭剑锋.战略性人力资源管理[J].企业管理,2003(10):93-96.

[11] R. 韦恩·蒙迪,罗伯特·M. 诺埃.人力资源管理[M].第8版.葛新权等,译.北京:经济科学出版社,1998.

[12] R. 韦恩·蒙迪.人力资源管理[M].第11版.朱舟,译.北京:机械工业出版社,2012.

[13] 王怡群.对三支柱模型对人力资源转型的作用分析[J].人力资源管理,2018(3):314.

[14] 韦恩·F. 卡肖.人力资源管理[M].刘善仕等,译.北京:机械工业出版社,2012.

[15] 魏新,刘苑辉,黄爱华.人力资源管理概论[M].广州:华南理工大学出版社,2010.

[16] 杨百寅.战略人力资源管理[M].北京:清华大学出版社,2012.

[17] 姚健.浅谈组织发展(OD)及其发展趋势[N].企业导报,2010(2):197-199.

[18] 湛新民.新人力资源管理[M].北京:中央编译出版社,2002.

[19] 赵曙明.人力资源战略与规划[M].第3版.北京:中国人民大学出版社,2012.

[20] DEVANNA M A, FORMBRUM C J, TICHY N M. A framework for strategic human resource management[M].//FORMBRUM C J, TICHY N M, DEVANNA M A. Strategic human resource management. New York:Wiley, 1984:11-17.

[21] SCHULER R S. Strategic human resource management:linking the people with the strategic needs of the business[J]. Organizational Dynamics,1992(21):18-32.

[22] ZHANG H P, KWAN H K, ZHANG X M, et al. High core self-evaluators maintain creativity:a motivational model of abusive supervision[J]. Journal of Management, 2014, 40(4):1151-1174.

[23] ZHANG Y, Waldman D A, HAN Y L. Paradoxical leader behaviors in people management:antecedents and consequences[J]. Academy of Management Journal, 2015, 58(2):538-566.

第二章　人力资源规划

【学习目标】

1. 了解人力资源规划的含义与意义；
2. 掌握人力资源规划的制定程序；
3. 了解人力资源规划与人力资源管理其他职能的关系；
4. 掌握人力资源供需预测的方法；
5. 掌握人力资源规划执行的内容。

引导案例

人才争夺战

2018年年初最热闹的事情莫过于各地竞相发布相关人才政策，引发了一轮轰轰烈烈的"人才大战"。本次"人才大战"由武汉等城市在2017年年底打响，到2018年达到白热化程度。据不完全统计，包括北京、上海、天津、武汉、西安、南京、郑州、成都、杭州、广州、海口等全国数十个一线、二线城市和诸多省份发布了新的人才政策。这其中，天津的海河英才落户政策因条件宽松一夜之间引来30万人申请落户而引人注目。通过分析这些政策可以发现，城市争夺的主要是高学历、高技能的青年人才，吸引手段主要是放开落户限制、降低落户条件，并在创业、工作、买房等方面给予资金支持。

年轻人是城市的未来。各地加大对高素质青年人的引进力度，是抓到了城市发展的根本。同时，人才是城市发展从要素驱动向创新驱动转变的核心资源。城市要实现高质量发展，人才无疑是最关键、最紧缺的要素。这应该是城市加大人才争夺力度的最重要原因。

资料来源：华夏基石e洞察. 从抢人大战到孟晚舟事件：2018年人力资源十大观察[EB/OL].(2018-12-20)[2020-08-05]. https://t.qianzhan.com/daka/detail/181220-97b9e040.html，有删改。

思考题：

1. 你认为人才争夺战的利弊有哪些？
2. 你认为不同城市应如何真正吸引和留住人才？

第一节 人力资源规划概述

一、人力资源规划的定义

现实中,人力资源问题已经转变为经营问题,只有在它们影响到一线经理正常行使职能时才会加以解决。问题可能是临时的,例如裁员或劳动力短缺;也可能是长期的,但感觉像是临时的,例如管理开发和继任计划。另外,像劳动力多元化、对管理技能要求的改变、兼并、再培训需求、健康与安全等这些与人员相关的经营问题与公司竞争力直接相关,并且会影响到公司的生存能力。简单来说,正在成长的企业认识到,人员问题对可预见的未来的战略规划和人力资源规划有着重大影响。

人力资源规划(Human Resource Planning),也叫人力资源计划,是指在企业发展战略和经营战略指导下进行人员的供需平衡,以满足企业在不同发展时期对人员的需求,为企业发展提供符合质量和数量要求的人力资源的综合性发展计划。其主要目的是使企业在适当的时间、适当的岗位获得适当的人员,最终获得人力资源的有效配置。

要想准确地理解人力资源规划的定义,必须把握以下几个要点:

(1) 人力资源规划要在企业发展战略和经营战略的指导下进行。人力资源管理只是企业经营管理系统的一个子系统,是要为企业经营发展提供人力资源支持的,因此人力资源规划必须以企业的最高战略为参照,否则人力资源规划将无从谈起。

(2) 人力资源规划包括两个部分:一是对企业在特定时期内的人员供给和需求进行预测;二是根据预测结果采取相应的措施进行供需平衡。这两个部分,前者是后者的基础,离开了预测,将无法进行人力资源的供需平衡;后者是前者的目的,如果不采取措施平衡供需,那么预测将失去意义。

(3) 人力资源规划对企业人力资源供给和需求预测要从数量和质量两个方面进行。企业对人力资源的需求,数量只是一个方面,更重要的是质量,也就是说,供给和需求不仅要在数量上平衡,还要在结构上匹配。

二、人力资源规划的内容

企业要做的规划是多种多样的,既要做整个企业的战略规划,包括明确宗旨、建立目标、评价优劣势、确定结构、制定战略和制订方案等,又要做战术规划和经营规划,同时更要做人力资源规划。人力资源规划与企业的其他规划是并列平行的,但从某种意义上讲,人力资源规划具有更加重要的意义,因为人是企业中活的资源,也是最宝贵的资源,特别是在市场经济条件下和竞争更加激烈的环境下更是如此。

（一）人力资源总体规划

企业的人力资源战略规划属于第一层次,即人力资源总体规划。在总体规划中有三个主要内容,分别是人力资源数量规划、人力资源素质规划和人力资源结构规划,它们为企业人力资源管理提供了指导方针和政策。

人力资源数量规划是依据未来企业业务模式、业务流程和组织结构等因素,确定未来企业各级组织人力资源编制及各职类职种职层人员配比关系或比例,并在此基础上制订企业未来人力资源需求计划和供给计划。人力资源数量规划的实质是确定企业目前有多少人,以及企业未来需要多少人。

人力资源素质规划是依据企业战略、业务模式、业务流程和组织结构等对员工行为的要求,设计各职类职种职层的任职资格要求,包括素质模型、行为能力及行为标准等。人力资源素质规划是企业开展选人、用人、育人和留人活动的基础与前提条件。

人力资源结构规划是依据行业特点、企业规模、未来战略重点发展的业务及业务模式,对企业人力资源进行分层分类,同时设计和定义企业的职类职种职层功能、职责权限等,从而理顺各职类职种职层人员在企业发展中的地位、作用和相互关系。

（二）人力资源业务规划

企业的人力资源战术计划和行动方案属于第二层次,即人力资源业务规划。业务规划是总体规划的展开和具体化,主要包括人员补充计划、人员配置计划、人员接替与晋升计划、人员培训与开发计划、评价与激励计划、员工关系计划和退休与解聘计划等内容。这些业务规划的每一项都应当设定具体的目标、任务和实施步骤,它们是总体规划得以有效实施的重要保证。人力资源业务规划的具体内容如表2-1所示。

表2-1 人力资源业务规划的内容

规划名称	目标	政策	预算
人员补充计划	人员类型、数量、层次及素质结构改善	任职资格、人员来源的范围、人员的起薪	招聘选拔费用
人员配置计划	部门编制、人力资源结构优化、职位匹配、职位轮换	任职资格、职位轮换的范围和时间	按需求、类型和人员状况决定薪酬预算
人员接替与晋升计划	后备人员数量保持、人员结构改善	选拔标准、晋升比例、未晋升人员的安置	职位变动引起的工资变动
人员培训与开发计划	提供内部供给、提高工作效率	培训计划、培训时间和效果保证	培训开发的总成本
评价与激励计划	劳动力供给增加、士气提高、效率改善	工资政策、激励政策、激励方式	工资、奖金增加的数额

(续表)

规划名称	目标	政策	预算
员工关系计划	提高工作效率、员工关系改善、离职率降低	民主管理、加强沟通	法律诉讼费用
退休与解聘计划	劳动力成本降低、生产率提高	退休政策及解聘程序	安置费用

资料来源:董克用.人力资源管理概论[M].第3版.北京:中国人民大学出版社,2013:163。

三、人力资源规划的分类

人力资源规划可以分为以下几种形式:

(一)按照规划的时间长短划分

按照规划的时间长短,人力资源规划可以划分为短期、中期、长期规划三种类型。一般来说,一年及一年以内的规划为短期规划,这种规划要求明确,任务具体,措施易落实;一至五年内的规划为中期规划,这种规划需要对企业的总体要求、方针政策做出明确规定,但没有短期规划那么具体;五年以上的规划为长期规划,这种规划只是对企业总的方向、原则和方针政策做出概括的指导性说明,在实施过程中需要根据环境变化做出相应的调整。

(二)按照规划的范围大小划分

按照规划的范围大小,人力资源规划可以划分为整体的人力资源规划和部门的人力资源规划。整体的人力资源规划是指在整个企业范围内进行的规划,将企业内所有部门包含在规划的范围之内;部门的人力资源规划则是指某个或某几个部门范围内进行的规划。虽然整体的人力资源规划是以部门的人力资源规划为基础的,但是这两者并没有从属关系,有时企业可能只进行部门的人力资源规划而不进行整体的人力资源规划。

(三)按照规划的独立性划分

按照规划是否独立,人力资源规划可以划分为独立性的人力资源规划和附属性的人力资源规划。独立性的人力资源规划是指将人力资源规划作为一项专门的职责来进行,最终结果体现为一份独立的规划报告,类似于市场、生产、研发等职能部门的职能性战略计划;附属性的人力资源规划则是指人力资源规划作为企业整体战略计划的一部分,在规划整体战略计划的过程中来对人力资源进行规划,人力资源规划并不是专门进行的,最终结果大多不单独出现。

四、人力资源规划的程序

人力资源规划需要按照一定的程序进行,一般包括四个阶段:准备阶段、预测阶段、实施阶段和评估阶段(见图2-1)。

(1) 准备阶段。调查、收集和整理涉及企业战略决策和经营环境的各种信息,主要包括外部环境信息和内部环境信息。根据企业或部门实际确定人力资源规划的期限、范围和性质,建立企业人力资源信息系统,为预测工作准备精确而翔实的资料。

(2) 预测阶段。在分析人力资源供给和需求影响因素的基础上,采用以定量为主、结合定性分析的各种科学预测方法,对企业未来的人力资源供给和需求进行预测。这是整个人力资源规划最重要的部分,也是最难的部分,直接决定人力资源规划的成败。

(3) 实施阶段。将供需预测的结果进行比较,制定人力资源供需平衡的总计划和各项业务计划,通过具体的业务计划使未来组织对人力资源的需求得到满足。

(4) 评估阶段。人力资源规划的评估包括事前的结果预期及实施后的效果评价。这一阶段将人力资源规划的预期结果和实际实施后的效果进行比较、判断和分析,有利于调整人力资源计划和改进人力资源管理工作。

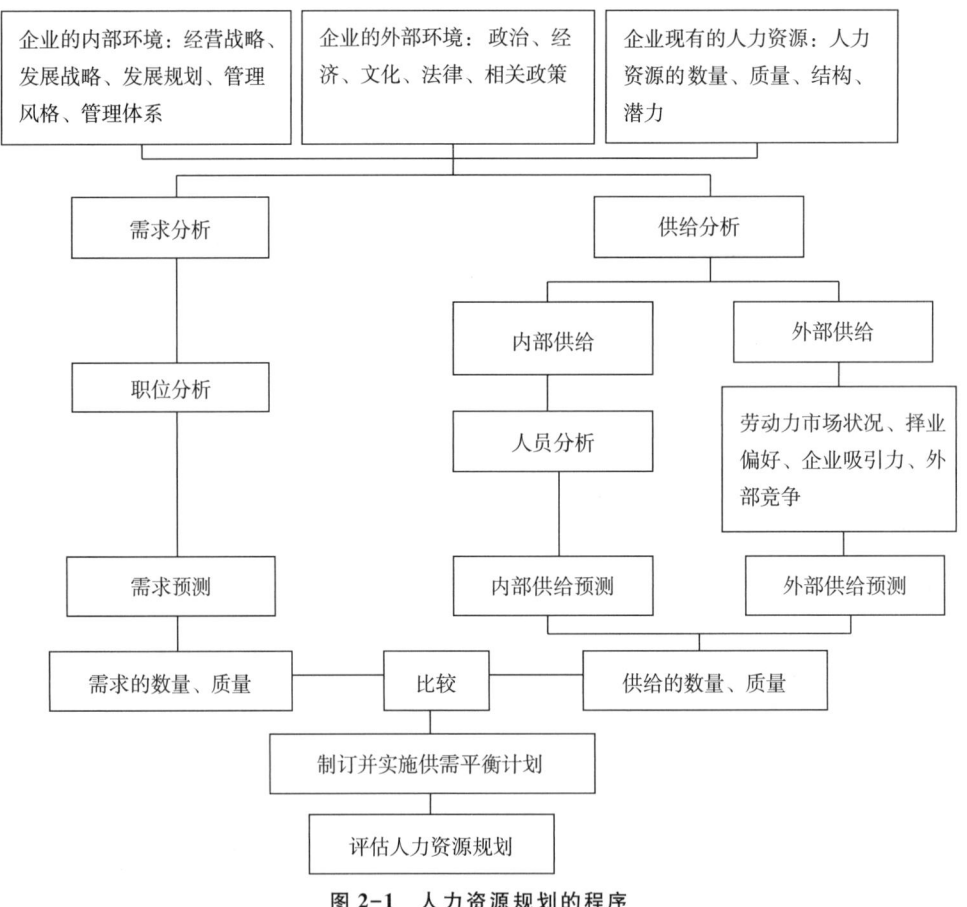

图2-1　人力资源规划的程序

资料来源:董克用.人力资源管理概论[M].第3版.北京:中国人民大学出版社,2013:168。

五、人力资源规划的意义与作用

（一）人力资源规划使企业预见经营活动的变化

企业的生存和发展与企业的人力资源密切相关，企业经营活动过程中的任何变化都有可能导致企业中人力资源的变化。如果企业的人力资源不能适应企业的这种变化，则企业的目标就难以实现。人力资源规划就是要预见因经营活动变化而产生的企业对人力资源需求的变化，并且及早进行准备。

（二）人力资源规划有利于企业保持人员稳定

人力资源规划是在对企业人力资源状况做出全面分析和评价的基础上进行的，通过制定人力资源规划，不仅可以了解企业内部是否存在人才浪费现象，还可以了解企业外部是否有出色的人才可以吸收，从而改善企业人员素质和结构。企业在复杂的内外部环境条件下进行生产经营活动，而这些环境又处于不断变化之中，因此企业为了自身的生存与发展，必须根据环境的变化做出相应的人员调整，这些调整往往会引起人员数量和结构发生变化。此外，企业内部的人力资源自身也处于不断变化之中，如辞职、退休等，这也会引起人员数量和结构发生变化。为了保证人员状况的稳定，企业必须提前了解这些变化并制定出相应的措施，在这种情况下，人力资源规划就显得很有必要。

（三）人力资源规划有利于企业人工成本的降低

企业以利润最大化为目标，追求以最小的投入实现最大的产出。而人力资源规划既可以保障企业拥有足够数量且满足工作要求的人力资源，满足企业发展的需要；又能够防止人力资源的浪费，最大限度地节约人力资源成本。通过人力资源规划预测企业人员的变化，逐步调整企业人员结构，可以避免人力资源的浪费，使企业人员结构趋向合理化，将人员数量和质量控制在合理的范围内，从而节省人工成本。

（四）人力资源规划为开发培训提供信息，使员工能够适应不断变化的环境需要

人力资源规划在为员工招聘提供信息的同时，也为员工培训提供了信息。在快速变化的环境下，企业不可能通过外部招聘的办法解决所有人力资源短缺问题。通过人力资源规划，企业可以了解未来企业发展对员工的知识、技能提出了哪些新的要求，现有的员工能否满足这些要求，企业应该为员工提供哪些培训，等等。员工培训不仅使员工个人的知识、技能水平得以提高，工作适应性加强，而且能够满足企业对人力资源的新需要。

六、人力资源规划与人力资源管理其他职能的关系

（一）与员工招聘的关系

人力资源规划与员工招聘有着直接关系。当预测的人力资源供给小于需求，而企业

内部的供给又无法满足这种需求时,企业就要到外部进行招聘。招聘的主要依据就是人力资源规划的结果,其中包括需要招聘的人员数量和人员质量。

(二) 与员工培训开发的关系

人力资源规划与员工培训开发的关系更多地体现在员工质量方面。企业培训工作中关键的一项内容就是确定培训需求,只有培训需求符合企业实际,培训才有可能发挥效果。而人力资源供需预测的结果则是培训需求确定的一个重要来源。通过比较现有员工的质量和所需员工的质量,就可以确定出培训的需求,这样通过培训就可以提高内部供给的质量,增加内部供给。

(三) 与薪酬管理的关系

人力资源规划是根据企业战略计划和内外部环境变化,科学地分析和预测未来企业对人力资源的需求和供给,并据此制定或调整相应的政策和实施方案,以确保企业在恰当的时间、在不同的职位获得恰当人选的动态过程,工作分析与职位评价是其核心内容。不同的职位需要具有不同能力和技能的人才,基于能力和技能的不同,便可形成能力薪酬体系和技能薪酬体系,因此人力资源规划合理与否直接决定着薪酬管理是否能有效执行。

(四) 与绩效管理的关系

企业根据人力资源战略和目标进行人力资源的系统规划,绩效管理成为人力资源规划中不可或缺的重要部分。如果企业不能根据内外部环境和发展战略的变化制定相应的绩效管理体系,则企业目标的实现将出现难以克服的障碍。另外,企业通过对员工的工作业绩及工作态度进行评价,可以对员工现阶段的工作状况做出判断,然后根据具体情况对人员结构进行调整,由此造成的职位空缺就形成了供需预测的一个来源。

第二节 人力资源供需预测

所谓预测,是指利用预测对象本身的历史和现状信息,采用科学的方法和手段,对预测对象未来的发展演变规律预先做出科学的判断。信息的不确定性注定了预测的困难性及不完美性。企业的人力资源预测可以分为人力资源需求预测和人力资源供给预测。

一、人力资源需求预测

人力资源需求预测是人力资源规划的重要环节。人力资源需求预测是从企业经济发展的长远利益出发,对企业所需的人力资源数量、质量进行科学的分析和预测。人力资源需求预测是企业编制人力资源规划的核心和前提条件。人力资源需求预测受到许多因素的影响,包括技术条件、经济形势、政策环境、消费者购买偏好、企业结构设计等。目前,人力资源需求预测方法主要分为定性方法和定量方法。

(一) 定性方法

1. 经验预测法

经验预测法适用于较稳定的小型企业,是指利用现有的情报和资料,结合以往的经验及本企业的实际特点,来预测企业未来的人力资源需求的方法。预测的结果受经验的影响较大,且不同的管理人员经验不同。因此,通过保存历史档案、查阅历史资料和多人综合预测等方法可以提高预测的准确度,减小误差。

2. 描述法

描述法是指企业的人力资源部门对组织未来的战略目标和相关因素进行假设性描述、分析和综合,并做出多种人力资源需求备选方案,以适应和应付环境及因素变化的方法。描述法通常用于环境变化或者组织变革时的人力资源需求预测分析。

3. 德尔菲法

德尔菲法又称专家预测法,是指邀请在某领域的一些专家或有经验的管理人员,采用问卷调查或小组面谈的形式,对企业未来的人力资源需求进行分析、评估和预测,并最终达成一致意见的方法。德尔菲法分几轮进行:第一轮要求专家以书面形式提出各自对企业人力资源需求的预测结果。在预测过程中,专家之间不能互相讨论或交换意见。第二轮,将专家的预测结果收集起来进行综合,再将综合结果通知各位专家,以进行下一轮的预测。反复几次直至得出大家都认可的结果。通过这种方法得出的是专家们对某一问题的看法达成一致的结果。

(二) 定量方法

1. 趋势预测法

趋势预测法是利用企业的历史资料,根据某些因素的变化趋势,预测相应的某个时期企业人力资源的需求情况。趋势预测法在使用时一般都要假设其他一切因素都保持不变或者变化幅度保持一致,往往忽略了循环波动、季节波动和随机波动等因素。

2. 回归分析法

回归分析法是依据事物发展变化的因果关系来预测事物未来的发展趋势,它是研究变量间相互关系的一种定量预测方法,又称回归模型预测法或因果法。回归分析法又分为一元回归分析与多元回归分析。

(1) 一元回归分析。当人力资源的历年数据呈有规律的近似直线趋势分布时,可用最小二乘法求出直线回归方程 $y=a+bx$,来预测未来的人力资源需求。运用此方法,要满足一定的条件,即人力资源的增减趋势保持不变,内在、外在环境因素保持不变,因而此方法虽然简单、实用,但有较大的局限性。

(2) 多元回归分析。事实上,在很多情况下,企业人力资源的需求数量并不是由一个简单的因素决定的,而是由多个主要因素共同决定。这些因素如果呈线性关系,就称为多元线性回归。例如,人力资源的数量由生产规模、劳动生产率等多个因素决定。此外,为了确保预测的准确性,最好先做相关性检验,然后再根据自变量的未来值预测因变量的未来值。

3. 劳动定额预测法

劳动定额是对劳动者在单位时间内应完成的工作量的规定。在已知企业的计划期任务总量以及科学合理的劳动定额的基础上,运用劳动定额法能够比较准确地预测企业人力资源需求量。该方法可以运用公式 $N = W/Q(1+R)$ 进行计算。式中,N 为企业人力资源需求量,W 为计划期任务总量,Q 为企业制定的劳动定额,R 为部门计划期内生产率变动系数。$R = R_1 + R_2 + R_3$,其中:R_1 为企业技术进步引起的劳动生产率提高系数,R_2 为经验积累导致的劳动生产率提高系数,R_3 为员工年龄增大以及某些社会因素导致的劳动生产率下降系数。

二、人力资源供给预测

人力资源供给预测是预测在某一未来时期,组织内部所能供应的(或经由培训可能补充的)以及外部劳动力市场所能提供的一定数量、质量和结构的人员,以满足组织为达成目标而产生的人力资源需求。人力资源供给预测与人力资源需求预测有所不同,人力资源需求预测研究的只是组织内部对人力资源的需求,而人力资源供给预测需要研究组织内部的人力资源供给和组织外部的人力资源供给两个方面。

(一)人力资源供给的影响因素

影响人力资源供给的因素可以分为企业内部因素和企业外部因素两个方面。

企业内部因素包括:企业员工的自然流失,如伤残、退休、死亡等;员工内部流动,如晋升、降职、平调等;员工外部调动,如自动辞职、合同到期解聘等。企业内部人力资源供给,主要依靠管理人员与技术人员的不断接续和替补。其主要过程是:明确预测范围;配置关键职位的接替人选,并评价接替人员目前的工作情况及其能力是否达到该职位的要求;确定专业发展需要,并将员工个人的目标与企业目标相结合,主动挖掘员工潜力。

企业外部因素主要包括人口政策及现状、劳动力市场发展情况等。人口政策决定了一定时期内劳动力的规模;人口现状则反映了企业外部现有人力资源供给状况,其中包括人口规律、年龄和素质结构,现有劳动力参与率等。另外,劳动力市场发育良好,将有利于劳动力自由进入市场,由市场工资率引导劳动力的合理流动。若劳动力市场发展不良,则将影响人力资源的优化配置,也会给企业预测外部人力资源供给带来困难。

（二）人力资源供给预测方法

1. 人员核查法

人员核查法是通过对组织内现有人力资源的质量、数量、结构及其在各职位上的分布状况进行核查，以便确切掌握组织内部人力资源的拥有量及其利用潜力。组织规模不大时，核查是相对容易的；如果组织规模较大、结构较复杂，就应该建立专门的人力资源信息系统，以获得详细的信息。该方法得到的数据是静态的，不能反映人力资源拥有量的未来变化，因此多用于短期预测。

2. 人员替代法

人员替代法是对现有管理人员的状况进行调查、评价后，列出未来可能的管理者人选，该方法又被称为管理者继承计划。其主要过程为：按照一定的标准选择候选人，即选择潜在的岗位接替者；对现有的管理人员、接替人员和其他岗位人员进行工作绩效与发展潜力的评估；将各类人员按照工作绩效或发展潜力排队，组成岗位接替图，如图2-2所示。

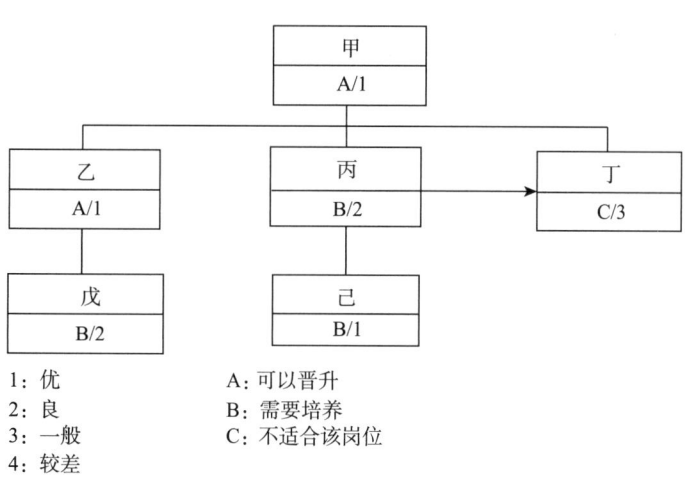

图2-2 岗位接替图

3. 马尔科夫预测法

马尔科夫预测法是一种统计方法，该方法目前广泛应用于企业人力资源供给预测，其基本思想是找出过去人力资源变动的规律，来推测未来人力资源变动的趋势。通过历年数据来推算每一种工作中人员变动的概率，就可以推测出未来的人员变动（供给量）情况。将计划初期每一种工作的人员数量与每一种工作的人员变动率相乘，然后相加，即得到组织内部未来人力资源的净供给量。马尔科夫预测法实际上是一种转换概率矩阵，使用统计技术预测未来的人力资源变化。该方法描述组织中员工流入、流出和内部流动的整体形式，可以作为预测内部人力资源供给的基础。

三、人力资源供需的平衡

人力资源规划的最终目标是要实现企业人力资源供给与需求的平衡,但是在现实中,企业人力资源供需不平衡是一种必然现象,供需相匹配是很难达到的,即使存在也是短期的,不可能长期平衡,而且也会在层次、结构上发生不平衡。这是由企业所处的复杂环境决定的,各种变化因素使企业长期处于波动之中,对人力资源的需求也会不断地发生变化。因此,在预测出人力资源的供给和需求之后,就要对二者进行比较,一般会出现三种情况:

(一)供给和需求在总量上基本平衡,但是在结构上不平衡

对于结构性的人力资源供需不平衡,企业应进行人员内部的重新配置,包括晋升、调动、降职等,来弥补那些空缺职位,以满足这部分人力资源需求。企业还可以对人员进行有针对性的培训,使他们能够从事空缺职位的工作。

(二)供给大于需求

人力资源过剩是企业经常面临的问题,也是企业人力资源规划的难点问题。解决企业人力资源过剩问题的常用方法有:

第一,扩大经营规模,或开拓新的增长点,以增加企业人力资源需求。

第二,缩短工时,随之降低工资水平,这是西方企业在经济萧条时经常采用的一种解决企业临时性人力资源过剩的有效方式。

第三,鼓励提前退休,对一些接近而还未达退休年龄者,应制定一些优惠措施,如对提前退休者仍按正常退休年龄计算养老保险工龄,有条件的企业,还可以一次性发放部分奖金(或补助),鼓励提前退休。

第四,永久性裁员或辞退员工,对于一些劳动态度差、技术水平低的员工采取永久性裁员的方式,这是最直接的方法。

(三)供给小于需求

当预测企业的人力资源在未来可能发生短缺时,企业要根据具体情况选择不同的方案以避免短缺现象的发生。常用方法有:

第一,提高现有员工的工作效率,可以从绩效管理、薪酬管理等方面入手。

第二,如果短缺现象不严重,且本企业员工又愿意延长工作时间,则可以根据《劳动法》等有关法规,制定延长工作时间、适当增加报酬的计划,这只是一种短期应急措施。

第三,将符合条件而又处于相对富余状态的人员调往空缺职位。

第四,从企业外部聘用人员,包括返聘退休人员,可以雇用全职的,也可以雇用兼职的。

第三节 人力资源规划的执行

一、人力资源规划的执行者

人力资源规划的执行可采用下列几种方式：①由人力资源部门负责，其他部门与其配合；②由某个具有部分人事职能的部门与人力资源部门协同负责；③由各部门选出代表组成跨职能团队负责。在执行过程中，各部门必须通力合作而不是仅靠负责规划的部门执行，人力资源规划同样也是各级管理者的责任。

企业中，人力资源规划职能可以归属到四个不同的层次：

（1）决定层，即企业经营战略的决定者、人力资源规划的决定者。

（2）人力资源职能层，即企业经营战略的倡导者，人力资源规划的制定者、设计者，人力资源规划执行的监督者。

（3）直线部门职能层，即人力资源政策的实施者、人力资源规划的执行者。

（4）员工，即人力资源政策的体验者、人力资源规划的对象。

二、人力资源规划的执行原则

（一）充分考虑内外部环境的变化

人力资源规划只有充分地考虑了内外部环境的变化，才能适应需要，真正做到为企业发展目标服务。内部环境变化主要指销售的变化、开发的变化（或者说企业发展战略的变化）及企业员工的流动变化等；外部环境变化主要指社会消费市场的变化、政府有关人力资源政策的变化、人才市场的变化等。为了更好地适应这些变化，企业在人力资源规划中应该对可能出现的情况及风险做出预测，最好能有面对风险的应对策略。

（二）确保企业的人力资源保障

企业的人力资源保障问题是人力资源规划中应解决的核心问题。它包括人员流入预测、人员流出预测、人员内部流动预测、社会人力资源供给状况分析、人员流动损益分析等。只有有效地保证了对企业人力资源的供给，企业才有可能进行更深层次的人力资源管理与开发。

（三）使企业和员工都得到长期的利益

人力资源规划不仅是面向企业的规划，也是面向员工的规划。企业的发展和员工的发展是互相依托、互相促进的关系。如果只考虑企业的发展需要，而忽视了员工的发展需求，则会有损企业发展目标的达成。优秀的人力资源规划，一定是能够使企业每个员工达到长期利益的规划,一定是能够使企业和员工共同发展的规划。

三、人力资源规划的辅助工具——人力资源管理信息系统

(一)人力资源管理信息系统概述

人力资源管理信息系统(HRIS)是指一个由具有内部联系的各模块组成的,能够用来收集、处理、储存和发布人力资源信息的系统。该系统能够为一个组织人力资源管理活动的开展提供决策、协调、控制、分析以及可视化等方面的支持。人力资源管理信息系统是把分散的企事业单位的职工信息实行统一、集中、规范的收集管理,建立分类编号、电脑存储查询等现代化、专业化的管理系统,为企事业单位和职工解除后顾之忧。人力资源管理信息系统为企事业单位提供信息咨询、信息检索、信息存取等服务。

(二)人力资源管理信息系统的建立

组织建立人力资源管理系统需要通过以下步骤:

(1)建立组织的人力资源管理信息平台。通过计算机和网络技术构建组织的人力资源信息数据库,配备所需的各种硬件设备和软件设备。

(2)建立人力资源信息收集、整理、分析、评价等各个子系统,确定每个子系统的具体方法。

(3)将收集来的各种信息输入人力资源信息数据库,并进行分类。

(4)运用人力资源管理信息系统和数据库进行各项人力资源规划工作,对组织的人力资源状况进行准确判断和预测。

(三)人力资源管理信息系统的实施

企业可直接购买人力资源管理信息系统,也可自行建造人力资源管理信息系统。当然,人力资源管理信息系统的成功实施还需要企业高层管理者的重视、全员信息化管理意识的增强、系统建设运营的资金保障和拥有信息系统管理人才等环境条件的支撑。

本章小结

1. 人力资源规划,也叫人力资源计划,是指在企业发展战略和经营战略指导下进行人员的供需平衡,以满足企业在不同发展时期对人员的需求,为企业发展提供符合质量和数量要求的人力资源的综合性发展计划。

2. 企业要做的规划是多种多样的,既要做整个企业的战略规划,包括明确宗旨、建立目标、评价优劣势、确定结构、制定战略和制订方案等,又要做战术规划和经营规划,同时更要做人力资源规划。人力资源规划主要包括总体规划和业务规划;根据规划的时间长短,又可分为短期、中期与长期规划。短期规划要求明确,任务具体,措施易落实;中期规

划需要对企业的总体要求、方针政策做出明确规定,但没有短期规划那么具体;长期规划只是对企业总的方向、原则和方针政策做出概况的指导性说明,在实施过程中需要根据环境变化做出相应的调整。人力资源规划的程序一般包括准备阶段、预测阶段、实施阶段和评估阶段。

3. 人力资源供需预测是人力资源规划的重要环节。人力资源需求预测是从企业经济发展的长远利益出发,对企业所需的人力资源数量、质量进行科学的分析和预测。人力资源需求预测的方法主要分为定性方法和定量方法。定性方法主要有经验预测法、描述法和德尔菲法;定量方法主要有趋势预测法、回归分析法、劳动定额预测法。人力资源供给预测是预测在某一未来时期,组织内部所能供应的(或经由培训可能补充的)以及外部劳动力市场所能提供的一定数量、质量和结构的人员,以满足组织为达成目标而产生的人力资源需求。人力资源供给预测主要的方法有人员核查法、人员替代法和马尔科夫预测法。

4. 组织在制定人力资源规划时,人力资源管理部门与其他相关部门应共同承担责任,同时要依靠人力资源管理信息系统来辅助实现。

复习思考题

1. 人力资源规划的内容是什么?有哪些分类方式?
2. 人力资源规划的程序是怎样的?
3. 人力资源供需预测的方法分别有哪些?
4. 人力资源供需预测的对比结果有哪些?分别有什么对策?
5. 人力资源规划的执行原则是什么?

案例与讨论

五金制品公司的人力资源规划

老冯几天前才调到五金制品公司的人力资源部当助理,就接受了一项紧迫的任务——在10天内提交一份本公司5年的人力资源规划。老冯虽然从事人力资源管理工作已经多年,但面对桌上那一大堆文件、报表,不免一筹莫展。经过几天的整理和苦思,他觉得要编制好这个规划,必须考虑下列各项关键因素:

首先是本公司的现状,公司共有生产与维修工人825人,行政职员143人,中、基层管理干部79人,工程技术人员38人,销售员23人。其次是职工的离职率,据统计,近5年来公司职工的平均离职率为4%,预计不会有什么改变。不过,不同类别职工的离职率并不一样,生产与维修工人的离职率高达8%,而工程技术人员和管理干部的离职率则只有

3%。最后是公司的扩产计划,按照既定的扩产计划,行政职员和销售员要增加10%—15%,工程技术人员要增加5%—6%,中、基层干部不增也不减,而生产与维修工人要增加5%。有一点特殊情况要考虑:最近本地政府颁布了一项政策,要求当地企业在招收新职工时,要优先照顾妇女和下岗职工。公司一直未曾有意排斥妇女或下岗职工,只要他们来申请,公司就会按同一种标准进行选拔,并无歧视,但也未给予特殊照顾。如今的事实是,公司销售员中除一人是女性外其余都是男性;中、基层管理干部中除两人是女性外,其余也都是男性;工程技术人员中只有三人是女性;生产与维修工人中约有11%是妇女或下岗职工,而且都集中在最底层的劳动岗位上。

老冯还有5天就要交出计划,其中包括各类干部和职工的人数、从外界招收的各类人员的人数,以及如何贯彻市政府关于照顾妇女与下岗职工政策的计划。此外,五金制品公司刚开发出几种有吸引力的新产品,所以预计公司销售额五年内会翻一番,老冯还要提交一份应变计划以备应对这类快速增长。

资料来源:五金制品公司的人力资源规划[EB/OL].[2020-08-05].https://wenku.baidu.com/view/901398fc0242a8956bece441.html,有删改。

思考题:

1. 老冯在编制人力资源规划时应考虑哪些情况和因素?
2. 他应该制订一份什么样的招聘方案?

本章参考文献

[1] 董克用.人力资源管理概论[M].第3版.北京:中国人民大学出版社,2013.

[2] 侯光明.人力资源战略与规划[M].北京:高等教育出版社,2009.

[3] 黄勇荣.人力资源战略与规划精选案例评析[M].北京:科学出版社,2017.

[4] 李燕萍,陈建安.人力资源战略与规划[M].北京:高等教育出版社,2016.

[5] 唐秋勇等.巨人的人才战略:世界500强企业CHO访谈录[M].北京:电子工业出版社,2018.

[6] 文跃然.人力资源战略与规划[M].第2版.上海:复旦大学出版社,2017.

[7] 杨百寅,单许昌.定力:中国社会变革的思想基础[M].北京:北京大学出版社,2018.

[8] 赵曙明.人力资源战略与规划[M].第3版.北京:中国人民大学出版社,2012.

第三章　工作分析

【学习目标】

1. 了解工作分析的定义及相关术语；
2. 理解工作分析作为人力资源管理基础的地位；
3. 重点掌握工作分析的内容、流程、方法和结果；
4. 掌握工作说明书的结构及内容；
5. 清晰地认识到工作分析对人力资源管理其他模块的作用。

引导案例

A 公司如何进行人力资源变革

A 公司是位于我国中部地区的一家房地产开发公司。近年来，随着当地经济的迅速增长，房产需求强劲，公司有了飞速的发展，规模持续扩大，逐步发展为一家中型房地产开发公司。然而随着公司的发展和壮大，员工人数大量增加，众多的组织和人力资源管理问题逐渐突显出来。

公司现有的组织结构，是基于创业时的公司规划，随着业务扩张的需要逐渐扩充而形成的，在运行过程中，组织与业务上的矛盾已经逐渐突显出来。部门之间、职位之间的职责与权限缺乏明确的界定，推诿扯皮的现象不断发生；有的部门抱怨事情太多、人手不够，任务不能按时、按质、按量完成；有的部门又人员冗杂、人浮于事，效率低下。

在公司人员招聘方面，用人部门给出的招聘标准往往含糊不清，招聘主管往往无法准确地加以理解，使得招来的人大多不尽如人意。同时，目前的许多岗位不能做到人事匹配，员工的能力不能得以充分发挥，严重挫伤了员工的士气，并影响了工作的效果。而在人员晋升方面，上级和下属之间的私人感情成为晋升与否的决定性因素，有才干的人往往并不能获得晋升。因此，许多优秀的员工由于看不到自己未来的前途而另寻高就。在激励机制方面，公司缺乏科学的绩效考核和薪酬制度，考核中的主观性和随意性非常严重，员工的报酬不能体现其价值与能力，人力资源部经常可以听到大家对薪酬的抱怨和不满，这也是人才流失的重要原因。

面对这样严峻的形势,人力资源部决定着手进行人力资源管理的变革,变革首先从岗位分析、确定岗位价值开始。岗位分析究竟如何开展,如何抓住岗位分析过程中的要害点,如何为公司本次组织变革提供有效的信息支持和基础保证,是摆在 A 公司面前的重要课题。

资料来源:A 公司是我国中部省份的一家房地产开发公司[EB/OL].[2020-08-05].http://www.docin.com/p-1206588791.html,有删改。

思考题:A 公司如何确定岗位价值?

第一节 工作分析概述

工作分析是人力资源管理的一项基础性工作。以往,由于工作分析并不能对企业的人力资源管理实践产生立竿见影的效果,因此常常被企业忽视。然而,随着人力资源管理的转型和进一步发展,企业管理者日益认识到了人力资源管理的战略地位以及工作分析对人力资源管理各个模块的作用。进而,如何高效地实施工作分析应当成为企业人力资源管理者的重要课题。

一、工作分析的含义

工作分析又称岗位分析或职位分析,国内外学者对此有多种定义。欧内斯特·J.麦考密克(Ernest J. McCormick)认为,工作分析是一个获取与工作有关的详细信息的过程,这个获取信息的过程所涉及的范围取决于工作分析人员的实际需求;韦恩·卡西欧(Wayne Cascio)则认为,通过工作分析这一程序,我们可以从技能和经验的角度来确定某一工作的任务和性质是什么,以及哪一类型的人适合被雇用来从事这一工作。国内学者余凯成等认为,工作分析是对组织中某个特定岗位的目的、职责、隶属关系、权限、任职资格、工作环境等相关信息进行收集、整理和分析,以便对该岗位的工作做出明确的界定,同时提出该岗位的任职资格条件。

基于对上述定义的归纳,本书将工作分析界定为全面了解并获取与工作有关的详细信息,是对组织中某个特定岗位的工作内容和工作规范的描述与研究过程,即制定工作说明书的系统过程。工作分析包括两部分内容:一是对组织内各岗位所要从事的工作内容和承担的工作职责进行清晰的界定;二是确定胜任各岗位所需要的任职资格条件,如学历、专业、年龄、技能、工作经验、工作能力以及工作态度等。

二、工作分析的相关术语

工作分析的相关术语主要包括：

（1）工作要素。指工作中不能再细分的最小活动单元，是形成职责的信息来源和分析基础，并不能直接体现在工作说明书之中。例如，酒店里负责为客人办理入住手续的服务员，在办理入住手续的这项工作任务中就包含询问客人个人信息、要求客人出示身份证件等工作要素。

（2）任务。指为了达到某种目的而进行的一系列工作要素，是工作分析的基本单位，是对工作职责的进一步分解。例如，酒店前台为客人办理入住手续。

（3）职责。指任职者为履行一定的组织职能或完成工作使命，所负责的范围和承担的一系列工作任务，以及完成这些工作任务所需承担的相应责任。例如，销售人员诚信对待客户，以树立企业良好的信誉和形象。

（4）权限。指为了保证职责的有效履行，任职者必须具备的、对某事项进行决策的范围和程度。例如，企业高层管理者拥有企业经营方向的决策权。

（5）任职资格。指为了保证工作目标的实现，任职者必须具备的知识、技能、能力和个性特质等方面的条件。它常常用胜任某个岗位所需要的学历、专业背景、工作经验、工作技能、能力等要素来加以表达。例如，某企业的人力资源专员要求大学本科学历，有两年以上相关工作经验。

（6）职类。职类是一组岗位的集合，这些岗位要求任职者所需具备的任职资格条件、承担的职责，绩效标准、薪酬要素等管控激励方式，以及在组织中与其他岗位的分工、汇报关系相同或相似。

（7）职种。职种由对同职类的岗位进行细分归并而成，这些岗位分别承担相同业务板块功能与责任。

（8）职层。职层由将同职类的岗位按照任职者具备的资格条件以及承担职责大小的差异程度进行分层归并而成。这些岗位在绩效标准、薪酬要素等管控激励方式以及与其他岗位的分工、汇报关系方面存在差异。

（9）职等。职等是运用于薪酬体系中的概念，职等与职级区间的确定要根据人力资源战略、企业规模、支付能力、人力资源现状等因素确定。

（10）职务。指组织内具有相当数量和重要性的一系列岗位的集合或统称，是一组重要责任相似或相同的岗位。

（11）职位。也就是岗位，它在特定的组织和特定的时间内，由特定的人所担负的一个或数个任务组成。简单地讲，职位是指企业的某个员工需要完成的一个或一组任务。

三、工作分析在人力资源管理中的作用

人力资源管理包括人力资源规划、招聘选拔、培训开发、绩效管理、薪酬管理、员工关系管理、职业生涯规划七个模块,而这些具有内在联系的人力资源管理活动都是在工作分析的基础上进行的。工作分析所提供的信息通过编制成工作说明书为其他人力资源管理活动提供了指导。

现代人力资源管理的所有职能,包括人力资源的获取、整合、保持与激励、控制与调整、培训与开发等都以工作分析为基础和前提,具体而言:

(1) 工作分析的结果可以为有效的人力资源规划提供可靠的依据。通过工作分析可以对企业内部各岗位的工作量进行科学的分析和判断,从而为岗位的增减和人员编制的调整提供必要的信息;同时,工作分析提供对各岗位的任职资格要求,也有助于企业进行人力资源的内部供给预测。

(2) 工作分析所形成的人力资源文件使人力资源管理人员明确了招聘对象和标准。工作分析提供了胜任企业内部各岗位所需要的任职资格条件,明确了企业招聘选拔的各项标准,有助于提高企业的人员招聘质量,从而更好地实现人岗匹配。

(3) 工作分析为企业制定公平合理的薪酬制度提供了可靠的保证。工作分析对各岗位承担的职责、从事的活动、任职资格等做了具体的描述,使得企业能够根据各岗位在企业内部的相对重要性给予不同的报酬,从而有助于实现薪酬的内部公平。

(4) 工作分析为企业制定符合实际需要的员工培训与发展计划提供依据。工作分析明确了企业内部各岗位的工作要求和标准,结合绩效考核了解岗位在职员工实际工作表现与岗位要求的差距,从而为员工量身定制符合实际需要的培训与发展计划。

(5) 工作分析是员工绩效考核的前提,它为员工绩效考核的内容、指标体系以及评价标准的确定提供客观依据。

第二节　工作分析流程

工作分析是人力资源管理的基础性工作,为人力资源管理的其他模块提供支持和保障,因而做好工作分析是十分必要的。

工作分析在具体的实施过程中较为复杂,对参与人员的专业素质要求较高,同时还要求他们对工作分析的流程有一个清晰的认识。系统规划工作分析的流程,然后按照规划的要求逐步落实,是有效开展工作分析的必要条件。

一般而言,工作分析的流程分为五个阶段,分别是:前期准备阶段、工作信息收集阶

段、工作信息分析阶段、结果输出阶段以及结果的应用和反馈阶段。

一、前期准备阶段

在工作分析的前期准备阶段，需要做好以下几项工作：

（一）明确工作分析的目的

工作分析的目的主要是收集与工作相关的各种信息。具体而言，它可以为招聘环节确定各岗位的工作职责和任职资格要求，可以为制定绩效考核标准提供依据，还可以用于确定培训需求。工作分析的目的不同，所需收集、处理的工作信息的内容和工作量就不同，选用的工作分析方法也不同。因此，开展工作分析首先需要确定的就是工作分析的目的。

然而，在明确了工作分析的目的之后，并不是说就可以立即开展这项工作了。作为一个复杂的系统工程，工作分析的顺利开展需要具备一定的前提条件，例如组织结构已经确定，并且相对稳定；各岗位的工作职责相对固定，不存在由大量临时性工作任务支撑起来的岗位。因此，在组织开展工作分析之前，必须对必备的前提条件进行确认，以便在合适的时机顺利推进工作分析。

（二）确定工作分析的对象

当组织规模很大时，考虑到时间、成本和工作效率，并不能同时对组织所有的工作岗位进行分析，这时就需要明确具体的分析对象。组织应选择具有典型代表性的工作岗位作为分析对象，同时要求选取的岗位工作职责清晰明了且相对固定、工作量饱满。

（三）确定并培训工作分析小组

工作分析是一个复杂烦琐的过程，并不是人力资源部能够独立完成的，它必须得到企业各层级管理人员的支持和认可。因此，在工作分析的前期准备过程中，企业必须成立专门的工作分析小组，小组成员除工作分析人员外，还应包括岗位在职者、人力资源部工作人员、企业高层以及重要部门的负责人。工作分析人员可以来自组织内部，由接受过工作分析相关专业培训，能够熟练掌握工作分析方法、操作流程和输出结果的工作人员担任；也可以来自组织外部，由外部管理咨询专家担任。选择内部人员的优势在于他们了解组织现状，缺陷就是较少掌握先进的工作分析专业知识和技能，同时缺乏工作分析的相关经验；而外部专家则正好相反。

在成立了专门的工作分析小组后，企业就需要对小组成员就如何科学有效地开展工作分析进行培训了。培训内容应包括工作分析的目的和作用、工作分析的方法和操作流程、工作分析结果的应用等。

二、工作信息收集阶段

要得出工作分析结果必须对与工作有关的信息进行大量收集,根据不同的工作分析目的和对象,合理地确定工作信息收集的范围。

通常,工作分析所需收集的信息主要有以下几种类型:

(1) 工作活动。是指任职者必须执行的与工作有关的活动。在此,需要收集的具体信息包括工作任务是如何完成的,是在什么时间以及按照什么方式完成某项工作的,完成工作的程序是怎样的,等等。

(2) 工具设备。主要是指任职者在工作中所使用的机械、设备、工具、材料等,如电脑、投影仪、财务报表等。

(3) 工作条件。主要是指任职者在工作过程中的设备条件、工作环境、劳动强度和工作时间的总和,如办公空间和设备、通风和除尘装置、安全设施、卫生设施、日常工作量及工作时间等。

(4) 对任职者的要求。对任职者的要求主要用来建立岗位的任职资格体系,包括对与工作有关的年龄、学历、专业背景、工作经验、技能、身体条件、人格特质等方面的要求。

概括地说,组织在实际进行工作分析时,所需收集的信息应包括如下内容:工作范围和主要内容,工作的具体职责,胜任该项工作所需具备的知识、技能、经验、学历等条件,工作协作关系,工作环境和条件,生理和心理要求,以及劳动强度。

工作信息可以直接从企业现有的留存资料中进行收集,包括企业的组织结构图、原有的工作说明书和工作流程图等;也可以是对岗位在职者进行访谈,要求他们描述平时主要的工作内容以及开展工作的具体方式;还可以从在职者的同事(上级或下级)那里获得目标岗位的资料,并与在职者提供的信息进行对比,从中发现矛盾或不符合实际的地方;或者到现场直接观察任职者的工作内容和工作开展方式,但是要注意方式、方法,切忌影响到任职者的正常工作。

三、工作信息分析阶段

对工作信息进行分析,就是要将收集到的零散信息、资料进行整理、归纳及规范化,以便最终形成标准的工作说明书。

信息分析是整个工作分析过程中的一个重要阶段,其主要任务是按照既定的标准和方法,对已审核确认的信息进行描述、分类、归纳和整理,提取出与工作相关的信息,剔除不相关的信息,最后形成书面结果。

(一) 核对工作信息

对于将收集到的工作信息进行整理后所形成的资料,工作分析人员必须同任职者及其上级主管进行审查、核实和确认,避免误差,以保证工作分析的有效性。

(二)工作信息分析的内容

工作信息分析的内容主要是对收集到的各种与工作有关的信息,如工作活动信息、工作绩效信息、工作对在岗人员的要求等进行分析和归纳。对工作信息的分析应从以下几个方面进行:

(1) 工作职责和目标是否清晰明了;

(2) 岗位的工作量是否饱满;

(3) 工作任务的难易程度;

(4) 工作流程的合理性、规范程度;

(5) 工作岗位在组织中的责任、权利及其合理性;

(6) 工作岗位在组织中工作关系的合理性;

(7) 工作岗位对任职人员各方面的要求;

(8) 工作条件是否有助于任职者履行工作职责;

(9) 工作绩效的衡量标准。

必须说明的是,对工作信息进行分析不能局限于某个单一的工作岗位,而应该从整体的角度着手,按照工作流程发生的先后顺序或者按照不同工作之间逻辑上的相关性,对整个工作团队乃至部门和组织的全部工作信息进行梳理,分析、理顺组织权限关系。这对界定岗位工作职责、厘清组织权限关系、分析工作流程的合理性以及优化和调整组织结构都具有重要意义。

四、结果输出阶段

工作分析的最终结果就是形成工作说明书。工作说明书是指用书面形式对组织中各类岗位的工作性质、工作任务、工作职责、工作权限、工作内容和方法、工作环境和条件以及本岗位任职者的资格条件所做的统一要求,它应该说明任职者应该做些什么、如何去做以及在什么样的条件下履行其职责。

工作说明书的基本格式可以因企业的实际情况而有所不同,但至少应该包括五个部分的内容:

(1) 岗位基本信息,包括岗位名称、岗位编号、直接上级、所属部门、工资等级、工资标准、直接下级人数、工作性质、工作地点、工作分析日期等内容。

(2) 主要目的,概述本岗位存在的主要目的及在组织中的地位和作用。

(3) 工作描述,包括工作职责概述、具体工作职责、工作权限、监督和被监督关系、工作使用设备、工作结果输出等内容。

(4) 工作环境,简要说明工作场所和工作环境的危险性、工作时间、工作均衡性等内容。

（5）任职资格，包括：①知识、技能，如准入学历，对有关政策法令、工作准则的了解程度，对设备、材料性能以及工艺与操作方法的掌握情况；②经验，如对相关工作经历的要求；③能力，指根据前两项要求分析确定岗位任职者所需具备的判断力、决策力、解决问题的能力、适应性等；④心理素质、身体素质，指任职者的职业倾向、人格特质等以及任职者完成岗位职责所需具备的身体健康程度。

五、结果的应用和反馈阶段

在编制了工作说明书以后，工作分析并没有结束，此时还需要将工作分析的结果应用到人力资源管理系统中，在实际应用过程中发现可能存在的问题，并针对问题逐个进行反馈，为后续工作分析的开展提出新的要求。

工作分析结果可以应用于人力资源管理系统的各个方面，是人力资源管理工作的基础。以下从五个主要方面来简要说明工作分析结果在人力资源管理过程中的具体应用。

（1）工作分析结果是制定人力资源规划的重要依据。人力资源部门为企业发展提供的战略性支持主要体现在人力资源规划方面。基于胜任力素质模型的工作分析结果可以帮助组织确定未来的工作要求以及完成这些工作的人员需求。组织内有多少个工作岗位，这些岗位需要配备多少人员，需要配备什么类型的人员，目前的人员配备能否达到岗位的要求，未来组织内的岗位将会发生什么变化，人员结构将怎样进行调整，哪些岗位需要专门储备人才，储备的人才需要具备哪些知识、能力和素质，哪些岗位目前人员编制过多，等等，这些问题都可以通过工作分析得以解决。

（2）工作分析结果为人员招聘与选拔提供标准。科学、切实的工作分析结果为招聘过程中用人标准的确定、招聘信息的发布、应聘简历的筛选、面试工具的选择和设计提供了重要的信息。公开发布的招聘信息一般包括工作职责和任职资格两部分，任职资格由学历、专业背景、工作经验、专业知识、技能、个性特征、能力素质和生理状况等方面的要求组成。严格按照工作分析结果中的任职资格条件进行选拔，不仅能提高招聘工作的效率，还能保证进入初试的应聘者符合岗位的基本要求。此外，通过面试，企业不仅要了解应聘者具备的知识结构、专业技能和以往的工作经验，更要主动捕捉应聘者能力、素质、性格特征等不易观察、很难获取的信息。根据工作的特性和职责，选择相应的面试技术，依据任职资格的描述设计面试问题、选择测评工具，能够更准确地挖掘和把握更具价值的信息，即"冰山模型"隐藏于水面之下的部分。

（3）工作分析结果明确培训与开发工作的内容和方向。培训的有效性是每个培训人员都会关注的问题。固然培训的各个环节都会对培训效果造成不同程度的影响，但培训内容和方向的确定以及培训课程的选择与设计无疑是最为重要的。有了系统的工作分析和培训前的需求调查,培训内容的确定以及培训课程的选择和设计就有据可依了。

(4) 工作分析结果是绩效目标设置和绩效管理的依据。科学的工作分析结果为成功的绩效管理奠定了基础。首先,绩效目标来源于工作本身的定位,工作分析是制定有效的绩效目标的基础;其次,考核方法的选择和考核工具的设计也源于工作分析的结果。工作分析与绩效管理的关系如图3-1所示。

(5) 工作分析结果是薪酬体系设计的基础。按岗付酬就是基于对工作岗位的定位和价值评估实行的,而工作分析结果正是岗位价值评估的基础。从工作复杂程度、工作难易程度、工作责任、工作强度及工作条件等方面对工作岗位的相对价值进行评价和确定,并在此基础上建立纵向、横向的薪酬体系,为报酬的发放提供了可参考的标准,保证了薪酬的内部公平,有助于提高员工的工作满意度和工作热情。

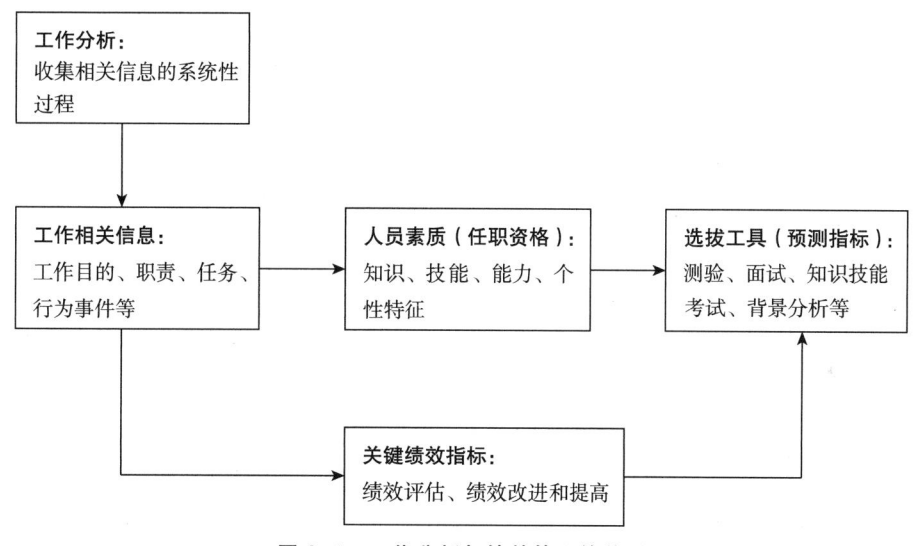

图3-1 工作分析与绩效管理的关系

资料来源:周文,刘立明.工作分析与工作设计[M].长沙:湖南科学技术出版社,2005:23。

第三节 工作分析方法

在明确了组织进行工作分析的目的,并制定了工作分析的流程之后,选择一种适宜的工作分析方法就成为需要解决的重要问题。

一般而言,工作分析的方法包括访谈法、问卷调查法、观察法、工作日志法、关键事件法等。每一种方法都有着自身的优势和缺陷,组织应根据工作分析的目的和内容,因地制宜地选择一种或多种工作分析方法。

下面,本书将详细介绍五种常用的工作分析方法。

一、访谈法

访谈法也可称为面谈法,是应用最为广泛的工作分析方法。访谈法是指工作分析人员就某一岗位面对面地询问任职者、上级、外部咨询专家等人员对该岗位工作的内容、职责、要求及工作条件的具体意见和看法。此种方法可以对任职者的工作内容、工作态度、工作动机等方面获得较为深刻的理解。在一般情况下,应用访谈法时可以以结构化的访谈格式进行记录,目的是便于控制访谈内容,同时确保同一岗位不同任职者的回答具有可比性。

工作分析人员可以通过个别访谈、集体访谈或者是与岗位任职者的直接上级进行访谈(上级访谈)的方法来收集工作信息。个别访谈法主要适用于同一岗位各个任职者的工作有明显差别,且工作分析的时间又比较充裕的情况。集体访谈法是针对一群从事同样工作的员工在同一时间所进行的访谈,访谈结束后工作分析人员应就收集到的信息与员工的上级进行讨论核实。上级访谈法是找一个或多个上级就其下属的工作进行面谈,有助于节省工作分析的时间。无论采用哪种访谈法,最为重要的一点是,必须让被访谈者清楚访谈的目的和要求,不要让其误认为是在对他们的工作表现进行评价,致使他们不愿客观地描述自己的工作职责而有所隐瞒。同时,访谈者也应受过专门的访谈训练,有良好的语言表达和引导能力,这样才能保证访谈的质量。

访谈法的优点在于它是一种应用范围广泛、操作相对简单便捷的信息收集方法。访谈法经常被用来作为其他信息收集方法的辅助,例如在问卷填写不清楚、直接观察员工工作存在困难等情况下,通过访谈能够探查到一些不为管理层所知晓的内容,如工作态度、工作动机等较深层次的信息,也可以从中揭示出企业管理存在的问题。

当然,访谈法也有一定的缺陷:对访谈者的访谈技巧要求高,如果运用不当可能影响信息收集的质量;不能作为工作分析的唯一方法,否则可能导致收集的信息失真;会打扰到被访谈者的正常工作,给企业造成潜在损失。

二、问卷调查法

问卷调查法是工作分析中常用的一种方法,工作分析人员事先设计出一套用于工作分析的问卷,要求被分析岗位的任职者填写,然后将问卷收集到的信息加以归纳分析,并做好详细的记录,最终据此编制工作描述和工作规范。

调查问卷有多种类型,既有适用于对各种岗位进行调查的通用型调查问卷,又有适用于某一类岗位的专业型调查问卷;既有效度、信度很高的标准化调查问卷,又有非标准化调查问卷;既有结构化调查问卷,又有开放式调查问卷。调查问卷的质量和工作分析的质量息息相关。工作分析人员在设计调查问卷时,要视工作分析的目的、企业实际等具体情况综合运用多种调查问卷形式。

目前问卷调查法被广泛运用,国外的专家学者研究出了多种科学的问卷调查方法,其中比较著名的有职位分析问卷、管理人员职务描述问卷、职业分析问卷等。表 3-1 是职位分析问卷的示例。

表 3-1 职位分析问卷

职位分析问卷
一、基本信息 姓　　名:＿＿＿＿＿＿＿＿＿＿　　岗位名称:＿＿＿＿＿＿＿＿ 所属部门:＿＿＿＿＿＿＿＿＿＿　　直接上级:＿＿＿＿＿＿＿＿ 二、调查信息 1. 请准确、简洁地列举您的主要工作内容。 2. 请认真、详尽地描述您的日常性工作事项(如果有工作日志,请附后)。 3. 请详尽地列举在您的工作范围内您有决策权的工作项目。 4. 请详尽地列举在您的工作范围内您没有决策权的工作项目。 5. 请简明地描述您的上级是如何监督您工作的? 6. 请简明地描述您的哪些工作是不被上级直接监督的?

（续表）

7. 请详细地描述您在工作中需要接触到哪些其他岗位的员工，并说明需要接触的原因。

8. 请简明地列举您所编写的需要作为档案进行留存的文件、报表名称和内容提要。

9. 请列举您在工作中需要用到的主要办公设备和用品。

10. 请描述您在人、事和财物方面的权限范围。

11. 您认为胜任本岗位需要几年相关的工作经验？
□不需要　□1年　□2年　□3年　□4年　□5年及以上　□不好估计

12. 您认为胜任本岗位需要什么样的文化程度？
□初中　□高中　□大专　□本科　□硕士及以上　□不好估计

13. 您认为没有相关工作经验的人员，需要多长时间的培训才能够胜任本岗位？
□不需要培训　□半个月以内　□1个月以内　□3个月以内　□半年以上　□不好估计

14. 您认为拥有什么样性格、能力的人能更好地胜任本岗位？

15. 您认为具备什么样心理素质的人员能在本岗位上更好地发展？

16. 您认为应该具备什么样的知识或专业技能才能够更好地胜任本岗位？

17. 请描述本岗位的工作环境，以及您认为什么样的工作环境更合适。

18. 您日常工作中所涉及的工作流程有哪些？请简洁描述。

（续表）

> 19. 您日常工作中常与哪些部门（企业内、外）发生联系？需要联系的事项有哪些？
>
> 20. 您对本岗位的评价。
>
> 21. 您认为如何才能更好地完成工作？
>
> 请将本问卷中没有列出，但您认为有必要涉及的内容写在下面：
>
> 注意事项：
> 1. 填写人应保证以上填写的内容真实、客观，并且没有故意隐瞒；
> 2. 该问卷的内容将作为工作分析的重要依据，如果填写人在填写时发现有遗漏、错误或存在其他需要说明的情况，请立即与部门主管或顾问联系。
>
> 填写人签字：_____
>
> 上级主管签字确认：_____

问卷调查法的优点是：能够迅速地收集到大量信息，节省了工作分析的时间和人力，且费用较低；员工填写问卷的时间较为宽裕、灵活，基本不会影响其正常工作。其缺点是：问卷的设计需要花费大量时间、人力和物力；采用的是单向沟通方式，所提问题可能不被员工理解，进而造成填写者随意填写的情况，最终影响调查的质量。

三、观察法

观察法是一种传统的工作分析方法，是指工作分析人员直接到工作现场，针对特定对象（一个或多个任职者）的工作活动进行观察，收集并记录与工作内容、工作形式、工作方法、工作间相互关系、工作环境等方面相关的信息，并在此基础上进行分析、归纳的方法。

为提高观察的效率，所有重要的工作内容与形式都要记录下来，而且应选择对同一岗位上不同的任职者在不同的时间内进行观察。这有助于对观察结果进行横向分

人力资源管理

析和比较,消除观察者对不同员工的不同行为方式的主观偏见。观察法比较适用于对简单、重复性、流程化而又容易观察的工作进行分析,而不适用于对隐蔽的心理特质和状态进行分析,也不适用于对主要依靠脑力劳动的、没有时间规律与行为规律的工作进行分析。

观察法的优点是:操作方式较灵活,简单易行;获得的信息较为直观、真实;了解到的信息内容比较全面,如工作活动内容、工作流程、工作中的正式行为和非正式行为、员工的工作态度和工作满意度等。观察法的缺点是:适用范围较小;耗时长,容易对员工的正常工作产生干扰。

四、工作日志法

工作日志法是由任职者按照时间顺序,详细记录自己每天的工作内容与工作流程,经过归纳、分析,达到既定目的的一种工作分析方法。用于工作分析时,工作日志法很少作为唯一的、主要的信息收集方法,更多的是与其他方法结合使用。工作分析人员通常会将企业现有的工作日志作为问卷设计、访谈准备或对某一项工作进行初步了解的资料来源。

工作日志可以为工作分析人员提供一个非常完整的工作现状描述,若能在此基础之上与任职者及其上级进行面谈,则效果更佳。运用工作日志法收集到的有关工作活动的信息比较详细,但是任职者有可能夸大或隐瞒处理某些工作活动,这会影响所收集的工作信息的真实性和客观性。

工作日志法的优点是:收集到的信息较为可靠、全面,同时能够避免工作分析人员掺杂个人的主观感受;所需费用较低,对分析对象的正常工作影响较小;对于高水平与复杂性的、需要花费大量精力进行分析的工作比较经济有效。

当然,这种方法也存在不少缺点:工作日志法关注的是工作活动的过程,而不是结果;使用这种方法必须要求从事该工作的人对工作的内容与要求最为清楚;使用范围较小,只适用于工作循环周期较短、工作状态稳定的岗位;信息整理的工作量大,分析、归纳工作烦琐,对工作分析人员要求高;岗位任职者在填写工作日志时,可能会因态度不认真而遗漏很多工作内容,从而影响分析结果。

五、关键事件法

关键事件法是指由工作分析人员、任职者的上级详细记录任职者工作中特别有效或无效的行为特征或事件,在大量收集信息后,对工作特征和要求进行分析研究的方法。关键事件记录的内容,要求既包括有关工作的静态信息,又包括有关工作的动态信息。因此,记录的内容应包括:导致事件发生的原因;员工哪些行为是特别有效的,哪些行为是特别无效的;关键行为的后果能否被认知;员工控制行为后果的能力。然而,关键事件法不能对工作提供一种完整的描述,而且没有涉及任职资格方面的内容,因此不能单独用于信息收集。

关键事件法的主要优点是分析的焦点集中在工作行为上,同时行为是可观察、可测量的。它为上级向下属人员解释和反馈工作分析结果提供了事实依据。但这个方法也有两个主要的缺点:一是费时,工作分析人员需要耗费大量的时间、人力、物力去收集那些关键事件,并加以概括和分类。二是关键事件的定义是显著地对工作绩效有效或无效的事件,这就遗漏了平均绩效水平。对一项工作来说,最重要的一点就是要描述"平均"的工作绩效。利用关键事件法,中等绩效的员工就难以涉及,因而全面的工作分析任务就不能完成。

第四节 工作分析的结果

工作分析的最终结果就是形成工作说明书,并用于指导组织的人力资源管理实践。工作分析小组在拟定工作说明书的基本格式后,应结合工作分析所得到的与工作相关的各种信息,编制工作说明书。

一、工作说明书的定义

工作说明书作为组织重要的人事文件之一,是对组织中各类岗位的工作性质、工作职责、工作权限、工作环境和条件、工作协作关系以及本岗位任职资格条件所做的书面描述,包括工作描述和工作规范两个部分。工作描述是指在某个岗位上员工实际工作的业务流程及权限范围,它是以"工作"为中心来对岗位进行全面、系统的说明;工作规范又称岗位规范或任职资格,是指任职者要胜任该项工作所必须具备的资格与条件,工作规范说明了一项工作对任职者在教育程度、工作经验、知识、技能、身体条件和个性特征等方面的最低要求。工作说明书表明了组织期望员工做些什么、应该怎么做以及什么时间做。规范的工作说明书能够为组织人力资源管理的其他模块奠定基础,例如为绩效考核指标的选取和标准的制定提供依据,与员工实际的工作表现和状态进行对比,从而识别出培训需求。

二、工作说明书的内容

工作说明书虽然没有固定的格式和内容要求,但一份完整、规范的工作说明书应该包括以下内容:

（1）岗位基本信息。岗位基本信息用于对岗位进行标识和识别。它应该包括岗位名称，即岗位在组织中的称谓；岗位编码，即岗位在组织中的代码；岗位等级，用于明确岗位在组织中所处的层级和相对价值；所属部门，该岗位隶属于哪个部门；定员标准，即该岗位需要多少名员工才能完成岗位的工作任务；直接上下级，只需填写岗位名称，用于明确该岗位在组织中的位置和岗位关系；工作分析日期，为工作说明书的定期修改提供时间参考。

（2）岗位职责。主要包括职责概述和职责范围，这部分简要说明本岗位在组织中存在的目的及作用、需要完成的主要工作任务。

（3）监督与岗位关系。这部分说明本岗位与组织中其他岗位之间横向与纵向的联系，包括向谁汇报工作、对谁进行监督、工作中与哪些岗位会有合作，以及与组织外部哪些机构联系频繁。

（4）工作内容和要求。这部分要求将岗位职责具体化，即对本岗位所要从事的主要工作事项做出详细说明。梳理方式通常是首先依据岗位的工作流程将工作内容划分为几大模块，然后针对每一模块详细列举完成该模块工作内容所应从事的主要工作事项。

（5）工作权限。要想顺利地履行工作职责、完成工作任务，组织就必须赋予每个岗位不同的工作权限，例如决策权、处理建议权、对下级的监督权等，但权限必须与工作责任相协调、相一致。

（6）劳动条件和环境。员工在日常工作时间和空间范围内工作所涉及的各种物质条件，主要包括工作场所的物理环境、安全环境以及社会环境。物理环境主要涉及工作地的温度、照明、噪音、粉尘等，安全环境主要包括工作的危险性、体力消耗等，社会环境则是指组织中的人际关系、沟通协调状态等。

（7）工作时间。主要包括日常工作时间的长度、加班是否频繁、是否忙闲不均等内容。

（8）资历。资历由工作经验和学历两方面构成。工作经验要求说明胜任该岗位工作所要求的与工作相关的经验，学历则要求明确胜任该岗位工作所要求的最低学历。

（9）身体条件。组织应结合岗位的性质、任务对员工的身体条件做出规定。

（10）心理品质要求。指对任职者个性特征方面的要求。

（11）专业知识与技能要求。指胜任岗位工作所应具备的专业背景、通用技能及专业技能。

（12）绩效考评。指从品质、行为和结果等多个方面对员工进行全面的考核和评价。这部分要求说明组织期望员工在履行工作说明书中的每一项职责时所应达到的标准。

三、工作说明书示例

表3-2为人力资源部部长岗位说明书示例。

表 3-2 人力资源部部长岗位说明书

岗位名称	部长	岗位编制人数	1
所在部门	人力资源部	岗位级别	3
直接上级（岗位）	副总经理	直接下级人数	3
岗位职责概述	全面负责组织完成企业人力资源管理各项工作		

一、工作具体职责

1. 负责制定企业人力资源发展战略规划，为重大人事决策提供依据；
2. 负责组织编制企业有关人力资源的管理制度，呈上级批准后对实施情况进行监督；
3. 依据企业的业务发展规划，组织开展本部门的工作计划管理工作；
4. 负责组织完成企业的定岗、定编工作；
5. 审核招聘培训专员制订的人力资源招聘制度与方案，并对招聘的进度和质量进行监控；
6. 审核招聘培训专员制订的培训制度与方案，并对培训效果进行反馈；
7. 审核薪酬绩效专员制订的绩效考核制度与方案，协调各部门配合绩效考核工作的顺利开展并监督落实绩效考核结果；
8. 审核薪酬绩效专员制订的薪酬方案，督促其不断优化薪酬结构以适应企业发展；
9. 负责企业全员劳动关系的管理，受理员工投诉并对劳动争议事件进行处理；
10. 负责企业内部人才的分类及梯队建设，制订员工职业生涯发展计划；
11. 负责企业资质的年检、增项、升级和换证等申报工作以及分包商资质验证工作；
12. 负责各类岗位资格证书的年检、取证等管理工作；
13. 计划和审核企业人力资源管理的成本费用；
14. 负责企业计划生育管理；
15. 完成领导交办的其他事项。

二、工作考核重点

1. 人力资源相关制度建立与落实情况；
2. 人员供给情况与招聘效果；
3. 员工流失率与培训发展效果；
4. 考核有效性；
5. 薪酬事务及时性与准确性；
6. 企业人力成本控制情况；
7. 企业内部满意度评价。

三、工作协作关系

内部协调关系	企业内部其他相关部门及人员
外部协调关系	社保机构、培训机构、劳动局、招聘媒介等

（续表）

四、岗位任职资格			
学历要求	本科及以上	专业要求	人力资源管理等相关专业
经验要求	5年以上相关工作经验，其中有3年以上同岗位工作经验	职称要求	中级职称
岗位所需知识、技能	1. 掌握现代人力资源管理、心理学的相关知识，熟悉劳动法知识及相关地方法规； 2. 能够娴熟地处理人力资源管理事务性工作，了解人力资源管理发展的趋势； 3. 有良好的沟通能力、亲和力和善于发现人才的眼光。		
体能要求	身体健康，能承受本岗位工作压力		

五、岗位权限

1. 对企业的人力资源管理制度有制定权；
2. 对企业各级人员的绩效有考核及奖惩权；
3. 对部门员工的工作有指导、监督、检查、考核权；
4. 对企业各级员工的调动、任免有建议权；
5. 对职责范围内的各种报告、报表、文件、单据等有审核批准权。

六、其他	
使用工具/设备	一般办公设备（电脑、电话、传真机、打印机等）
工作环境	办公室
工作时间	正常上下班（08：30—17：00）
工作均衡性（是否忙碌）	均衡，偶尔比较忙碌

七、备注			
修订时间	2014年7月16日	修订部门	人力资源部
审核者		审批者	

本章小结

1. 工作分析就是全面了解并获取与工作有关的详细信息，是对组织中某个特定岗位的工作内容和工作规范的描述与研究过程，即制定工作说明书的系统过程。工作分析包括两部分内容：一是对组织内各岗位所要从事的工作内容和承担的工作职责进行清晰的界定;二是确定胜任各岗位所需要的任职资格条件,如学历、专业、年龄、技能、工作经验、工作能力以及工作态度等。

2. 工作分析的流程分为五个阶段,分别是:前期准备阶段、工作信息收集阶段、工作信息分析阶段、结果输出阶段、结果的应用及反馈阶段。

3. 实践中,工作分析的方法包括访谈法、问卷调查法、观察法、工作日志法、关键事件法等,其中最常用的就是访谈法和问卷调查法。每一种方法都有着自身的优势和缺陷,组织应根据工作分析的目的和内容,因地制宜地选择一种或多种工作分析方法。

4. 工作说明书作为组织重要的人事文件之一,是对组织中各类岗位的工作性质、工作职责、工作权限、工作环境和条件、工作协作关系以及本岗位任职资格条件所做的书面描述,包括工作描述和工作规范两个部分。

5. 工作分析为人力资源管理其他模块工作的良好开展奠定基础,是企业人力资源管理实践所必须高度重视的环节。

复习思考题

1. 简述工作分析的含义。
2. 结合自己的理解,谈谈你对工作分析流程的认识。
3. 工作分析对人力资源管理各个模块的作用是什么?
4. 工作说明书包括哪些内容?

案例与讨论

工作分析方法之岗位访谈法

一、公司背景

万家公司是一家大型的家用电器集团公司。近年来,由于公司发展过于迅速,人员也飞速增加,因此许多问题逐渐暴露出来。表现比较突出的问题就是岗位职责不清,有的事情没有人管,有的事情大家都在管,但又发生推诿扯皮的现象。现在公司中使用的岗位职责说明书已经是几年前的版本了,实际情况已经发生很大的变化,因此根本无法起到指导工作的作用。最近,公司进行了一系列重组工作,年轻有为的新高层团队也开始发挥作用,他们看到公司目前所面临的问题,决定聘请专业的咨询顾问进行一次系统的人力资源管理工作诊断。由于工作分析是各项人力资源管理工作的基础,因此专家建议首先从工作分析入手。

二、项目目标

通过工作分析(主要是岗位访谈),使万家公司各个岗位的职责、权限、主要工作绩效指标和任职资格等内容得到明确清晰的界定,为各项人力资源管理工作打下基础。在此过程中,要理顺和调整一些不合理的岗位职责,并将新增加的岗位信息及时补充进去。

三、岗位访谈的具体实施过程

除填写工作日志和调查问卷之外,任职者还需要接受专家访谈。下面就是对公关宣传部经理岗位的任职者所进行的访谈。

第一步:介绍和了解基本背景。

访谈者首先用诚恳、简洁的语言向任职者介绍自己及本次访谈的目的,消除被访谈者的顾虑,建立良好的访谈关系。

访谈者(以下简称"访"):您好!我想您已经知道公司现在正在开展的工作分析,今天与您交谈的目的是了解一些有关您这个岗位的信息,因为您是最了解这方面信息的人。希望您能够配合。

任职者(以下简称"任"):好的。

访:您在这个岗位上工作了多长时间?能简单介绍一下您的工作经历吗?

任:我大学毕业就被分配到万家公司的前身万家电冰箱厂做了一名秘书,两年以后被调到宣传科工作,做了5年,后来成立了集团,我就一直在集团办公室做公关和宣传工作,5年以后,也就是前年被提升为部门经理。

访:看来您是从基层开始一步一步地做到今天这个位置的,您的实践经验一定很丰富,而且您在公司工作时间这么长,对各方面的情况也一定非常了解。今天的谈话我们可能要录音,以方便回去进行信息的整理,我们会对您所谈及的内容进行保密,不知您是否同意?

任:好,没问题。

第二步:获得与工作描述有关的信息。

这部分访谈主要是获得与工作描述有关的信息,了解与工作有关的职责、任务、权限、工作协作关系等内容。

访:首先我想要了解一些有关工作内容方面的情况。请您简单介绍一下您的工作职责有哪些,或者说主要做哪些工作。

任:我的工作概括起来主要分为两部分:公关和宣传。公关,就是与相关的一些单位搞好关系,领导说了,要为公司业务的发展创建良好的公共关系环境。我们的业务发展需要与政府部门、新闻媒体、供应商、客户等建立良好的关系,使他们支持我们的业务。宣传,包括对外和对内。对外宣传最主要的方式是发布广告,其次是我们自己的刊物《万家灯火》,另外我们也时常搞一些活动来扩大公司的知名度;对内宣传主要是让员工了解公司、认同公司文化,我们做了内部发行的刊物《万家人》,都是员工自己写的文章,讲述万家人自己的故事。

访:听您讲了这些,我对您的工作有了一个初步的了解,您能不能再稍微具体讲一些在公关方面您主要做哪些工作?

任：其实有很多工作也是配合公司领导做的。公司领导需要与市里的领导、上级主管单位的领导保持密切的关系，我经常陪同领导参加这样一些活动。还有一些像代理商、媒体等，也是要经常联络、保持良好关系。有些常规性的工作我这里要负责落实，我这儿有一些重要人物的名单，到了过年过节的时候，要给他们送一些小礼品什么的，另外我们的刊物也要按期发给他们，这些都要我们部门来做。

访：据我所知，客户服务中心也负责与客户建立良好的关系，供货商的关系主要由采购部来处理，那么您这里与他们是怎么分工的呢？

任：涉及业务方面的客户、供应商关系都是由相应的部门来处理的，非业务性往来，像我前面提到的那些礼尚往来的事情主要由我这里统一来管。

访：各部门可以自己与他们礼尚往来吗？

任：当然可以，但我们有统一的礼品标准，而且超过 200 元的礼品需要我做最后的审批确认，超过 1 000 元的需要主任批示。

访：那么，我理解您的意思了，你们主要是以制定规则和监督的方式管理各部门的公关活动，而不全是自己亲自操作。

任：对，是这个意思。

访：在对外宣传方面，您讲了很重要的内容就是发布广告。能讲讲贵公司对外投放广告的工作大致是怎样的程序吗？

任：每年年初，我们都以招投标的形式决定广告代理商，包括电视广告、户外广告等。每年的招投标会都是由我组织的。年度代理商确认后，我们将统一对其进行相关知识和背景的培训，使他们了解我们公司的理念、文化，这样他们的创意便能够更符合我们的需要。公司品牌和形象宣传的广告由我们这里牵头综合各部门的意见提出计划，产品有关的广告主要由市场部做计划，我们要审核是否符合公司形象，之后计划交由领导审批，审批通过后再由代理商进行设计。与代理商的沟通都是通过我们这里进行的，必要时我会邀请市场部的人员或相关领导参加。广告投放之后，我们会联合市场部对广告效果进行评估，例如对销售额的影响、客户满意度等。

第三步：关于工作规范的建立。

这部分主要了解任职者应具备的任职资格。需注意的是，要确定任职者应具备的任职资格的最低标准，不要依靠现有任职者的现状来决定。

访：接下来，我想同您讨论一下从事您这项工作所要满足的一些基本要求。需要强调的是，我们想要了解的是能够胜任这项工作的人所必不可少的条件，是最低的工作要求。另外不考虑您本人现在的水平如何，而是讨论应该具备怎样的条件就可以了。首先，您觉得要做好您的工作至少需要哪些知识、技能、能力？

任：我觉得要做好我这项工作，不一定要有多深的专业知识，但知识面要广，因为接触的是方方面面的人；要善于处理人际关系，善于与人沟通，还要善解人意；要懂一些广告知识、视觉识别知识、公共关系知识，另外还要有比较好的文笔；处理事情要灵活，要善于应变,还要能承受压力。

访:您觉得从事您现在的工作至少需要什么样的教育背景?包括教育程度、专业方向。

任:我觉得本科就可以了,最好是学广告、新闻等专业的。我本人是学中文的,在实际工作中还是觉得有很多东西需要学习。

访:您觉得经验在从事这项工作中重要吗?要想从事您现在的工作至少需要什么样的工作经验?另外,需要接受哪些培训?

任:经验非常重要,因为这项工作很多方面的开展都需要从实践中积累经验。怎么为人处事,怎么同不同的人打交道,这些都不是能从书本中学到的。我想至少得有3—5年的经验吧。关于培训,如果有条件接受一些专业的公关、广告培训就更好了。

访:好。谢谢您提供了这么多有用的信息。对不起,占用您这么多宝贵的时间。

任:没关系,不必客气。

资料来源:工作分析典型案例[EB/OL].(2012-02-10)[2020-08-05].https://zl.hrloo.com/file/73390,有删改。

思考题:

1. 案例中在使用岗位谈访法进行工作分析时,是如何开展的?
2. 简述岗位访谈法的优缺点。

本章参考文献

[1] 万希.工作分析:人力资源管理的基石[M].北京:电子工业出版社,2017.

[2] 萧鸣政.工作分析的方法与技术[M].第5版.北京:中国人民大学出版社,2018.

[3] 杨晶照.组织设计与工作分析实训教程[M].镇江:江苏大学出版社,2017.

[4] 余凯成,程文文,陈维政.MBA人力资源管理[M].大连:大连理工大学出版社,1997.

[5] 杨明海等.工作分析与岗位评价[M].第3版.北京:电子工业出版社,2018.

[6] 周文,刘立明.工作分析与工作设计[M].长沙:湖南科学技术出版社,2005.

[7] 朱勇国,邓洁.工作分析[M].北京:高等教育出版社,2007.

[8] 朱颖俊.组织设计与工作分析[M].北京:北京大学出版社,2018.

第四章　员工招聘

【学习目标】

1. 了解员工招聘的含义；
2. 熟悉影响招聘活动的因素；
3. 熟悉员工招聘的一般流程及要求；
4. 掌握员工招聘的基本方法；
5. 掌握内部招聘和外部招聘的优缺点；
6. 了解员工招聘的新发展。

引导案例

中兴通讯的人才招聘——选聘一流人才

通信公司的最大特点就是高速发展。对中兴通讯这类的行业开拓者来说，高速发展有着两个方面的含义：一是企业业务的高度膨胀，市场份额不断扩大；二是技术的更新换代持续加快。高速发展的公司面临的首要问题就是人力资源的扩张。人力资源短缺往往是限制业务拓展的主要障碍之一。比如，当市场份额更多、更大时，由于人手问题而无暇顾及一些客户就可能造成客户的流失。因此，中兴通讯一直非常重视人才招聘，并提出了"以一流的标准选聘和培训员工"的理念。

在招聘中，中兴通讯都会重点考虑人才的背景，对其所受教育的要求一般锁定在重点本科院校。对此，中兴通讯高级副总裁陈健洲解释说，我们不否定非重点高校的学生不行，但是我们认为在重点高校的范围内，优秀的学生比率要更高，更有利于中兴通讯选聘到一流的人才。中兴通讯的大部分岗位都要求员工有好的技术背景，因此对高校和专业都有一个较为明确的要求；此外，公司对工作经验及一个健康的体魄也要求较高。中兴通讯的面试非常严格，分技术能力和素质考核两个方面进行考察，被面试者须通过6—7关，把关极其严格，实行一票否决制，而且中兴通讯的面试官都是通过专业培训的。中兴通讯的要求很简单：招聘到的人才既是优秀的人才，又是符合公司文化原则的人才。

资料来源：企业拓聘案例分享［EB/OL］.（2013-03-15）［2020-08-05］.http://www.cjol.com/article/news/salary/98970.htm，有删改。

思考题：中兴通讯如何进一步提升核心竞争力？

第一节　员工招聘概述

人力资源管理的一项重要功能就是为企业招聘到合格的人力资源。在人才竞争日趋激烈的今天,能否招聘到优秀的人才已成为企业生存和发展的关键。优秀的人才,可以帮助企业节约成本、增加利润。因此,招聘工作对于企业业务的持续开展以及企业的正常运行和发展起着关键性的作用。

一、招聘的含义

招聘是指在企业总体发展战略规划的指导下,制订相应的职位空缺计划,并决定如何寻找合适的人员来填补职位空缺的过程,其实质就是让潜在的合适人员对本企业的相关职位产生兴趣并且前来应聘这些职位,以使企业获取所需人才的过程。员工招聘是建立在人力资源规划和工作分析的基础之上的,这两方面工作开展的质量如何,对招聘工作的质量和效率有直接的影响。人力资源规划明确了招聘的目标,即企业所需要的人员数量和类型;工作分析明确了招聘职位的责任和聘用标准、招聘职位的工作内容,以及什么样特点的人能够胜任这些职位。以上两者的结合可以大大提高员工招聘工作的科学性。

二、招聘的意义

招聘工作的有效实施不仅对人力资源管理本身,而且对整个企业也具有非常重要的意义。具体而言,员工招聘的作用主要体现在以下几个方面:

首先,员工招聘关系到企业的生存与发展。在激烈竞争的社会里,没有素质较高的员工队伍和科学的人事安排,企业人力资源管理的工作效益就得不到提高,各项工作的难度就会增加,最终可能导致企业在市场竞争中面临淘汰。

其次,员工招聘是确保员工队伍素质良好的基础。企业只有将合适的人安排到合适的岗位,并在工作中注重员工队伍的培训和发展,才能确保员工队伍的素质。

再次,员工招聘能够树立企业形象。招聘过程是企业代表和应聘者直接接触的过程。在这一过程中,负责招聘人员的工作能力、招聘过程中对企业的介绍、散发的材料、面试小组的组成、面试小组的性别组成、面试的程序,以及招聘什么样的人等都会成为应聘者评价企业的依据。招聘过程既可能帮助企业树立良好的形象,吸引更多的应聘者,又可能损害企业的形象,使应聘者失望。

最后,员工招聘可以履行企业的社会义务。企业的社会义务之一,就是为社会提供就业岗位,招聘正是企业履行这一社会义务的过程。

三、招聘的基本原则

(一)能岗匹配原则

能岗匹配原则是指应尽可能地使人的能力与岗位要求的能力达成匹配。它包含两个方面的含义:一是指某个人的能力完全胜任该岗位的要求,即人得其职;二是指岗位所要求的能力这个人完全具备,即职得其人。

(二)双向选择原则

双向选择原则是指用人单位根据自身发展和岗位要求自主地挑选员工,劳动者根据自身能力和意愿并结合劳动力市场供需状况自主地选择职业,即企业自主选人、劳动者自主择业。双向选择原则一方面能使企业不断提高效益,改善自身形象,增强自身的吸引力;另一方面能使劳动者为了获得理想的职业,努力提高自身的知识水平和专业素质,在招聘竞争中取胜。

(三)公开公平原则

企业招聘员工必须遵循国家的法律、法规和政策,面向全社会公开招聘条件、招聘方法,并且公开进行,这样不仅可以将招聘选拔工作置于公众监督之下,以防止不正之风,而且可以吸引大批的应聘者,从而使企业拥有广阔的选拔余地。通过公平竞争能使人才脱颖而出,使企业吸引到真正的人才,进而对企业内部员工起到激励作用。公开公平原则能够帮助企业形成一种积极的、竞争的企业文化,使企业更有凝聚力。

(四)效率优先原则

效率优先原则在招聘中的体现就是根据不同的招聘要求,灵活选用适当的招聘形式和方法,在保证招聘质量的基础上,尽可能降低招聘成本。一个好的招聘系统,能够保证企业以最低的招聘成本获得符合职位要求的最佳人选;或者说,以尽可能低的招聘成本录用到同样素质的人员,即体现效率优先原则。

四、招聘的影响因素

在现实生活中,招聘工作的有效实施受到多种因素的影响,归纳起来,主要有外部因素和内部因素两大类。

(一)外部影响因素

1. 国家的法律法规

一般意义上,国家的法律法规对企业的招聘活动具有限制作用,它往往规定了企业招聘活动的外部边界,从客观上界定了企业招聘活动的选择对象和限制条件。目前,就业领域用到的两部非常重要的法律是《中华人民共和国劳动法》和《中华人民共和国劳动合同法》。另外,企业所属行业的相关法规对企业招聘也有重要影响。政府经常会通过就业政策和当地的就业指导机构影响企业招聘。

2. 经济制度和宏观经济状况

企业作为社会的一个组成部分,其经营和运作方式必然会受到社会经济制度的影响。在市场经济体制下,企业的人力资源配置主要通过市场机制调节。宏观经济状况影响企业招聘主要体现在以下方面:①宏观经济良好,意味着社会失业率较低,企业的劳动力需求旺盛,人力资源供给相对较少,市场竞争加剧,企业招聘的难度加大。②宏观经济状况出现危机,意味着社会失业率较高,人力资源供给相对过剩,虽然企业招聘相对比较容易,但由于企业不景气,招聘的次数、规模以及人数都会受到影响。

3. 社会文化环境

不同的社会文化环境招人的标准不同,一个社会的生活方式、性别角色、种族平等状况、宗教信仰、对职业的态度、对权威的态度等因素都会影响招聘的结果。比如,"重男轻女"的传统思想使一些企业在招聘过程中忽略女性的才华,而对男性求职者予以优待。

4. 外部劳动力市场

外部招聘主要是在劳动力市场进行的,外部劳动力市场在人力资源配置中发挥着主导作用:①劳动力市场的供需变化直接影响劳动力就业并影响招聘的质量;②劳动力市场的发育程度、服务水平将影响招聘工作;③专业、地理和竞争对手三个因素决定了相关劳动力市场,并直接影响招聘工作;④劳动力市场上劳动力资源的数量、质量与结构会影响组织招聘的要求。完善的劳动力市场能迅速地在企业和求职者之间架起沟通的桥梁,帮助企业实现人力资源的供需平衡。

5. 技术进步

技术进步对企业招聘的影响主要表现在以下方面:①技术进步引起招聘职位分布以及任职资格要求的变化,使人力资源由高生产率部门向低生产率部门转移。②技术进步对人力资源的基本素质提出了更高的要求。随着企业大量采用新技术、新工艺和新设备,自动化程度大大提高,企业对人力资源的素质不断提出了新的更高的要求。③技术进步导致招聘职位的减少。技术进步及其应用导致资本投资增加,从而使资本对劳动的替代效应发生,因此会出现减员增产或增产不减员的现象,导致招聘职位的减少。④技术进步提高了招聘效率。随着信息技术的不断进步和普及,信息覆盖更广泛和及时,尤其是网络招聘现在已经被越来越多的企业接受,招聘渠道更加多样化,沟通更加畅通且不受地域限制,明显提高了招聘效率。

6. 竞争对手

竞争对手的综合实力及其人力资源政策,如薪酬政策、培训政策、职业发展计划等都对企业的招聘工作产生了直接影响。企业在制订招聘计划时要尽可能多地了解竞争对手的实力及其人力资源政策,这样才能在人才竞争中扬长避短。

(二)内部影响因素

1. 招聘职位的性质

招聘职位的性质决定了企业应该招聘什么样的人,以及到哪个相关劳动力市场进行招聘。另外,职位的性质可以让应聘者了解该职位的基本情况和任职资格条件,影响着职位对应聘者的吸引力。

2. 发展战略和用人政策

企业的发展战略决定了企业对人力资源的需求状况,在不同的发展战略下,企业招聘活动的重点是不同的。发展战略影响了企业招聘的数量,决定了人员的素质和类型,并且战略选择决定了录用新员工的工作作风与风格。

企业高层决策人员的用人政策不同,对企业招聘的影响也就不同。一些大型组织由于工作岗位较多,一旦出现岗位空缺,更倾向于内部招聘,以便为员工提供更多的工作轮换和晋升机会,为员工发展创造空间。相对而言,小型组织更倾向于从组织外部招聘有岗位工作经验的人员。随着网络技术的发展,越来越多的企业开始采用网络招聘,有些企业甚至规定只接受网上申请。

3. 企业文化

企业文化是企业中人们共同拥有的特有的价值观和行为准则的集合,这些价值观和行为准则构成企业中人们之间和他们与企业外各利益相关方之间交往的方式。不同的企业文化对招聘行为的表现不同。比如,有些企业进行招聘只是单纯的招聘;有些企业进行招聘更多的是一种营销行为,以便通过招聘提高本企业的知名度;有些企业倾向于从外部获取人才,而另一些企业则侧重于内部晋升。

4. 企业自身形象与条件

一般来说,具有良好声望的企业更容易招到优秀的人才,良好的企业形象会对应聘者产生积极的影响,引起他们对企业空缺职位的兴趣,从而有助于提高企业招聘的效果。例如,在国内,一些形象良好的企业,比如华为、海尔等,往往是求职者争相竞聘的首选。此外,报酬丰厚且公正的企业更容易延揽出类拔萃的人才,在实际招聘过程中,很多国内外企业,比如华为、腾讯、阿里巴巴、谷歌、微软等,都使用高薪将大批优秀人才纳入麾下。

5. 招聘预算

企业投入招聘资金的多少会影响招聘的效率和效果。由于招聘目标包括成本和效益两方面,而且各种招聘方法奏效的时间不同,因此招聘预算和对人才需求紧迫性的限制明显地影响招聘效果。

6. 个人因素

从应聘者的求职过程来看,影响企业招聘的应聘者个人因素主要有:个人特质,求职动机、强度与偏好。求职者个人在智力、体力、经验、能力等方面存在差异,这些差异也影响着招聘活动的开展和招聘的结果。不同的求职动机引发强度各异的求职行为,求职者各不相同的求职动机和强度决定着求职者不尽相同的求职行为与对未来工作的期望。这都在一定程度上影响着企业招聘人力资源的数量和质量。除此之外,应聘者的个人特质,比如仪表、风度、应变能力等也会对最终的招聘结果产生影响。

第二节 招聘程序

为保证招聘工作的科学规范,提高招聘效果,招聘活动需要按照既定的程序进行,如图4-1所示。一般而言,招聘的基本程序可以分为以下五个步骤:制订招聘计划、确定招聘策略、发布招聘信息、招聘测试与甄选、做出招聘评估。

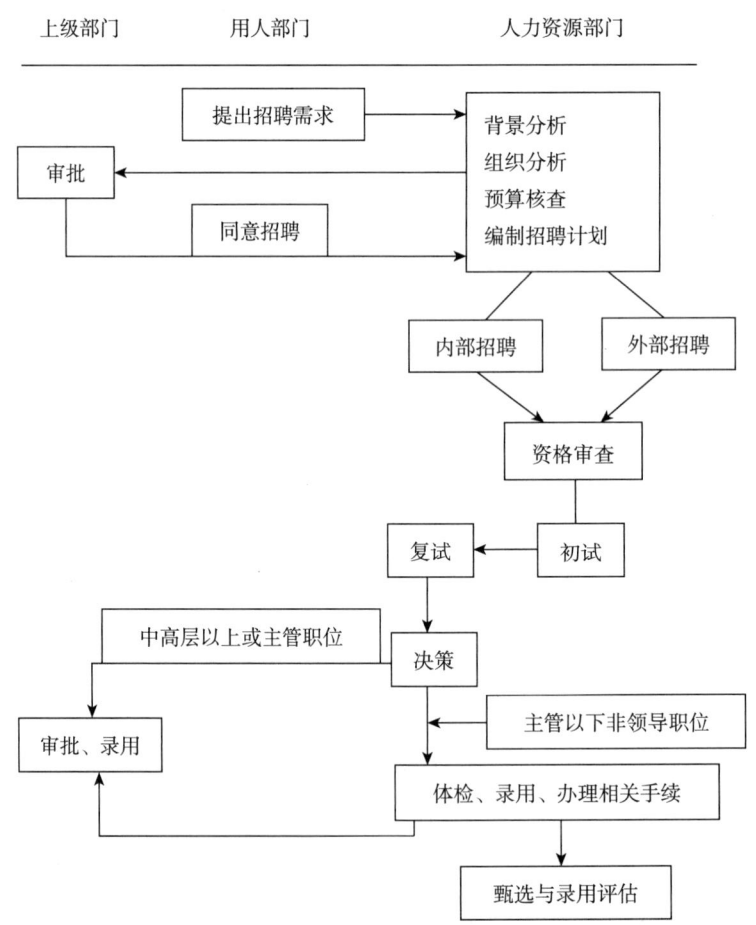

图4-1 人力资源甄选与录用的总程序

一、制订招聘计划

招聘计划是招聘的主要依据。制订招聘计划的目的在于使招聘更趋合理化、科学化。招聘计划使得用人部门可以根据部门的发展需要,根据人力资源规划的人力净需求、职务说明的具体要求,基于外部环境因素分析和组织因素分析,对招聘的岗位、人员数量、时间限制等因素做出详细的计划。

(一)外部环境因素分析

外部环境因素分析主要是对前述国家的法律法规、经济制度和宏观经济状况、社会文化环境、外部劳动力市场、技术进步、竞争对手等外部影响因素进行分析。

(二)组织因素分析

组织因素主要包括组织所处的发展阶段、现有职位特点及任职资格和人员分布状况。企业在不同的发展阶段有不同的发展目标及长短期规划,对人员需求的数量是不同的。比如,在企业发展壮大期,招聘工作将围绕数量进行;在企业稳定期,企业对人员数量的需求下降,会更加注重人员素质的提升。职位特点及任职资格限定了招聘活动地点的设置、招聘渠道的选择及人员选拔的方法。

(三)招聘计划的内容

招聘计划主要有三部分内容:一是招聘人数,包括企业各部门计划录用人数,兼顾企业各部门员工的年龄、性别、学历等的平衡情况。二是录用标准,即企业对计划录用人员的基本素质要求及针对各部门中不同职位录用人员的特殊要求。人员录用标准有基本标准和关键标准两大类,二者相互补充,层层递进。三是招聘对象,针对各职位的具体情况来限定招聘群体,能够以较低的成本保证录用人员的质量。

二、确定招聘策略

招聘策略是招聘计划的具体体现,是为实现招聘计划而采取的具体策略。招聘策略必须适合本组织实际情况,包括招聘人员策略、招聘时间策略、招聘地点策略和招聘渠道策略。

(一)招聘人员

招聘实质上是招聘者和应聘者互动作用的过程,招聘者应具有一系列特定的技能、知识和详细的工作计划。应聘者对企业印象的形成是在应聘过程中形成的,特别是在同招聘者的接触中形成的,而对企业印象的好坏又决定着应聘者的求职行为,因此招聘者素质的高低会直接影响应聘者做出是否到企业工作的决定,进而对企业招聘产生影响。

一个成功的招聘者需要具备以下几方面的素质：

（1）热情、公正、强烈的责任心。热情能够唤起应聘者的共鸣，使应聘者主动坦诚地展现自己；公正能够使真正的优秀者脱颖而出；强烈的责任心能够使招聘者克服工作压力为企业做好宣传。

（2）以人为本。招聘者在招聘过程中应该尊重应聘者的个人喜好、生活习惯和个人隐私。

（3）招聘技巧和能力。招聘者应运用招聘技巧帮助应聘者迅速地进入状态，使之在有限的时间内充分地表现自我；要避免做出一些会导致应聘者对职位产生错误印象的行为；此外，还应具有广阔的知识面，要清楚地了解企业的结构、相关产品的技术工艺及生产流程。

（4）克服心理偏差。主要有优势心理、自眩心理、定势心理。优势心理是指招聘者因处于主导地位而产生的居高临下的心理倾向，表现为在招聘中的随意性、在分析判断上的主观性以及对测验评定的个人倾向。自眩心理是指招聘者的优势心理引发的自我表现心理，表现为责难那些在测验中表现出色的应聘者。定势心理是指招聘者以自己的思维、兴趣等方面的习惯来判断应聘者的倾向，即成见。企业应由人力资源专家、直线部门领导和专业技术人员共同组成招聘小组来规避招聘者的心理偏差。

（二）招聘时间

招聘工作需要耗费一定的时间，再加上选拔、录用和岗前培训等，填补一个职位空缺往往需要相当长的时间，这关系到企业的损失。故应根据企业的发展计划和生产建设进度，制订员工招聘进度计划，从组织结构、各部门岗位的实际需求出发，分层次、有步骤地实施招聘。

（三）招聘地点

招聘地点的选择是指企业在多大范围内、在什么类型的劳动力市场上进行招聘活动。从招聘效果来说，范围越大，招聘效果越好。但是，随着招聘范围的扩大，企业的招聘成本也会增加。因此，企业的招聘范围要适度，应充分考虑企业所在地、招聘职位、企业规模、招聘地的工资水平、人才分布规律及求职者寻找工作的习惯行为等因素。

（四）招聘渠道

招聘信息的精准投放成为提高招聘效果的一个决定性因素。如何才能让企业的招聘信息快速有效地到达特定的目标人群，是企业要考虑的一个重要问题。按照传播媒介的不同，招聘信息发布的渠道可以分为广播电视、报纸、专业杂志、互联网和印刷品等。各种招聘信息发布渠道各有优缺点，企业要针对组织的需要选择适合自身的发布渠道。

三、发布招聘信息

当企业出现空缺职位时,需要发布招聘信息以吸引应聘者前来应聘、面试,最终录用合适的应聘者。企业既可以从其内部挑选合适的员工来填补空缺,又可以从外部招聘新员工。相应的,企业发布招聘信息的渠道有两种:在企业内部发布招聘信息和向企业外部发布招聘信息,即进行内部招聘和外部招聘。关于内部招聘和外部招聘的优缺点我们在下一节会提到。

四、招聘测试与筛选

企业常常采用履历分析、纸笔测验、心理测验、面试、情景模拟、评价中心等方法(这些测评方法我们会在下一章"人员素质测评"进行系统的阐述)对应聘者的知识、能力、个性和动力因素进行评价,以判断其是否能够胜任工作岗位。通过人员素质测评,企业可以筛选出与岗位要求相匹配的应聘者,在这一阶段,招聘者和求职者都要做出决策:招聘者做出录用决策后,应聘者还要决定是否入职,双方都同意,才能完成招聘。

五、做出招聘评估

对招聘进行评估是招聘工作的最后一个步骤,其要对招聘过程的每一个环节进行检查。招聘评估可以帮助企业发现招聘过程中存在的问题,以对招聘工作进行优化,提高以后的招聘效果。招聘评估主要包括两个方面:一是对照招聘计划与实际招聘录用的结果,进行评价总结;二是对招聘工作的效率进行评估,以便发现招聘过程中存在的问题,总结经验,并以此指导下一次的招聘工作。

第三节 招聘渠道和方法

一般来说,企业员工招聘有内部和外部两种渠道。对于企业来说,这两种招聘方式各有利弊,需要针对企业的特点与招聘对象的不同,采用不同的招聘方式。

一、内部招聘

内部招聘是指在企业出现职位空缺后,在企业内部发布招聘启事,根据职位所需技能在现有员工的技能库中进行搜索。内部招聘的渠道有内部提升、工作调换、工作轮换和人员重聘等。内部招聘的方法有推荐法、布告法、档案法和职业生涯开发系统。从某种意义上讲,内部招聘也是企业员工职业生涯管理实现的重要途径。

(一)内部招聘的渠道

1. 内部提升

所谓内部提升,就是在本部门由于新增职位或者员工离职而产生空缺职位时,由工作级别较低的人来补充这一职位。这种方法可以迅速从员工中提拔合适的人选到空缺的职位上。内部提升为员工提供了发展的机会,使员工感到在组织中是有发展机会的,个人职业生涯发展是有前途的,可以调动员工的内在积极性,有利于企业员工提高绩效。当然,内部提升也存在一些弊端,比如容易造成"近亲繁殖",形成企业内部人员的帮派和板块结构,当内部提升渠道畅通时,非正式组织想推荐自己小圈子里的人员就成为一种必然;也有可能使未被提升的优秀员工对组织失望而离开,导致企业的人才流失。因此,当企业的关键职位和高层级职位出现空缺时,要将内部招聘与外部招聘结合起来。

2. 工作调换

工作调换也叫"平调",是指在职位等级不发生变化的情况下,在企业内部调换员工的工作单位。它是企业在内部寻找合适人选的一种基本方法。这样做的目的是要填补职位空缺,但实际上它还起到许多其他作用,比如可以使内部员工了解单位内其他部门的工作,与本单位更多的人员有深入的接触、了解。这样,一方面有利于员工今后的提拔,另一方面可以使上级对下级的能力有更进一步的了解,也为今后的发展或提升做好准备。工作调换一般用于中层管理人员的招聘。

3. 工作轮换

工作轮换和工作调换有些相似,但又有些不同。从时间上来讲,工作调换往往时间较长,而工作轮换通常是短期的,有时间界限。另外,工作调换往往是单独的、临时的,而工作轮换往往是两个岗位以上的、有计划进行的轮换。工作轮换可以使单位内部的管理人员或普通人员有机会了解单位内部的不同工作,给那些有潜力的人员提供以后可能晋升的条件,同时也可以减少部分人员由于长期从事某项工作而带来的烦躁和厌倦等感觉。工作轮换多用于一般员工的培养上。

4. 人员重聘

有些单位出于某些原因会有一批不在位的员工,如下岗人员、长期休假人员(如曾因病长期休假,现已康复但由于无位置还在休假)、已在其他地方工作但关系还在本单位的人员(如停薪留职)等。在这些人员中,有的恰好是内部空缺需要的人员。他们中有的人素质较好,对这些人员的重聘会使他们有再为单位尽力的机会。另外,由于这些员工了解企业,可以很快上岗,从而减少了培训等方面的费用。

(二)内部招聘的方法

1. 推荐法

推荐法可用于内部招聘,也可用于外部招聘。它是由本企业员工根据企业的需要推荐其熟悉的合适人员,供用人部门和人力资源部门进行选择与考核。由于推荐者对用人部门及被推荐者的情况都比较了解,使得被推荐者更容易获得企业与岗位的信息,便于其决策,也使企业更容易了解被推荐者,因此这种方法较为有效,成功的概率较大。在企业内部,最常见的推荐法是主管推荐,其优点在于主管们一般比较了解潜在候选人的能力,由主管提名的人选具有一定的可靠性,而且主管们也会认为他们具有全部的决定权,满意度比较高;其缺点在于这种推荐会比较主观,容易受个人因素的影响,主管们可能提拔的是自己的亲信而不是一个能够胜任的人选,进而可能影响到企业内部的员工团结。有时候,主管们并不希望自己的得力下属被调到其他部门,这样会影响本部门的工作实力。

2. 布告法

布告法是在确定了空缺岗位的性质、职责及其所要求的条件等信息后,将这些信息以布告的形式,公布在企业中一切可利用的墙报、布告栏、内部报刊上,尽可能使全体员工获得信息,所有对此岗位感兴趣并具有此岗位任职能力的员工均可申请此岗位。目前,在很多成熟的企业中,张榜的形式已由原来的海报形式改为在企业的内部网上发布,各种申请手续也在网上完成,从而使整个过程更加快捷、方便。一般来说,布告法经常用于非管理层人员的招聘,特别适用于普通员工的招聘。布告法的优点在于能够让企业内更多的员工了解到此类信息,为企业员工职业生涯的发展提供了更多的机会,可以使员工脱离原来不满意的工作环境,也促使主管们更加有效地管理员工,以防止本部门员工的流失。其缺点在于周期长,可能导致岗位长期空缺,影响企业正常运行;而员工也可能由于盲目地变换工作而丧失原有的优势。

3. 档案法

人力资源部门都有员工档案,从中可以了解到员工在教育、培训、经验、技能、绩效等方面的信息,从而帮助用人部门与人力资源部门寻找合适的人员来补充岗位空缺。员工档案对员工晋升、培训、发展有着重要的作用,因此员工档案应力求准确、完备,对员工在岗位、技能、教育、绩效等方面信息的变化应及时做好记录,为人员选择与配备做好准备。值得注意的是,我们所说的"档案",应该是建立在新的人力资源管理思想指导下的人员信息系统,该档案中应该对每一位员工的特长、工作方式、职业生涯规划有所记录,将过去重"死材料"的防范型档案转变到重"活材料"的开发型档案上来,为内部有效管理和用人做好准备。在现代档案管理的基础上,可以利用这些信息帮助人力资源部门获得有关岗位应聘者的情况,发现那些具备了相应资格但出于种种原因没有申请的合格应聘者,通过企业内的人员信息查找,在企业与员工达成一致意见的前提下,选择合适的员工来补充空缺或新增的岗位。需要注意的是,人力资源部门在档案管理上要及时且真实,在使用该方法时,若发现有合适人员,一定要做好与员工的沟通,了解其对空缺岗位的认知。

4. 职业生涯开发系统

职业生涯开发系统是指企业通过培训内部优秀的员工以填补职位空缺的一种招聘方法。在这种系统下,企业将那些具有较高开发潜力的员工置于职业生涯的路径上,让其接受培养或训练,以适应特定目标的工作。这种人员开发方法的优点在于:首先,被选中员工因为得到重用,更可能留在企业里;其次,保证了企业在出现职位空缺时能够及时找到合格的候选者来填补,并有效激发其工作热情。同时,这种人员开发方法也存在不足之处:首先,在确定合适人选时会遭遇到各种困难,可能会受到选拔的标准不同或领导的意见分歧等各种因素的影响;其次,未被选中的员工会对企业产生不满情绪而选择离职,造成企业内人才的流失;最后,被选中的员工可能会因长期期望的晋升没能兑现而感到失望,以致工作积极性和工作绩效的降低。

二、外部招聘

通过内部招聘获得人员的最大不足之处是并不能从根本上解决企业内部劳动力短缺的问题。尤其是在企业处于创业时期、快速发展时期或需要特殊人才时,仅有内部招聘是不够的,必须借助外部劳动力市场。外部招聘的渠道有广告招聘、网络招聘、猎头公司招聘、校园招聘、现场招聘会等。

(一) 广告招聘

通行的广告媒体有报纸、杂志、广播电视和互联网、印刷品等。广告招聘是目前使用最为普遍的一种招聘方式。由于阅读广告的有应聘者、潜在的职位申请人、客户以及一般大众,因此招聘广告代表了企业的形象,需要认真实施。广告招聘有很多优点:首先,岗位空缺的信息发布迅速,能够及时传达到外界;其次,可以同时发布多种类别岗位的招聘信息;最后,广告发布方式可以为企业保留许多操作方式上的优势,例如企业可以要求应聘者在特定的时间段内亲自来企业、打电话或者向企业的人力资源部门邮寄自己的简历,等等。此外,企业还可以利用"遮蔽广告"(Blind Advertisement),即在广告中不出现招聘企业的名称,避免暴露自己的业务区域扩展计划、企业丑闻对招聘的影响、让内部员工发现企业试图招聘外部人员替换某些岗位的人员。但是,广告招聘也有其缺点:没有直接见面,信息容易失真;广告招聘成本较高,费时费力;录取成功率不高;招聘来源具有一定的不确定性,等等。

(二) 网络招聘

网络招聘是指企业通过网络渠道来获取应聘者的资料,从而选拔合格员工的招聘方式。网络招聘相对于传统的招聘方式具有不可比拟的优势:首先,网络招聘接触的人才面广、量大,选择余地大。网络招聘打破了传统招聘方式地域上的界限,可以使企业接触到更广的范围,因此企业挑选候选人的余地要大得多。其次,网络招聘成本低、方便、快捷、省时,使招聘工作变得更加轻松、方便。企业招聘负责人只需点击鼠标,就可浏览应聘信息。通过数据库、搜索等网络技术,网络招聘服务商可以对庞大的应聘者资料和企业职位空缺资料进行管理,方便地增加、删除、修改这些资料。最后,通过网络招聘收到的电子简历更易于保存。传统的纸质简历容易丢失,且难以同时被多个部门经理看到。相反,通过网络招聘收到的电子简历可以保存很长时间,且不易丢失,安全性更高;另外,所有的部门经理可以通过网络阅读选择,人才被录用的机会也相对增加。但是,网络招聘也有其不尽如人意之处,比如应聘信息的可靠性较低,对招聘企业的技术能力要求较高。这种招聘方式适用于所有人员的招聘。

(三)猎头公司招聘

主要是借助猎头公司招聘。猎头公司是一种专门为企业"搜捕"和推荐高级管理人员与高级技术人员的机构,它们设法诱使这些人才离开正在服务的企业。猎头公司可以帮助企业的最高管理者节省很多招聘和选拔高级人才的时间。但是,借助于猎头公司的费用要由企业支付,而且费用较高,一般为所推荐人才年薪的1/4—1/3。对高级管理人员而言,与猎头公司打交道是一件很敏感的事情,这是因为他们可能不愿意将其准备离开公司就职其他企业的想法"公开",以免当前雇主做出某些反应。因此,猎头公司往往充当了这些高级管理人员的当前雇主与未来新雇主之间的一个秘密缓冲地带。这种招聘方式针对性较强,成功率高,但招聘过程较长,费用昂贵,并且在一定程度上影响内部员工的工作积极性。

(四)校园招聘

校园招聘是企业获取"新鲜血液"、优质人力资源的主渠道。校园招聘的对象年轻、有活力、可塑性强,会给企业带来一些新观念、新思想、新信息,是企业后备力量培养的主要途径。此外,校园招聘可以为企业节省广告宣传费用等许多开支,并能扩大企业声誉,起到良好的社会效应。校园招聘的不足之处在于:毕业生缺乏实际工作经历,对工作和职位的期望值较高,一旦录用后,就容易产生较高的流失率,可能影响整个企业的团队建设,并且企业需要投入较高的培训成本。为了保证校园招聘的效果,要求企业精心选择学校,和学校建立良好的关系,对招聘者进行培训。这种招聘方式适用于初级管理人员和专业技术人员的招聘。

(五)现场招聘会

现场招聘会一般是指人才就业市场定期组织的各类人才招聘活动。通过现场招聘会,劳资双方直接面谈,招聘的可信度高,费用低。企业通过现场招聘会,会更注重自身的形象,以吸引应聘者,而且这也是提高企业在当地的知名度、提升企业品牌竞争力的一种较好的方式。但是,由于应聘者较多,现场环境混乱,挑选的有效性受到一定限制,因此这种招聘方式适用于中层以下管理人员和技术人员的招聘。

(六)员工推荐与申请人自荐

员工推荐是鼓励员工将自己的朋友、家人、以前的同事介绍进自己的公司。因为中间人的介入,应聘者已经对公司有较多的了解,有利于应聘者很快地融入公司,这对于公司长期保留住员工是非常有用的。而且,这种方式可以简化招聘程序和节约招聘成本。但是,员工推荐也明显存在以下缺点:招聘面狭窄,从而影响招聘质量;难以做到客观评价和择优录取,容易形成裙带关系。员工推荐常常用于初级员工和核心人员的招聘。

申请人自荐是求职者的主动行为,即在没有得到公司内部人员推荐的情况下,求职者直接向招聘单位提出求职申请。对于毛遂自荐的求职者,公司应以礼相待,最好让人力资源部门安排简单的面谈;对于自荐者的咨询,公司应予以礼貌与及时的答复,这不仅是尊重自荐者的自尊心,还有利于树立公司声誉和今后业务的开展。申请人自荐的优势在于自荐者已花费很长时间了解公司,如果得到录用,则更容易受到激励。但是这种方式随机性较大,花费的时间较长,合适的人员不多。因此,用这种方式招聘合格人员,要有详细的登记表格,并尽可能地鼓励自荐者表现自己的才能。

三、内、外部招聘的对比

无论是从组织内部获取还是从外部补充人才资源,都各有利弊。表4-1列出了内部招聘与外部招聘主要的优缺点。

通过对内部招聘与外部招聘优缺点的比较可以发现,二者都存在能够满足企业实现招聘计划的合理性,一方的缺点往往是另一方的优点,二者是相辅相成的。如果二者能够很好地结合,则既能满足企业实现招聘计划的要求,又能很好地将二者的优缺点进行互补。单纯地采用一种招聘渠道,往往会带来不可避免的弊端。因此,内部招聘与外部招聘的结合,特别是结合 SNS 这种最新的招聘渠道,可以最大限度地提高招聘的有效性。

表4-1 内、外部招聘优缺点比较

	内部招聘	外部招聘
优点	• 了解全面,准确性高,规避识人用人的失误 • 调动现有人员的积极性,提高员工的忠诚度和献身精神 • 员工可以迅速地熟悉和投入工作 • 节约招聘成本和时间,以及选择费用和培训费用 • 保持企业的内部稳定性 • 促成了持续晋升	• 人员来源广,选择余地大 • 新员工能带来新思想、新观念,补充"新鲜血液",使企业充满活力 • 可以避免涟漪反应产生的不良影响 • 招聘工作不受现有人际关系的影响,降低徇私的可能性 • 招聘现成人才,节约培训费用和时间

（续表）

	内部招聘	外部招聘
缺点	• 来源局限于企业内部，缺少思想碰撞 • 容易造成"近亲繁殖"，形成板状结构 • 容易引发企业高层领导的不团结 • 落聘者可能士气低落 • 容易出现涟漪反应，给企业工作带来麻烦 • 可能会因为操作不公或员工心理因素造成内部矛盾 • 内部备选对象范围狭窄	• 对应聘者的了解不全面，招聘风险大 • 应聘者不了解企业情况，进入角色需要较长的适应和调整期 • 内部员工得不到机会，积极性可能受到影响 • 人才获取成本高

第四节　员工招聘的新发展

针对目前传统招聘方式存在的弊端，SNS 招聘、电话招聘和视频招聘日渐成为招聘方式的新趋势。

一、SNS 招聘

SNS(Social Networking Services，社交网络服务)招聘，即社交网络招聘，是指利用网络建立庞大的人脉关系，再利用这种人脉关系进行招聘和应聘。从 QQ 到 SNS 网站再到微博、智能手机的流行，社交网络已具有全民性，企业进行社交网络招聘已经成为趋势。经调查，80%的在职者在使用社交网络，企业也开始透过社交网络树立品牌形象、进行市场营销，不少企业开始使用社交网络进行招聘。利用 SNS 功能，搭建集交友、人才服务、网络商务于一体的综合平台，可以促进人与人之间的交流，扩大个人的交际圈子，并以人与人之间的关系为基础，使个人迅速、轻松地找到自身合适的职位。SNS 功能可以构建企业和人才互动的机制，由互动产生吸引，由吸引促进了解，从而更好地让企业激励人才，为人才的发展提供广阔的空间。

SNS 招聘具有以下优势：

第一，节约成本。SNS 招聘克服了单向招聘的弊端，充分利用了整个网络的人脉资源。当一个职位信息发布以后，信息会迅速地在招聘者的人脉网络中传播，与招聘者连接的人可以自己来应聘，也可以推荐合适的朋友，还可以把这个信息在他的人脉网络中转发，让更多的人知道。结果就是一个招聘任务，会有数百人，甚至成千上万的人帮助进行招聘，这成千上万的个人，就好比成千上万个猎头。这就起到了"杠杆"作用——用小的成本得到成倍甚至成百倍的效果。

第二，信息传播高效。首先，信息传播速度快。SNS招聘使信息由点对点的传播转变成点对面的传播。如果一位求职者转发了某企业的招聘信息，那么他的整个社交圈就都能看到这条信息，从而扩大了信息的传播范围，也加快了信息传播的速度。其次，信息传播针对性强。粉丝通常是对某企业感兴趣才会"关注"企业SNS账号，企业招聘信息发布后，通过粉丝转发被传播出去，并且只有对此信息感兴趣的人才会主动传播，因此信息传播的针对性强、效果好。这样，SNS招聘在数量和质量上都给招聘方提供了足够的保障。最后，信息传播强度大。根据六度分隔理论，"你和任何一个陌生人之间所间隔的人不会超过五个，也就是说，最多通过六个人你就能够认识一个陌生人"，每个个体的社交圈都不断地被放大，最后成为一个大型网络。在这个网络内，信息有可能以病毒式的传播速度蔓延开来，从而抵达更多受众。

第三，有利于雇主品牌建设和企业文化宣传。现在很多企业同明星一样，相继入驻SNS，如开通企业官方微博。而在每个企业的SNS账号下，都聚集了一批"粉丝"，在这些"粉丝"中存在大量的目标候选人才，同样存在许多潜在的、将来可能成为企业栋梁的人才。如果企业在这些网站上发布一些与企业文化相关的信息，进行雇主品牌建设和企业文化宣传，同时发布一些招聘信息，那么可以吸引到更多的求职者和潜在的忠诚员工。

第四，诚信度高。在SNS招聘中，都是通过人脉关系进行推荐、应聘和招聘，诚信度明显比较高。社交网络中的人脉关系不是虚拟的人脉关系，而是现实生活中的人脉关系在网络上的映射，因此信息的真实性和可靠性都比较高。另外，求职者还可以邀请朋友、同事、上司对自己进行评价，并显示在个人档案中，为自己积累口碑，提升信任度；招聘者更可以有效地利用这些信息对求职者进行甄别。基于这些优势，SNS招聘指明了目前招聘渠道的新方向，是现代招聘发展的必然趋势。

虽然如此，SNS招聘也存在一些弊端：

第一，招聘职位具有局限性。尽管对企业来说，SNS招聘成本较低，且和猎头公司招聘具有相似之处，但这种招聘方式并不能代替猎头公司的工作。从职责细分来看，SNS招聘只是替代了猎头公司最初级阶段的工作——Name Generating（名字产生），即了解潜在候选人姓名、职位、公司的过程，而猎头公司的工作还包括对候选人进行多次筛选、考核并帮助其制定职业生涯规划，这些都需要经验的积累和准确的判断力。如果这部分工作都由企业进行，则势必对人力资源部门提出很大的挑战。因此，目前在SNS招聘中，涉及更多的是IT（信息技术）类企业和职位，对于很多较高端的职位，企业仍然会选择由猎头公司代为寻觅。这一是因为这些IT类职位需求数量大，可以说是"批量招聘"；二是因为这类职位对个人的沟通、团队合作等综合素质没有特别要求，其岗位要求基本可以量化，如几年以上工作学历、具备哪项操作技能等。

第二，个人隐私遭遇泄露。对于很多人来说，社交网络尽管为他们带来了很多的便利，但他们不得不同时牺牲的则是个人信息被公开甚至被利用。除了部分人有目的性地公开自己的联系方式外,有相当一部分人甚至在自身毫不知情的情况下信息就被"曝光"。如何能够在充分利用网络资源的同时,保护个人利益不受侵害,成为网民们非常关心的问题。

目前,SNS招聘的主要渠道包括:生活服务类网站,如58同城等;娱乐交际类网站,如新浪微博等;求职网站,如中华英才网、应届生求职网、大街网等。

二、电话招聘

由于网络技术日益发达,应聘者一般都通过网络投递简历;同时,随着应聘者越来越多,用人单位的选择也越来越多,应聘者用"海投"的方式向诸多用人单位投递简历,用人单位就必须在众多的简历中进行"海选",这必然会增加人力资源部门的工作量和招聘效率。很多企业逐渐接受电话招聘作为正式招聘前的一个必要步骤,对大量的简历进行初步筛选,主要是因为:

第一,海量的简历使用人单位人力资源部门招聘专员没有办法详细地查看每一份简历,通常都是一扫而过,而且容易犯"晕轮效应"的错误。

第二,很多用人单位在查看简历时,为方便标记,都喜欢打印出来。这无形中增加了企业的纸张成本。

第三,随着应聘者在制作简历等方面的"求职技巧"越来越丰富,其简历中的"水分"也开始增大,这使得用人单位无法仅从简历和求职信上去了解一个人。为了"挤"去水分,找到合适的人参加招聘,用人单位也乐于先采用电话招聘的方式进而初步筛选。

第四,有些用人单位,特别是注重应变能力的外贸、IT企业,为了考察应聘者的应变能力,往往会采取电话招聘的方式测试应聘者的应变能力和语言表达能力。

第五,由于人才流动已突破地域限制,用人单位与应聘者要实现面对面交流,往往受客观条件的限制而在时间安排上有困难,先通过电话招聘了解应聘者的情况,再确定是否面谈,对双方而言都是极大的方便。所以对企业来说,电话招聘一方面可以节约时间,能够与更多的人才进行交流,另一方面可以适当地节约招聘成本。

基于以上考虑,用人单位往往在招聘前通过电话对应聘者做一轮筛选,以对应聘者各方面的情况有一个初步的掌握,再决定是否给其机会。

当然,电话招聘也有许多缺陷。在实际招聘工作中,由于陌生感和空间间隔等因素,招聘双方获取的信息往往是极为有限的或有失偏颇的。电话招聘也不像面对面交流时那样直接,表现余地相对较小,仅凭声音传达个人信息,容易受主观因素的影响。而获取信息的有效方式80%来自眼睛,尤其在对应聘者的素质要求比较高时,电话会屏蔽掉许多真实的情况。所以,电话招聘无法取代正式招聘,它只能与正式招聘相结合,作为正式招聘前的初步筛选工具。

三、视频招聘

视频招聘也是随着网络发展应运而生的一种招聘方式,即借助网络和视频设备,招聘双方在特定的场所里进行招聘。视频招聘作为一种重要的招聘方式,愈来愈受到社会的青睐,原因在于其具有不可忽视的优势:

第一,视频招聘可以节约成本。与电话招聘相比,视频招聘同样可以节约大量的成本,比如当国内的企业要招聘国外的求职者时,利用电话招聘仍会产生一大笔电话费成本,而视频招聘则是最节约的招聘方式。

第二,视频招聘更利于沟通。视频招聘可以帮助应聘者更加充分地展示自己,由于在进行视频招聘时,应聘者处于自己熟悉的环境,相比面对面的现场面试,应聘者可以更放松地表达真实的自己。

第三,视频招聘可以提高效率。利用视频招聘,主考官和应聘者只需就近赶到专用场所即可进行招聘,这会大大提高用人单位的招聘效率。同样,对于应聘者而言,视频招聘较普通招聘机会成本更小,而且选择范围更大,这在一定程度上可以提高其应聘成功的概率。

第四,视频招聘真实性强。其真实性是相对于电话招聘而言的,电话招聘只能从声音特征、反应速度和表达能力等方面来判断应聘者的部分能力。而视频招聘除此之外,还能观察到应聘者的言谈举止和其所处的特定环境,更有利于真实信息的传递和沟通。

第五,视频招聘有利于主考官快速做出决定。普通招聘一般的程序是招聘结束之后一段时间,用人单位再告知应聘者招聘结果,这段时间差很不利于应聘者。而视频招聘无论招聘结果如何,主考官均须在招聘结束时告诉应聘者招聘结果。这种快速的决定无论是对用人单位,还是对应聘者来说,都是一种有效的反馈。

然而,视频招聘也存在一些弊端:

第一,视频招聘受限于硬件。具体来说,首选,视频招聘需要先进的视频设备,如果不具备视频设备,则根本无法进行视频招聘;如果视频设备的像素较低,那么在视频中就难以清楚地看到对方的言行举止,这样就会大大降低招聘的效果。其次,视频招聘需要非常流畅的网络,如果网速很慢,则视频会非常不流畅,造成长时间的时滞,这肯定会严重地制约视频招聘的效果。最后,视频招聘需要特定的场所,这样的特定场所必须是精心设计的,并且招聘过程中不受周围环境或者其他噪音的影响,比如应聘者选择的场所肯定不能是网吧,否则肯定会影响主考官对应聘者的印象。

第二,视频招聘对相关人员素质要求甚高。视频招聘要逐步推广,势必对视频招聘的相关人员提出更高的要求。对于应聘者来说,如果参加视频招聘,则必须精通电脑网络知识;同样,要适应视频招聘方式,还要通过这种新的招聘方式更好地展现自我。

本章小结

1. 招聘是指在企业总体发展战略规划的指导下,制订相应的职位空缺计划,并决定如何寻找合适的人员来填补职位空缺的过程,其实质就是让潜在的合适人员对本企业的相关职位产生兴趣并且前来应聘这些职位,以使企业获取所需人才的过程。招聘的意义在于,首先,员工招聘关系到企业的生存与发展;其次,员工招聘是确保员工队伍素质良好的基础;再次,员工招聘能够树立企业形象;最后,员工招聘可以履行企业的社会义务。员工招聘要遵循能岗匹配原则、双向选择原则、公开公平原则、效率优先原则。招聘工作的有效实施主要受到内部因素和外部因素的影响。外部影响因素包括:国家的法律法规、经济制度和宏观经济状况、社会文化环境、外部劳动力市场、技术进步、竞争对手。内部影响因素包括:招聘职位的性质、发展战略和用人政策、企业文化、企业自身形象与条件、招聘预算、个人因素。

2. 招聘的基本程序可以分为以下五个步骤:制订招聘计划、确定招聘策略、发布招聘信息、招聘测试与甄选、做出招聘评估。

3. 企业员工招聘有内部和外部两种渠道。内部招聘的渠道有内部提升、工作调换、工作轮换和人员重聘等。内部招聘的方法有推荐法、布告法、档案法和职业生涯开发系统。外部招聘的渠道有广告招聘、网络招聘、猎头公司招聘、校园招聘、现场招聘会等。内、外部招聘各有优缺点,二者都存在能够满足企业实现招聘计划的合理性,一方的缺点往往是另一方的优点,二者是相辅相成的。如果二者能够很好地结合,则既能满足企业实现招聘计划的要求,又能很好地将二者的优缺点进行互补。

4. 招聘方式的新趋势有 SNS 招聘、电话招聘和视频招聘,这些招聘方式也是各有利弊,企业要根据环境因素和组织因素进行权衡使用。

复习思考题

1. 招聘的含义是什么?招聘的意义体现在哪里?
2. 招聘活动受到哪些因素的影响?
3. 招聘的基本程序包括哪几个步骤?
4. 招聘有哪些渠道?各自的优缺点是什么?
5. 招聘方式有哪些新趋势?

人力资源管理

> **案例与讨论**

华为招聘管理的七项基本原则

华为认为,看一家企业的招聘是否有效,主要体现在以下四个方面:一是是否能及时地招到所需人员以满足企业发展需要;二是是否能以最少的投入招到合适的人才;三是把所录用的人员放在真正的岗位上是否与预想的一致、符合企业和岗位的要求;四是"危险期"(一般指进企业后的六个月)内的离职率是否为最低。

根据以上四个要点,结合公司的具体实际,华为制定了一套详细的招聘原则,力求实现招聘效益的最大化。

原则一:最合适的就是最好的。

华为要求招聘标准是具体的、可衡量的,可以作为招聘部门考察人、面试人、筛选人、录用人的标杆。因为人才不是越优秀越好,只有合适的才是最好的。在华为,所谓"合适",其标准如下:

(1)企业目前需要什么样的人?这是"软"的素质,由企业文化决定,即选人是德才兼备、以德为先还是以才为先?是强调个性突出还是团队合作?是开拓型还是稳健型?这侧重于考察应聘者的兴趣、态度、个性等。

(2)岗位目前需要什么样的人?这是"硬"的条件,人力资源部门通过职务分析明确该岗位的人需要具备的学历、年龄、技能、体能等。这侧重于考察应聘者的能力、素质等。

只有掌握了标准,招聘人员才能做到心中有数,才能用心中的这把"尺"去衡量每一位应聘者;否则稀里糊涂,根本没有办法从众多的应聘者中挑选出企业所需要的人才,更为严重的是,若是经过"层层筛选"聘用的优秀人才在试用一段时间后发现原来并不适合本企业,那么将造成企业财力和精力的极大浪费。

原则二:强调"双向选择"。

华为在进行招聘时,会特别向招聘人员强调"双向选择"原则,要求绝不能像一些企业一样,为吸引应聘者,故意美化、夸大企业,对企业存在的问题避而不谈,以致应聘者过分相信招聘企业的宣传而对企业满怀期望。一旦人才进入企业,发现企业实际上并没有原先设想的那样好,就会产生失落、上当受骗的感觉,挫伤工作的积极性。因此,无论是在最初的招聘现场,还是在最后一轮面试的双方交流环节,华为始终把彼此满意作为获取人才的基础。特别是在最后安排应聘者和相关负责人谈话和吃饭时,负责人会把发展前景、发展现状、普遍存在的问题等实事求是地向应聘者做客观的介绍。

原则三:坚持"条条都要有针对性"的招聘策略。

企业选人是讲求"实用性"还是为后期发展储备人才?不同的目的有不同的招聘策略。华为近年来的招聘主要都是针对高校应届毕业生展开的,因此它更注重应聘者的发展潜力和可塑性,希望经过几年的培养,可以在将来用人时发挥作用。

原则四：招聘人员的职责＝对企业负责＋对应聘者负责。

招聘人员既要对企业负责，又要对应聘者负责，要树立"优秀≠合适，招进一名不合适的人才就是对资源的极大浪费"的观念。在华为，招聘部门会在每年年初主动地参与企业和部门的人力资源规划，深入一线了解企业内部人员的流动去向，随时掌握企业在各阶段的用人需求，以采取合适的招聘策略，及时为企业输送所需人才。

原则五：用人部门要现身考场。

只有用人部门最清楚自己需要什么样的人，而且招进来的人的素质和能力直接关系到部门的工作成效。在招聘过程中，华为要求具体的用人部门和招聘部门一起完成招聘工作，公司甚至认为，用人部门对招聘的配合、支持程度如何，直接决定了招聘的成败。

原则六：设计科学合理的应聘登记表。

有的企业会事先设计一张科学合理的应聘登记表，让应聘者填写企业需要特别关注的项目，通过面试前审查应聘者填写的资料，招聘企业可以淘汰一大部分明显不符合企业要求的人员，筛选出意向对象邀请其参加面试。华为的应聘登记表经过科学的设计，一张小小的表格就基本能反映出一个人的所有情况。

原则七：人才信息储备就是给企业备足粮草。

招聘实践中，常会发现一些条件不错且适合企业需要的人才，因岗位编制、企业阶段发展计划等因素限制而无法现时录用，但企业很可能在将来某个时期需要这方面的人才。华为绝不会轻易地就与这些人才擦肩而过，公司的人力资源部门会将这类人才的信息纳入企业的人才信息库（包括个人资料、面试小组意见、评价等），并不定期地与之保持联系，一旦将来出现岗位空缺或企业发展需要，即可招入麾下，既提高了招聘速度又降低了招聘成本。

华为每年都会从高校和社会上招聘大量的人才，在招聘和录用中，招聘人员最注重应聘者的素质、潜能、品格、学历，其次才是经验。按照双向选择原则，公司在人才使用、培养与发展上，提供客观且对等的承诺。华为有严格的面试流程，一般来说，一位应聘者必须经过人力资源部门、业务部门主管等环节的面试，以及公司人力资源部总监审批才能正式加盟华为。

为了保障人员招聘的实际效果，华为会在正式招聘之前建立一个面试资格人管理制度，对所有的面试考官进行培训，合格者才能获得面试资格。而且公司每年会对面试考官进行资格年审，考核把关不严者将取消面试资格。华为认为，招聘人员是公司招聘人才的第一道门槛，如果这些人自身素质都很一般，那么是不可能指望他们能独具慧眼地选拔出公司需要的优秀的人才的。

资料来源：华为招聘流程的七大原则及选人标准［EB/OL］.［2020-08-05］. http://www.hrxuexi.com/article-2597-1.html，有删改。

思考题：华为是如何用顶级的挑战与薪酬去吸引和留住顶级人才的？

本章参考文献

[1] 保罗·法尔科内.招聘、提拔和留住优秀员工[M].骆琪,译.北京:机械工业出版社,2019.

[2] 陈国海,伍江平.员工招聘与配置[M].北京:清华大学出版社,2018.

[3] 戴安娜·阿瑟.员工招聘与录用:招募、面试、甄选和岗前引导实务[M].第5版.卢瑾等,译.北京:中国人民大学出版社,2015.

[4] 戴维·E.佩里等.招募顶尖人才[M].赵磊等,译.北京:人民邮电出版社,2017.

[5] 孔凡柱,赵莉.员工招聘与录用[M].北京:机械工业出版社,2018.

[6] 廖泉文.招聘与录用[M].第3版.北京:中国人民大学出版社,2015.

[7] 薛莲.HR员工招聘经典管理案例[M].中国法制出版社,2018.

[8] 许玉林,王剑.人力资源吸引与招聘——基于战略思考与管理流程[M].北京:清华大学出版社,2013.

第五章　人员素质测评

【学习目标】

1. 了解人员素质测评的含义；
2. 了解人员素质测评的作用、流程；
3. 掌握人员素质测评的方法；
4. 了解胜任力素质模型的构建流程。

引导案例

人员素质测评对招聘主管的挑战

苏轼曾写道："人之难知也，江海不足以喻其深，山谷不足以配其险，浮云不足以比其变。"张小姐对这句话有深切的体会。张小姐在一家IT公司担任招聘主管，主要职责之一就是考察和评估前来应聘的人员，为各个岗位招聘和选拔有胜任力的人选。为了更深入地了解应聘者、招聘到更加适合岗位的员工，公司年初刚刚引进了人员素质测评，每位应聘者都要做一套测评试题。但随着人员素质测评方法的投入使用，张小姐的难题也接踵而至。她发现人员素质测评好像给她的工作量做了加法，而不是本来预想的降低工作负担。她除了要看简历，还要阅读每个人长达十几页的测评报告，更加令她头疼的是，她根本搞不清报告上那些分数和这个人能不能把工作做好有什么关系，结果还是按照自己原来的方法选人。公司高层对这项工作十分重视，要求她尽快将应用人员素质测评的效果汇报上去。用人部门主管看了应聘者的报告也经常是一头雾水，面对他们的询问，张小姐无法给出令人满意的解释，压力倍增。难道人员素质测评非但不能为招聘工作助一臂之力，还要为张小姐徒增烦恼吗？本章让我们来破解人员素质测评应用之谜。

资料来源：招聘主管面临的难题［EB/OL］.（2013-11-15）［2020-08-05］. http://bbs.hrfree.cn/hr-20911-1-1.html，有删改。

思考题：如何科学合理地使用人员素质测评？

第一节　人员素质测评概述

为了建立科学合理的选人理念和用人机制，越来越多的企业引入了人员素质测评。人员素质测评在人力资源管理与开发中的作用日趋突出，是企业人力资源管理人员必须掌握的一种基本工具和技术，素质测评的结果也成为企业招聘、薪酬管理、绩效考评与培训开发等方面的重要依据。

一、素质及其结构

《辞海》对素质一词的定义为：①人的生理上的原来的特点。②事物本来的性质。③完成某种活动所必需的基本条件。素质又称能力、资质、才干等，是驱动员工产生优秀工作绩效的各种个性特征的集合，它反映的是可以通过不同方式表现出来的员工的知识、技能、个性与驱动力等。素质是判断一个人能否胜任某项工作的起点，是决定并区别绩效差异的个人特征。素质从广义上讲，它已扩展延伸至以一个人所具备的社会道德、行为规范、事业心、责任感、民主性、信念和世界观为基本内容的思想道德素质，以一个人所具备的科学文化知识、专业知识、管理组织能力、指挥协调能力、决断能力、用人眼光、谋略能力、表达能力、交往能力和工作效率等为基本内容的行为素质，以一个人所具备的身体活动能力（力量、速度、耐力、灵敏、柔韧）和强健的体质为基本内容的身体素质，以及以反映一个人的智能和个性特征为基本内容的心理素质。所以，人的素质是指构成一个社会人所具备的各种要素。

在此，我们把**素质**界定在一个较小的范围内，即有助于个人或团队获得成功的知识、技能以及行为价值观的综合体，或者个人完成一定活动与任务所具备的基本条件和基本特点，是行为的基础，主要包括身体素质与心理素质两个方面：身体素质有体质、体力、精力；心理素质有文化素质、品德素质、智能素质和其他个性素质（性格、气质、兴趣等）。素质对一个人的身心发展、工作潜力的激发和工作成就的提高起着根本的决定作用。

二、人员素质测评的含义

人员素质测评是指综合运用心理学、测量学、统计学等学科的理论、技术与方法，对人的能力水平及倾向、个性特点、行为特征等进行系统而客观的衡量评价，从而指导用人单位进行人员甄选、求职者寻求适当职业的科学方法。目前，它已成为现代人力资源管理与开发的科学基础，是企事业单位与政府机构管理人员必须掌握的一种基本工具。

三、人员素质测评的主要内容

从心理学角度来讲，人员素质测评主要包括能力、个人风格和动力三方面内容。

1. 能力

能力的水平及倾向性应该说是人员素质测评的一项重要内容。当人员素质测评作为用人单位进行人员甄选的手段时，所要测量的能力既包括人们已经获得的知识和技能,又包括潜在的能力倾向性;既包括一般能力,又包括特殊能力。而当其作为求职者寻求职业的参考依据时,则主要是对一般能力的倾向性的测量。

2. 个人风格

个人风格是指个人平时为人处世过程中表现出来的独特的行为方式,一般包括气质、性格和行为风格三方面。

(1) 气质是指表现在人的心理活动和行为动力方面的、稳定的个性特征。气质通常具有一定的先天因素,同时又通过后天的生活过程加以强化,因而很难改变。心理学上将气质划分为四种基本类型:胆汁质、多血质、黏液质和抑郁质。

(2) 性格是由一个人对现实的态度及其行为方式表现出来的个性心理特征,性格主要是在后天的生活过程中潜移默化形成的,具有相对的稳定性,但较之气质,性格具有较强的可塑性。

(3) 行为风格是指人们在考虑问题与解决问题时表现出来的不同和特点。如有的人处世稳健,有的人办事果断,有的人细致,有的人豪爽,这些都属于行为风格方面。与性格相比,行为风格更具可变性。个人风格也是人职匹配的重要内容,其本身并无好坏优劣之分。只有与具体的工作联系起来,才有适合与不适合的区别。

3. 动力

动力是指人们完成某项工作或从事某项活动的动机和愿望。因此,能否胜任某项工作,除了要考察一个人的能力和个人风格因素,还要看其动机和愿望。一个人如果缺乏从事某项工作的动机和愿望,那么即使能力再强、个性特征再适合,也有可能做不好工作。反之,一个人如果在能力或个人风格方面有所欠缺,但由于其具有强烈的愿望和动机,那么也会成为对欠缺的一种弥补。动力主要包括兴趣、需要、动机、价值观四方面。

四、人员素质测评的类型

人员素质测评的类型按照不同的标准有不同的划分。按照测评范围划分,可以分为单项测评与综合测评;按照测评技术与手段划分,可以分为定性测评、定量测评以及包括模糊综合测评在内的中性测评;按照测评主体划分,可以分为自我测评、他人测评、个人测评、群体测评、上级测评、同级测评与下级测评。

在此,我们主要介绍按测评目的与用途分类的方法,将人员素质测评分为:

(1) 选拔性测评。选拔性测评以区分和选拔优秀人才为目的,这是人力资源管理中最常用到的一种测评方法。选拔性测评特别强调区分功能,要求过程客观,测评的结果或是分数或是等级。

(2) 配置性测评。配置性测评以合理的人职匹配为目的,使人尽其才、才尽其用。实践证明,当任职者的能力、兴趣和价值观与职位要求刚好吻合时,可以达到最佳的人力资源使用效果。配置性测评最大的特点是必须结合职业要求,并且不能出于个体原因降低职业要求标准,强调宁缺毋滥。

(3)开发性测评。开发性测评以开发人员潜能为目的,所以这种测评的报告并不强调好坏之分,而是强调通过测评来勘探个人的优势和劣势,尤其是潜在的发展可能。开发性测评也经常结合明确的开发目的进行,如希望通过测评提升团队的沟通效率和质量。

(4)诊断性测评。诊断性测评服务于了解素质现状或以组织诊断为目的。诊断性测评的特点是比较全面和细致,希望通过寻根问底的测评,探究问题产生的根源。这种测评不一定公开结果,主要供管理人员参考。

(5)考核性测评。考核性测评又称鉴定性测评,以鉴定和验证被测者是否具备某种素质,或者具备的程度和水平为目的。鉴定性测评经常穿插在选拔性测评和配置性测评之中,主要是对被测者现有素质结构与水平的鉴定,要求测评结果具有较高的信度和效度。

五、人员素质测评的理论基础

(一)人们心理素质上的差异性、相对稳定性和可测量性

人们心理素质上的差异性、相对稳定性和可测量性是人员素质测评得以实施的基础之一。由于人们具有遗传、生活经历等生理及社会生活方面的差异,造成了人们心理上的差异性。这种差异性表现在人们的性格特点、能力及倾向性、待人接物的方式等方面。同时,人们的心理素质又具有相对稳定性,主要表现在人们在不同的时间和不同的地点总是表现出相同或相似的心理特征,即某一个人的心理特征不仅目前是这样,而且以前或今后相当长的时期里很可能基本上也是这样;不仅在这一地点是这样,而且更换到其他地点之后也是这样。

(二)人员素质测评是一种客观的、间接的和相对的测量手段

由于人员素质测评是对人的心理素质与潜在能力的测评,而科学发展到今天,还无法直接测量人的心理,只能通过测量人的外在行为表现推断出人的心理素质和潜在能力,因此说人员素质测评是一种间接的测量手段。同时,由于人员素质测评摒弃了传统人才选拔凭主观经验与直觉进行测评的做法,而是借助一系列客观的测评技术和手段,因此它又具有客观性的特点。另外,人员素质测评所测量的一个人某种素质的高低、强弱,这些指标在评价时没有绝对的尺度,而是通过个体在群体中的相对位置来判定的,所以人员素质测评又具有相对性的特点。

(三)科学的人员素质测评必须以严格的统计规律为手段

人员素质测评所采取的是一种见微知著的方法,这是因为不可能测量一个人所有的

行为,而只能抽取一定的行为样本。从统计学意义上讲,通过有代表性的样本可以对行为的整体做出推论。因此,测评中所运用的目标、样本必须具有较强的代表性。

(四)人事匹配原理

现代企业是由许多不同层次、不同部门的岗位网络组成的。由于每一个岗位的工作性质、工作内容、技术难度和责任都不相同,所以对任职者的素质要求也各不相同。事实证明,不是任何人都能胜任某一职业,也不是任何人接受了技术培训就一定能达到职业要求,对人和职业活动本身而言,都存在一个"职业适应性"问题。对前者,是指人的个性特征对相应职业活动要求的适应程度;对后者,则是指某一类型的职业活动对人的个性特征及其发展水平的要求。只有二者达到和谐统一,人适其职、职得其人,才既有利于任职者的自我发展和发挥,又有利于职业活动效率的提高和增强。

第二节 人员素质测评的作用与流程

一、人员素质测评的作用

(一)人员素质测评技术能够提高人力资源管理工作的科学性

传统的人力资源管理受到技术水平的限制,在管理的科学性方面十分欠缺,往往是根据过去的经验,来对人员的素质进行界定,因此存在很大的主观性。但现代的人力资源管理引入人员素质测评技术后,不仅测评的方法科学,而且还有标准化的测评指标体系,实现了人员和岗位的物化连接,具有较高的科学性。

(二)人员素质测评技术能够帮助企业降低用人风险

人才是推动企业发展的第一要素,人才质量的高低影响着企业在市场中的竞争力。通过运用人员素质测评技术,提高了企业用人的准确性,实现了人的素质与岗位要求的匹配,降低了企业用人风险,同时也帮助企业节约了用人成本。

(三)人员素质测评技术有助于实现人力资源的优化管理

人员素质测评不但能够为人力资源管理的各个环节提供科学的依据,而且通过人员素质测评能够及时掌握人员配置的现状,进而能够帮助管理者纵观全局,实现人事管理科学化,有助于人尽其才,才尽其用。

对于员工个人而言,人员素质测评的作用体现在以下几个方面:

首先,提高自我认识。人员素质测评可以帮助被测者对自己的个性特征、价值观、态度倾向和能力水平等有更清晰的认识,也可以使被测者发现自己在知识、技能或工作能力上存在的不足。

其次,帮助个人制定职业生涯规划。员工通过人员素质测评可以得到更加全面的自我认识,不仅更加了解自己的个性特征、价值观、态度倾向、知识、技能等方面的特点,而且更加了解自己的兴趣爱好,这样可以帮助他们选择有利于自我发展的职业,制定更加合理的职业生涯规划。

最后,开发潜能。通过人员素质测评,员工可以了解自己在个性特征、知识结构和行为表现上的不足,针对这些短板,员工可以进行有针对性的教育培训,从而可以开发潜能,提高胜任力,更好地实现自我发展。

二、人员素质测评的基本流程

人员素质测评是一个复杂、综合且系统的过程,尽管不同的测评项目有着不同的目标和应用领域,但多数测评项目的运作都遵循相对一致的流程,包括准备阶段、实施阶段和反馈与评价阶段。基本流程如图5-1所示。

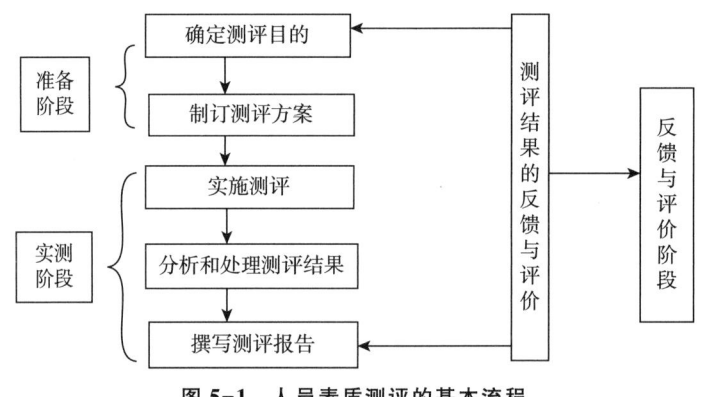

图5-1 人员素质测评的基本流程

(一)准备阶段

1. 明确测评目的

人员素质测评必须以一定的测评目的为依据。测评目的决定了人员素质测评的方向、对象、内容和标准,是开展人员素质测评的起点。一般而言,企业开展人员素质测评的目的主要是选拔人才、诊断、培训、配置及考核。

2. 制订测评方案

测评方案是对某一测评活动所涉及的诸方面的总体设计、部署和安排。一份完整的测评方案主要包括:测评目的;测评对象,拟定测评人员的类型和范围或者具体的人员名单;以及测评的指标体系,即根据测评的内容和对象制定科学合理的指标体系。

人员素质测评指标体系设计需要遵循一定的原则:

(1)针对性原则。由于各类从业人员及其岗位的工作性质、特点、专业技术不同,选择的测评指标也应有所不同。因此,在设计人员素质测评模型及测评指标体系时,要针对测评的目的和对象选择相应的测评指标,以充分体现测评对象的特点。比如,测评对象是炼钢专业技术人员,则其测评指标除应具备基本要素外,还应具备一些特殊要素,如创造力、空间判断力等。

(2) 科学性原则。测评指标体系应符合科学规律,反映人力资源工作的实际;各级指标的功能应既相对独立,又相互关联,使测评指标体系成为一个有机的整体。建立科学的测评指标体系是做好科学人力资源评价的基础。

(3) 完备性原则,即要求处于同一测评指标体系中的各种指标相互配合,在总体上能够全面地反映工作岗位所需具备的素质及功能的主要特征。并且,在获得被测者素质结构完备信息的基础上,应以尽可能少的指标来充分体现测评的目的。

(4) 精炼性原则。从理论上讲,测评内容越全面、越完整,就越能较清楚地反映各类人员的各种素质结构。但是,在实际测评实践中,测评指标越少,越有利于测评工作的开展和测评信度的提高。所以,测评指标体系的设计应尽量简单,只要能够达到既定的目的并获得所需要的功能信息即可。

(5) 可操作性原则。设计的测评指标体系应该可以辨别、比较和测量,即测评指标可以直接观察计算或能通过一定的方法辨别、把握和计算。在设计测评指标体系时,应尽量考虑指标的可操作性。

(6) 独立性原则。设计的测评指标体系在同一层次上应该相互独立,没有交叉。同一层次上 X 指标与 Y 指标不能存在重叠和因果关系。

人员素质测评指标体系的构建是一个系统的过程,具体如图 5-2 所示。

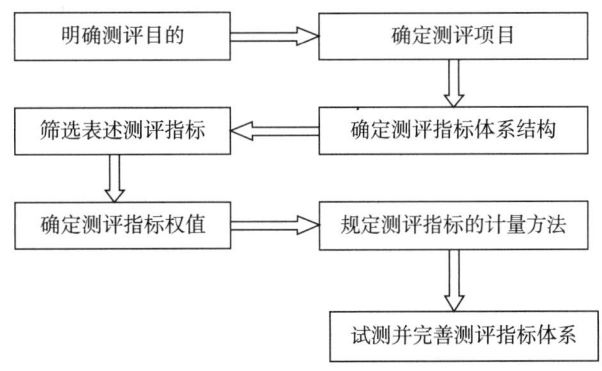

图 5-2 人员素质测评指标体系构建步骤

(二) 实测阶段

1. 实施测评

测评的实施就是测评方案的具体执行。一般,测评的实施要完成以下几方面的工作:

（1）根据测评方案，制定测评实施细则，实施细则应该提出具体的任务分工、时间安排及具体的操作规范等。

（2）做好测评前的准备，在测评实施之前，做好与测评相关的资料、工具、场地、人员、经费等的准备工作。

（3）人员培训。在测评实施之前，要对测评对象、测评人员和参与测评活动的管理人员进行培训，使他们明确测评目的和各自任务、职责与要求。

（4）实施测评。实施测评是指具体实施笔试、面试、心理测验、评价中心，在此过程中，要严格做到标准化，以保证测评的科学性和公正性。

（5）收集并妥善保管测评工具、材料等物品。

2．分析和处理测评结果

测评结束后，测评人员需要对测评结果进行统计和分析。有些测评方法是借助计算机系统完成的，其得分和分析报告都由计算机直接给出。但是，有些测评工作运用了多种测评方法和工具，这就需要测评人员运用统计学、数学、测量学的知识进行综合分析，对于运用不同测评方法得到的同一测评指标的分数还需要进行加总与合成。

对于测评结果的分析，可以分成两部分：个体结果分析和整体结果分析。个体结果分析是指参照测评的常模和标准，对测评对象的得分进行解释，并对其各项素质指标进行评价，分析测评对象的具体表现，如优势在哪些方面、不足在哪些方面等。整体结果分析是为了对测评对象整体的情况进行了解，比如参与测评对象的整体水平如何、分数分布特点如何等，主要包括整体分布分析、总体水平分析与差异性分析。

3．撰写测评报告

测评结果分析结束后，测评人员需要根据分析结果撰写一份详尽、科学的测评报告。报告中应包括测评对象所参与的各项测评项目的得分和结果分析，并对测评对象的发展方向和管理策略做出指导建议。具体来说，一份完整的测评报告应包括：

（1）测评机构和测评时间说明。

（2）测评对象的个人信息，包括编号、姓名、性别、年龄、受教育程度、岗位、职务等。

（3）测评项目，即测评对象参与了哪些测评活动，如果参与了多个测评项目，则需按顺序排列。

（4）测评结果，即测评对象所参与的测评活动的得分和评价等级，可以用图表、文字等多种方式展示出来。

（5）测评结果分析，即对测评对象在每个维度上的得分进行分析和解释，并提出建议。

（6）总评，即根据测评结果，对测评对象进行总体评价。

（7）专家复核意见。

（8）报告撰写人和复核人及日期。

如果一个组织有大量员工参与了某项测评,那么测评人员还需提交一份总体报告。总体报告的主要内容包括需求分析、测评设计、测评手段、总体特点、团体测评结果、结果分析、讨论和专家意见。它将为组织的人力资源优化配置、科学使用、有效激励、开发培训等提供科学的依据。

(三)反馈与评价阶段

测评的最后阶段是将测评结果准确地反馈给测评对象本人、其上司或其他相关人员,根据测评目的利用测评结果开展工作,并对本次测评活动进行相应的评价。

第三节 人员素质测评的主要方法

一、履历分析

履历分析是指根据履历或档案中记载的事实,了解一个人的成长历程和工作业绩,从而对其人格背景有一定的了解。通常情况下,为了记分,测评人员会对项目进行分类汇总,在实际操作中,测评人员往往把履历中众多项目归为四大类(见图5-3):

(1)个人基本情况,包括姓名、性别、出生年月、民族、学历、学位、专业、婚姻状况等。

(2)个人知识、技能与工作能力,主要根据个人受教育情况、职业经历、接受职业培训情况进行判断。

(3)个人家庭与社会关系,包括家庭成员情况与社会关系情况。

(4)个人品质或其他,主要根据个人过去的工作表现、奖惩情况和离职原因等进行判断。

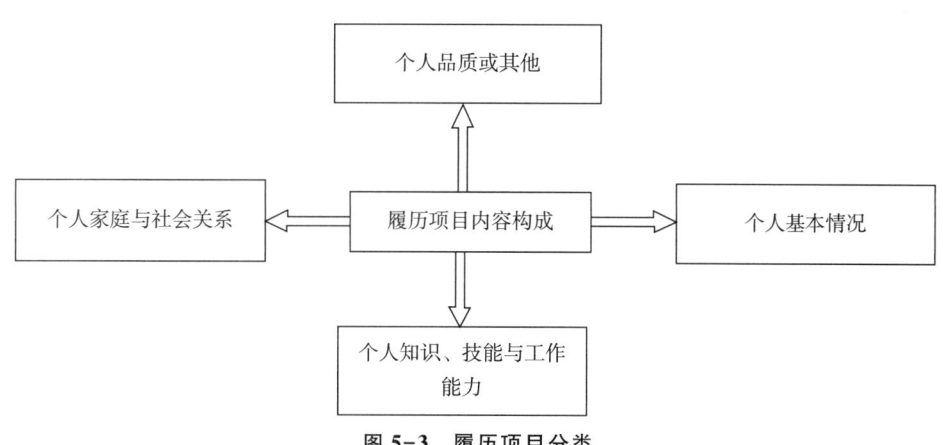

图 5-3 履历项目分类

二、面试

1. 面试的内容和分类

面试是几乎所有企业在人员招聘时都会使用的方法。面试可分为非结构化面试和结构化面试。

非结构化面试是指考官事先不对应试者给出具体题目和评分标准,只是在面试过程中根据交流情况随机地提出问题,从而做出评价。一般来说,非结构化面试中常采用案例分析、脑筋急转弯或情景模拟等方式。在人员素质测评作为选人手段出现以前,非结构化面试是主要的评价方法之一。非结构化面试虽然可以给考官以自由发挥的空间,但由于这种形式容易受考官主观因素影响,面试结果无法量化,科学性不强,不利于应试者之间相互比较。现在一般不采用这种方法。

结构化面试是指事先确定提问问题或提纲,明确要考察的素质,考官按照固定的程序向应试者逐个提问,所有应试者都回答同样的问题;有标准化的评分表和详细的评分标准,考官按照评分标准对应试者的表现进行客观评价。结构化面试克服了面谈无法量化、主观随意性的缺点,具有较高的效度。相比较而言,结构化面试比非结构化面试能更有效地考察一个人。有研究表明,结构化面试的效度是非结构化面试的两倍。例如,"如果这次你没有被录取怎么办?""你认为你自己有哪些优点,你认为你比较适合做哪些工作?"

目前,还有一种介于结构化面试和非结构化面试之间的折中形式,即半结构化面试,是指在结构化面试中加入一些灵活追问和附加问题,这样既可以保证对应试者进行客观评价,又能够使考官根据应试者的不同情况了解面试提纲之外的有用信息。例如,在考察人际沟通技能时,提问:"我想知道你曾经遇到的最有挑战性的沟通方面的问题是什么,你为什么认为那次经历对你来说最富有挑战性,你是怎样应对的?"

2. 面试中常见的主观偏差

面试中常见的主观偏差有首因效应、晕轮效应、刻板印象、投射效应、对比效应。

(1) 首因效应。首因效应又称第一印象效应,是指交往中的第一印象会影响以后对此人的认识和评价。第一印象无论正确与否,总是鲜明、牢固的,即使在后续交往中感知对方已经发生变化,但第一印象形成的影响也是滞后地、缓慢地发生改变。在面试中,考官常常在看到应试者的很短时间内就已经根据其简历和仪容、仪表做出整体判断,这在某种程度上影响着录用决策。

(2) 晕轮效应。晕轮效应又称"光环效应",属于心理学范畴,本质上是一种以偏概全的认知上的偏误。晕轮效应愈来愈多地被应用在企业管理上,其对组织管理的负面影响主要体现在各种组织决策上。在面试过程中,面试考官往往容易因应聘者某一方面表现得特别好或特别不好而形成对应聘者的整体推断与评判,结果导致录用偏差。例如,应聘者面试开始前的一个愉快的微笑或坚定的握手在面试考官心目中便留下"此人不错"的印象,从而忽略了对其弱点的发现和分析;也可能一位不修边幅的应聘者一开始就给人留下了"此人不怎么样"的印象而处处被挑剔。

(3) 刻板印象。刻板印象是指因思维定式而产生的对社会上某类人的固定看法。刻板印象大大提高了我们的知觉效率,但也时常被证明是错误的或有害的。面试时,考官常以应聘者所在的团体知觉为基础看待应聘者。比如,看见穿牛仔裤的就认为是思想开放、大学生总是很激进等。刻板印象使考官以一种思维定式而不是辩证地去考察应聘者。这种程式化思想往往会影响考官客观、准确地评价应聘者。

(4) 投射效应。投射效应是指将自己的特点归因到其他人身上的一种倾向,即以己度人,认为自己具有某种特性,他人也一定会有与自己相同的特性,从而把自己的感情、意志、特性投射到他人身上并强加于人。两种情况下常出现投射效应:一种是人们在对与自身年龄、职业、背景等类似的对象进行认知过程中;另一种则是当人们自身具有某些被人厌恶的特征时,在认知他人时会转移到他人身上。所以,通过投射效应,个人很多的真实想法都能够表露出来,许多心理测试正是运用了这个原理。面试时,当考官了解到应聘者的某些经历和自己相像(如与自己是老乡、在同一所大学毕业等)时,就会对该应聘者产生认同感,以致面试结果失去客观性和公平性。

(5) 对比效应。对人的评价往往不是孤立进行的,会受到最近接触到的其他人或事的影响。在招聘面试中,考官对某一应聘者的评价并不是孤立进行的,常常受到最近接触到的其他应聘者的影响。对某一具体的应聘者而言,如果排在他前面的人表现较差,则可能有利于面试考官对他的评价;反之,如果排在他前面的人非常优秀,则在对比效应下,面试考官往往对他会有较差的认知判断。

面试是一个主观性评价的过程,不可避免地会出现一些认知偏差,使面试考官正确地认识这些偏差的存在并有意识地在面试中进行控制,具有重要意义。

三、纸笔测验

纸笔测验又称笔试,主要侧重于评定应聘者在基本知识、专业知识、管理知识、综合分析能力、逻辑推理能力和文字表达能力等基本素质能力上的差异,判断应聘者对招聘岗位的适应性。它是测试应聘者学识水平的重要依据。

纸笔测验具有以下优点:首先,试题容量较大、取样较多,可以保证对知识、技能考核的信度和效度;其次,可以进行大规模分析,因此费时少、效率高;再次,被测者的心理压力小,较易发挥真实水平;最后,成绩评定比较客观。但它不能全面地考察被测者的工作态度、品德修养、组织管理能力及口头表达能力等。因此,纸笔测验虽然有效,但还须结合其他测评方式互相取长补短。

四、心理测验

心理测验是通过观察人的具有代表性的行为,对贯穿在人行为活动中的心理特征,依据确定的原则进行推论和数量化分析的一种科学手段。

心理测验在测量内容、实施过程和计分三个方面都具有系统性,从而使测量结果具有统一性和客观性。心理测验在人员素质测评中的应用主要体现在以下两个方面:一是对被测者能力特征的诊断及发展潜能的预测,二是对应试者个性品质及职业兴趣的测定。个性品质主要包括人的态度、情绪、价值观、气质、性格等方面的特性。对于那些要与其他人有很多交流的职务,在其候选人的选择中,这种个性品质的测定尤为重要,它有助于在对被测者知识能力和技能考查的基础上,进一步考查其工作动机、工作态度、情绪的稳定性、气质、性格等心理素质,使考查更加全面、科学、客观,从而保证能够选拔出具有较高知识素养、能力和心理素质的优秀人才。

1. 按照测验的标准化程度,心理测验可以分为标准化测验和投射测验

标准化测验一般有事前确定好的测验题目和答卷,以及详细的答题说明。测验题目往往以客观题居多,但也有不少是主观评价题。有的测验限定时间,有的则不限定时间。测验内容一般很简单,被测者只需按照测验的指示语回答问题即可。一个标准的心理测验系统还包括计分系统、解释系统、良好的常模,以及可靠的信度、效度和项目分析数据。标准化测验具有使用方便、经济、客观等特点。

投射测验是指要求被测者对一些模棱两可或模糊不清、结构不明确的刺激做出描述反应,主试通过对这些反应的分析来推断被测者的内在心理特点。投射测验主要用于对人格、动机等内容的测量。投射技术可以使被测者不愿表现的个性特征、内在冲突和态度等更容易地表现出来,因而其在对人格结构、内容的深度分析上有独特的功能,并且测验材料的形式为图片,可以对没有阅读能力的被测者施测。但投射测验在记分和解释上相对缺乏客观标准,对测验结果的评价带有浓重的主观色彩,对主试和评分者的要求很高,一般的人事管理人员无法直接使用,这种方法通常用于临床分析。投射技术包括多种形式和结构,比如罗夏墨迹测验和主题统觉测验。

罗夏墨迹测验由瑞士精神科医生、精神病学家赫尔曼·罗夏(Hermann Rorschach)创立,在临床心理学中使用得非常广泛。它是通过向被试呈现标准化的由墨渍偶然形成的模样刺激图版,让被试自由地看并说出由此所联想到的东西,当主试要求被试描述自己在偶然形成的墨渍刺激中"看到了什么"并说出自己的知觉体验时,被试必然以自己独特的方式进行反应,在这些反应中,被试会无意识地或不知不觉地将真实的自己表现出来,所展现的某些人格特征有时连自己也从未意识到,主试将这些反应用符号进行分类记录,并加以分析,进而对被试人格的各种特征进行诊断。罗夏墨迹测验中所使用的瑞士版墨迹图共由 10 张卡版、片组成,其中 5 张为黑色墨渍,2 张为黑色墨渍加红色墨渍,3 张为彩色墨渍。

主题统觉测验(Thematic Apperception Test,TAT)由亨利·默里(Henry Murray)和克利斯蒂娜·摩根(Christiana Morgan)于 1935 年编制而成。该测验全套共有 30 张内容隐晦的黑白照片,另有空白卡一张,内容以人物或景物为主。主试会根据被试的年龄、性别采用其中 20 张进行测验,要求被试根据图片讲故事,每个故事约 15 分钟。故事的叙述应该包括四个基本维度:图片描述了一个怎样的情境、图片中的情境是怎样发生的、图片中的人物在想什么、结局会怎样。TAT 对于了解被试与其父母的关系及障碍尤为有用。TAT 适用于各种年龄和不同种族。TAT 根据不同的研究对象有不同的变式,比如儿童统觉测验、成人统觉测验、黑人统觉测验等。

相较于罗夏墨迹测验,TAT 的优势在于给予的刺激更有结构性,要求用更复杂、意义更明显的言语表达;同时,可在不限制被试的状况下,任其随意反应。但是,TAT 的不足也很明显:它没有标准化的施测规程,临床上实际是根据被试的年龄、性别等特征而随意告诉其指导语;做完全套测验的人不多,主试往往根据自己关心的问题来选择其中的部分图片;虽有默里提出的分析原则可供评分使用,但这毕竟不是客观的评分标准和方法。

2. 按照测验内容的不同,心理测验可以分为人格测验、能力测验和成就测验

(1)人格测验。人格测验也称个性测验,主要用于测量人的性格、气质、兴趣、态度、动机、需要、心理适应性、品德等方面的个性心理特征,亦即个性心理特征中除能力以外的部分。最常用的人格测验方法有问卷法和投射技术。问卷法由许多涉及个性心理特征的问题组成,进一步分出多个维度或分量表,以反映不同的人格特征。常用的人格问卷有卡特尔 16 种人格因素问卷(16PF)、艾森克人格问卷(EPQ)等。卡特尔 16 种人格测验包括乐群性、聪慧性、稳定性、恃强性、兴奋性、有恒性、敢为性、敏感性、怀疑性、幻想性、世故性、忧虑性、实验性、独立性、自律性、紧张性。投射技术包括多种具体方法,比如上述罗夏墨迹测验和主题统觉测验。

(2)能力测验。能力测验可分为一般能力测验和特殊能力测验。一般能力测验是指智力测验,测量的是人最一般、最基本的能力,如观察能力、想象能力、思维能力等。特殊能力测验测量的是个体在音乐、美术、文字、机械、飞行等专业领域方面的特殊能力。

能力测验还可以分为实际能力和潜在能力(能力倾向)测验。实际能力是指个体当前"所能为者",代表个体已有的潜力;潜在能力是指个体将来"可能为者",代表个体被给予一定的学习机会时,某种行为可能达到的水平。一般情况下,我们把实际能力测验称为能力测验,指潜在能力测验称为能力倾向测验。实际上,二者并不容易分开。

(3)成就测验。成就测验主要用于测量个体经过某种正式教育或训练之后对知识与技能掌握的程度。由于其所测量的主要是学习成绩或学业成就,因此我们也称这类测验为学绩测验。

比较成就测验和能力测验(能力倾向测验),我们可以发现,所测量的都是个体在其先天条件下经由后天学习的结果。不过,成就测验多是测量有计划的或比较确知的情境下学习的结果,而能力测验侧重于测量较少受控制的或不大确知的情境下学习的结果,也就是个体在其先天条件下经由生活中经验积累的结果。

五、评价中心法

1. 情景模拟

情景模拟是指设置一定的模拟情景,让被试扮演一定的角色,在模拟的情景中被试按照考官提出的要求,完成一个或一系列任务、活动,从而预测被试在拟聘岗位上的实际能力和水平。考官们根据被试在模拟情景中的表现或通过模拟提交的报告、总结材料为其打分。下面是一个情景模拟的例子。

面试的时间安排在上午9:00(即上班时间),办公室的同事们基本上都在8:50左右到岗。根据设计,办公室里的四个人,一个(小王)在整理近期报纸,一个(小张)在打扫自己的个人卫生,一个(王女士)在看近期的文件,另一个(小李)待在隔壁的办公室。9:00的时候,打电话给王女士,说总经理要求她尽快把报告整理出来,9:10必须拿过去。

首先是赴约时间:三个面试者,通知的时间都是9:00面试,到达的时间分别为8:55,9:02,9:10,且记为A君、B君、C君。

A君到达后,大家都在忙着,进来后说自己是应聘的后,办公室小王让他在沙发上等等,就忙着整理报纸了,并告诉他,他可以自己去倒杯水、看会报纸。A君说谢谢后,就规规矩矩地待在那里。

B君进来后,首先抱歉自己迟到,并解释说走错楼梯了,小王一边整理报纸,同时解释,因为王女士有急事,需要他等等,面试9:20开始,同样告诉他可以自己倒杯水、看会报纸。B君说谢谢后,倒了两杯水,一杯给了A君,另一杯留给了自己。看到小王把报纸搞得乱糟糟的,他说,反正现在也是等,我来帮你一块整理吧。小王说,不必不必,B君说,你负责日期,我帮你按版面进行整理,这样会快些。然后就干开了。

A君有些不自在,就拿了报夹上的报纸翻起来。

C君是通过某种关系介绍过来的,进来后,冲着办公室里面的人点点头,自己就找位置坐下来,带了一瓶矿泉水。沙发边上有些杂志,乱糟糟的,他胡乱地翻了一下,抽出其中一本,跷着脚,看起来。

9:12左右,隔壁"打电话"的小李,过来招呼打扫自己卫生的小张,要把办公室的一张桌子搬出去。

A君站起来,看到桌子必须从沙发边搬出去,知道碍事,便把报纸放在边上;B君又一副我是男的,我可以帮忙的架势;C君仍然架着自己的腿。

要知道,这是第二轮面试。

最后,你猜,他们选择了谁?

三个人都被录用了,A君是因为公司需要一个库房管理;B君被办公室录用了;C君被领导安排在销售部门。

你知道三个人后来的发展吗?

情景模拟面试的一年后,这几个人不出他们所料,收获了不同的命运:A君规规矩矩,B君得到了晋升,C君离职了。

2. 文件筐测试

文件筐测验又称文件处理测验,它是对管理人员的潜在能力进行测量的有效方法。在这种测评方法中,主试要求被评价者阅读和处理备忘录、信函等一系列文字材料,并在规定的时间内将这些公文处理完毕。这种测评方法可以较好地反映被评价者在管理方面的计划能力、组织协调能力、判断能力、沟通能力、决策能力以及领导能力等,此外还能够反映被评价者对信息的收集和利用能力、处理问题的条理性和灵活性,以及对他人的敏感性等。

3. 无领导小组讨论

无领导小组讨论的操作方法是给互不相识的被评价者一个待解决的问题,给他们大约1个小时的时间,让他们展开讨论以解决这个问题。被评价者的最佳数量一般是6到8人。所谓"无领导",是指参加讨论的这一组被评价者,他们在问题讨论情境中的地位是平等的,并没有指定其中哪一个人充当小组的领导者。无领导小组讨论主要用来考察被评价者的组织协调能力、领导能力、人际交往能力、辩论说服能力以及决策能力等,同时也可以用来考察被评价者的自信心、进取心、责任感、灵活性以及团队精神等个性方面的特点及风格,从而诊断被评价者能否胜任某一职位。

无领导小组讨论是人员素质测评的一种重要方法,该方法能够考察到被评价者在笔试、心理测验和面试中不能考察或难于考察的能力或素质,其深受GE、IBM、华为、中国电信、中国银行等国内外知名企业的欢迎,目前在公务员招考中也已得到应用。设计周全的无领导小组讨论可以糅合管理案例分析、头脑风暴、角色扮演、面试等多项人员素质测评技术,在人员选聘、培训发展中具有良好的应用前景,并被证明具有良好的信度和效度。

无领导小组讨论的题目千变万化,主要有以下几种:

(1)辨证题,如机遇重要还是能力重要,选择一个说明理由。

（2）筛选题，如地球遇到灾难，有几个职业与特征不同的人，只能选几个人走，说出人选及理由。

（3）策划题，由整个小组做一个活动策划或方案。

（4）排序题，对某些工作或职务排出先后顺序，并给出理由。

其实不论什么题目都没有一个标准答案，考官观察的是每个人在讨论过程中的表现：你在一个团队里扮演什么角色，做出了什么贡献，具备哪些素质与能力。

下面是无领导小组讨论的一个案例。

荒岛逃生

题目背景：私人飞机坠落在荒岛上，只有六人存活。这时的逃生工具，只有一个仅能容纳一人的橡皮气球吊篮，没有水和食物。请权衡利弊，寻找最优的求生方案。

角色分配：

（1）孕妇。怀胎八月。

（2）发明家。正在研究新能源（可再生、无污染）汽车。

（3）医学家。经过几年对艾滋病治疗方案的研究，已取得突破性进展。

（4）宇航员。即将远征火星，寻找适合人类居住的新星球。

（5）生态学家。负责热带雨林抢救工作组。

（6）流浪汉。

资料来源：情景模拟案例［EB/OL］．［2020-08-05］．https://wenku.baidu.com/view/79fc2629091c59eef8c75fbfc77da26924c5964d.html，有删改。

4．角色扮演

角色扮演主要是用以测评人际关系处理能力的情景模拟活动。在这种活动中，主试设置了一系列尖锐的人际矛盾与人际冲突，要求被试扮演某一角色，模拟实际工作情境中的一些活动，去处理各种问题和矛盾。主试通过对被试在不同角色情景中表现出来的行为进行观察和评价，测评其素质潜能。这种方法较为复杂，但它更为真实。这种方法的缺点在于对被试的观察和评价是比较困难的，而且这种方法费时较长。

下面是角色扮演的一个案例：

【指导语】请快速阅读关于你所扮演角色的描述，然后认真考虑你怎样去扮演那个角色。你将与其他两个人合作，因为你们三个角色的行为是相互影响的。进入角色前，请不要和其他两个人讨论即兴表演的事。请运用想象力使表演持续10分钟。

【角色一】图书推销员。

你是一名大三的学生，想多挣点钱自己养活自己，一直不让家里寄钱。这个月内你要尽可能多地卖出手头上的图书,否则将会发生"经济危机"。你刚才在党委办公室推销,办公室主任任凭你怎样介绍书的内容,他就是不肯买。现在你正进入人事科。

【角色二】人事科科长。

你是人事科的科长,刚才你已注意到一位年轻人似乎在隔壁的党委办公室推销书,你现在正急于拟订一个人事考核计划,需要参考有关资料。你想买一些参考资料,但又怕上当受骗,你知道党办主任走过来的目的。你一直很反感别人觉得你没有主见。

【角色三】党委办公室主任。

你认为大学生推销书是"不务正业",只想自己多挣点钱。他们只是想一个劲儿地说服别人买他的书,而根本不考虑买书人的意愿与实际用途。因此你对大学生推销书的行为感到很恼火。你现在注意到那位大学生走进了人事科办公室,你意识到这位大学生马上会利用你同事想买书的心理推销成功。你决定去人事科阻挠那位推销员,但又意识到你的行为过于明显会使人事科科长不高兴,认为你的好意是多余的,并产生你认为他无能的错觉。

角色扮演要点参考:

【角色一】对人事科科长尽量诚恳且有礼貌;避免党办主任情形的再度发生,注意强求意识不要太浓;防止党办主任的不良干扰(党办主任一旦过来,即解释说,该书对党办的人可能不一定适合,但对人事科的工作人员则不然)。

【角色二】尽量鉴别好书的内容,看其实用价值如何;最好在党办主任说话劝阻前做出买还是不买的决定;党办主任一旦开口,若你又想买则应表明你的观点,说该书不适合党办是正确的,但对你还是颇有用的。

【角色三】装着不是故意来阻挠大学生的;委婉地表述你的意见;掌握火候,注意不要惹恼了人事科科长和大学生。

5. 案例分析

案例分析通常是让一个被试阅读一些关于组织中问题的材料,然后让他准备一系列建议,以提交给更高级的管理部门。这种测评方法可以考察被试的综合分析能力和决策判断能力;既可以考察一些一般性的技能,又可以考察一些特殊性的技能。

6. 演讲

演讲是指被试按照给定的材料组织自己的观点,并且向主试阐述自己的观点和理由。这种测评方法可以考察被试的分析推理能力、语言表达能力以及在压力下的反应能力。

7. 管理游戏

管理游戏中被试被分成不同的小组并被分配一定的任务,小组成员之间必须合作才能完成任务,例如购买、供应、计划或搬运。有时游戏中会引入一些竞争因素,如三四个小组同时进行销售或进行市场占领,以分出优劣。主试通过被试在完成任务过程中所表现出的行为来测评其素质,有时还伴以小组讨论。

评价中心的优点包括:一是综合利用了多种测评技术,测评效果比较好,这是任何其他单一的测评技术所无法比拟的;二是强调在动态中考察被试的能力,从而使被试的积极性和主动性得到充分的发挥;三是得到的信息非常丰富,有利于主试做出较全面的评价。但是评价中心也有缺点:一是过分依赖于测评专家,从评价中心的设计到实施,都需要专家投入大量的精力。由于技术构成复杂、要求高,一般人很难掌握评价中心技术。二是投入比较大,出于这个原因,在实践中人们只对比较重要的工作种类和较高的职位才应用这一技术。

第四节 胜任力素质模型

一、胜任力的含义

"胜任力"最早由哈佛大学教授戴维·麦克利兰(David McClelland)于1973年正式提出,是指能将某一工作中有卓越成就者与普通者区分开来的个人的深层次特征,它可以是动机、特质、自我形象、态度或价值观、某领域知识、认知或行为、技能等任何可以被可靠测量或计数的并且能显著区分优秀与一般绩效的个体特征。

二、胜任力素质模型

冰山模型(Iceberg Competency Model,ICM)和洋葱模型(Onion Competency Model,OCM)是胜任力素质的典型代表。ICM源于弗洛伊德的冰山原理,该模型所定义的胜任力包括个体所有的外显特征和潜在特质,具体分为动机、特质、自我概念、知识、技能等五个因素。它们犹如一座漂浮在水面上的冰山,其中水面上的"知识"和"技能"是容易改变的,因此可以通过教育、学习等手段获得;而水面下的"自我概念""特质"和"动机"则是不易改变的,它们是个体驱动力的主要部分,也是个体的中心能力,即使在不同的职位或工作环境中,它们都能解释或预测个体将有何种形式的想法或工作表现。OCM与ICM在本质上是一致的,它同样强调动机、个性、自我形象与价值观、社会角色、态度、知识、技能等胜任力,但是它更突出胜任力的管理层级性,其最表层的是知识和技能,由表及里越来越深入,最里层、最核心的是特质及动机,是个体最深管理层级的胜任力,是个体最不容易改变和发展的特征。

第五章 人员素质测评

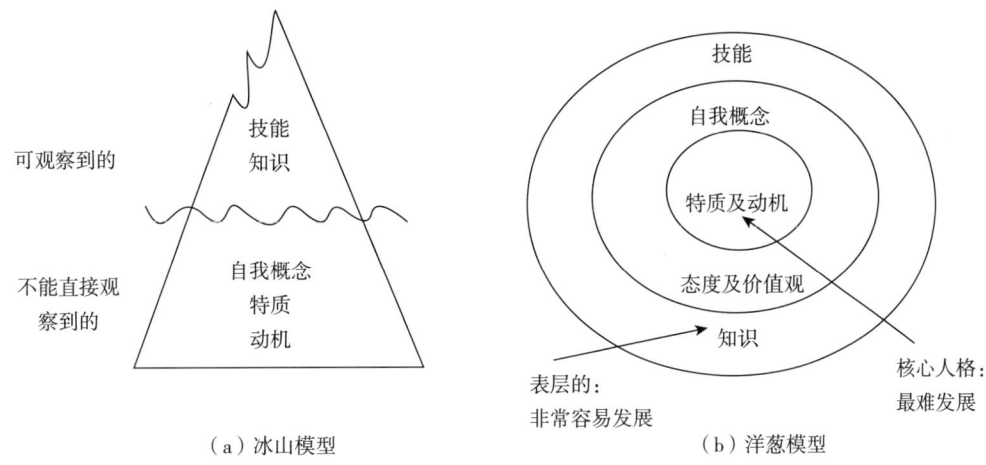

图 5-4 冰山模型和洋葱模型

（一）胜任力素质模型的构建

构建胜任力素质模型的一般流程如下：

1. 确定绩效标准

绩效标准一般采用工作分析和专家小组讨论的办法确定。工作分析即采用工作分析的各种工具与方法明确工作的具体要求，提炼出鉴别表现优秀的员工与表现一般的员工的标准。专家小组讨论则是由优秀的领导者、人力资源管理者和研究人员组成的专家小组，就研究岗位的任务、责任和绩效标准以及期望优秀领导表现出的行为与特点进行讨论，并得出最终的结论。绩效指标如硬指标可能是销售额、利润率等，软指标可能是管理风格、客户满意度等。需要注意的是，在确定这些指标的绩效标准之前，首先要选定研究岗位，其次要明确关键岗位的绩效标准。

2. 选择效标样本

根据岗位要求，在从事该岗位工作的绩效优秀和绩效普通的员工中随机抽取一定数量的员工，并将这些员工分为两组：优秀业绩组和普通业绩组。

3. 收集资料

获取效标样本有关胜任力特征资料的方法有行为事件访谈法、专家小组法、问卷调查法、全方位评价法和观察法等。目前，在构建胜任力素质模型过程中使用最为普遍的方法是行为事件访谈法。

行为事件访谈法（Behavioral Event Interview，BEI）是一种开放式的行为回顾式调查技术，类似于绩效考评中的关键事件法。它主要以目标岗位的任职者为访谈对象，在实施过程中，要求被访者列出他们在管理工作中发生的关键事件，包括成功事件、不成功事件（或负面事件）各三项，并且让被访者详尽地描述整个事件的起因、过程、结果、时间、相关人物、涉及的范围以及影响层面等；同时，也要求被访者描述自己当时的想法或感想，例如是什么原因使被访者产生类似的想法以及被访者是如何达成自己的目标的等。在行为事件访谈结束时,访谈者最好让被访者自己总结一下事件成功或不成功的原因,从而挖掘出影响目标岗位绩效的非常细节的行为。所以,这种方法对访谈者的要求非常高,只有经过专业培训的访谈者才能在访谈过程中通过不断地有效追问,获得与目标岗位相关的具体事件。

行为事件访谈一般采用问卷和面谈相结合的方式。访谈者会有一个提问的提纲用以把握访谈的方向与节奏,并且访谈者事先不知道访谈对象属于优秀组还是普通组,以避免造成先入为主的误差。访谈者在访谈时应尽量让被访者用自己的话详尽地描述他们成功或失败的工作经历,他们是如何做的,感想又是如何,等等。由于访谈的时间较长,一般需要1—3小时,所以访谈者在征得被访者同意后应采用录音设备把内容记录下来,以便整理出详尽的、有统一格式的访谈报告,对收集到的具体事件和行为进行汇总、分析和编码。

4. 建立胜任力素质模型

通过行为事件访谈报告提炼胜任力特征,记录各种胜任力特征在报告中出现的频次。我们可以根据不同的主题进行特征归类,并根据频次的集中程度,采用专家评估法或层次分析法估计各类特征组的大致权重,提炼素质项目,形成可以用以对照判断人才素质及相应层次的可操作的体系,构建出胜任力素质模型。

5. 验证胜任力素质模型

验证胜任力素质模型,关键在于企业选取什么样的绩效标准来进行验证。企业可以采用行为事件访谈法、问卷调查法、评价中心技术、专家评议组等方法来对胜任力素质模型进行验证。

6. 应用胜任力素质模型

胜任力素质模型在企业的人力资源管理活动中有多方面的应用,它可以应用于企业的工作分析、人员招聘、绩效考核、员工培训、员工激励以及战略人力资源规划,并为这些活动提供强有力的依据。胜任力素质模型在人力资源管理活动中起着基础性的、决定性的作用,是现代人力资源管理的新基点。

(1)工作分析。传统的工作分析较为注重工作的组成要素,而基于胜任力素质模型的工作分析,研究的是工作绩效优秀的员工,突出与优秀表现相关联的特征和行为,结合这些特征和行为定义这一工作岗位的职责内容。基于胜任力素质模型的工作分析具有更强的工作绩效预测性,能够更有效地为企业选拔、培训员工以及为员工的职业生涯规划和奖励、薪酬设计提供参考标准。

(2)人员招聘。基于胜任力素质模型的人员招聘正是为了帮助企业找到具有核心动机和特质的员工,既避免了企业由于人员挑选失误所带来的不良影响,又减少了企业的培训支出。

(3)绩效考核。建立胜任力素质模型的前提是找到区分优秀与普通的指标,以此为基础确立的绩效考核指标,是经过科学论证并且系统化的指标体系,体现了绩效考核的精髓,真实地反映了员工的综合工作表现。基于胜任力素质模型的绩效考核让工作表现优秀的员工能够及时地得到回报,提高了员工工作的积极性;对于工作表现不够理想的员工,能够以培训或其他方式帮助其改善工作绩效,从而达到企业对员工的期望。

(4)员工培训。培训的目的与要求是帮助员工弥补不足,从而达到岗位要求。而培训所遵循的原则是投入最小化、收益最大化。通过建立胜任力素质模型,可以帮助企业明确培训的需求,针对岗位要求结合现有人员的素质状况,为员工量身定做培训计划,帮助员工弥补自身短板,有的放矢突出培训的重点,省去分析培训需求的烦琐步骤,杜绝不合理的培训开支;提高培训的效用,取得更好的培训效果;并且,可以进一步开发员工的潜力,为企业创造更多的效益。

(5)员工激励。通过建立胜任力素质模型,能够帮助企业全面掌握员工的需求,有针对性地采取员工激励措施。从企业管理者的角度来说,胜任力素质模型能够为其提供管理并激励员工努力工作的有效途径和方法,从而提升企业的整体竞争实力。

(6)战略人力资源规划。胜任力素质模型还可以用于企业的战略人力资源规划、人力资源配置等,保证了企业人力资源的合理供给,发挥了人力资源的战略核心竞争优势,使得人尽其才、人岗匹配,确保了企业人力资源战略和发展战略的有效实施。

当然我们也要看到,胜任力素质模型在人力资源管理中的应用才刚刚起步,还存在许多需要进一步完善的地方,特别是在构建出胜任力素质模型以后,开发测量各项胜任力特征的量表和工具是值得进一步探讨的问题,量表设计的准确与否将直接影响企业人员招聘的参照标准是否合适。而且,当企业决定采用胜任力素质模型进行分析时,一定要基于自身的需求、财力、物力等各方面因素综合考虑,因为胜任力素质模型的构建总的来说还是较为费时、费力,所以企业在选择分析目标时应有所侧重,建议企业选择生产经营活动价值链中的重要岗位进行分析,从而降低因关键岗位用人不当而给企业带来的巨大损失和危险。

随着对胜任力的研究逐渐深入,我们深信以胜任力特征为基础的人力资源管理新模式将为企业带来更多的收益,将进一步增强企业的核心竞争力,为企业在激烈的市场竞争中脱颖而出提供坚实的基础。

本章小结

1.素质是指有助于个人或团队获得成功的知识、技能以及行为价值观的综合体,或个人完成一定活动与任务所具备的基本条件和基本特点,是行为的基础,包括生理素质与心理素质两个方面。身体素质有体质、体力、精力;心理素质有文化素质、品德素质、智能素质和其他个性素质(性格、气质、兴趣等)。所谓人员素质测评,是指综合运用心理学、测量学、统计学等学科的理论、技术与方法,对人的能力水平及倾向、个性特点、行为特征等进行系统而客观的衡量评价,从而指导用人单位进行人员甄选、求职者寻求适当职业的科学方法。

2. 从心理学角度来讲,人员素质测评主要包括三方面的内容,即能力、个人风格和动力。

3. 按照测评的目的与用途划分,人员素质测评可以分为选拔性测评、配置性测评、开发性测评、诊断性测评和考核性测评。

4. 人员素质测评的理论基础:首先,人们心理素质具有差异性、相对稳定性和可测量性;其次,人员素质测评是一种客观的、间接的和相对的测量手段;再次,科学的人员素质测评必须以严格的统计规律为手段;最后,人事匹配原理。

5. 人员素质测评的作用有:第一,人员素质测评技术能够提高人力资源管理工作的科学性;第二,人员素质测评技术能够帮助企业降低用人风险;第三,人员素质测评技术有助于实现人力资源的优化管理。对于员工个人而言,人员素质测评的作用表现在:首先,提高自我认识;其次,帮助制定职业生涯规划;最后,开发潜能。

6. 人员素质测评是一个复杂、综合且系统的过程,包括三个阶段:首先是测评的准备阶段,包括确定测评目的、制订测评方案;其次是测评的实施阶段,包括实施测评、分析和处理测评结果、撰写测评报告;最后是测评结果的反馈与评价阶段。

7. 人员素质测评的方法包括履历分析、面试、纸笔测验、心理测验、评价中心法,其中评价中心法有情景模拟、文件筐测验、无领导小组讨论、角色扮演、案例分析、演讲、管理游戏。评价中心存在两面性。

8. 胜任力素质模型构建的一般流程为:确定绩效标准、选取效标样本、收集资料、建立胜任力素质模型、验证胜任力素质模型和应用胜任力素质模型。胜任力素质模型在工作分析、人员招聘、绩效考核、员工培训、员工激励、战略人力资源规划中的应用,有利于企业人力资源战略和发展战略的有效实施。

复习思考题

1. 什么是人员素质测评?
2. 人员素质测评的理论基础是什么?
3. 人员素质测评的作用表现在哪些方面?
4. 一项完整的测评操作流程包括哪几个阶段?
5. 什么是评价中心? 其主要内容是什么?
6. 如何理解胜任力素质模型? 该模型构建的一般流程是什么?

案例与讨论

武汉 KD 公司人才测评

武汉 KD 公司于 1993 年成立,1997 年在深圳证券交易所上市,总注册资本为 21 630 万元。2000 年以前,公司的主营业务为水处理、化工、仪器仪表、热工、机电一体化、计算机应用等。当时,公司有 11 家控股子公司,员工总数 600 余人,集团公司员工 100 余人。2000 年,公司董事会制定新的战略,集团公司主营业务向环保领域转移,主要方式为环保工程总承包,以输出技术和管理为主;具体业务分为火电厂的烟气脱硫、污水处理两大类。2001 年年初,公司实施战略转移的第一季度就签订了总金额为 13 亿元的工程项目,当时公司面临两大困难:一是人员数量严重不足,当时公司实行改革后集团公司只有 80 余人;二是现有人员的专业结构及经验不足,基本上没有具有大型工程管理经验的人才。其解决问题的基本办法就是面向全国公开招聘。

公司发布招聘信息后,共有 3 000 余人报名,经过材料审查、电话沟通方式筛选,初步入围近 500 人。这 500 人又由公司董事会和高管层及人力资源部组成的多个面试小组赴全国各地进行面试,最后确定 343 名人员入围。由于所招聘的人员大部分都在比较重要的岗位,这些岗位人员的使用不仅成本高,而且有较高的风险性。因此,公司领导层决定聘请专业的测评机构对这些应聘者进行综合素质测评。

NM 承接这一项目后,设计了一个系统的测评方案,决定使用多种方法对这些应聘者进行综合素质测评。测评工作于 2001 年 5 月 1 日至 7 日在武汉市进行,为了保证测评的客观性,测评专家们租用了武汉大学的计算机中心机房进行人机测试,另外租用了华中师范大学心理学系的行为观察室进行角色扮演和游戏活动。具体的测评方法和内容见下图。

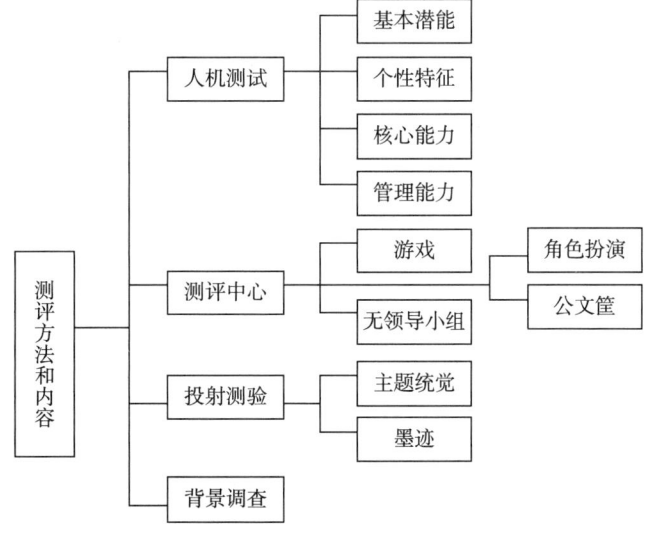

KD 公司人才测评方法和内容概览

根据每个测评对象对各个测评项目的反应,测评专家把数据汇总进行了综合分析,并针对每个应聘者做出了推荐意见。推荐意见共分五个等级:五级为最高级,即特别优秀者;四级为优秀者;三级为合格者;二级为慎重使用者;一级为完全拒绝者。各个等级的分布情况(各等级所占的比例)是:一级,15%;二级,30%;三级,45%;四级,8%;五级,2%。

由以上测评结果可以看出,四级和五级为优秀人才,这种人才所占的比例只有10%左右;三级为合格人员,占比为45%;而二级和一级基本上属于不能录用的人员,这两部分共占45%,比例相当大。如果KD公司不采用这种科学的测评方法对应聘者进行测评,则公司在录取时基本上是在这343人中随机选取,其不合格率几乎达到50%,接近随机的概率。由此可见,科学的人才测评方法与技术对企业人才选拔的重要作用。

KD公司在肯定这次项目的成效后,又于当年5月和6月下旬委托NM对公司内部所有员工进行了素质测评,目的是了解公司内部人员的素质状况。这一次的内部素质测评对象包括100余名普通员工和几十名中高层管理人员。

从2001年5月招聘之后到2016年为止,KD公司在人力资源管理中先后十余次运用了人才测评技术。在2002年11月中旬,KD公司人力资源部部长亲自带着一位重要的应聘者飞到上海进行测评工作。这从侧面也说明了人才测评结果的准确性和有效性,说明了人才测评工作确实为企业的发展提供了有价值的帮助。

正因为有着强有力的人力资源支持,KD公司不断发展壮大,由原来的KD电力公司发展成了由KD水务公司、KD蓝天公司、KD投资公司组成的"KD系"。通过此种方法选拔的人才进入岗位后的工作表现究竟如何?人才测评技术到底给KD公司带来了什么效益?KD公司董事长是这样评价的:

"通过测评与专家的综合评价及描述,我们看到了每一位应聘者完整的个人档案。这样,我们就能判断谁该被录用、谁不该被录用、谁放在什么样的岗位上更合适。"

"我们从343位应聘者中挑选了100名被录用人员,主要是参考了NM的测评结果和专家的综合评价与推荐意见。当时,我们确定了一个录用原则:四级以上(含四级)者100%录用,三级(不含三级)以下者一律不录用。就在这一原则的指导下,我们很快完成了对100个岗位的人才选聘。"

实践证明,KD公司2001年的招聘工作是成功的。现在KD公司的绝大部分技术骨干、管理骨干、经营骨干都是通过这次招聘进入公司的,是他们的加盟并在公司里发挥着巨大的作用,才保证了KD公司今天的快速成长。

"人才测评不仅帮助我们选聘了一批优秀人才,而且帮助我们的决策层和管理层对'人才'二字有了科学的理解。我们认为,人才测评技术对我们的帮助是巨大的,我们的收益也是巨大的,我相信人才测评技术将会为我国更多的企业提供有益的帮助。"KD公司董事长说。

资料来源:上海诺姆四达测评咨询有限公司提供。

思考题：

1. 你认为人才测评技术是如何给 KD 公司带来效益的？这些效益主要体现在哪些方面？
2. 结合本案例，试分析若要招聘到适合企业的优秀人才，则企业应如何完善人才测评系统？

本章参考文献

[1] 刘琦.人员素质测评[M].北京:经济科学出版社,2018.

[2] 田辉.人员素质测评实训教程[M].第 2 版.北京:清华大学出版社,2017.

[3] 王淑红.人员素质测评[M].第 2 版.北京:北京大学出版社,2017.

[4] 萧鸣政.人员素质测评理论与方法[M].第 2 版.北京:北京大学出版社,2016.

[5] 徐世勇,李英武.人员素质测评[M].北京:中国人民大学出版社,2017.

第六章　员工培训

【学习目标】

1. 了解员工培训的含义与原则；
2. 了解员工培训的地位与作用；
3. 熟悉员工培训的类型与方法；
4. 掌握员工培训的基本流程；
5. 熟悉员工培训需求分析的内容和方法；
6. 熟悉员工培训的实施过程；
7. 掌握柯氏评估模型；
8. 熟悉员工培训效果评估的方法；
9. 了解员工培训效果评估的指标体系设计。

引导案例

W公司的质量控制培训

W公司是一家生产厨具和壁炉设备的小型企业，大约有150名员工。这个行业的竞争性很强，W公司努力使成本保持在最低的水平上。在过去的几个月中，公司因产品不合格问题已经失去3个主要客户。经过深入调查发现，公司产品次品率为12%，而行业平均水平为6%。公司副总裁与经理在一起讨论后认为，问题不是出在工艺技术上，而是操作员缺乏适当的质量控制培训。公司经理相信，通过实施质量控制培训项目，能够将次品率降到一个可以接受的水平上，因此他决定设计并实施这一项目。经理很担心培训课程会引起生产进度问题，因此他强调培训项目花费的时间不超过8个工时，并且分解为4个单元，每个单元2小时，每周实施1个单元。之后经理向所有一线主管发出通知，要求他们检查工作记录，确定存在生产质量问题的员工，并安排他们参加培训。经理为此次培训项目设定的目标是：6个月内将次品率降到行业平均水平。培训形式包括讲课、案例讨论和一部分视频学习。在准备课程时，教员会把讲义中的很多内容印发给每位学员，以便让学员准备每一章的学习。在培训过程中，学员要花费相当长的时间来讨论讲义中的案例。培训被安排在公司的餐厅中举办，时间安排在早餐和午餐之间，这也是餐厅的工作人员准备午餐和清洗早餐餐具的时间。原本计划有大约50名员工参加培训，但是实际上每次培训平均只有30名员工出席。在培训检查过程中，很多主管人员向经理强调生产的重要性，有些学员抱怨说，那些真正需要参加培训的人已经回到车间去了。经理认为，评价这次培训效果最好的方法，是看在培训项目结束后培训的目标是否实现。结果，产品的次品率在培训后并没有发生明显的变化，与培训项目实施前一样。

资料来源：职业资格考试人力资源问题详情[EB/OL].[2020-08-05].https://www.ixueyi.com/shiti/360568.html,有删改。

思考题：

1. W公司的员工培训为何没能取得所期待的效果？问题的根源究竟在哪里？
2. 企业的培训体系应该建立在怎样的基础之上？一份完整的培训计划应该包括哪些内容？究竟应该如何对员工培训的效果进行评估？

第一节　员工培训概述

一、员工培训的含义

就人力资源管理的内容及全过程来看，员工培训是人力资源管理的重要组成部分，是为改善个体、团队及组织层面的绩效而设计的有计划的方案。一般来说，**员工培训**可以定义为组织为开展业务及培育人才的需要，采用各种方式对员工进行的有目的、有计划的培养和训练的活动，其主要目的是使员工更新知识、开拓技能，改进员工的动机、态度和行为，改善员工绩效，使其能更好地胜任现职工作或更高级别的职务，从而促进组织效率的提高和组织目标的实现。

具体来说，理解员工培训应主要把握以下几点：

（1）培训的主体是企业，即培训工作应当由企业来组织实施。有的活动虽然客观上也实现了培训的目的，但是实施主体并不是企业，因此也不属于培训的范畴。例如，员工自学虽然同样会改善工作绩效，但也不能算作培训；然而，如果员工这种自学活动是企业组织实施的，就属于培训的范畴。

（2）培训的对象是企业的全体员工，而不只是某部分员工。也就是说，应该把企业全体员工纳入培训的范围之内，而不能将某些员工排除在培训系统之外。当然，这也不意味着每次培训的对象都必须是全体员工，而应该基于企业内外部环境的变化，根据企业目标、需求等确定每次培训的对象。

（3）培训的内容应当与员工的工作有关，与工作无关的内容不应该包括在培训的范围之内。培训的内容应当全面，与工作有关的各种内容都要包括进来，如知识、技能、态度、企业的战略目标、企业的规章制度等。此外,有些内容虽然不属于培训的范围,但也可以利用培训与开发这一手段。例如,企业聘请外部人员对女员工进行家政服务的培训,这是企业为员工提供的一种福利,属于薪酬福利的范畴,内容并不属于培训,但是需要借助培训这种形式来实现。

(4)培训的主要目的是提高员工的绩效,进而提升企业的整体绩效,从而实现组织的目标。应当说,这是企业进行培训的初衷和根本原因。这就要求企业在计划与组织实施员工培训时,必须首先明确这样一些问题:为什么要进行培训,需要进行什么样的培训,哪些人需要接受培训,由谁来进行培训,如何评价培训的效果等。企业不能为了培训而培训,不能做表面文章,应该明确培训的目的。

二、员工培训的原则

员工培训的原则是企业在培训工作中应遵循的基本指导思想和应坚持的基本原则。由于行业差异、地区差异以及企业间的差异,不同企业员工培训的原则也会不同,但总结起来一般应遵循如下几点原则:

(一)服务于企业战略规划的原则

企业的战略规划是企业的最高经营纲领,对企业各方面的工作都具有指导意义。员工培训作为人力资源管理的一个组成部分,自然也要服从和服务于企业的战略规划。员工培训工作的开展,应当从企业战略的高度来进行,绝不能将二者割裂开来。服务于企业战略规划的员工培训,不仅要关注企业眼前的问题,更要立足于企业长久的发展,从未来的角度出发进行员工培训,这样才能保证培训工作的积极主动,而不是就培训谈培训。

(二)目标原则

目标对人们的行为具有明确的导向作用,因此在培训与开发过程中也应该贯彻目标原则。在培训之前为受训人员设置明确的目标,不仅有助于企业在培训结束之后对培训效果进行衡量,而且有助于提高培训的效果,使受训人员在接受培训的过程中具有明确的方向,并具有一定的学习压力。此外,培训目标的设置应当明确、适度,既不能太困难又不能太容易,要与每个人的具体工作相联系,使受训人员感受到培训的目标来自工作又高于工作。

(三)差异化原则

员工培训在其普遍性的基础上更强调差异化,即要对企业员工因材施教。差异化原则有两层含义:第一,是指内容上的差异化。企业内工作岗位较多,工作性质和工作内容差别较大,而且员工的文化基础、知识水平、技能结构也有较大差异,因此企业在组织培训时应当根据员工的实际水平和所处职位确定不同的培训内容,进行个性化培训,这样培训工作才更具有针对性。第二,是指人员上的差异化。虽然员工培训要针对全体员工来实施,但这绝不意味着在培训过程中就要平均使用力量,企业应当将培训资源向关键职位倾斜,特别是中高层管理人员和技术人员。

(四)激励原则

从人力资源角度来讲,培训也是一种人力资本投资,它不仅可以满足组织发展需要,而且可以使受训者个人的人力资本得到增值。从这个意义上讲,培训可以使员工个人受益,从而对员工产生一种激励作用。培训对员工激励的内容是广泛的,既包括正向激励,又包括反向激励。激励应当贯穿培训的整个过程,例如在培训前对员工进行宣传教育,鼓舞员工学习的信心;在培训过程中及时进行反馈,增强员工学习的热情;在培训结束后进行考核,适当增加员工学习的压力。

(五)讲求实效原则

培训的效果与质量是决定培训绩效和成败的关键。员工培训必须讲究实际效果,追求培训质量,不能只注重培训的形式而忽视培训的内容。讲求实效原则,一方面要求组织做好培训规划工作,要在科学、准确地分析培训需求的基础上,科学地制订和实施培训方案;另一方面要求培训的内容应当结合实际,要有助于绩效的改善,培训活动要从组织实际的工作需要出发,结合员工的年龄、知识、能力、思想等实际情况进行具有明确目的的培训,以确保培训收到实际的效果。

(六)效益原则

企业作为一种经济型组织,它从事任何活动都是看效益的,希望以最小的投入获得最大的效益。因此,对于理性的企业来讲,进行员工培训同样需要坚持效益原则,即在费用一定的情况下,使培训的效果最大化;或者在培训效果一定的情况下,使培训的费用最小化。因此,企业在实施培训活动的过程中,应在确保培训效果的前提下,考虑培训的方式和方法,采取适当的培训措施,以获得最佳的培训效益。

三、员工培训的基本程序

既然员工培训对于组织绩效具有十分重要的意义,同时培训还要力求效益最大化,那么精心地组织过程就显得十分重要。企业培训流程附属于人力资源管理流程,是人力资源管理流程的一部分。如图6-1所示,按照培训的实施路径和内在逻辑,我们通常将一个完整的培训周期划分为培训需求分析、制订培训计划、培训实施、培训效果评估四个阶段。

需求分析的目的是确定是否培训、什么方面需要培训。在确认只要通过对现任职人员的培训就能消除或缩小工作差距后,企业就要开始制订培训计划,这是培训准备工作的第一步。制订培训计划是进入实质性培训的第一步,这个阶段工作的好坏将直接影响受训人员对培训内容的接受程度。在企业培训组织管理部门的组织下,由培训教师实施培训。培训效果评估是对培训进行修正、完善和提高的必要手段,是企业培训组织与管理中必不可少的程序,它可以为企业以后改进和提升培训效果提供依据。

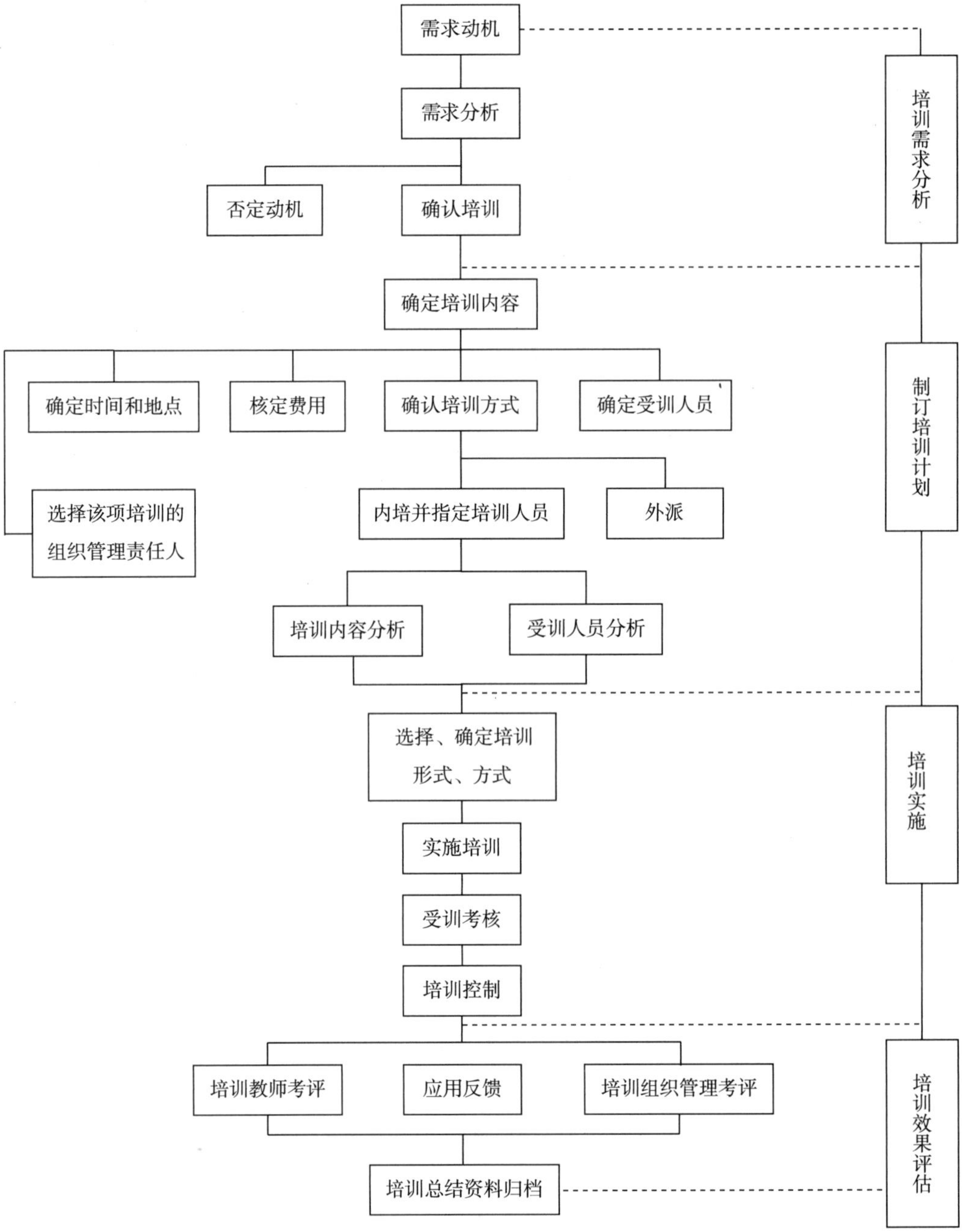

图 6-1　员工培训基本流程

资料来源:郭京生,张立兴,潘立编.人员培训事务手册[M].北京:机械工业出版社,2002。

四、员工培训的地位和作用

企业之所以越来越重视培训与开发工作,是因为它具有非常重要的作用和意义。员工培训在人力资源管理中的地位和作用,主要表现在以下几个方面:

(一) 员工培训是人力资源开发和管理的基本核心,贯穿人力资源管理各环节

员工培训系统是企业人力资源管理系统的子系统,作为该系统的重要组成部分,员工培训与其他人力资源管理模块之间存在密切的联系。企业的培训工作贯穿人力资源管理的人力资源规划、人员招聘、绩效管理等各个环节。在人力资源业务规划中,培训计划本身就是其中一项内容,而业务规划中的人员补充计划、人员配置计划、人员接替和提升计划等,也需要以培训工作的有效开展为基础。培训与人员招聘是相互影响的,招聘的质量高,人员与职位的匹配程度高,培训的任务就会比较轻;反之,培训的任务就会比较重。培训与绩效管理的关系同样是双向的,一方面,绩效考核是确定培训需求的基础,通过对员工的绩效进行考核,就可以确定培训的对象和培训的内容,使培训更具针对性;另一方面,培训工作可以改善员工的工作业绩,有助于更好地实现绩效管理的目的。

(二) 员工培训是提高组织员工素质、开发人力资源的重要渠道

员工作为组织人力资源的载体,是组织生存与发展的根本。如果员工普遍具有较高的素质和职业能力,那么他们将成为组织的宝贵财富;相反,如果员工素质低下,跟不上时代发展的要求和职业需要,就将成为组织的负担。通过员工招聘等固然可以为企业招聘到素质较高和职业能力较强的员工,但现代社会发展的一个重要趋势就是新技术、新知识层出不穷,加之市场需求变化多端,市场竞争日趋激烈,这些都对员工素质和企业发展提出了更高的要求。因此,员工培训越来越显现出其重要性,逐渐成为企业开发人力资源的一个重要渠道。有学者在个体和团队的水平上进行分析后表示,培训可以激发更高的创新能力,提升员工技能,拓展员工知识面,提高员工综合素质。

(三) 员工培训是提高员工满意度、调动员工积极性的重要手段

对员工进行培训,可以使他们感受到企业对自己的重视和关心,这是提高员工满意度的一个途径;此外,对员工进行培训,可以提高员工的知识、技能水平,而随着知识、技能水平的提高,员工的绩效得到改善,这有助于提高员工的成就感,也是提高员工满意度的一个途径。只有员工的满意度提高,企业才能够创造更多的效益。

(四) 员工培训是建立优秀企业文化的有效途径

在 21 世纪竞争日趋激烈的市场环境里,企业家们越来越意识到文化管理同样是企业管理的一部分。研究表明,良好的企业文化对员工具有强大的凝聚、规范、导向和激励作用,这些对企业来说有着非常重要的意义,因此很多企业在重视规章制度建设的同时,

人力资源管理

也越来越重视企业文化的建设。员工培训是传播企业文化的一个有效途径。通过对新员工进行企业文化培训,可以使他们很快地接受优秀的企业文化,并且在正式的工作中遵从企业文化;通过对老员工进行企业文化宣传和培训,可以减少企业文化变革的阻力,使老员工快速适应新的优秀的企业文化,优秀的企业文化从而得以顺利地建立。

(五)员工培训是招聘和保留人才的最好办法之一

知识经济时代,企业对优秀人才的竞争日趋激烈,而知识型员工这一群体有其特殊的地方,如他们更看重未来发展的机会和自身的进步,因此他们对企业能否提供培训机会以及未来的职业发展特别关注。企业如果能够给他们提供相应的培训与职业发展机会,就能满足他们的需求,这样企业就能够留住这部分人才,并且吸引到更多的外部人才。

五、员工培训的新趋势

(一)企业大学

近年来,为建立以人为核心的企业竞争力,成立企业大学成为企业应对全球经济变革的重要手段。1927年,通用汽车公司成立GM学院,这是企业大学的雏形;1956年,GE克劳顿管理学院(又称"克劳顿村")成立,它标志着企业大学正式出现;1981年,摩托罗拉大学成立,此后企业大学在全球进入快速发展时期。企业大学作为应对全球经济变革挑战的新兴产物,成为一种不可逆转的趋势,受到越来越多的关注和重视。

企业大学是以企业文化和企业战略为核心,运用现代信息技术,按照混合式培训模式建立的企业学习基地。企业大学以构筑企业全员培训体系为基础,通过企业文化的导入和组织学习系统与流程的培育,形成企业战略执行、知识管理、人才培养、核心竞争力建立的智力平台,最终成为实现企业战略目标的战略工具。我们可以从以下几点来深入理解企业大学:第一,企业大学的实质是企业的学习、培训基地,是传统培训中心职能的延伸和扩展。第二,企业大学以企业的文化和战略为基础。企业大学作为企业的一个机构,既是对企业文化的传承,更是对企业文化的发扬。第三,企业大学致力于构筑全员培训体系。只有全体员工素质提高,企业才能实现大的跨越。第四,企业大学归根结底是帮助企业实现战略目标的战略工具。战略目标的实现是所有企业最重要的任务。企业大学以企业战略为基础,通过培训、教育等手段为企业提供高质量的人力资源,支撑企业战略目标的实现。

(二)学习型组织

1990年,麻省理工学院斯隆管理学院的彼得·圣吉(Peter Senge)出版了《第五项修炼——学习型组织的艺术与实务》(*The Fifth Discipline: The Art and Practice of the Learning Organization*)一书,掀起了组织学习和创建学习型组织(Learning Organization)的热潮。

彼得·圣吉指出,建立学习型组织需要进行五项修炼:自我超越、改善心智模式、系统思考、建立共同愿景、团队学习。斯蒂芬·罗宾斯(Stephen Robbins)概括了学习型组织的五大特征:有一个大家都认同的共同愿景;在解决问题与开展工作时能够摒弃旧的思维方式和常规程序;能够对所有的组织活动、功能及环境的相互作用进行全面分析;组织成员之间能够坦率地沟通;组织成员能够摒弃个人和部门私利,为实现组织目标而共同努力。凯伦·沃特金斯(Karen Watkins)等人提出了建立学习型组织的一些必要行动:创造持续学习的机会;促进探讨和对话;鼓励合作与团队学习;建立获取知识与知识共享的系统;授权;促使组织成员形成共同愿景;不断了解周围环境的变化并对其做出反应。在这些界定中,我们可以发现,**学习型组织**就是指组织成员能够有意识地、系统地、持续不断地以个体、团队及组织的方式进行学习,以不断获得新的知识、技能、信念与思维方式,改善个体、团队与组织的行为,实现个体、团队与组织的共同进步,共同实现组织目标的组织。

企业在重视员工培训的同时,如果能够重视学习型组织的建设,变个体学习为团队学习甚至组织学习,那么这样的员工培训才是真正有价值的培训,也才是真正对企业有贡献的培训。

第二节　员工培训的类型与方法

一、员工培训的类型

一般地说,员工培训根据组织的不同需要有所差别,组织的规模、经营内容、项目经费、培训目的、参加培训的人数等都会影响员工培训类型的选择。根据不同的分类标准,可以将员工培训划分为不同的类型。

(一)按照培训对象的不同划分

按照培训对象的不同划分,员工培训可以分为新员工培训和在职员工培训。

顾名思义,新员工培训是指对刚刚进入组织的员工进行培训,在职员工培训则是指对已经在组织中工作的员工进行培训。由于培训对象的不同,这两类培训之间存在比较大的差别,新员工培训相对来说比较简单,因此通常所讲的培训是针对后者而言的。

按照员工所处层次的不同,在职员工培训又可以继续划分为基层员工培训、中层员工培训和高层员工培训三类。由于这三类员工在组织中所处的位置不同,承担的责任不同,发挥的作用也不同,因此对他们的培训要有所区别,侧重不同的内容,以及采取不同的方法。

(二)按照培训内容的不同划分

按照培训内容的不同划分,员工培训可以分为知识培训、技能培训和态度培训。

知识培训旨在通过培训使员工具备完成本职工作所需的基本知识,了解组织的基本情况,如组织的发展战略、目标、经营状况、规章制度等。技能培训旨在使员工掌握从事本职工作的必备技能,如操作技能、处理人际关系技能、谈判技能等,并以此培养、开发员工的潜能。态度培训旨在促使员工形成正确的工作态度和行为方式,通过这方面的培训可以建立起组织与员工之间的相互信任,培养员工对组织的忠诚,增强其组织观念和团队意识。这三类培训对员工个人和企业绩效的改善都具有非常重要的意义,因此在培训中应当给予同样的重视。

(三) 按照培训与工作的关系划分

按照培训与工作的关系划分,员工培训可以分为在职培训、半脱产培训和脱产培训。

在职培训是指员工不离开工作岗位,由上级或者有经验的员工对新进员工、需要培训的员工或下级进行现场指导和示范,由受训者通过实际操作来完成的一种培训。这种方法比较经济,不需要另外添置场所、设备、专职教师,而是利用现有的人力、物力来实施培训,不影响工作和生产。但这种方法往往缺乏良好的组织,不太规范。

脱产培训即受训者脱离工作岗位,专门接受培训。脱产培训可以在企业内部进行,也可以到有关高等院校、科研机构等外部组织进行。脱产培训主要是针对企业战略、核心业务、核心能力、价值观、关键知识、员工绩效改善所需的基础知识和基本技能,以及其他对企业运营产生重要影响的内容进行的培训。这种培训的缺点是需要资金、设备、专职教师、专门场所,成本较高;如果是异地脱产培训,则针对性有可能较差,所学内容在实践中的应用需要员工的进一步摸索。半脱产培训介于上述两种形式之间,可以在一定程度上克服二者的缺点、吸纳二者的优点,从而较好地兼顾费用和质量。

二、员工培训的方法

在实践中,员工培训有多种方法可供选择,培训方法选择的恰当与否对于培训的实施及效果具有非常重要的影响。企业在进行员工培训时,应当根据培训的内容、培训的对象、培训的目的以及培训的费用等因素来选择合适的方法。

(一) 直接传授型培训方法

直接传授型培训方法适用于知识培训,主要包括讲座法和研讨法。

1. 讲座法

讲座法有时也称课堂教学法,是员工培训中最为普遍的方法。讲座法是指培训者通过语言将培训内容传授给受训者。这种方法最适用于以简单地获取知识为目标的情况。讲座的形式多种多样,例如标准讲座、团体讲座、客座讲座、座谈讲座等。不管何种形式的讲座,它都是一种单向沟通的方式——从培训者到受训者。讲座法的优点在于:在时间、资金、人力、物力上都很经济,成本较低,最节约时间;有利于系统地讲解知识,易于掌握和控制培训进度;有利于受训者更深入地理解难度大的内容;此外,可以同时对许多人进行培训。因此,讲座法可以作为其他培训方法的辅助手段。讲座法的缺点在于,因为它属于单向沟通,受训者比较被动,参与程度低,受训者的参与、反馈与实际工作环境不容易联系起来。因此,用讲座法来进行技能培训就不合适,比如人们不能仅靠讲授就能学会开汽车。

2. 研讨法

研讨法是指由培训者和受训者共同讨论并解决问题的一种培训方法,也是应用得比较广泛的一种方法。实践中,首先由培训者综合介绍一些基本的概念和原理,然后再由受训者围绕某一主题进行讨论。讨论法的优点在于:受训者能够参与到培训活动中来,可以提高他们的学习兴趣;有利于知识和经验的共享;此外,还可以同时培养受训者的口头表达能力。这种方法的缺点在于:为了保证讨论的效果,参与的人数不能太多;不利于对基本知识和技能的系统掌握;讨论过程中容易偏离主题,因此对主持人的要求比较高。

(二) 参与型培训方法

参与型培训方法是调动培训对象的积极性,让其在培训者与受训者的互动中学习的方法。该方法的主要特征是,每个培训对象积极地参与培训活动,从亲身参与中获取知识、技能,掌握正确的行为方式,开拓思维,转变观念。参与型培训常见的形式有情景模拟、商业游戏、案例研讨和敏感性训练等。

1. 情景模拟

情景模拟是一种模仿现实生活中场景的培训方法。在这种场景下,受训者的决策所产生的效果就是其在工作中做出同类决策所可能产生的后果。这种方法常被用来传授生产加工技能、管理和人际关系技能。模拟环境必须与实际的工作环境有相同的构成要素。模拟环境可通过模拟器仿真模拟,模拟器是员工在工作中所使用的实际设备的复制品。情景模拟培训的有效性关键在于模拟器对受训者在实际工作中使用设备时遇到的情形的仿真程度,即模拟器应与实际工作环境的因素相同,其反应也要与设备在受训者给定条件下的反应完全一致。情景模拟的优点在于:能够成功地使受训者通过模拟器简单练习,增强员工的信心,使其顺利地在自动化生产环境下工作。情景模拟的缺点在于:模拟器开发昂贵,而且工作环境信息也需要经常更新,因此利用情景模拟进行培训的成本较高。

2. 商业游戏

商业游戏是通过把培训内容制作成模拟仿真的游戏,让受训者通过游戏进行训练的一种培训方法,其实质是一种模拟训练。游戏可以刺激学习,因为受训者会仿照商业竞争规则积极地参与并进行游戏。受训者在游戏中所做的决策可以涉及各个方面的管理活动:劳动关系(谈判合同的签订)、市场营销(为新产品定价)及财务预算(支持购买新技术)等。游戏多采用团队方式进行,受训者从游戏中学到的内容将以备忘录的形式记录下来。商业游戏主要应用于管理技能的开发,适合各级管理人员的培训。

3. 案例研讨

案例研讨是指给受训者提供一个现实的案例,首先让其独立地分析这个案例,然后再与其他受训者一起讨论,从而提出自己对问题的解决方法。这种方法的有效性取决于培训者所提供的案例的适用性。案例研讨的优点在于:案例大多来自现实,案例分析有助于解决类似问题;此外,向受训者提供了一个系统的思考模式,在案例思考与分析中,接受培训可以得到一些管理方面的知识和原则,建立一些先进的思想观念,有利于其参与企业实际问题的解决。案例研讨的缺点在于:案例的搜集和提炼往往比较困难,案例虽然来自现实,但又不能是现实的直接反映,需要经过一定的加工。

4. 敏感性训练

敏感性训练也称 T 团队训练,简称 ST(Sensitivity Training)法。敏感性训练要求受训者在团队中就个人情感、态度及行为进行坦率、公正的讨论,相互交流对各自行为的看法,并说明其引起的情绪反应。目的是通过受训者在共同学习环境中的相互影响,提高受训者对自己的感情和情绪、自己在组织中所扮演的角色、自己同别人的关系的敏感性,进而改变个人和团体的行为,达到提高工作效率和满足个人需求的目标。敏感性训练适用于组织发展训练、晋升前的人际关系训练、中青年管理者的人格塑造训练、新进人员的集体组织训练、外派人员的异国文化训练等。

(三)实践型培训方法

实践型培训方法简称实践法,主要适用于以掌握技能为目的的培训。实践法是通过让受训者在实际的工作岗位或真实的工作环境中亲身操作、体验,掌握工作所需知识和技能的培训方法。实践法主要包括工作轮换、学徒制、文件处理和行为塑造等。

1. 工作轮换

工作轮换就是定期或不定期地将员工轮换到另一个同等水平、技术要求接近的工作岗位上去工作,从而促使受训者不断地学习新的工作岗位知识和技能,以达到培训目的。工作轮换常常与培训员工多样化的工作技能结合在一起,因此也被称为交叉培训法。工作轮换法被普遍认为是培养管理技能的一种有效方法,它能丰富受训者的工作经验,增加其对企业业务的了解;使受训者明确自己的长处和弱点,找到适合自己的位置;改善部门间的合作,使管理者更好地了解彼此问题。工作轮换法的不足之处在于,该方法鼓励通才化,适用于一般直线管理人员的培训,不适合职能管理人员。

2. 学徒制

学徒制是一种既有在职培训又有课堂培训,且兼顾工作与学习的培训方法。该方法是选择一名有经验的员工对受训者进行关键行为的示范、实践、反馈和强化,以达到培训的目的。学徒制的主要优点表现在受训者(学徒)在学习的同时能够获取收入,培训结束后,受训者往往被吸纳为全职员工。其不足之处在于,"师傅"只对受训者进行某种技能或工作的培训,员工会因只接受某种特定的技能而不能获得新技能,或者已掌握的技能难以适应工作环境的变化。

3. 文件处理

文件处理是指将一些待处理的文件(如消费者的投诉信、会议通知或上级指示等)交由受训者,让其在规定时间内对这些文件进行正确处理。这种方法可以使受训者从处理这些文件中得到锻炼,培养其分析和处理问题的能力。

4. 行为塑造

行为塑造是指采用有规律的、循序渐进的方式引导出所需要的行为并使之固化的过程。行为塑造是实现管理目标的重要手段。有研究表明,行为塑造是传授人际关系技能的最有效方法之一。行为塑造培训项目的开发包括明确关键行为(完成一项任务所必需的一组行为)、设计示范演示、提供实践机会及促进培训成果转化。

(四)态度型培训方法

态度型培训方法主要针对行为调整和心理训练,具体包括角色扮演和拓展训练等。

1. 角色扮演

角色扮演是设定一个最接近真实情况的培训环境,让受训者扮演环境中的某一个角色,借助演练来增强其对所扮演角色的感受,并培养和训练其解决问题的能力,如人际交往能力、解决冲突能力及推销能力等。角色扮演不同于情景模拟,主要表现为:一是角色扮演提供的情景信息十分有限,而情景模拟提供的信息通常都很详尽;二是角色扮演注重人际关系反应,而情景模拟注重物理反应;三是情景模拟中受训者的反应结果取决于模拟器的仿真程度,而在角色扮演中取决于其他受训者的情感与受训者的主观反应。

行为模仿是一种特殊的角色扮演,它通过向受训者展示特定行为的范本,再要求他们在模拟环境中扮演角色,根据他们的表现,培训者不断地提供反馈,受训者在反馈的指导下不断地重复工作直至能熟练地完成任务。该方法适用于中基层管理人员和一般员工的培训。它能使员工的行为符合其职位要求,提高员工的行为能力,使员工更好地处理工作环境中的人际关系。

2. 拓展训练

拓展训练是指通过模拟探险活动进行的情景式心理训练、人格训练和管理训练。它以体能训练为主,受训者被置于各种艰难的情景中,在面对挑战、克服困难和解决问题的过程中,使其心理素质得到改善。拓展训练主要包括场地拓展训练和野外拓展训练两种形式。

场地拓展训练是指需要利用人工设施的训练活动,包括高空断桥、空中单杠、信任背摔、胜利墙等。场地拓展训练可以使团队内部更加和谐,提高沟通的效率,提升员工的积极性,对形成从形式到内涵真正为大家所认同的企业文化起着明显的作用,也能作为企业业务培训的补充。

野外拓展训练是指在自然地域,通过模拟探险活动进行的情景体验式心理训练,用

人力资源管理

于提高受训者的自信心、进取心和团队精神,培养其把握机遇、抵御风险的能力,以提高个体和组织的环境适应与发展能力。其基本原理是通过野外探险活动中的情景设置,使受训者体验所经历的各种情景,从而了解自身和团队面临某一外界刺激时的心理反应及其后果,以实现提升受训者能力的培训目的。

(五)技术型培训方法

随着现代社会信息技术的发展,大量的信息技术被引入培训领域。在此背景下,新兴的培训方式不断涌现,如计算机化培训、网络培训、远程学习和虚拟现实培训等。

1. 计算机化培训

计算机化培训(Computer-based Test,CBT)包括计算机辅助教学(Computer Assisted Instruction,CAI)和计算机管理教学(Computer Managed Instruction,CMI)。计算机辅助教学是在计算机辅助下进行的各种教学活动,是以对话方式与学生讨论教学内容、安排教学进程、进行教学训练的方法与技术。它能有效地缩短学习时间、提高教学质量和教学效率,实现教学目标。

计算机管理教学是计算机在教学管理任务中的各种应用。计算机管理教学运用计算机设计考题,测试受训者的能力水平。这一系统同时可以追踪受训者的工作表现,并指导他们选择合适的学习材料从而满足他们的特殊要求。通过计算机管理教学,电脑承担了一些日常的培训工作,使得培训者可以专心于开发课程或给学员更多指导。

2. 网络培训

网络培训(E-learning)又称基于网络的培训,主要是指通过公共的(互联网)或私有的(内部局域网)计算机网络来传递,并通过浏览器来展示培训内容的一种培训方式。网络培训可以为虚拟现实技术、动感画面、人际互动、员工间的沟通以及实时视听提供支持。网络培训有许多潜在的优点:首先,可以实时地更新内容;其次,可以在受训者需要的时候及时实施培训,受训者可以控制怎样接受信息和何时接受信息,随时使用附加信息链接,以及选择学习难度以更好地适应个人的培训需要。

3. 远程学习

允许不同地点的人同时进行学习的培训形式叫作远程学习。远程学习包括电话会议、电视会议、电子文件会议以及利用个人电脑进行培训。培训课程的教材和讲解可通过互联网或者一张可读光盘分发给受训者。受训者与培训者可利用电子邮件、电子留言板或电子会议系统进行交互。远程学习由于可为分散在不同地点的员工提供专家培训机会,因此可以为企业节省一大笔差旅费。远程学习的发展反映了培训需求的快速变化——组织在寻找成本更小、时间更灵活以及更加客户化的培训形式。远程学习的不足之处在于,受训者与培训者之间缺乏互动,而且还需要一些现场的指导人员来回答某些问题,并对提问和回答的时间间隔做出调整。

4. 虚拟现实培训

虚拟现实(Virtual Reality，VR)培训就是给受训者制造一个虚拟环境,使其能够看到自己在工作中可能遇到的各种情景。通过虚拟现实培训,受训者能够看到他们在工作中可能遇到的各种情境的 3D 世界,在这个模拟世界中,受训者能够接触、观看并参与设置。虚拟现实培训受到提倡,是因为它能够最大限度地激励和吸引员工,可以把学习经历迁移到模拟情境中去,并且不受环境和时间的限制,具有仿真性、超时空性、自主性、安全性等特点。

(六) 团队建设法

团队建设法是用以提高团队或群体成员的技能和团队有效性的培训方法。它注重团队技能的提高以保证进行有效的团队合作,这种培训包括检验与讨论对团队功能的感受、知觉和信念,并制订计划将培训中所学的内容应用于工作当中的团队绩效上。团队建设法包括探险性学习、团队培训和行动学习。

1. 探险性学习

探险性学习也称野外培训或户外培训,它是利用有组织的户外活动来开发受训者的团队协作和领导技能的一种培训方法。这种方法最适用于开发与团队效率有关的技能,如自我意识能力、问题解决能力、冲突管理能力和风险承担能力等,其户外练习应与受训者希望开发的技能类型有关。练习结束后,应由一位有经验的辅导人员组织受训者对学习内容、练习与工作的关系,以及如何设置目标,将所学知识应用于工作等问题进行讨论。探险性学习的不足之处在于:它对受训者的身体素质要求高,并且在练习中常常会让受训者之间发生接触,会给组织带来一定的风险,这些风险有时是因私怨、感情不和而导致的故意伤害,而不能将其归咎于疏忽。因此,探险性学习的采用应慎重。

2. 团队培训

团队培训是通过协调在一起工作的不同个人的绩效从而实现共同目标的方法。团队培训的方法多种多样,可以利用讲座或录像向受训者传授沟通技能,也可以通过角色扮演或仿真模拟给受训者提供讲座中强调的沟通技能的实践机会。团队培训的主要内容是知识、态度和行为。团队行为是指团队成员必须采取可以让他们进行沟通、协调、适应且能完成任务以实现目标的行动;团队知识能使团队成员记忆力良好、头脑灵活,使团队在意料之外或新的情况下有效运作;团队成员对任务的理解与其对彼此的感觉或态度有关。同时,团队的士气、凝聚力、统一性与团队绩效密切相关。

团队培训的方式有交叉培训、协作培训与团队领导技能培训。交叉培训是指团队成员熟悉并实践所有人的工作,以便团队成员离开团队后其他成员容易承担其工作;协作培训是指对团队成员进行如何确保信息共享和承担决策责任的培训,以实现团队绩效的最大化;团队领导技能培训是指团队管理者或其辅助人员接受的培训,包括培训管理者

人力资源管理

如何解决团队内部冲突、帮助团队协调各项活动以及其他技能。

3. 行动学习

行动学习是指给团队或工作群体一个实际工作中面临的问题,让团队成员合作解决并制订出行动计划,再由他们负责实施该计划的培训方式。其基本假设认为,许多学习是通过在正式培训的过程中直接处理同工作相关的问题而发生的,培训的重点是理解并解决真实工作中复杂的问题。

以上介绍了多种培训方法,在为培训项目选择合适的培训方法之前,通常要对各种培训方法的优缺点进行评价。首先就是要确定培训所希望产生的学习成果有哪些,这些成果包括言语信息、智力技能、认知策略、态度和运动技能,不同的培训方法可能影响一种或几种学习成果。一旦根据不同的培训方法在学习成果方面的差异确定了培训方法之后,下一步就要考虑这种方法对学习和培训成果转化的有利程度,开发和使用这种方法的成本,以及它的有效性问题。最后,员工培训的预算会影响培训方法的选择。预算紧张的培训者应选择有组织的相对便宜且有效的在职培训,而预算宽裕的培训者则可以考虑更有利于培训成果转化的方法,如情景模拟和商业游戏等。技术型培训虽然具有学习环境良好、管理费用低廉、允许受训者自行控制以及信息共享等特点,但是这些方法需要高昂的研发费用,因此培训者在选择时需要慎重考虑。表 6-1 根据不同的特点,从学习成果、学习环境、培训成果转化、成本和效果等方面对一些常见的培训方法进行了评价。

表 6-1 各种培训方法的比较

项目		讲座	案例研讨	角色扮演	情景模拟	商业游戏	行为塑造	探险性学习	行动学习	网络培训	在职培训
学习成果	言语信息	是	是	否	否	是	否	否	否	是	是
	智力技能	是	是	否	是	否	是	否	是	是	否
	认知策略	是	是	是	是	是	是	是	是	是	是
	态度	是	否	是	否	是	否	是	否	否	否
	运动技能	否	否	否	是	否	是	否	否	否	是
学习环境	明确的目标	中	中	中	高	高	中	高	中	高	高
	实践机会	低	中	中	高	中	高	中	中	高	高
	有意义的内容	中	中	中	中	中	中	低	高	中	高
	反馈	低	中	中	高	高	高	中	中	高	高
	观察并与他人交流	低	高	高	高	高	高	高	高	中	高
培训成果转换		低	中	中	高	中	高	低	高	中	高

(续表)

	项目	讲座	案例研讨	角色扮演	情景模拟	商业游戏	行为塑造	探险性学习	行动学习	网络培训	在职培训
成本	开发成本	中	中	中	高	高	中	中	低	高	中
	管理成本	低	低	中	低	中	中	中	中	中	低
有效性		高	中	中	高	中	高	低	高	中	结构化在职培训比较高

资料来源：雷蒙德·A.诺伊.雇员培训与开发[M].第6版.徐芳，译.北京：中国人民大学出版社，2015。

第三节 员工培训需求分析

一、培训需求分析的内容

企业之所以会存在培训需求，是因为企业目前出现了问题或者将来可能会出现问题。这些问题就是产生培训需求的"压力点"，它主要来源于两个方面：一是企业层面的问题；二是个人层面的问题。这两个方面同样重要，有些时候，即使员工个人不存在培训需求，但是从企业整体的角度出发，还是要对员工进行培训，例如企业进行的企业文化培训。但是，企业并不是一出现问题就必须进行培训，只有当出现的问题通过培训能够得到解决时，企业才应当进行培训，这是培训需求的现实性，例如由于工资水平过低而导致员工的生产效率低下，这种情况下对员工进行培训是没有意义的，应当通过提高工资水平来解决这个问题。因此，培训需求既要有可能性，又要有现实性。一般来说，企业层面出现的问题需要进行普遍性的培训，而个人层面出现的问题只需进行特殊性培训，当然，如果个人层面的问题具有共性，就变成了企业层面的问题。

对于培训需求的分析，最具有代表性的观点是威廉·麦吉（William McGehee）和保罗·塞耶（Paul Thayer）于1961年提出的通过组织分析、任务分析和人员分析来确定培训的需求，其过程可以用图6-2来表示。

（一）组织分析

组织分析是在企业层面展开的，它主要是在企业发展战略的指导下，决定相应的培训项目，并为培训活动提供可利用的资源和管理以及支持。组织分析包括两方面内容：一是对企业未来发展方向进行分析，以确定企业今后的培训重点和培训方向；二是对企业的整体绩效做出评价，找出存在的问题并分析问题产生的原因，以确定企业目前的培训重点。通过组织分析，可以确定在企业层面上需要进行什么样的培训。

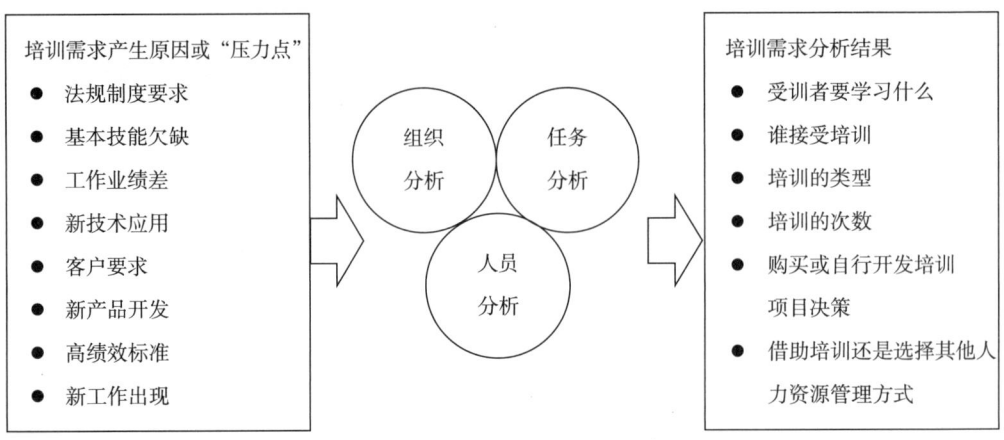

图 6-2 培训需求分析过程

资料来源:雷蒙德·A.诺伊.雇员培训与开发[M].第6版.徐芳,译.北京:中国人民大学出版社,2015。

企业今后的培训重点和培训方向,主要是依据企业的发展战略来确定的,企业的发展战略不同,经营的重点也不同,因此培训的重点和方向也是不同的。除此之外,企业的竞争战略、经营战略等也都会影响企业今后的培训重点和培训方向。表6-2列出了在不同的发展战略下,企业进行培训的重点和方向。

通过对企业整体绩效的评价来确定目前的培训需求,需要首先设定企业绩效考核的指标和标准,然后将企业目前的绩效与设定的标准或以前的绩效进行比较,当绩效水平下降或低于标准时就形成了培训需求的"压力点",接着要对这些"压力点"进行分析,提炼现实的培训需求。由于企业绩效考核是一种整体性的评价,发现的问题往往具有一定的代表性,而员工培训的最终目的就是提高企业的整体绩效,因此这种分析是非常有必要的。对企业绩效的评价,除数量、质量、时间、成本等产出指标外,还应当包括行为指标、态度指标等。

组织分析的关键是把对培训需求的估计与组织将要达到的目标联系起来,而培训需求一旦确定下来,接下来就该进行任务分析了。

表 6-2 不同发展战略下企业进行员工培训的重点和方向

战略	经营重点	达成途径	关键点	培训重点
集中战略	• 增加市场份额 • 降低运作成本 • 建立和维护市场地位	• 改善产品质量 • 提高生产率或进行技术流程创新 • 产品和服务的客户化	• 更新技能 • 开发现有员工队伍	• 团队建设培训 • 跨职能培训 • 专业化培训 • 人际关系培训 • 在职培训

（续表）

战略	经营重点	达成途径	关键点	培训重点
成长战略	内部成长战略	• 市场开发 • 产品开发 • 创新 • 合资	• 进行现有产品的市场营销或增加分销渠道 • 进行全球市场扩张 • 修正现有的产品 • 创造新的产品或不同的产品 • 通过合资进行扩张	• 创造新的工作和任务 • 创新	• 产品价值增值培训 • 企业文化培训 • 生产/工作技能培训 • 人际沟通/反馈技能培训 • 冲突谈判技能培训
	外部成长战略	• 横向一体化 • 纵向一体化 • 集中多元化	• 兼并在产品链上与本企业处于相同阶段的企业 • 兼并能够为企业供应原料或购买本企业产品的企业 • 兼并与本企业毫无关系的其他企业	• 整合 • 精简冗员 • 重组	• 被兼并企业员工的能力培训 • 整合两家企业的培训系统 • 被兼并后企业中的各种工作方法与程序培训 • 团队建设培训
收缩战略		• 缩减规模 • 转向 • 剥离 • 清算	• 降低成本 • 缩减资产规模 • 获取收入 • 重新确定目标 • 出售所有资产	• 提高效率	• 激励、目标设定、时间管理、压力管理、跨职能培训 • 领导能力培训 • 人际沟通技能培训 • 求职技巧培训

资料来源：董克用.人力资源管理概论[M].第3版.北京：中国人民大学出版社，2013。

（二）任务分析

任务分析的主要对象是企业内的各个职位，通过任务分析要确定各个职位的工作任务，各项工作任务要达到的标准，以及成功完成这些工作任务所必需的知识、技能、能力及其他方面的一些因素。可以看出，任务分析其实就是本书在前面章节所讲的工作分析，只是任务分析比工作分析更详尽。任务分析最主要的目的是确定新员工的培训需求，这里的新员工不仅指企业新近招聘录用的员工，而且包括那些到新岗位任职的员工。从完成职位的工作任务角度来看，他们并没有什么区别，不同的只是后者对企业的基本情况更了解。

任务分析的重点和关键是分析并比较现实状态下和理想状态下从事一项工作所需

要的知识、技能和能力以及员工实际表现方面存在的差距,从而确定其需要接受的培训。

在进行任务分析时,一般按照下面四个步骤来进行:

首先,选择有效的方法,列出一个职位所要履行的工作任务的初步清单。

其次,对所列出的任务清单进行确认,这需要回答以下几个问题:任务的执行频率如何?完成每项任务所花费的时间是多少?成功完成这些任务的重要性和意义是什么?学会这些任务的难度有多大?

再次,对每项工作任务需要达到的标准做出准确的界定,尽量用可量化的标准来表述,例如"每小时生产20个"。

最后,确定完成每项工作任务的 KSAO,K(Knowledge)就是知识;S(Skill)就是技能;A(Ability)就是能力,即完成工作所需的脑力和体力的综合;O(Others)是其他方面的因素,包括员工的个性、兴趣和态度等。

(三)人员分析

人员分析是针对员工进行的,主要分析员工的工作表现及其现有知识、技能和所承担的责任,重点是衡量员工的能力是否足以应对目前及将来的职位需要,如果发现存在不足,则需要进行培训。人员分析主要包括三方面内容:一是对员工个人的实际工作绩效做出评价,找出存在的问题并分析问题产生的原因,以确定解决当前问题的培训需求;二是根据员工的职位变动计划,将员工现有的状况与未来职位的要求进行比较,以确定解决将来问题的培训需求;三是针对员工的培训准备进行分析,以确保员工有接受培训的意愿并具备基本的技能。通过人员分析,企业要能够确定哪些人员需要接受培训以及需要接受什么样的培训。

企业员工培训需求,可用以下公式表示:

$$培训需求 = 理想的工作绩效 - 实际的工作绩效$$

理想的工作绩效可以由任务分析阶段确定的绩效标准来表示,实际的工作绩效可以根据过去员工工作状态记录,如工作绩效数据、上级给员工的评分、态度调查、测验、面谈等获得。理想工作绩效与实际工作绩效之间的差距就是培训需求,通过培训应弥补或缩小这种差距。

二、培训需求分析的方法

(一)常用的培训需求分析方法

进行培训需求分析的方法有很多,其中常用的方法有:

(1)观察法。观察法是指直接到工作现场,通过观察员工的工作过程来进行培训需求分析的方法。

（2）访问法。访问法是指通过访问的方式来获取信息进行培训需求分析的方法。访问可以面对面，也可以借助其他媒介；可以是集体访问，也可以是单独访问。

（3）问卷调查法。问卷调查法是指将有关问题编写成问卷，通过让员工填写问卷来收集信息进行培训需求分析的方法。

（4）资料分析法。资料分析法是指通过查阅有关资料，例如专业期刊、技术手册、工作记录、员工工作绩效考核结果等来对培训需求进行分析的方法。

（5）绩效分析法。绩效分析法是指通过评价员工当前的绩效水平，明确其实际工作绩效与理想工作绩效之间的差距，对绩效差距产生的原因进行具体分析，由此确定培训需求的一种方法。

（6）差距分析法。差距分析法与绩效分析法类似，其主要集中于组织或组织成员存在的问题，即在分析组织及其成员现状与理想状况之间差距的基础上，确认和提出造成差距的症结与根源，明确培训需求的方法。

（7）经验判断法。有些培训需求具有一定的通用性或规律性，可以凭借经验加以判断，这就是经验判断法。

以上几种方法都各有优缺点（见表6-3），在实践中，企业要根据实际情况来选择合适的方法，很多时候，企业会综合使用几种方法来确定培训需求。

表6-3 培训需求分析方法的优缺点比较

方法	优点	缺点
观察法	• 可以得到有关工作环境的信息 • 将分析活动对工作的干扰降至最低	• 需要高水平的观察者 • 员工的行为方式可能因被观察而受到影响
访问法	• 有利于发现培训需求的具体问题及其产生的原因和解决方法	• 耗费时间 • 分析难度大 • 需要高水平的专家
问卷调查法	• 费用低 • 可以从大量人员处收集信息 • 易于对信息进行归纳和总结	• 耗费时间 • 回收率可能很低，有些信息可能不符合要求（虚假或隐瞒） • 不够具体
资料分析法	• 有关于工作程序的理想信息来源 • 目的性强 • 有关于新工作所包含任务的理想信息来源	• 材料可能过时 • 需要具备专业知识

(续表)

方法	优点	缺点
绩效分析法	• 可以得到有关工作结果/表现的数据 • 考评人员参加,不影响员工的现场工作 • 与员工能力直接挂钩	• 需要建立素质模型 • 需要在绩效考评结果的分析上花费时间 • 无法考量能力以外的方面,不够具体
差距分析法	• 有利于发现不易(或不愿)发现的复杂(或矛盾)的问题 • 有利于找到问题的所在并相应地提出解决方法	• 组织工作费时 • 小组成员只提供他认为你想听到的信息
经验判断法	• 获取方式灵活,既可以设计问卷又可以组织座谈会等 • 费用低 • 获取培训需求迅速	• 带有主观性,判断不一定准确

(二) 新兴的培训需求分析方法

1. 基于胜任力的培训需求分析法

胜任力是指员工胜任某一工作或任务所需具备的个体特征,包括个人知识、技能、态度和价值观等。现在许多企业都在根据经营战略建立组织层面的胜任力素质模型,为企业员工招聘和甄选、培训与开发、绩效考评和薪酬管理服务。

基于胜任力的培训需求分析的主要步骤如下:

(1) 职位概描:将所需要的绩效水平的胜任力分配到职位中,通过职位要求的绩效水平,确定任职者所需具备的相关胜任力。职位概描为胜任力识别和分配提供了基础。

(2) 个人概描:依据职位要求的绩效水平来评估任职者个体目前的绩效水平。结合有关数据资料,依据个体绩效现状及重要性排序确定培训需求。个人概描提供了员工胜任力的记录。

基于胜任力的培训需求分析有其独特的优点,主要表现为:

(1) 强调优秀员工的关键特征,有效性强,易被受训者接受;提供明确的行为标准,更具操作性,可以有的放矢。

(2) 培训计划与组织经营目标及战略紧密联系;提高培训的附加值,同时也更易于组织进行绩效评价。

2. 缺口分析

培训是用来弥补缺口的,可以通过发现缺口来确定培训需求。培训的目标是填补现有的技能和希望达到的技能之间的缺口。通过缺口分析,我们可以知道需要进行多少培训(或者培训是否可以弥补缺口)。图6-3说明了缺口分析的过程。

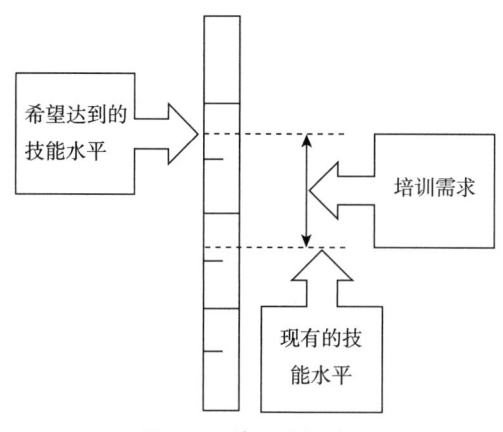

图 6-3　缺口分析过程

资料来源:石金涛,颜世富.培训与开发[M].第 4 版.北京:中国人民大学出版社,2019。

第四节　员工培训的实施过程

一、制订培训计划

培训计划是在培训需求分析的基础上,从企业总体发展战略的全局角度出发,根据企业各种培训资源的配置情况,对计划期内的培训目标、培训对象和内容、培训规模和时间、培训评估标准、培训人员安排、培训费用预算等一系列工作所做的安排。为了制订培训计划,需要明确以下内容:

(一) 培训计划的类型

从时间跨度来看,培训计划可以划分为中长期培训计划、年度培训计划和单向培训计划。一般而言,中长期培训计划相对比较宏观,主要阐述组织的培训理念、培训投入政策、培训方针、培训原则以及未来培训方向等内容,更多的是扮演一种组织培训政策的角色。年度培训计划是对组织在一年中的总体培训安排所做的计划,这种计划具有较强的约束性,基本决定了组织在当年的主要培训活动和培训开支计划。单向培训计划则是针对某一次培训活动或培训项目所做的规划,强调可操作性,是活动指南。

(二) 培训计划的内容

不同的企业,培训计划的内容可能会有所不同,但是一般来说,一个比较完备的培训计划应当包括以下内容:

1. 培训目标

培训目标是指培训活动所要达到的目的,从受训者角度进行理解,就是指在培训活动结束后应该掌握什么内容。培训目标的制定不仅对培训活动具有指导意义,而且是培训评估的一个重要依据。

具体的培训目标应当包括三个构成要素:
(1)内容要素,即企业期望员工做什么事情;
(2)标准要素,即企业期望员工以什么样的标准来做这件事情;
(3)条件要素,即在什么条件下要达到这样的标准。

培训目标的内容要素主要可以分为三大类:一是知识的传授,通过培训要使员工具备完成职位工作所必需的基本业务知识,了解企业的基本情况,如企业的发展战略、经营方针、规章制度等;二是技能的培养,通过培训要使员工掌握完成职位工作所必备的技术和能力,如谈判技术、操作技术等;三是态度的转变,通过培训要使员工具备完成职位工作所要求的工作态度,如合作性、积极性、自律性和服务意识等。

2. 培训内容和对象

培训的内容是指应当进行什么样的培训;培训的对象则是指哪些员工需要接受培训,这两个项目都是培训需求分析的结果。

3. 培训人员

培训人员主要是指培训教师和培训服务人员。企业培训应当以员工为中心,培训的管理工作应当以教师为主导。一项培训活动应选择合适的培训教师,并提供必要的后勤服务和保障。

4. 培训地点与设备

培训地点就是培训要在什么地方进行,培训地点的选择也会影响培训的效果,合适的地点有助于创造有利的培训条件,建立良好的培训环境,从而增进培训的效果。此外,在培训计划中,还应当列出培训所需的设备,如座椅、音响、投影仪、屏幕、白板、文具等,准备好相应的设备也是培训顺利实施的一个重要保证。

5. 培训方法

培训方法是实现员工培训目标的重要保障,它所要解决的是船或桥的问题。为了更好地实现培训目标,企业必须根据培训资源的配置情况,正确地选择适用的方式和方法。

6. 培训费用

培训费用即培训过程所花费的成本,它是指企业在员工培训过程中所发生的一切费用,包括培训之前的准备工作、培训的实施过程,以及培训结束之后的效果评估等各种与培训相关活动的费用总和。

7. 培训时间

培训时间的安排受培训的范围、对象、内容和方法等的影响。例如,专题报告一般半天到一天即可;较为复杂的培训,一般要集中进行,其时间需要根据培训的具体内容确定。在确定培训时间之后,还要及时地发布通知,确保每一个受训者知道在什么时间接受培训,这样他们就可以提前做好准备,以免时间上发生冲突,影响培训的实施。

8. 培训规模

培训规模受很多因素的影响，如人数、场所、培训性质及培训经费等，具体规模要根据企业的实际情况而定。

二、培训的具体实施

（一）培训实施的工作任务

培训实施阶段的主要工作是针对培训需求的特点，制定具体的培训方法和手段，按照设计完成的培训计划，实施具体的培训。这一阶段的主要特点是，对培训者的技术要求较高，也较为具体。在实施员工培训时，培训者需要完成许多具体的工作任务：

（1）选择和准备培训场所。选择适当的培训场所是确保培训成功的关键因素。

（2）确定培训项目的总体信息。培训项目的总体信息包括培训课程名称、目标学员、课程目标、培训地点、培训时间、培训方法、预先准备的培训设备、培训教师名单及培训教材等。

（3）制订课程计划。详细的课程计划有助于保持培训活动的连贯性，而不论培训教师是否发生变化；有助于确保培训教师和受训者了解课程和项目目标。课程计划包括课程名称、学习目的、报告的专题、目标学员、培训时间、培训教师活动、学员活动和其他必要的活动。

（4）选择培训教师。员工培训的成功与否与任课教师有着很大关系。企业应该选择那些有教学愿望，表达能力强，有广博的理论知识、丰富的实践经验、扎实的培训技能，热情且受人尊敬的人作为培训教师。

（5）选择培训教材。培训教材一般由培训教师确定。教材有公开出版的、企业内部的、培训公司的以及教师自编的四种形式。

（6）确定具体的培训时间。在确定具体的培训时间之后，要发出培训通知，以使每个人都确知培训时间、地点与培训的基本内容。

（7）做好全程跟踪服务。

（二）培训控制

培训控制是指在培训过程中不断地根据培训目标、标准和受训者的特点，矫正培训方法和进程的种种努力。培训控制的主体是培训工作的负责人及其他管理人员，组织中的高层领导也可监督检查的方式介入其中，受训者也可以根据切身感受提出建议。培训控制可以分为训前控制、训中控制和训后控制三个阶段。

训前控制可以通过以下几个方面实现：①识别有成效与无成效的活动；②与雇主一起讨论员工工作的基本要素；③选择一个受训者和管理者都要面对的重要机会或问题；

④将一个员工评价样本送给培训项目协调人。

训中控制应该做好以下几项工作:①受训者先测;②训中测验与考核;③建立例会讨论制度;④积极与培训教师交流;⑤加强纪律检查,做好培训记录。

训后控制主要是进行训后总结,并且针对培训效果进行评估,同时还要注重培训成果的迁移。培训成果的迁移是指受训者将在培训中所学到的知识、技能和行为应用到实际工作当中去的过程。培训成果的迁移在很大程度上受到工作环境的影响,包括转化的气氛、管理者的支持、同事的支持、运用所学能力的机会、信息系统的支持以及受训者的自我管理能力等诸多方面。培训成果的迁移是训后控制中极为重要的部分。

第五节　员工培训的效果评估

培训效果评估是一个完整的培训流程的最后环节,它是对整个培训活动的实施成效进行评价和总结,同时评估结果又是以后培训活动的重要输入,为下一个培训活动确定培训需求提供了重要信息。培训效果评估要通过不同的测量工具评价培训目标的达成度,并据此判断培训的有效性以作为未来举办类似培训活动时的参考。

一般来说,培训效果评估包括以下步骤(见图6-4)。

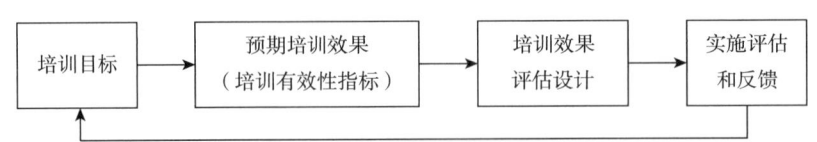

图6-4　培训效果评估的步骤

资料来源:石金涛,颜世富.培训与开发[M].第4版.北京:中国人民大学出版社,2019。

培训效果评估应该始于培训目标,而培训目标又是和前面的培训需求分析联系起来的,通过这样的连接,使得组织培训更加契合组织战略和目标。根据培训目标,确定预期的培训效果,然后采用适当的培训效果评估设计收集信息和数据,并对之进行分析,最后实施评估并给予反馈。

一、培训效果评估的标准

培训效果评估的标准就是要从哪些方面来对培训项目进行评估,也可以说是评估的内容。这方面最广为人知和广泛应用的是美国人力资源管理专家唐纳德·柯克帕特里克在1959年提出的四个层次的评估模型。这个模型被简称为柯氏评估模型。该模型从四个层次来对一个培训项目的效果进行评估,如表6-4所示。

表 6-4 柯氏评估模型

评估层次	评估标准	评估重点	评估主体	评估时间	获取数据的方法
第一层次	反应评估	受训者对培训活动的整体主观感受	培训主管机构	培训进行中或培训刚刚结束后	• 问卷调查 • 访谈法 • 观察法
第二层次	学习评估	受训者对培训内容的掌握程度	培训主管机构	培训结束后	• 测试 • 问卷调查 • 现场模拟 • 座谈会
第三层次	行为评估	受训者在接受培训以后工作行为的变化	培训主管机构 学员上级主管 同事及下属 直接客户	培训结束后三个月或下一个绩效考核期	• 绩效考核 • 观察法 • 访谈法
第四层次	成果评估	受训者个体及组织的绩效改进情况，并分析绩效变化与企业培训活动之间的相关性	培训主管机构 学员上级主管 企业管理部门	下一个绩效考核期或一年后	• 投资回报率（ROI） • 绩效考核结果 • 企业运营情况分析

资料来源：作者根据相关资料整理绘制。

（一）反应评估

反应评估是柯氏评估模型中的第一层次，用来评估受训者对培训课程、培训教师和培训安排的喜好程度。柯克帕特里克认为，要使培训有效，首先重要的是使受训者对培训有积极的反应，评价信息显示大多数受训者喜欢该培训项目就说明培训的内容是受训者能接受的；否则，受训者将没有积极的动机与主动学习的态度来参加培训，这样即使企业的培训内容再有用，也难以成为受训者的知识或技能，更难以转化为受训者有效的实际行动。

（二）学习评估

学习评估用来评估受训者对培训内容的掌握程度。受训者在接受培训以后知识和技能的掌握是否有所提高以及有多大程度的提高，这更多地停留在认知层面上。在进行学习评估时，设计培训评估方案非常重要。学习评估可以采用测验的形式。有些企业在培训结束后，会要求受训者参加考试，只有考试合格者才向其颁发相应的证书。

（三）行为评估

行为评估用来评估受训者在接受培训以后工作行为的变化，也可以看作对培训成果的运用，即在工作中是否改进了以前的行为，是否运用了培训的内容。行为评估更多地考虑到受训者在接受培训以后回到工作岗位上在工作中表现出的变化,它实际上评估的是知识、技能和态度的迁移。

(四)成果评估

成果评估是柯氏评估模型中最重要也是最困难的评估,它用于评估受训者个体及组织的绩效改进情况,即经过培训,员工和组织的绩效是否得到了改善与提高。

对于培训评估的标准,我们还可以从两个大的方面进行考虑:一是培训的效果,也就是培训是否实现了预期的目标,这可以将培训的结果和培训的目标进行比较从而得出结论。培训的效果评估是培训评估最基本的要求,如果培训没有达到效果,就说明此次培训是失败的。培训效果评估主要是针对受训者进行的。二是培训的效率,也就是培训是否以最有效的方式实现了预期的目标,不仅要评估费用成本,还要评估时间成本。在同样的培训效果下,费用最低、时间最短的培训是最有效率的。这里的费用成本既要包括培训的直接成本,又要包括培训的间接成本。通过对培训效率的评估,可以对培训的方法进行优化。培训效率评估更多地是针对培训本身进行的。

二、培训效果评估的方法

培训效果评估的方法有很多,在进行具体的评估时应当根据评估的内容来选择合适的方法,这样才能保证评估的效果。一般来说,评估培训效果的方法主要有以下几种:

(一)测试比较评价法

测试比较评价法就是分别在培训开始和结束时用卷面测试题或实际操作的形式对受训者进行测试,然后将前后两次测试成绩进行比较的方法。如果受训者在培训之后的测试成绩明显比之前高许多或熟练许多,则表明受训者的知识增长了或技能提高了,从而说明培训确实是有效的。

(二)工作态度调查评价法

工作态度调查评价法就是采用调查表的形式对受训者在培训前和培训后工作态度的变化情况进行调查评价的方法。如果发现员工培训后工作责任心、敬业精神、对组织的忠诚度、遵守工作纪律和规章制度的情况明显好转,则说明培训效果较好;反之,则说明培训效果一般或不佳。

(三)工作绩效对照评价法

工作绩效对照评价法就是把受训者参加培训前后的工作绩效情况进行对比,了解受训者在工作数量和工作质量方面的变化情况的方法。如果通过培训,员工工作数量明显增加、工作质量明显改进,则说明培训效果较好;反之,则说明培训效果一般或不佳。

(四)成本收益评价法

成本收益评价法就是通过比较培训的成本和收益来评价培训效果的方法。培训的成本就是组织实施培训活动所需支付的直接成本和间接成本。其中:直接成本包括培训费支出和培训活动所需的物质条件;间接成本包括员工参加培训而减少的收入和机会成本。而收益也可以分为直接收益和间接收益。其中:直接收益就是培训后增加的产量、产值或利润额;间接收益是通过培训获得的员工及组织整体素质的提高、整体竞争能力的增强、组织形象的改善等。成本收益评价法可以通过培训的投入产出公式进行分析:

$$投入回报率=(收益-成本)/成本×100\%$$

用成本收益评价培训效果应注意以下几个问题:培训目标要明确且便于衡量;真实地反映培训工作的质量;要考虑培训项目的机会成本;对具有可比性的培训项目进行比较,且比较的口径和单位应一致;评价的依据只能是培训对企业生产经营实际起作用的费用和收益等。

三、培训效果评估的指标体系设计

培训效果评估的指标体系设计可以从定量和定性两方面进行。定量指标如劳动生产率、人均利润贡献率、员工满意度、员工忠诚度等;定性指标的范围可以广一些,如企业战略实施程度、新型企业文化建设、企业对环境适应性等。所有这些指标都可以归为硬指标和软指标两大类(见表6-5)。

表6-5 培训效果评估指标体系分类

分类	业务影响目标	举例
硬指标	产出	生产的数量、制造的吨数、装配的件数、售出件数、销售额、存货的流动量、对申请的处理数量、毕业的学员数量、任务的完成数量、工作的订货量、奖金等
	质量	废品率、次品率、退货率、出错率、返工率、缺货率、与标准的差距、产品瑕疵、生产故障、存货的调整、工作顺利完成的比例、事故数量、客户投诉等
	成本	预算的变化、单位成本、财务成本、流动成本、固定成本、营业间接成本、运营成本、延期成本、罚款、项目成本节约、事故成本、管理成本、平均节约成本等
	时间	运转周期、对投诉的应答时间/次数、设备的停工时间/次数、加班时间、每日平均工作时间、完成工作所需时间、管理时间、培训时间、开会时间、修理时间效率等
软指标	工作习惯	旷工、消极怠工、看病次数、违反安全规定、沟通破裂次数、过多的休息等
	新技能	决策、问题的解决、冲突的避免、倾听理解能力、阅读速度、对新技能的运用、对新技能的运用频率/意图、新技能的重要性等
	氛围	不满的数量、歧视次数、员工的投诉、工作满意度、组织的承诺、员工的离职率等

(续表)

分类	业务影响目标	举例
软指标	发展	升迁的数量、工资的增加数量、参加的培训项目数量、岗位轮调的请求次数、业绩评估的打分情况、工作效率的提高程度等
软指标	满意度	赞成性反应、工作满意度、态度的变化、对工作职责的理解、可观察到的业绩变化、员工的忠诚程度、信心的增加、客户满意度等
软指标	主动性	新想法的实施、项目的成功完成、对建议的实施量、设定目标等

资料来源:彭剑锋.人力资源管理概论[M].第3版.上海:复旦大学出版社,2018。

硬指标和软指标各有优缺点。硬指标比较客观,容易衡量和量化,更容易转化成货币价值,衡量培训效果的可靠性很高,是衡量组织培训效果的常用标准;相比之下,软指标在多数情况下是主观的,有时候很难衡量和量化,且很难转化成货币价值,作为培训效果的衡量标准可信度较差,而且往往是行为导向的。但软指标更具有弹性和动态性,弥补了硬指标单一、固化、抽象的缺点,同时综合运用二者可以使评估的结果更加真实、可靠。

本章小结

1. 员工培训是企业获得竞争优势的重要源泉。员工培训是指一定组织为开展业务及培育人才的需要,采用各种方式对员工进行有目的、有计划的培养和训练的活动。培训的目的在于让员工掌握培训项目中强调的知识、技能和行为,并且让他们可以将其应用于工作中。

2. 员工培训的原则是企业在培训工作中应遵循的基本指导思想和应坚持的基本原则。员工培训的基本原则包括:服务企业战略规划的原则、目标原则、差异化原则、激励原则、讲求实效原则、效益原则等。

3. 按照不同的分类标准,可以将员工培训划分为不同的类型,其中最为普遍的分类方法是按照培训与工作的关系划分,可以将员工培训分为在职培训、半脱产培训、脱产培训。企业在培训过程中可以选择多种培训方法,包括讲座法、讨论法、情景模拟、商业游戏、案例研讨、工作轮换、角色扮演、拓展训练、团队建设法等。

4. 按照培训的实施路径和内在逻辑,我们通常将一个完整的培训周期划分为培训需求分析、制订培训计划、培训实施、培训效果评估四个阶段。

5. 培训需求分析主要包括三个方面:组织分析、任务分析和人员分析,在分析培训需求的过程中可以采用观察法、访问法、问卷调查法和资料分析法等多种方法。

6. 培训计划的内容主要包括培训目标、培训内容和对象、培训人员、培训地点与设备、培训方法、培训费用、培训时间、培训规模。培训实施是员工培训流程中的关键环节,在实施员工培训时,培训者要完成许多具体的工作任务,并且要注意对培训的控制,包括训前控制、训中控制和训后控制。

7. 培训效果评估是员工培训流程中的重要环节,可以利用柯氏评估模型对培训效果进行测量。柯氏评估模型主要从反应评估、学习评估、行为评估和成果评估四个层次来对培训项目进行测量。评估培训效果的方法有测试比较评价法、工作态度调查评价法、工作绩效对照评价法、成本收益评价法等。

复习思考题

1. 如何理解员工培训的含义?
2. 员工培训的意义何在?员工培训应当遵循哪些原则?
3. 员工培训的基本流程是怎样的?
4. 员工培训的方法有哪些?主要内容是什么?
5. 如何进行培训需求分析?
6. 何谓柯氏评估模型?如何运用这一模型对企业的培训效果进行评估?

案例与讨论

思科公司的培训之道

思科是美国最成功的公司之一,1984年由斯坦福大学的一对教师夫妇创办。自1990年上市以来,思科的年收入已经从6 900万美元上升到2010年的400亿美元,在全球范围内的员工超过65 000名。思科目前拥有全球最大的互联网商务站点,公司全球业务90%以上的交易是在网上完成的。思科坚信,互联网将改变人们的工作、生活、学习以及娱乐方式,并且将让诸多领先企业与合作伙伴成为"全球网络经济"模式的受益者。

思科之所以成为行业翘楚,是因为它始终把员工培训当作公司的头等大事。

一、大力推动 E-learning

思科的培训总体上分为管理培训、E-learning、销售培训、常用技能培训四大类。管理培训根据员工所处的管理等级相应地分为数级;销售培训涉及专业的销售知识;常用技能培训则教会员工如何做演示、掌握法律知识和会谈技巧等。

E-learning 在公司的培训体系中最为重要。思科是一家生存在网络上的公司,其拥有一个庞大的 E-learning 系统。通过 E-learning,公司改变了对员工、渠道合伙伙伴及客户的教育与培训方式。1999年11月,思科初步推出了 E-learning 课程及远程实验室设备,为全面的 E-learning 方案打下基础。公司最受欢迎的职业认证 CCNA(思科认证网络工程师)的准备工作也完全在网上进行。

二、30 天的启蒙培训

思科对新员工的培训甚为看重。每位新员工首先要接受一项名为 New Hire Workstation 的培训,为期 30 天。

一位新员工进入公司后,公司会告诉他前三个月要做的事情。在第一个月,他需要写一份关于其主管对其工作了解程度的报告,并对该报告做正式认可。这样,在三个月之后,公司对该项工作进行总结之时就有据可依。如果这名新员工有不足之处,那么其主管应该了然于胸;如果其主管到了第三个月仍然未能在这方面使其有所发展,那么他就要承担相关的责任。

三、开放的员工培训

思科的员工培训非常开放,不像许多公司在年初做计划,然后由主管经理签字,一年内执行。思科认为,互联网的速度决定了从事互联网的企业不可能做出为期一年的计划,因此在一年内公司要做三次评估,不断地重新拟订计划。

在公司里,员工的培训时间是没有严格限定的,完全由员工自己管理自己的工作和培训。这就像把员工放在一个驾驶员的位置上,让他自己来做决定。公司也从不将某位员工作为重点来培养,每个人都是潜在的经理,并认为这体现着互联网世界里人人平等的原则。

开放的员工培训还体现在公司认为不应到了员工离开时才想到留人。帮助员工所在部门取得成功是使员工个人感觉成功的首要方法,因此当团队业绩不断提升时,就能留住人。思科曾坦诚地说,尽管十多年来公司的资产增加了不少,但最为可贵的是人才的增加和保留。

四、进入学校培养员工

思科有着很快的发展速度,它要求员工很快地能独当一面,故对应届毕业生使用较少。从 1999 年开始,公司在一些大学设立了虚拟的网络学院(Net-working Academy)。通过提供一些设备和开展课程,让学生熟悉网络环境;还有一个关于 CCNA 职业认证的笔试,使学生对互联网有一个基本的了解。公司会从通过笔试的学生中挑选一些人充任见习员工。除此之外,公司还在学校培养一些助理工程师,这些学生很可能会在日后成为思科正式的工程师。

如今,思科想让大中华区的员工与海外人才进行既快又充分的交流,并到海外培训一些员工,以实现人才的跨区调度。在思科,一切都在很快地发生变化,所以每位员工都要越跑越快。

资料来源:思科中国有限公司的员工培训之道[EB/OL].(2004-02-17)[2020-08-05].https://max.book118.com/html/2015/0527/17860359.shtm,有删改。

思考题:

1. 思科公司运用了哪些新兴技术进行培训?采用新兴技术进行培训与采用传统技

术进行培训有何区别?你认为在什么时候比较适合采用新兴技术进行培训?

2.对中国企业来说,思科公司的培训有哪些地方值得借鉴?又有哪些地方需要改进?

本章参考文献

[1] 郭京生,张立兴,潘立.人员培训事务手册[M].北京:机械工业出版社,2002.

[2] 雷蒙德·A.诺伊等.雇员培训与开发[M].第6版.徐芳等,译.北京:中国人民大学出版社,2015.

[3] 雷蒙德·A.诺伊等.人力资源管理:赢得竞争优势[M].第9版.刘昕,译.北京:中国人民大学出版社,2018.

[4] 彭剑锋.人力资源管理概论[M].第3版.北京:复旦大学出版社,2018.

[5] 石金涛,颜世富.培训与开发[M].第4版.北京:中国人民大学出版社,2019.

[6] 思课课程中心.培训课程开发模型与工具大全[M].第2版.北京:人民邮电出版社,2018.

[7] 斯蒂芬·罗宾斯,玛丽·库尔特.管理学[M].第11版.李原等,译.北京:中国人民大学出版社,2012.

[8] 由长延,徐林.学习型组织研究综述(下)[J].研究与发展管理,2002(04):35-39.

第七章　职业生涯管理

【学习目标】

1. 了解职业生涯与职业生涯管理相关内容；
2. 掌握如何进行员工的职业生涯管理；
3. 了解职业发展阶段，并掌握员工应该如何选择职业；
4. 了解知识经济时代职业生涯发展的趋势。

引导案例

阿莫可公司的职业管理系统

阿莫可公司(Amoco)是总部设在芝加哥的一家石油公司。公司经理们知道保持职业通道完全畅通的重要性，因此他们关心职业通道就如同关心石油通道一般。当公司在战略、结构和技术上发生了变化时，公司员工可以迅速地做出调整以适应新变化的需要。为了确保成功，公司仔细地对个人才能和企业需要之间的矛盾进行有效的平衡。

H. 劳伦斯主席的"Larry"漂洗工计划使公司获得重生，其中一部分内容是，将一个工作小组集中在一起，共同设计职业管理系统。这个工作小组包括高层管理人员(得到了人力资源部门的大力支持)；另外，工作小组的每一位成员要对他或她将与之合作的员工进行一次人员"咨询会"。通过职业管理系统的设计，500多名来自阿莫可公司各个阶层的员工形成了一种合伙关系。阿莫可公司的职业管理系统(Amoco's Career Management System, ACM)花了两年半时间才形成，它有四个关键的组成部分：

(1) 教育。教育是由每一个企业的高层管理组通过召开动员大会而发起的，并要求所有员工出席。接着，就是一个被称为"开发ACM"的半天自愿教育计划。

(2) 评估。评估是通过培训会议完成的。在这个会议上，要分析员工与实现公司目标有关的能力。员工可以在两个评估小组之间进行选择：一个主要集中在当前的技能上；另一个称为最大化职业选择，主要集中在未来的职业计划和工作丰富上。在这两个评估小组中，管理者和员工一起工作，共同识别与他们职业目标相关的优势和劣势。

(3) 发展。在员工和他们的管理者之间要进行职业讨论。员工要将完成的个人发展计划带到会议上来，同时管理者也要带来一个表述清晰的团队发展计划。用这种方法可以使员工和管理者共同为职业发展做出贡献。

（4）结果。ACM要将能够测量的实施结果有机地联系在一起。由于ACM的目标是将员工能力和组织目标结合在一起，所以要根据员工对小组和组织所做贡献的大小对其结果进行测量，阿莫可公司能够不断地从ACM中获得有用的知识。经理们认为，以下几点对ACM的实施是非常关键的：

（1）为了获得来自高层管理人员的支持，职业发展必须基于企业战略。

（2）必须允许个人改造计划，而不是试图强制实行一个"适合人"的方法。

（3）至少应该将沟通看得同设计和完善一样重要。

（4）职业管理必须同其他人力资源的实际操作联系在一起，如招聘和培训，以形成强化组织和个人目标协同的作用。

（5）这个系统的最终目标是让人们思考如何使自己能够长期保持突出的状态，而不仅仅是短期的提升。

围绕职业管理的公司文化已经通过ACM得到增强。阿莫可公司的员工正在担负起他们的职业责任，并且公司有了这样一个通道，使得人们可以将正确的能力在正确的时间用在正确的岗位上。

资料来源：改编自张爱卿，钱振波.人力资源管理[M].第3版北京：清华大学出版社，2015。

思考题： 阿莫可公司职业管理系统的四个关键组成部分的重要作用分别是什么？

第一节 职业生涯与职业生涯管理概述

一、职业生涯

（一）职业

职业是人类文明进步、经济发展和社会劳动分工的产物。**职业**是人们在社会中所从事的作为谋生手段的工作，是一个从多维度进行认识的概念：从社会角度来看，职业是劳动者获得的社会角色，劳动者为社会承担一定的义务和责任，并获得相应的报酬；从国民经济活动所需要的人力资源角度来看，职业是指不同性质、不同内容、不同形式、不同操作的专门劳动岗位。

简单地讲，**职业化**就是一种工作状态的标准化、规范化、制度化，即在合适的时间、合适的地点，用合适的方式，说合适的话，做合适的事；使员工在知识、技能、观念、思维、态度、心理上符合职业规范和标准。具体地讲，职业化包含职业化素养、职业化行为规范和职业化技能三部分内容。职业道德、职业意识、职业心态是职业化素养的重要内容。

从职业的概念可以看出，个人是职业的主体，但个人的职业活动又必须处在一定的社会中。组织的目标是靠员工通过职业活动来实现的，员工通过职业活动实现个人价值。对于组织来说，把合适的人放在合适的位置上，是组织人力资源管理的重要职责。

（二）职业生涯

1. 职业生涯的概念

职业生涯的概念如今已经从工作的经历扩展到个人生活的全部。21世纪的职业生涯管理要求采用新的视野和战略，不仅对个人的职业生涯进行管理，而且对个人的全部生活进行管理。

Defillippi and Arthur(1994)等人认为，职业生涯就是个人长期从事一系列工作的经历。格林豪斯(2006)认为，职业生涯是指与工作相关的整个人生历程。

施恩(1992)将职业生涯分为内职业生涯和外职业生涯。内职业生涯是指从事一项职业时所具备的知识、观念、心理素质、能力、内心感受等因素的组合及其变化过程。外职业生涯是指从事职业时的工作单位、工作地点、工作内容、工作职务、工作环境、工资待遇等因素的组合及其变化过程。大学生职业生涯的主要核心是内职业生涯的发展，内职业生涯是真正的人力资本所在，提高内职业生涯而取得的工作成绩会促进外职业生涯的发展。

每个人都有自己的职业生涯，一个人也许在选择一种职业后会坚持一生，也许在其一生中会变换多种职业，不管怎样，一旦进入职业角色，职业生涯就开始了。从发展的视角来看，**职业生涯**的含义是一个人对选择工作路线的一种反应，是与工作相关的态度、活动、行为、价值观和期望的综合。

2. 职业生涯的特点

职业生涯具有以下特点：

（1）发展性。每个人的职业生涯都随着自身知识、技能、意向和外部环境的变化，处于一种不断变化发展的动态过程中。

（2）阶段性。每个人、每个时期的职业生涯都会有所变化。

（3）整合性。职业生涯不仅表示职业工作时间的长短，而且内含着职业发展、变更的经历和过程，包括从事何种职业工作、职业发展阶段、由一种职业向另一种职业转换的更具体的内容。

（4）独立性。每个人都有区别于他人的知识、技能、职业意向、职业条件、职业选择，以及为实现职业理想所做的努力，从而有着自己独特的职业生涯旅途。

（5）互动性。职业生涯是个人在一定的社会、历史、政治、经济、文化环境中，根据自己对周围及社会环境的感知，与他人、环境、社会互动的结果。

二、职业生涯管理的基本概念

职业生涯管理是近十几年来从人力资源管理理论与实践中发展起来的新学科,并且随着相关学科的发展,职业生涯管理已逐渐形成完整的理论框架。关于职业生涯管理是个人活动还是组织活动,不同学者有不同看法。目前西方学者普遍认为,职业生涯管理的责任主要在于个人,大多数职业生涯管理文献是从个体的视角探讨职业生涯管理问题的。

格林豪斯(2006)将职业定义为:个人对职业生涯目标与战略的开发、实施以及监督的过程。他认为,职业生涯管理是一种个人活动,是一种个人管理自己职业生涯的责任。还有一些学者认为,职业生涯管理是组织与个人共同的责任。巴鲁克(2011)采取一种折中的立场,认为个人和组织在职业生涯管理中都要扮演一定的角色。Gutteridge and Leibowitz(1993)等人提出,职业生涯开发的焦点已经从个体转移到组织。

综合以上观点,本书认为,职业生涯管理是个人与组织共同努力与相互作用的结果,员工个人和组织都不能在不顾及对方的情况下制订计划。因此,可以将职业生涯管理分为个人职业生涯管理和组织职业生涯管理。个人职业生涯管理是以实现个人发展的成就最大化为目的,通过个人兴趣、能力和个人发展目标的有效管理,实现个人发展愿望。组织职业生涯管理的最终目的是通过帮助员工的职业发展,以求组织的持续发展,实现组织目标。组织职业生涯管理以提高企业人力资源质量和人力资源效率为目的,通过将个人发展愿望与组织发展需求相结合实现组织的发展。

鉴于以上分析,我们将**职业生涯管理**定义为:组织为了更好地实现员工的职业理想和职业追求,寻求组织利益和个人职业成功最大限度一致化,而对员工的职业历程和职业发展所进行的计划、组织、领导、控制等一系列手段。根据这一定义,我们可以从三个方面进行理解:第一,职业生涯管理是人力资源管理的重要职能,要综合使用计划、组织、领导、控制等手段去激励员工;第二,职业生涯管理的最终目的是通过帮助员工实现职业理想而实现组织利益;第三,职业生涯管理使得组织能够有效、长时间地保留有价值的员工,同时使得员工的自我价值在组织内部得以实现,激发他们更有效地发挥自己的才干。

三、职业生涯管理的意义

职业生涯是贯穿一生职业历程的漫长过程。多数人对自己未来的发展有一定的愿望、构想、设计与规划,还为实现自己的目标去努力创造条件。在当今不断变化的市场经济条件下,只有那些能及时捕捉信息,知道如何应对环境变化,并为自己创造机会的人,才有可能谋求到满意的职业并获得职业上的成功。因此,作为人力资源管理子系统的职业生涯规划与管理,对员工和企业的作用及意义日益凸显。

（一）对员工的意义

1. 帮助员工确定职业发展目标

员工通过分析自己的知识、能力、性格、职业兴趣、职业道德观，明确自己的优势和劣势，获取组织内部有关工作机会的信息，为自己的职业发展做好准备，创造机会。同时，可以使员工了解自身的长处和短处，养成对工作环境和工作目标进行分析的习惯，还可以使员工合理计划、分配时间和精力完成任务，这都有利于增强员工对工作环境的适应能力和对工作困难的把控能力，在快速变化的环境中进行适应性调整，最终取得职业生涯的成功。

2. 有利于鞭策个人努力工作

职业生涯规划犹如人生之靶，一旦树立就会时刻鞭策员工一步一步向它靠拢，有助于引导个人发挥潜能。职业生涯规划帮助员工专注于自己的优势和能够产生回报率的方面，有助于最大限度地发挥个人潜能。

3. 有利于员工实现自身的职业发展规划

通过职业生涯规划，员工能够充分了解自己的职业兴趣，进一步确定自己的职业定位。经过职业选择，员工进入企业之后，企业会根据员工个人实际情况为其提供形式多样的培训机会，不断提高员工的知识和技能，从而最终实现个人职业目标。

4. 帮助员工更好地实现工作与家庭的平衡

工作和家庭作为每个人生活中的两大主旋律，占据了人们绝大部分的时间和精力，如果处理不好二者的关系，则很容易顾此失彼。做好职业生涯规划与管理，员工可以有明确的职业目标和清晰的职业通道，专注于重要、核心工作，避免浪费时间，从而有更多的时间照顾家庭，实现二者的平衡。

（二）对企业的意义

1. 保障企业未来发展对人才的需要

企业可以通过对员工进行职业生涯规划与管理，为员工提供发展空间、激励政策以及发展机会方面的信息，从而使员工的发展和组织的发展紧密结合起来，有效地保障企业未来发展对人才的需要。

2. 有利于促进企业员工的全面发展和提高员工的满意度

企业通过对员工进行职业生涯规划与管理，帮助员工设定在组织的发展目标和发展通道，进而实现职业进步与职业成功；此外，在提高员工满意度的同时，帮助企业达到自身人力资源需求与员工职业生涯发展需求之间的平衡，为企业提供更多合适的岗位储备人选，充分发挥人力资源管理的积极作用。

3. 有助于建设和推进优秀的企业文化，真正实现"以人为本"的现代管理理念

企业文化是企业员工具有的共同的价值观、理念和行为方式，对员工行为具有很强的塑造和约束作用。"以人为本"的理念要充分尊重人的发展，企业对员工进行职业生涯规划管理,就是充分重视人的重要性,为员工不断成长与发展创造机会和条件。

4. 有利于创建学习型组织,促进企业发展

学习型组织是指组织中的所有成员都参与到与工作有关问题的学习、识别、解决过程中来,从而使组织形成一种持续学习和不断适应变革能力的组织。企业通过对员工进行职业生涯规划与管理,营造一种热爱学习、积极进取的文化氛围,在这种文化氛围中,组织成员能够系统地收集知识并与其他组织成员共享,以取得更好的成绩。

信息时代的到来,使得相对稳定的世界变得不可预测。面对这种形式,无论是组织还是个人,都需要采取措施对职业生涯进行管理,以提高竞争力,增强对外界变化的适应性。

第二节 员工的职业生涯管理

一、职业探索

职业探索是对自己喜欢的或要从事的职业进行理论分析和实际调研的过程,目的是对目标职业有充分的了解,并在明确自身和职业要求的差距的基础上制定求职策略,从而有效地规划职业生涯,踏上成功之路,取得更大的职业成就。

在今天这个人才竞争激烈的时代,倡导职业化认识,推行职业生涯管理,是企业留住人才的关键。而职业的生命是有限的,为了将有限的生命投入无限的职业发展中,寻求职业发展,职业探索是一种有效的载体。尤其对于刚入职的新员工而言,客观地分析自己的优势和特点,识别企业带来的机遇和挑战,清晰地规划自己的职业目标至关重要。

(一)自我探索

自我探索是一个自我认知的过程。自我认知是进行自我定位的基础,对职业发展具有极其重要的作用。个体设法了解自己的价值观、兴趣、爱好、内在动机、需求等。自我探索回答的是"我是谁"的问题,即澄清自我形象。

1. 工作价值观

你怎样回答这些问题:你在工作中寻找的是什么?你判断工作"好""坏"的标准是什么?在你选择工作时,认为什么是最重要的?

工作价值观是指无论你从事什么工作,都会努力在工作中追求的东西。从另一个角度来讲,工作价值观就是你最期待从工作中获得的东西。

工作价值观理论

2. 职业兴趣

兴趣是人们对事物喜好或关切的情绪,它是影响人们工作满意度、职业稳定性和职业成就感的重要因素,同时也是对职业进行自我探索的一个重要方面。个体在进行职业生涯规划和职业选择时,将兴趣作为重要的考

职业兴趣理论

虑因素尤为重要。职业兴趣指的是个体对不同类型的工作、活动的心理偏好程度,说明的是心理能量的具体指向。

3. 性格特征

性格是人对现实的稳定态度和习惯化行为方式的总和,表现为个体独特的心理特征,是在社会生活中逐渐形成的,同时也受个体的生物学因素影响。

性格特征理论

4. 自己的优势和劣势

当今,各行各业岗位分工日益明确,每个人接受的教育层次、专业都不一样,都有自己独特的技能、天赋和能力。通过 SWOT(S:Strengths,优势;W:Weaknesses,劣势;O:Opportunities,机会;T:Threats,威胁)矩阵列表,可以挖掘自己的优势,并顺势而为地将专业、工作、发展建立在这个优势上来规划职业生涯,使自我优势发挥得淋漓尽致。同时,找出自身的劣势与发现优势同等重要,可以基于自己的优势和劣势做多项选择,或者努力改正自己常犯的错误,提高自己的技能,或者放弃那些自己不擅长的技能要求很高的职业。

(二)环境探索

要想进行有效的职业生涯规划与管理,除了要建立清晰的自我认识,还要正确地分析环境因素,主要是针对外界环境中可能会影响自己职业选择、职业发展的因素所做的分析。外界环境总是处于急剧变化之中,既会给人带来机遇,又会给人带来不确定的威胁和阻碍,只有充分了解这些环境因素,才能在复杂多变的环境中趋利避害,帮助自己实现职业目标。可以通过开展 SWOT 分析,找出职业机会和威胁。

环境探索主要从职业环境、企业环境、职业期望和家庭因素四个方面进行分析。

1. 职业环境分析

职业环境分析就是要认清所选职业在社会大环境中的发展状况、技术含量、社会地位、未来发展趋势等。个体职业发展总是处在一定的环境中,而环境是动态发展的,所以了解职业环境对正确选择职业道路至关重要。进行职业环境分析的要求是,通过职业环境分析弄清职业环境对职业发展的要求、影响及作用,对各种影响因素加以衡量、评估并做出反应。

职业环境分析的重要内容包括:工作任务、对才能和培训的要求、经济回报、安全性、社会关系、工作场所的物质条件、生活方式、工作时间和工作压力等。

2. 企业环境分析

企业环境分析尤为重要。个人在选择企业时,有必要通过个人可能利用的一切渠道获取企业相关信息。企业环境分析包括:用人单位的声誉和形象是否良好;组织(企业)实力怎样;在本行业中的地位、现状和发展前景怎样;所面对的市场状况如何;产品和服务在市场上的发展前景怎样;能够提供哪些工作岗位,是否适合自己;有无良好的培训机会;企业领导人怎样;企业管理制度怎样,是否先进开明;企业文化是否与自己价值观吻合;福利待遇是否完善等。具体来说,主要包括以下三个方面:

(1)企业实力分析。企业实力分析包括:企业在社会中的地位和声望如何;企业目前的产品、服务和活动范畴是什么;企业的发展领域在哪些方面;发展前景如何;战略目标是什么;技术力量和设施是否先进;在本行业中是否具备很强的竞争力;是发展扩张,还是倒退紧缩,处于一个很快就会被吞并的地位;谁是竞争对手;企业目前的财政状况如何;是真正在"做大""做强",还是虚有其表;有没有长久的生命力;企业的组织结构是怎样的,是扁平的还是等级制的;等等。

(2)企业领导人分析。企业主要领导人的抱负及能力是企业发展的决定性因素之一。很多成功的大企业都有一位出色的领导者作为掌舵领航人,如华为的任正非、海尔的张瑞敏等。个人求职前需要尽可能地了解目标企业的主要领导人是真心要干一番事业,还是想捞取名利;管理理念是否先进开明;领导人是否有足够的能力带领员工开创新天地;领导人有没有战略眼光和人格魅力;领导人是否尊重员工;等等。

(3)企业文化和企业制度分析。除了很好的福利、吸引人的薪酬、舒适的工作环境和出色的管理,优秀的企业还会创造积极的企业文化,让员工感到快乐和受尊重,从而使员工工作更有创造性。员工与企业相互配合是否良好的关键在于企业文化。因此,个体在求职时,选择让自己觉得最舒服的企业文化氛围才是至关重要的。

企业制度涉及的范围比较广,包括管理制度、用人制度、培训制度等。个人在求职前应尽可能地了解这些信息,了解企业在组织结构上的特征与发展变化趋势,分析这种安排对自己的未来可能带来什么样的影响;特别要注意企业用人制度如何,能否提供教育培训机会,提供的条件是什么;自己将来有没有可能在该企业担任更高级的职务或担负更大的责任;个人待遇提升的空间有多大,是基于能力还是工作年限;企业的标准工作时间怎样,是固定的还是可以变通的;当然还要考虑企业提供的薪酬和福利待遇与行业内其他企业比较如何。

总之,通过以上分析,个人应理出一条清晰的线索,确定自己的职业生涯在该企业有没有足够的发展空间,衡量自己的目标在该企业得以实现的可能性。

3. 职业期望分析

所谓职业期望,是指个体对某种职业的渴求和向往。由于每个人的兴趣、爱好、经历、能力、家庭背景、受教育程度、所处的环境、经济地位、宗教信仰等是有差异的,这些都显著地影响着求职者对职业的追求和期望。职业期望决定了人们对求职的表达、动机和目标。职业期望是复杂多样的,但在现实生活中,并不是所有的职业期望都能变成现实。一个人的职业期望能否变成现实,主要看其是否合理。任何一种职业的选择都要受到社会需求、自身素质以及其他社会因素的制约。

4. 家庭因素分析

家庭因素在个人进行职业选择时也产生了重大影响。家庭因素主要关注的重点是：配偶的职业生涯志向、配偶的情感需求、子女的情感需求、其他家庭成员的情感需求、家庭收入状况、家庭生活方式、家庭发展阶段,等等。

二、职业生涯目标设定

经过自我探索和环境探索,此时员工可以在自己理想的基础之上初步确定职业生涯目标。员工在确定职业生涯目标时应该首先确定自己的理想或志向,将远大志向与前两步自我探索结果和环境探索结果结合起来考虑,从中确定一个既有挑战性又有现实性的职业生涯目标。

（一）职业生涯目标的含义与作用

职业生涯目标是个人在选定的职业领域内于未来时点上所要达到的具体目标,包括短期目标、中期目标、长期目标。设定目标可以使一个人的精力和努力相对集中。

有自我职业生涯规划的人会有清晰的发展目标,有目标的人才能抗拒短期的诱惑,有目标的人才会坚定地朝着自己的方向前进,有目标的人才会感觉充实。每个人只有找准自己的角色定位,才能取得最大的成功;做自己喜欢的事情,做到极致,最容易成功。很多时候,失败的人并不代表没有能力,而是角色定位的失败。职业生涯管理正是对个人角色有效定位的方式。职业生涯目标对个人行为的影响主要体现在:

（1）根据目标激励理论,具有一定挑战性的目标,可以激发个人更高水平的努力。

（2）目标可以为个人努力指明方向,使个体将有限的精力用在实现目标这一努力上。

（3）明确、具体的目标有利于形成实现目标的战略。

（4）目标可以成为衡量结果有效性的指标,并为个体提供有价值的反馈。

（二）目标设定原则

设定职业生涯目标就是要取得成就,同时目标也是检测获得这些成就的工作执行情况的基础。总的来说,职业生涯目标设定要符合 SMART 原则。

（1）具体化(Specific)。目标必须尽可能具体,缩小范围,这样才能符合实际情况,也容易制定实现目标的具体方法,更具操作性。

（2）可衡量(Measurable)。目标实现与否有可衡量的标准和尺度,是进行效率考核的基础,也为目标过程管理提供依据,方便对工作执行情况进行检测。

（3）与整体目标一致(Aligned)。个人目标应该是依据整体目标制定的,同整体目标保持一致是必需的,只有符合整体目标,个人目标才具有可行性和现实性,才能取得个人进步和企业发展的双赢局面。要做到与整体目标一致,在制定个人目标的过程中,员工应当注意：个人目标应与组织结构和部门利益相吻合；个人目标最好是整体目标完成的前提或必要组成部分；个人目标的实现将有助于推动组织目标的实现。

（4）相关性（Relevant）。员工在制定目标时，应尽可能地体现其客观要求与其他任务的关联性。目标前后要有一定的相关性，应保持连贯性，直至实现一个阶段性的目标或战略规划有了变化。其实，要做到目标的相关性也很简单，主要是在制定个人目标时体现出整体目标的要求，目标前后要有一定的继承关系；另外需要注意的是，无论是个人目标还是整体目标，都源自对实际情况的分析，应把握好目标的实时性，结合变化更新目标。

（5）明确截止期限（Time-based）。个人目标应能在某一个限定的时间内实现，有了明确的时间界限，压力和动力就会成为目标实现的驱动力。需要注意的是，在强调个人目标实现时间的同时，还要强调协作。员工应该将目标的实现列入进度计划表，细分每段时间的任务，清楚地写明任务完成的时间，只有这样才能尽可能地减少拖延。

（三）目标的分解与组合

目标分解是为了让目标的实现更具有可操作性，目标组合是为了处理好不同分目标之间的关系。

1. 目标分解

目标分解是将一个远大的、长期的整体目标分解成不同的阶段性目标，在现实和愿望之间建立可拾级而上的阶梯。目标的分解有多种方法，常见的是按照时间顺序分解为有时间规定的长、中、短期目标[①]：

（1）短期目标特征：①目标表述清晰、明确、精练；②切合实际，有明确的实现时间，具备可操作性，对实现目标有把握；③目标对本人具有意义，与自我价值观和中长期目标一致，有可能暂时不能完全满足自己的兴趣要求，但可"以迂为直"；④目标可能是自己选择的，也可能是上级安排的、被动接受的；⑤需要适应环境，接受已经发生的事实。

（2）中期目标特征：①目标是结合自己的志愿、组织的环境及要求制定的，与长期目标相一致；②基本符合自己的兴趣、价值观，使人充满信心，且愿意公之于众；③目标切合实际，并且未来的发展有所创新，具有一定的挑战性；④能用明确的语言定量与定性说明；⑤有比较明确的执行时间，根据外部环境变化可做适当的调整；⑥可以发挥自己的能动性，实现的可能性非常大。

（3）长期目标特征：①和职业发展需要相结合，综合组织、社会发展需求，具有实现的可能性，并具有挑战性；②非常符合自己的价值观、兴趣，能为自己的选择感到骄傲；③能用明确的语言定性说明自己对实现目标充满渴望；④目标与人生目标融为一体，指

---

① 参见杨河清.职业生涯规划[M].第2版.中国劳动社会保障出版社，2009：122。

导自己为创造美好未来坚持不懈。

2. 目标组合

目标组合是处理不同职业生涯目标之间相互关系的有效措施,由于不同目标之间具有因果关系与互补性,因此我们可以积极地进行不同目标的组合,达到职业生涯和谐发展。目标组合有三种方法:功能组合、时间组合和全方位组合。

（1）功能组合。功能组合包括因果关系组合和互补作用组合。

① 因果关系组合。有些目标之间存在明显的因果关系,如工作能力目标与职务目标和收入目标,前者是因、后者是果,表现为"工作能力提高——职务提升——收入增加"。因此,要想实现因果关系组合,就需要不断地更新知识,树立新观念,然后去实践。这样,实践能力就提高了,随着职务提升,业绩突出,收入也就会不断地增加。

② 互补作用组合。职业生涯目标之间的互补性是显而易见的,例如高校教师往往同时肩负教学和科研两项任务。教学为科研实践提供了理论基础和方法指导,科研实践又促进了教学内容的丰富、更新和质量的提高。

（2）时间组合。时间组合分为并进和连续两种情况。

① 并进组合。并进组合是指同时着手实现两个平行的工作目标,即在同一期间内进行不同性质的工作。人们为了获得更大的发展空间,在做好本职工作的同时,会进修自己感兴趣的其他课程等,这有利于开发他们的潜能,在相同的时间内迎接更大的挑战,发挥更大的价值。

② 连续组合。连续组合是指一个目标实现之后再去实现下一个,最终连续而有序地实现各个目标。一般来说,职业生涯的阶段目标与职业生涯的最终目标是相关联的,较短期目标是实现较长期目标的支持条件。目标的期限性也是相对的。随着时间的推移,长期目标成为中期目标,中期目标成为短期目标,短期目标成为近期目标。只有完成好每一个近期目标和短期目标,最终目标才有可能实现。

（3）全方位组合。全方位组合是指职业生涯和家庭生活均衡发展,相互促进,它涵盖了人生的全部活动。要实现这一组合,就要求我们在建立职业生涯目标时,通盘考虑自己在个人发展、家庭生活和职业生涯中的各种愿望。

三、职业生涯策略制定

职业生涯策略是为帮助个体实现职业生涯目标而设计的一系列活动。在明确了职业生涯目标之后,还应制定相应的目标实现策略,作为目标和现实行为之间的桥梁。

美国心理学博士杰弗里·格林豪斯(Jeffery Greenhaus)总结了职业生涯成功的七大策略:

1. 胜任现职

即希望有效地完成现有的工作。胜任现职是实现职业生涯目标的必要条件。组织做出晋升决策,在一定程度上是以个体当前职位上的绩效为依据。在一个职位上发展起来的技能可能有助于在其他职位上做出贡献。

2. 在工作中更加投入

在自己的工作中投入更多的时间、精力和心思,有助于让自己更加称职。

3. 开发技能

通过教育、培训或做实际工作来获取、提高与工作相关的技能或者以后工作所需的技能。

4. 拓展机会

设法把自己的兴趣和志向告诉他人,以了解与自身志向相符合的工作机会。建立关系网络,从熟人或朋友那里得到与职业生涯有关的信息、建议或支持。

5. 拜师结友

寻找重要人士并与其建立良好关系,目的是获得有关的信息、指导、支持和各种机会。建立师徒关系,不仅仅是为了得到信息,还包含较为深厚的感情成分。

6. 树立形象和声望

通过交流,使别人了解自己可被别人接受的能力、成就或成功的潜力等情况,还包括接受并完成任务,树立在组织中的声誉。

7. 组织政治

试图以奉承、服从、联盟、建议或影响等手段获得预期的结果,包括公开的和私下的行动,目的是提高自己的地位,但也可能以牺牲别人为代价。

四、职业生涯评价

职业生涯管理是一个可以灵活调整的过程,个体需要根据自身情况与内外部环境的变化来调整职业生涯目标和策略。

职业生涯评价是获得和利用与职业生涯有关的信息反馈的过程。内外部环境都会对个体的职业生涯发展产生影响,如组织环境、政治环境、社会环境、经济环境等。只有全面考虑这些环境因素,从中获得相应的信息反馈并加以利用,及时调整个人的职业生涯规划,才能最终实现职业生涯目标。其中,反馈来自多个方面,包括工作和非工作的。

影响职业生涯规划的因素有许多,有些是可预见的,有些则难以预测,因此,为了使职业生涯规划更加有效,个体就需要不断地根据内外部环境变化来调整自身的职业生涯规划。职业生涯的评价过程能使个体反思并进一步修订自己的职业生涯目标和策略。

第三节 职业发展阶段与职业选择①

一、员工职业发展阶段

员工在职业发展过程中要经历若干阶段。不同的学者有不同的阶段划分模式,有的还标明每一阶段的年龄界限。尽管每个人的职业发展过程各不相同,但学者们的共同观点是,在职业发展的不同阶段,个体面临不同的使命与挑战。下面列出几个典型的职业发展阶段模型。

(一)舒伯和波恩的职业发展阶段理论

美国学者唐纳德·E. 舒伯(Donald E. Super)和M. J. 波恩(M. J. Bohn)认为,职业发展的本质就是人们自我概念的实现与完成。据此,他们提出了以成长、探索、确立、维持、衰退为中心的职业发展过程的五阶段模型。

1. 成长阶段(0—14岁)

(1)特点:在此阶段,通过家庭和学校中关键事件的影响及建立认同,儿童的自我概念会逐渐得到发展。在该阶段的早期,需要和幻想占统治地位,随着参与社会和对现实了解的深入,兴趣和能力也变得更加重要。

(2)主要任务:逐渐认识自己是一个什么样的人,同时对工作和工作的意义有一个初步的理解。

(3)阶段分期:

① 幻想期(4—10岁)。在该时期,个人从外界感知到许多职业,并在幻想中扮演自己喜爱的职业角色。

② 兴趣期(11—12岁)。在该时期,个人喜好成为职业期望及其活动的主要决定因素。

③ 能力期(13—14岁)。在该时期,个人开始更多地考虑自身条件与喜爱的职业是否匹配,有意识地进行能力培养。

2. 探索阶段(15—24岁)

(1)特点:在此阶段,个人开始通过学校学习、业余活动和短期工作进行自我考察、角色鉴定和职业探索。

(2)主要任务:探索各种可能的职业选择,对自己的能力和天资进行现实性评价,并根据未来的职业选择做出相应的教育决策,完成择业及最初就业。

---

① 本节内容参考了董克用.人力资源管理概论[M].第3版.北京:中国人民大学出版社,2011:246。

(3) 阶段分期：

① 尝试期(15—17岁)。个人对兴趣、需要、能力、价值观以及就业机会等因素都有所考虑，并通过幻想、讨论、课外工作等方式，进行职业的尝试性选择，判断可能适合自己的职业领域和层次。尝试期的主要任务是明确自己的职业偏好。

② 过渡期(18—21岁)。青年进入劳动力市场或经过了专门的职业培训，个人更多地考虑现实因素并将其纳入对自我的认知。过渡期的主要任务是明确自己的职业倾向。

③ 试行期(22—24岁)。个人已发展出一个大体上适合自己的职业，开始从事第一份工作并试图将其作为自己可能的终身职业。这个时期的承诺仍然是暂时的，如果第一份工作不适合自己，那么个人可以重新进行选择。试行期的主要任务包括实现一种职业倾向、发展一种现实的自我认知、了解更多的职业机会。

3. 确立阶段(25—44岁)

(1) 特点：在此阶段，个人已经找到一个合适的职业领域，并努力持久地保持下去。以后发生的变化将主要是职位、工作内容的变化，而不是职业的变化。

(2) 主要任务：发现自己喜欢从事的工作的机会，学会与他人相处，巩固已有的地位并力争提升，使现有职位得到保障，在一个永久性的职位上稳定下来。

(3) 阶段分期：

① 承诺和稳定期(25—30岁)。个人在自己所选择的职业上安顿下来，并确保一个相对稳定的位置。

② 提升期(31—44岁)。对于大多数人来说，这是一个富有创造性的时期，个人在工作中做出好的业绩，资历也随之加深。

4. 维持阶段(45—64岁)

(1) 特点：由于此阶段的个人已经在自己的职业领域内取得了一定的地位，需要考虑的主要是如何维持目前的地位并如何继续沿着该方向前进，而很少或不去寻求在新领域内的发展。

(2) 主要任务：接受自己的缺点，判断需要解决的新问题，开发新技能，致力于最重要的活动，维持并巩固已获得的地位。

5. 衰退阶段(65岁以后)

(1) 特点：在此阶段，个人随着体力和脑力的逐步衰退，工作活动上的变化也将停止。该阶段的个人必须完成角色的转换，从有选择的参与者转化为完全退出职业领域的旁观者。退休后，个人还必须找到满意感的其他来源。

(2) 主要任务：发展非职业性角色，做自己期望做的事，缩减工作时间。

(3) 阶段分期：

① 衰减期(65—70岁)。个人工作的节奏趋于缓慢，责任转移，并适应自身能力的下降，开始以部分时间工作来代替全日制工作。

② 退休期(71岁以后)。个人工作活动完全停止或转变为部分时间工作、志愿工作

或休闲活动。

舒伯和波恩提出的职业发展阶段理论的启示之一,是一个人童年及青少年时期的需要、动机、价值观对于后来的职业选择具有初步的制约作用。由于个人认知和环境在不断地发生变化,这个人会一直处于动态的变化过程之中,不断地尝试通过自己潜在的驱动力去实现各种经历,而结果也是在不断地发生变化。

(二)格林豪斯的职业发展理论

美国心理学博士杰弗里·格林豪斯(Jeffery Greenhouse)的研究侧重于人生不同年龄段职业发展所面临的主要任务,并以此为依据将职业发展过程划分为五个阶段。

1. 职业准备阶段(0—18岁)

(1)特点:进行职业评估和选择,为工作做准备,并接受必要的职业教育和培训。

(2)主要使命:发展想象力,对可选择的职业进行评估,建立职业方面的自我形象,为将来的职业进行自我设计,继续接受必要的教育。

2. 进入组织阶段(19—25岁)

(1)特点:参加工作,以求职者的身份出现在劳动力市场上。

(2)主要使命:在获取足够信息的基础上,在理想的组织中获得一份工作,满足自己的事业心,发挥自己的才干。

3. 职业生涯初期(26—40岁)

(1)特点:初步融入职业、融入企业,把握当下的关键任务。

(2)主要使命:学习组织规范和标准,逐步适应所选择的职业,提高能力,实现梦想;考虑如何在职业领域事业有成,获得组织认同和社会认可。

4. 职业生涯中期(41—55岁)

(1)特点:对自己选择的职业驾轻就熟,沿着已选择的道路继续前进。

(2)主要使命:继续学习,同时对所选择的职业进行重新评估,再次肯定和修正梦想,以强化或改变自己的职业理想。

5. 职业生涯后期(56岁至退休)

(1)特点:由于健康状况和工作能力逐步衰退,即将退出工作。

(2)主要使命:保护已有的职业成就,维持他人对自己的尊重,准备隐退。

(三)沙因的职业发展阶段理论

美国著名心理学家埃德加·沙因(Edgar Schein)根据人生命周期的特点及不同年龄段所面临的问题和职业工作的主要任务,将职业发展过程划分为以下九个阶段。

1. 成长、幻想、探索阶段(0—21岁)

(1)角色:学生、职业工作的候选人、申请者。

(2)主要任务:发现和发展自己的需要、兴趣、能力及才干,为进行实际的职业选择打好基础;学习职业方面的知识,寻找现实中的角色模式;获取丰富的信息,发现和发展自己的价值观、动机与抱负,做出合理的教育决策,将幼年的职业幻想变为可操作的现实;接受教育和培训,开发职业中所需要的基本习惯和技能。

2. 进入工作世界阶段(16—25岁)

(1)角色:应聘者、新学员。

(2)主要任务:进入劳动力市场,谋取可能成为一种职业基础的第一份工作;学会如何寻找、评估和申请一份工作,并做出现实有效的工作选择;个人和雇主之间达成正式可行的契约,个人成为一个组织或一种职业的成员。

3. 基础培训阶段(16—25岁)

(1)角色:实习生、新手。

(2)主要任务:了解、熟悉组织,接受组织文化,克服不安全感,学会与人相处,并融入工作群体,尽快取得组织成员资格;适应日常的操作程序,承担工作,成为一名有效的成员。

4. 早期职业的正式成员资格阶段(17—30岁)

(1)角色:组织正式的新成员。

(2)主要任务:承担责任,成功地履行与第一次工作分配有关的义务;发展和展示自己的技能与专长,为提升或进入其他职业领域的横向职业成长打基础;根据自身才干和价值观,以及组织中的约束和机会,重新评估当初追求的职业,决定是否留在这个组织或职业中,或者在自己的需要与组织约束和机会之间寻求一种更好的平衡;寻求良师和保护人。

5. 职业中期阶段(25岁以上)

(1)角色:正式成员、任职者、终生成员、主管、经理等。

(2)主要任务:选定一项专业或进入管理部门;保持技术竞争力,在自己选择的专业或管理领域内继续学习,力争成为一名专家或职业能手;承担较大责任,确认自己的地位;开发个人的长期职业发展计划;寻求家庭、自我和工作事务间的平衡。

6. 职业中期危险阶段(35—45岁)

主要任务:现实地评估自己的才识、动机和价值观,进一步明确自己的职业抱负及个人前途;就接受现状或争取看得见的前途做出具体的选择;建立与他人的良师关系。

7. 职业后期阶段(从40岁到退休)

(1)角色:骨干成员、管理者、有效贡献者等。

(2)主要任务:成为一名良师,学会发挥影响,指导、指挥他人,对他人承担责任;扩大、发展、深化技能或者提高才干,以担负更大范围、更重大的责任;选拔和培养接替人员;如果求安稳就此停滞,则要接受和正视自己影响力和挑战能力的下降。

8. 衰退和离职阶段(从40岁到退休)

主要任务:学会接受权力、责任、地位的下降;基于竞争力、进取心的下降,学会接受和发展新的角色;培养新的工作以外的兴趣爱好,寻找新的满足感的来源;评估自己的职业生涯,着手退休。

9. 退休阶段

主要任务:适应角色、生活方式和生活标准的急剧变化,保持一种认同感;保持一种自我价值观,运用自己积累的经验和智慧,以各种资深角色对他人进行传、帮、带。

沙因对职业发展阶段的划分基本上是依照年龄依次增大的顺序并根据不同时期的职业状态、任务、职业行为等进行的。因为每个人经历某一职业发展阶段的年龄有别,所以其划分只是给出了一个大致的年龄跨度,并且不同职业发展阶段所包括的年龄还有所交叉。

二、员工职业选择

职业选择是人们根据自己的价值观、职业期望、兴趣、能力等,对自己的职业种类、方向的挑选和确定。它是人们真正进入社会生活领域的重要行为,是人生的关键环节。职业选择理论告诉我们应该如何选择职业,比较具有代表性的职业选择理论有:

(一) 霍兰德的人格—职业匹配理论

美国心理学家霍兰德认为,职业选择是一个职业与个性特征相匹配的过程。在特质因素理论基础上,他提出了人格—职业匹配理论:员工对工作的满意度和流动的倾向性,取决于个体的人格特点与职业环境的匹配程度。

霍兰德经过多年研究和测试,将人的人格类型划分为:现实型、艺术型、研究型、常规型、社会型和企业型六种。这六种人格类型的人的共同特征如下:

1. 现实型(R,Realistic)

(1)特点:现实型的人靠找出目的、设置具体的目标和任务来对待生活。他们通常不善言辞,缺乏社交能力,喜欢独立做事以及对事情、工具、机器、人、动物等进行摆弄和操作;愿意使用工具从事具体操作性的工作,动手能力强,做事手脚灵活,动作协调。

(2)职业:建议这类人面对具体的任务和环境去工作,从事一些需要技巧、力量、协调性的体力活动,如技术性职业(计算机硬件人员、机械师、工程师、制图员)、技能性职业(厨师、技工、修理工、木匠)等。

2. 艺术型(A,Artistic)

(1)特点:艺术型的人是那些利用感情、直觉、情绪和想象力来创造艺术形象和产品的人。他们富于想象力,思维无序、杂乱,渴望表现自己的个性、实现自身的价值;有时做事理想化,追求完美甚至不切实际。

(2)职业:这类人若能置身于通过他们的想象力、审美来创造艺术形式的环境中,则能够发挥得更好,如音乐方面(作曲家、歌唱家、乐队指挥)、艺术方面(导演、雕刻家、摄影家)、文学方面(诗人、小说家)等。

3. 研究型(I, Investigative)

（1）特点：研究型的人具有较强的好奇心和创造力，通常偏好于需要思考、组织和理论的活动。他们知识渊博，有学识、才能；能够进行独立的逻辑分析和推理，不断探讨未知的领域。

（2）职业：这类人在高度抽象的与需要创造力的环境中工作更能适应、如鱼得水，如科学家、教学工作者、电脑编程员、医生等。

4. 常规型(C, Conventional)

（1）特点：常规型的人尊重权威和规章制度，喜欢按规矩办事，选择被社会认可的目标或工作作为自己的任务。他们喜欢关注实际和细节，通常较为谨慎和保守，缺乏创新；不喜欢竞争与冒险，富有自我牺牲的精神。

（2）职业：这类人喜欢要求注意细节、精确度，有条理，有记录、归档，根据特定要求或程序组织数据和文字信息的职业，并具备相应的能力，如秘书、办公室人员、记事员、会计、行政助理、图书馆管理员、出纳员、打字员、投资分析员。

5. 社会型(S, Social)

（1）特点：社会型的人喜欢与人交往，不断结交新朋友，善于帮助别人，寻求广泛的人际关系。他们关心社会问题，比较看重社会义务和社会道德，渴望能发挥自己的作用。

（2）职业：这类人在需要他们对人的行为进行解释和描述的环境中最能适应，如社会工作者（咨询人员、公关人员）、教育工作者（教师、教育行政人员）、医护工作人员（医生、护士）等。

6. 企业型(E, Enterprising)

（1）特点：企业型的人是那些富有活力、精力充沛、自信且敢于冒险，喜欢从事具有主宰力的工作与任务的人，偏向于能够影响他人和获得权力的语言活动，习惯以金钱、地位、权力来衡量做事的价值，有很强的目的性。

（2）职业：这类人在重视利用机敏的口才来指导和说服别人的环境中工作更能相得益彰，如经理、销售人员、营销管理人员、政府官员、企业领导、法官、律师。

（二）帕森斯的特质因素理论

帕森斯的特质因素理论又称帕森斯的人职匹配理论，这是最早的职业选择理论。1909年美国波士顿大学教授弗兰克·帕森斯(Frank Parsons)在其《选择一个职业》(*Choosing a Vocation*)的著作中提出：人与职业相匹配是职业选择的焦点。

他明确提出了职业选择的三大要素：第一，自我了解，包括性向、成就、兴趣、价值观和人格特质等。第二，获得有关职业的知识，包括职业类型（职业的描述、工作条件、薪水等）、职业分类、职业所要求的特质和因素。第三，整合有关自我与职业世界的知识。帕森斯的理论强调：个人在做出职业选择之前，首先要评估个人的能力，因为个人选择职业的关键就在于个人的特质与特定职业的要求是否相配；其次要进行职业调查，即强调对工作进行分析，包括研究工作情形、参观工作场所、与工作人员进行交谈；最后要将人职匹配作为职业指导的最终目标。帕森斯认为，只有这样，人才能适应工作，并且使个人和社会同时得益。

帕森斯认为，职业与人的匹配分为以下两种类型：第一，条件匹配，即所需特殊技能和专业知识的职业与掌握该种特殊技能和专业知识的择业者相匹配。第二，特长匹配，即某些职业需要从业者具有一定的特长，如具有敏感、易动感情、不守常规、有独创性、个性强、理想主义等人格特性的人，宜于从事美的、自我情感表达的艺术创作类型的职业。

帕森斯还提出了职业选择的"三步范式"，具体如下：

第一步，评价求职者的生理和心理特点（特性）。借助心理测量及其他测评手段，获得有关求职者的身体状况、能力倾向、兴趣爱好、气质与性格等方面的个人资料，并通过会谈、调查等方法获得有关求职者的家庭背景、学业成绩、工作经历等情况，对这些资料进行评价。

第二步，分析各种职业对人的要求（因素），并向求职者提供有关的职业信息。包括：①职业的性质、工资待遇、工作条件以及晋升的可能性；②求职的最低条件，诸如学历、专业、工作经验、身体情况、年龄、各种能力以及其他心理特点的要求；③为准备就业而设置的教育课程计划，以及提供这种训练的教育机构、学习年限、入学资格和费用等；④就业机会。

第三步，人职匹配。指导人员在了解求职者的人格特性和职业的各项指标的基础上，帮助求职者进行比较分析，以便选择一种既适合其个人特点又可能得到并能在职业上取得成功的职业。

帕森斯的特质因素理论作为职业选择的经典理论，强调个人所具有的人格特性与职业所需要的素质、技能（因素）之间的协调和匹配。为了对个体的人格特性进行深入、详细的了解与掌握，特质因素理论十分重视人才测评的作用，也为后来的人才测评技术奠定了基础。

（三）沙因的职业锚理论

职业锚理论是由职业生涯规划领域具有"教父"级地位的埃德加·沙因教授最早提出的。

所谓职业锚，就是人们在选择和发展自己的职业时所围绕的中心，是指当一个人不得不做出选择的时候，他无论如何都不会放弃的职业中的那种至关重要的东西，是自我意向的一个习得部分，是人们内心深层次的价值观、能力和动机的集合体。职业锚是人与环境相互作用的产物，在实际工作中是不断调整的。经过长期研究，沙因提出了八种职业锚：

1. 技术/职能型职业锚

具有这种职业锚的人，其职业发展围绕着其所擅长的一套特别的技术或特定的职能而组织起来。他们具有相当明确的职业追求、需要和价值观,强调实际技术或职能,期望成为某个领域的专家。他们追求在技术或职能领域的成长和技能的不断提高,以及应用这种技术或职能的机会。他们对自己的认可来自他们的专业水平,他们喜欢面对专业领域的挑战。在职业类型方面,他们首先会选择自己喜欢从事行业的具有挑战性的工作。他们会积极地参与到组织目标的制定中,目标确定后,他们会尽最大努力投身工作然后实现目标。具有较强的技术/职能型职业锚的人往往不愿意选择那些带有一般管理性质的职业;相反,他们总是倾向于选择那些能够保证自己在既定的技术或职能领域中不断发展的职业。在薪酬补贴方面,他们更加看重外在平等,将同行中具有同等技术水平者的收入作为参照体系,通过横向比较获得心理平衡。同时,他们希望组织能够按照教育背景、工作经验等公平地确定等级并支付相应的报酬。

2. 管理型职业锚

将管理能力作为职业定位的人,希望学习如何行使多项职责,如何综合利用来自多种渠道的信息,如何管理人数不断增加的员工队伍,以及如何运用人际交流技巧。具有这种职业锚的人,具有很强的晋升愿望,努力追求的是总裁及常务副总裁这类全面管理的职位。权力是他们的最高追求目标,他们会沿着某一组织的权力阶梯逐步攀升,直至到达一个担负全面管理责任的职位。当追问他们为什么相信自己具备获得这些职位所必需的技能时,许多人回答说,他们之所以认为自己有资格获得管理职位,是因为他们认为自己具备以下三个方面的能力:第一,分析能力,在信息不完全以及不确定的情况下发现问题、分析问题和解决问题;第二,人际沟通能力,主要表现在各种层次上影响、监督、领导、操纵和控制他人的能力;第三,情感能力,即在情感和人际危机面前只会受到激励而不会受其困扰和削弱的能力,以及在较高的责任压力下不会变得无所作为的能力。他们对股票期权等代表所有者和股东权益的奖励方式非常感兴趣,他们希望通过个人的贡献、可量化的绩效和工作成就获得晋升。对他们来说,最好的晋升方式是得到上级主管的认可并提升到具有更大管理责任的岗位上。同样,他们也喜欢加薪、头衔和地位象征物。

3. 创造/创业型职业锚

将创造作为职业定位的人,有强烈的创造需求和欲望,其职业发展围绕着某种创业性努力而组织起来,这种创造性努力使他们能够创造出属于自己公司或自己的新产品和服务,或者搞出新发明,或者建立自己的基业。他们可能正在别人的公司工作,但同时他们在学习并寻找机会。一旦时机成熟了,他们便会走出去创立自己的事业。追求创造性的人要求有自主权、管理能力,能施展自己的才干。但是,这些不是他们的主要动机或价值观,创造性才是他们的主要动机和价值观。他们意志坚定、敢于冒险,遇到困难坚韧不拔,而且往往也是相当以自我为中心的。他们希望得到金钱,但不是出于爱财,只是用来向他人展示和证明自己的成功。如果给不了他们金钱,则可以对他们进行公开表彰,并且把他们最渴望得到的奖励——不断打造属于自己的事业的机会给予他们。具有这种职业锚的人对别人的怠慢非常敏感,并且不善于接受批评,听不进别人的意见。所以,你要多在公开场合给予他们受之无愧的表扬,在必要的情况下私下给予他们批评意见。

4. 自主/独立型职业锚

自主/独立型的人喜欢随心所欲安排自己的工作方式、工作习惯和生活方式。具有这种职业锚的人的特点是:最大限度地摆脱组织约束,追求能施展个人职业能力的工作环境。将自主、独立作为职业定位的人认为,组织活动是限制人的,具有非理性的成分。他们追求的是自由自在、不受约束或少受约束的工作和生活环境。即使在面临职业选择时,他们也会为了保住自主权而权衡工作利弊,甚至宁愿放弃提升或工作发展机会,也不愿放弃自由与独立。在职业选择方面,他们倾向于专业领域内描述清晰、目标明确的工作,如教书、咨询、写作、经营一家店铺等类似的职业。他们喜欢的薪酬方式是便捷的自选式收益,他们不在乎与别人比较,倾向于接受基于工作绩效并能及时付清的工资和奖金。他们期望的工作晋升是那种能够获得更多自主权的方式。对他们的认可方式是直接的表扬或认可,证书、推荐信、奖品等激励方式对他们来说,比晋升、头衔、金钱更有吸引力。

5. 安全/稳定型职业锚

具有这种职业锚的人,追求的是职业的稳定和安全,其职业发展围绕着某一组织中的一个适当的职位而组织起来。在行为上,他们遵从组织的规章制度,循规蹈矩,而且从不轻言离开。对于薪酬补贴,只要按部就班,有基于工作年限、可预见的稳定增长就可以。他们喜欢基于过去资历的晋升方式,乐于见到明确晋升周期的公开等级系统。同时也希望组织能够认同他们的忠诚,而且相信忠诚可以给组织带来绩效。总之,他们最终希望在获得稳定的同时,也拥有一份安全的工作、一笔体面的收入、一个放心的退休保险计划。

6. 服务/奉献型职业锚

具有这种职业锚的人选择职业时,主要希望职业能够体现个人的价值观,他们关注工作带来的价值,而不在意能否发挥自己的能力。他们一直追求自己认可的价值观,并希望以此来影响所在的组织和社会,只要显示出世界因他们的努力而变得美好,就实现了他们的价值。他们中很多人在工作之外也热衷于社会公益活动。与服务型员工沟通时,组织要把焦点集中在他们眼中职业最重要的一面,并且弄清楚他们关心的是哪些事情,向他们阐明工作与某些更崇高的理想之间的关系,让他们知道通过从事目前的职业,他们将如何对某一更伟大的事业做出贡献。

7. 挑战型职业锚

具有这种职业锚的人,认为自己可以征服任何事情或任何人,喜欢解决看上去无法解决的问题、战胜实力强硬的对手、克服无法克服的困难等。对他们而言,参加工作的原因是工作允许他们去战胜各种不可能。他们需要新奇、变化和困难,对他们来说,挑战自我、超越自我的机会比其他东西都重要。如果你不断地向他们提出挑战,那么他们就会知道自己的工作做得不错。每当他们快要完成一个项目时,你就要尽量为他们寻找下一个立即着手的项目;允许他们在履行日常工作职责之外,把某一部分工作时间用于应对某一项挑战性任务。

8. 生活型职业锚

具有这种职业锚的人,看重的是工作与生活的平衡。他们是为生活而工作,不是为工作而生活的,他们希望将生活的各个主要方面整合为一个整体,喜欢平衡个人的、家庭的和职业的需要。相对于具体的工作环境、工作内容,生活型的人更关注自己如何生活、在哪里居住、如何处理家庭事情及怎样自我提升等。他们不希望承担超出最低工作要求之外的其他工作,所以他们也不会期待除了薪水以外的其他奖励。在他们表现出色、工作高效的时候,可以给他们一个最大化非工作时间的机会。让他们把精力集中在工作任务的完成上,而不是上班时间的消磨上,然后奖励他们自行支配余下的非工作时间。

沙因认为,他概括出的这八种职业锚已经可以涵盖绝大部分人的职业追求。一个人只能拥有一种职业锚。个人的内心渴望和追求可能是多种多样的,但总会有一个才能、动机和价值观的组合排序,职业锚就处于这种组合排序中最优先的地位。如果一个人不清楚自己的职业锚,则只能说是由于他不具备足够的社会生活经验来判断他最需要什么。值得注意的是,人的职业、职位可以多次变化转换,但职业锚是稳定不变的。

作为个人,需要不断地进行职业探索,了解自己的职业兴趣,确认自己的职业锚,并将自己的认识与组织进行沟通。作为组织,需要建立起灵活的职业发展路径、多样化的激励体系和薪酬体系,以满足同一工作领域中具有不同类型职业锚的员工的需求。总之,具有不同类型职业锚的人具有不同的工作特点,他们在职业中看重的内容不同,所以应该选择能够满足其职业锚的工作,对其激励方式也应该有所区别。

(四)贝尔宾的团队角色理论

英国组织行为学家雷蒙德·梅瑞狄斯·贝尔宾博士(Dr. Raymand Meredith Belbin)从20世纪80年代中期就开始在英国工作,并提出了为许多管理者所采用的九种不同的团队角色。贝尔宾的团队角色理论非常著名,并建立了识别个体团队角色的尺度。在英国而不是整个西欧,他的团队建设方法已经为大多数管理者所使用。贝尔宾聚焦于在团队中建立角色,而职务和职责设计则取决于对自我发现的度量以及对团队需求的认知。

贝尔宾的九种团队角色是建立者、调查人、协调者、塑造者、监控者、团队工作者、执行者、完美主义者和专家。

贝尔宾假定,在团队中个人扮演着特定的角色,这些角色组合在一起共同影响着团队的绩效,如果搭配不善,则通常会出现不良后果。团队需要有能力的人来达到成功,如果人员组合是错误的,就会产生错误的结果。团队的组成部分是相当重要的,贝尔宾设定了管理团队中一系列可能存在的角色。贝尔宾的团队角色理论是基于卡特尔的16种人格因素测验量表。尽管卡特尔的16种人格因素测验量表已经得到有效性检验,但是贝尔宾的团队角色理论还是接受了学术审查,结果并没有证据证明其具有些许的可靠性和有效性。

(五)奎因的八种管理角色模型

罗伯特·奎因(Robert Quinn)提出了八种管理角色模型。表7-1给出了八种管理角色模型中的八种角色及其关键才能。

表7-1 奎因的八种管理角色模型

角色	关键能力
指导者	有效的沟通;人员开发;理解员工
推动者	使用参与性的决策;处理冲突;建设团队
监控者	管理团队绩效和进程;信息和关键思想分析;监控个人绩效
协调者	工作设计;跨职能管理;项目管理
主管	制定目标;设计和组织;愿景开发与沟通
生产者	培养生产工作环境;管理时间及处理压力;高效工作
代理人	合同谈判;提出思想;建设并维持动力平台
创新者	思想创新;处理变化;应对变化

资料来源:QUINN R E, FAERMANS R S, THOMPSON M P, et al. Becoming a master manager[M]. 3rd edition. New Jersey: Wiley, 2003: 230。

奎因进一步在一张二维平面图上提出各种管理角色,其中横坐标是对内部或外部的聚焦,纵坐标是变通与控制(见图7-1)。

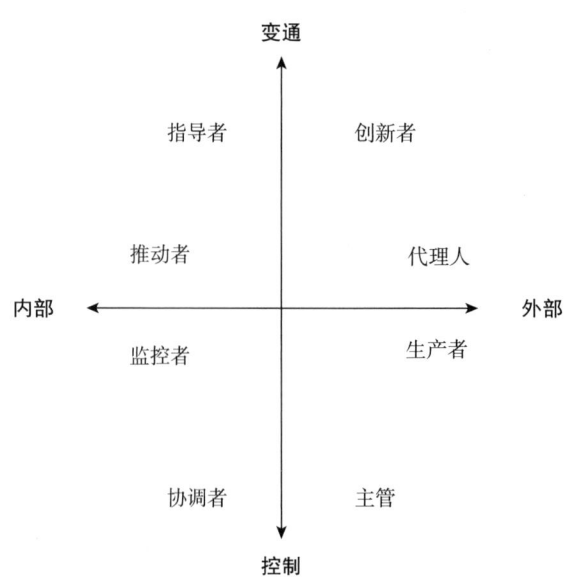

图7-1 在一张二维平面图上的八种管理角色

资料来源:QUINN R E. Beyond rational management[M]. San Francisco, CA: Jossey-Bass, 1998: 48。

（六）光谱管理理论（SMT）

光谱管理理论由 Lessem(1990)提出，并得到了 Baruch and Lesserm(1995)的验证，是一种帮助人们确定个人管理风格的分析工具。在当前的组织结构框架和职业环境下，非常有必要研究该理论，它通过多种方式帮助组织为职位挑选合适的人员或进行团队建设等。

SMT 给出了八种不同的管理风格。八种不同管理风格的理论证据有哪些？首先，在领导能力研究中非常典型的二维模型不够全面且过于简单化，人是非常复杂的。其次，使用太多的维度也是不切实际的。SMT 的八维法源于德国哲学家 Steiner(1966)在 20 世纪初提出的三维理论，三维理论构成了理解人性的基础平台：思想、感情和意愿。后来，Kingsland(1985)使用了术语认知（Cognition）、情感（Affect）、行为（Behavior），有时其中一项的作用非常突出，我们用大写字母 A、B 或 C 表示，有时其中一项的作用弱化，我们用小写字母 a、b 或 c 表示，因此八种管理风格及其描述如下：

（1）创新管理者（CAB）。创新管理者的创新、创造是由内部动力推动的。在一个团体中，创新是由一个具有鼓舞性的团队成员发起的，创新管理者具有独创的能力和远大的理想。

（2）发展管理者（Cab）。发展管理者能识别并利用各种力量，是一个具有合作性的团队成员。在一个团队中，发展管理者天然就是一个推动者，他们能够确保融洽地协调各种关系，并且能够整合各种观念、人员和情形。

（3）分析管理者（CaB）。分析管理者的分析能力强，不易受个人情感的影响，客观而真实。分析管理者天然是一个组织者和学习者，并且具有系统性、目的性和协商性。

（4）创业管理者（cAB）。创业管理者大多数都经历了崎岖不平、磕磕绊绊的商业道路，他们喜欢具有挑战性的工作，反应敏捷，尤其是在遇到个人和财务危机时，有的创业管理者可能是无情而不道德的，但也有可能是亲切而幽默的。在一个团队中，创业管理者非常希望成为领袖。

（5）变革管理者（Cab）。变革管理者一般都具有高智商，而且需要在一个刺激性的环境下工作。在某一个组织中，他们的主要目的是得到专业水平的提升而不是晋升。在一个团队中，变革管理者倾向于充当网络协调者。

（6）员工管理者（cAb）。员工管理者天生爱社交而且令人鼓舞，倾向于在无威胁的环境下工作。

（7）行为管理者（caB）。行为管理者工作努力、行动敏捷、反应迅速。在一个团队中，行为管理者是一个执行者。

（8）采纳管理者（cab）。采纳管理者忠于公司，并努力探寻个体之间的一致性。在一个团队中，采纳管理者更倾向于保持沉思。

人力资源管理

第四节　知识经济时代职业生涯发展趋势

一、无边界职业生涯

(一)产生背景

无边界职业生涯的产生具有深刻的时代背景。20世纪90年代以来,随着信息技术的发展和知识经济的来临,企业的组织结构发生了根本性的变化,由传统结构向扁平化结构发展,产生了虚拟组织、网络组织等新兴组织形式,出现了分散化、虚拟化、小型化等多元特征的发展趋势。新兴组织形态的内部边界和外部边界变得更加模糊,员工可以在组织间自由灵活地调动。总之,随着这些变化的发生,无边界组织结构逐渐显示出来。

在这一时代背景下,企业势必要改变传统的长期雇用而代之以更具弹性的雇用形式,如短期雇用、员工派遣等。实质上,企业将外界环境剧烈变化产生的风险转嫁给了员工,而作为个人而言,为了能够在变化的环境中生存,就需要不断地发展各种能力,于是逐步形成了无边界的职业生涯轨迹。

(二)无边界职业生涯的概念

边界是分割区域的界限,无边界就是指没有人为的分割,构成一个整体。Defillippi and Arthur(1994)在《组织行为杂志》(*Journal of Organizational Behavior*)的特刊上首先提出无边界职业生涯的概念。其后于1996年丰富了无边界职业生涯的概念,将**无边界职业生涯**定义为"超越某一单一雇佣范围设定的一系列工作机会"。

Rousseau and Arthur(1996)在《无边界职业生涯》(*The Boundaryless Carrer:A New Employment Principle for a New Organizational Era*)一书中详细地对无边界职业生涯做出了六个不同的诠释,具体如下:

(1)像硅谷职业生涯那样跨越了不同雇主的边界流动的职业;

(2)像学者或木匠等职业那样从现在的雇主之外获得从业资格的职业;

(3)像房地产商那样得到外部网络和信息持续支持的职业;

(4)打破关于层级和职业晋升的传统组织设想的职业;

(5)出于非职业本身或组织内部原因,是个人或家庭原因令其放弃现有职业机会的职业(这里强调了对"职业与个人"或"组织与家庭"之间便捷的跨越);

(6)基于从业者自身的理解,认为是无边界而不受结构限制的职业。

由此可以看出,无边界职业生涯是一种多角度的概念,包括甚至超越了多种边界,而且涉及实体和心理、主观和客观等多种分析层面。

另外,有学者从是否自愿的视角将无边界职业生涯划分为自愿无边界职业生涯和非自愿无边界职业生涯。**自愿无边界职业生涯**是指当听说或者找到一个能够获得更多发展和回报的机会时,人们主动选择离开现有组织而进入一个新的组织。**非自愿无边界职业生涯**则是指当组织发生比如规模缩小、淘汰、重构或者裁员等情况时,人们被迫去寻找新的工作。这种划分,更加体现了环境和结构因素对无边界职业生涯的影响,有助于界定不同职业生涯转换的实质,为现实世界中的无边界职业生涯提供更加准确和精细的分析框架。

(三) 无边界职业生涯的特征

1. 无边界职业的特征

在职业生涯中,由自愿或非自愿原因引起工作单位、雇佣关系、工作时间和地点、工作方式和内容等经常变化的一种现象和过程就是无边界职业,其主要体现出以下特征:

(1) 经常改变雇主,更换工种;

(2) 人们拥有的工作技能、知识和能力不局限于在某一企业使用,同样的工作技能、知识和能力可以在其他企业使用;

(3) 通过有意义的工作实现个人价值;

(4) 在职学习、随时自觉学习、向同事学习;

(5) 建立和发展广泛的关系网,靠外部信息和网络开展业务;

(6) 个人对自己的职业生涯管理负责;

(7) 企业与员工之间的关系发生改变——在传统模式下,员工用忠诚来换取工作保障;而现在,员工通过在工作中良好的绩效来获得持续学习和竞争力的提升;

(8) 内部传统层级逐渐模糊。

2. 无边界职业生涯的特征

与传统的职业生涯不同,无边界职业生涯强调以就业能力的提升替代长期雇用保证,使员工能够跨越不同组织实现持续就业。无边界职业生涯的特点包括:可迁移的知识技能、跨越多个组织的才干、个人对有意义工作的认同、多重网络以及平等学习关系的发展、个人对自己的职业生涯管理负责等。其中,最显著的特点是个人跨越单一组织来往于多个组织中而表现出的流动性和跨边界。

无边界职业生涯与传统职业生涯的比较如表7-2所示。

表7-2 无边界职业生涯与传统职业生涯的比较

维度	无边界职业生涯	传统职业生涯
雇佣关系(心理契约)	用灵活性换取工作绩效	用工作安全换取忠诚
环境边界	多个组织	一两个组织
身份	独立于雇主	依赖于雇主

(续表)

维度	无边界职业生涯	传统职业生涯
能力	可迁移的	由组织确定
职业生涯成功衡量标准	心理上有意义的工作	报酬、晋升、地位
职业生涯管理责任	组织	个人
培训	在职、及时	正式的程序
方式	短暂型、螺旋型	直线型、专家型
关键态度	工作满意度、职业承诺	组织承诺
里程碑	与学习相关	与年龄相关

资料来源：耶胡迪·巴鲁.职业生涯管理教程[M].陈涛,孙涛,译.北京：经济管理出版社,2004。

（四）无边界职业生涯的管理策略

职业生涯理念的变化，必然会对员工与组织的职业发展产生影响，从而进一步影响到职业生涯的管理。目前，大多数学者都从员工和组织两个方面来探讨无边界职业生涯的应对管理。在组织与员工共同管理的前提下，无边界职业生涯管理更突出员工的主体地位，组织发挥的是客体作用，主客体相互作用，从而实现员工与组织的共赢。这一管理模式被视为无边界职业生涯管理的通用模式。

1. 员工角度

在无边界职业生涯时代，员工个人为了能够更好地应对风险和不确定性，不仅需要获得新的技能和知识，更重要的是调整以前依赖组织进行职业生涯规划和开发的思想观念与行为，加强自我职业生涯管理。只有快速做出反应，个人才能适应未来的社会发展和市场需求。

不同的学者做出了不同的分析：

斯维特拉娜·哈波娃（Svetlana Khapova）和塞莱斯特·威尔多姆（Celeste Wildetom）认为，在无边界职业生涯时代，人们的工作不再局限于一个组织或职业，而是自愿主动地选择那些能够给自己带来更多价值和回报的机会来进行自我职业生涯管理。

张颖（2005）提出了一些个人职业生涯管理的具体措施，包括：明确以提高自身就业竞争能力为目的，避免短视行为，承担更多的责任，正确选定自己的职业锚，指导自己的职业生涯发展，以及充分运用人际关系网络等。

2. 组织角度

随着职业生涯理念的转变，组织对员工的心理契约也发生了变化，开始积极为员工提供提高自身技能的机会和平台，构建以提高员工就业竞争力为主的协助型职业生涯管理体系,发展员工终身就业的能力,即使员工离开组织,其仍然可以凭借自己的技能找到满意的工作单位。

同理,职业生涯管理活动对组织承诺也有一定的影响。组织职业生涯管理从某种程度上有助于员工组织承诺的开发,而组织承诺则对组织绩效和员工流动、个人的幸福感有潜在影响,因此实施组织职业生涯管理将对组织与个人有共同的益处。

(五)无边界职业生涯的发展模式

无边界职业生涯发展模式如图7-2所示。

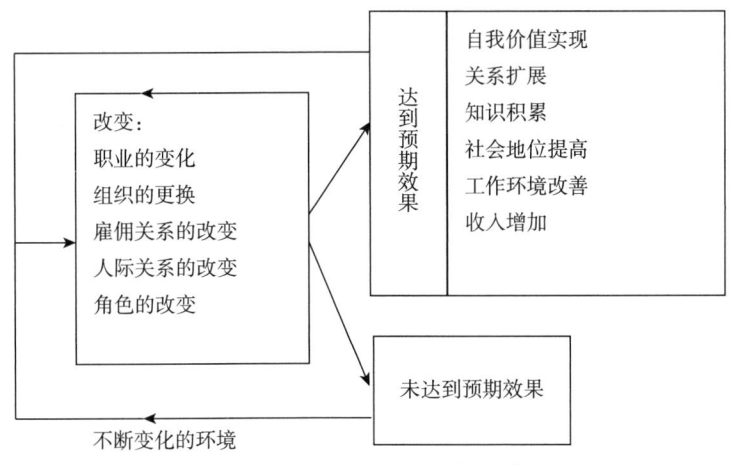

图7-2 无边界职业生涯发展模式

从图中可以看出,无边界职业生涯的发展模式不是单一直线型的,也不能由简单的循环理论来解释,它涉及各种因素的不断变化,因此它是一个不断发展变化的、不呈现明显阶段性的、具有高度灵活性的过程。

二、易变性职业生涯

(一)产生背景

1. 经济全球化

随着经济全球化的到来,跨国公司日益增多,员工面临前所未有的择业竞争,在这一背景下,员工要同时面对国内的和来自国外的不同国家劳动力的竞争。就业环境的恶化使得越来越多的员工不可能在一家企业完成自己一生的职业生涯。

2. 知识经济时代的到来

知识经济时代,员工的受教育水平不断提高;同时,信息技术的发展使得员工的知识水平得到了提高。相对于体力劳动者,知识型员工更容易利用其所掌握的知识找到满意的工作。

3. 企业组织结构变化

由于组织结构日益扁平化,组织层级不断减少,使得组织不可能像过去那样提供很多的晋升机会,这就会使那些仍然追求高职位、高薪酬的员工可能在企业不能为其提供晋升机会的情况下选择其他企业。

(二)易变性职业生涯的概念

易变性职业生涯虽然早在1976年就已经被道格拉斯·霍尔(Douglas Hall)提出,但直到1996年,它才受到广泛关注。**易变性职业生涯**是由个人所管理的职业生涯过程,在这一过程中,个体追求他们自己认为重要的工作和生活。易变性职业生涯包含个体在不同组织和不同职业领域中的教育、培训和工作经验,个体自己做出职业选择,追求自我内在实现,多变职业者将这些看作自己完整生命的一部分;个体职业成功的标准是内在的(心理成功),而不是外在标准。总之,易变性职业生涯更多地由个人塑造而不是组织塑造,可能会为了满足个人需求而不时地被加以调整。

不同的学者对易变性职业生涯有不同的理解:埃德温·赫尔(Edwin Herr)和保罗·哈通(Paul Hartung)将易变性职业生涯定义为:"在这样的职业生涯中,人们随时准备随着环境的变化而变化,个人变得相当灵活,能够预见未来的趋势,能够改变自己的技能和心态以适应未来。"耶胡迪·巴鲁克(Yehuda Baruch)给出了另外一个定义:"易变性职业生涯是一种新的职业生涯形式,个人自行组织规划自己的职业道路,并在职业生涯中承担责任,根据需要调整自己。"乔恩·布里斯科(Jon Briscoe)和道格拉斯·霍尔(Douglas Hall)在总结前人研究的基础上,对易变性职业生涯进行了更进一步的解释:"易变性职业生涯受到个人而非组织驱动,个人制定职业目标,对自己整个生命历程进行规划,追求心理成功而非客观的成功标准,比如薪酬、头衔或者权力。"还有学者从自我价值观驱动和自我导向两个维度定义易变性职业生涯,并且认为采用易变性职业生涯的人们能够持续学习,并且不断寻求挑战,最终能够达到自我实现。

(三)易变性职业生涯的特征

易变性职业生涯与传统的职业生涯之间差别甚大。传统的职业生涯理念是基于一种相对稳定、竞争比较平和的环境,而在当今动荡、多变、竞争激烈的商业环境中,任何企业都无法保证雇佣关系的长期维持;再者,员工出于各种原因也会不断地变换工作或职业。总之,易变性职业生涯在这种背景下就应运而生。表7-3列示了易变性职业生涯与传统职业生涯的一些不同。

表 7-3 易变性职业生涯与传统职业生涯的比较

维度	易变性职业生涯	传统职业生涯
目标	心灵成就感	晋升、加薪
心理契约	灵活的受聘能力	工作安全感

(续表)

维度	易变性职业生涯	传统职业生涯
运动	水平运动	垂直运动
管理责任	员工承担	组织承担
方式	短暂型、螺旋型	直线型、专家型
专业知识	学习怎么做	知道怎么做
发展	更依赖人际互助和在职体验	在很大程度上依赖正式培训

资料来源：雷蒙德·A.诺伊.雇员培训与开发[M].第6版.徐芳等,译.北京：中国人民大学出版社，2015。

在无边界或易变的职业生涯时代，员工与组织之间的心理契约也发生了一定的变化（见表7-4）。

表7-4 无边界或易变的职业生涯时代的心理契约与传统的心理契约的比较

维度	无边界或易变的职业生涯时代的心理契约	传统的心理契约
环境特征	动态变化	稳定
职业生涯管理的主要责任	个人	组织
职业选择	多次，在职业生涯的不同阶段	一次性，在职业生涯的早期
人才的流动性	高	低
雇主期望雇员	贡献、胜任力	忠诚、长期承诺
雇主给予雇员	投资，培养可雇用能力	工作安全感
晋升的标准	结果与知识	年资
成功意味着	内在的成就感，心理上的成功	职位等级、薪水
培训	可转换技能	与组织相关的特定技能
职业生涯的转折点	与学习相关	与年龄相关

三、职业生涯理念的新发展

（一）职业生涯理念的根本性变革

综合以上分析，不难发现，认识和把握职业生涯理念的变化趋势，已经成为当今组织和员工个人职业生涯管理的一个迫切任务。职业生涯理念主要有以下变化趋势：

1. 职业生涯目标发生了变化

当今社会竞争的加剧，使得组织的稳定性降低，员工的流动性提高，失业和再就业变得更为普遍。而在这样一个以知识型员工为主体的时代，知识型员工往往对地位不是很看重，但希望工作富有灵活性，并渴望从工作中获得乐趣和成就感。心理成就感的衡量标准也就适应了知识经济时代知识型员工的追求。

2. 职业成功的标准发生了变化

传统的职业成功就是沿着金字塔式的组织结构向上攀登,这种职业生涯目标不仅受到自身努力的影响,还受到组织结构的影响,而且对员工的发展和组织的运作都不利。随着组织结构的扁平化,新的职业成功标准也发生了变化,其更加注重个人的发展意愿,目标是心理成就感,员工在更大程度上进行自我控制,可以依据个人兴趣爱好,选择职业发展方向。

3. 职业流动模式发生了变化

组织环境的不确定性和组织结构的日益扁平化也使员工的职业流动模式发生了变化。在传统的职业流动模式中,一个人的职业发展路径和阶段可以看得见、摸得着,比较标准化、可以预期。而随着经济环境的变化和组织结构的灵活、扁平化,都导致员工的职业流动朝更广泛的方向发展。随着职业流动模式的多样化,不稳定因素也越来越多。

4. 学习内容和方式发生了变化

传统的职业生涯理念中,员工"知道怎么做"至关重要,而现在,"知道为什么""知道为谁"也不可忽视。要明白"知道为什么""知道为谁",仅仅依靠正式的课程和培训远远不够,还必须发展在职体验和人际互助。

(二)职业生涯管理的变革与发展

1. **重视工作内容的丰富化和扩大化**

组织为员工提供多样化的工作内容,不断发现和开发员工可转移的能力。组织为员工提供不同类型的发展通道,将员工个人职业生涯管理与组织职业生涯管理相结合,在实现员工个人价值的同时,既保持了员工的稳定性又促进了组织的发展。

2. **注重个体意愿和心理成就动机**

组织和个人职业生涯管理的基础就是由就业安全转向就业能力建设。个人开发自身的就业能力,组织则帮助他们提高就业能力并提供提高自身技能的机会与平台;与此同时,组织还鼓励员工按照自己的兴趣选择职业发展方向。

3. **开发多重职业发展道路**

企业通过建立双重职业生涯路径,为专业技术人员和管理人员提供相等的职业发展机会,并及时给予指导和帮助。双重职业生涯路径提供两条或多条平等的晋升阶梯,一条是管理通道,另外几条则是技术通道。技术人员可以自行决定其职业发展方向,他们可以继续沿着技术职业生涯路径攀升或者进入管理职业生涯路径。这样的方式可以做到人职匹配,使员工最大限度地为企业创造价值。

4. **创建学习型组织**

学习型组织是指组织中的所有成员都参与到与工作有关问题的学习、识别、解决过程中来,从而使组织形成一种持续学习和适应变革能力的组织。学习型组织能够将组织的发展与员工的职业生涯相结合,着重于培育企业的创造力、凝聚力和竞争力,使企业保持旺盛的活力,使员工在工作中活出生命的意义。

本章小结

1. 职业生涯管理是指组织为了更好地实现员工的职业理想和职业追求,寻求组织利益和个人职业成功最大限度一致化,而对员工的职业历程和职业发展所进行的计划、组织、领导、控制等一系列手段。职业生涯管理可分为个人职业生涯管理和组织职业生涯管理两个方面:个人层面主要是设定自己的职业目标,规划自己的职业道路并具体实施;组织层面主要是为员工提供机会和平台,引导和帮助个人的职业发展。

2. 职业生涯管理的基本理论有职业发展阶段理论和职业选择理论。其中,职业发展阶段理论关注的是个体职业发展周期,具有代表性的职业发展阶段理论有舒伯和波恩的职业发展阶段理论、格林豪斯的职业发展阶段理论和沙因的职业发展阶段理论;职业选择理论告诉我们如何选择职业,具有代表性的职业选择理论有霍兰德的人格—职业匹配理论、帕森特的特质因素理论、沙因的职业锚理论、贝尔宾的团队角色理论、奎因的八种管理角色模型和光谱管理理论等。

3. 随着组织结构和雇佣关系的改变,出现了无边界职业生涯和易变性职业生涯。

复习思考题

1. 什么是职业生涯?什么是职业生涯管理?
2. 员工职业生涯管理与组织职业生涯管理的关系是怎样的?
3. 职业生涯管理的步骤是什么?
4. 职业发展阶段理论有哪些?职业选择理论有哪些?
5. 如何理解无边界职业生涯和易变性职业生涯?

案例与讨论

惠普公司员工职业生涯自我管理

惠普公司聚集了大量素质优秀且训练良好的技术人才,他们是惠普最宝贵的财富,亦是惠普发展与竞争力的主要源泉。惠普能吸引来、保留住和激励起这些高级人才,不仅是靠丰厚的物质待遇,更重要的是靠向这些人才提供良好的提高、成长和发展的机会,其中帮助每位员工制订令他们满意的、有针对性的职业发展计划是一个重要因素。

例如,惠普在科罗拉多分部开发了一个为期三个月的个人职业生涯管理培训项目,主要有两项内容:学员自我评估及其在职业发展过程中的实际应用。

自我评估的目的是帮助学员发现在组织中适合自身发展的各种机会,并建立朝这一方向努力的激励机制,具体包括六项内容:

(1)通过专门设计的问卷、面谈及小组讨论,了解学员以往的生活经历和今后的打算,这类自传式的资料成为以后进一步分析的核心数据。

(2)明确学员个人的兴趣爱好,如偏爱的职业、学术领域及所属类型等。惠普将学员的兴趣爱好归纳为325项,由学员挑选填写,并要求他们和相同类型的在不同职位工作的已成功人士进行比较,从而找到发展这种兴趣爱好的努力方向。

(3)惠普将价值观的有关内容,包括理论的、经济的、审美的、政治的和宗教的总结为25项,要求每个学员从中做出选择,对自己的价值观强度做出评价。

(4)每个学员被要求记录其在某个工作日以及某个非工作日的全部活动,这一信息用于检验上述几个步骤中所获信息的准确性。

(5)每个学员被要求会见至少两个以上的熟人,如朋友、配偶、亲戚或同事,征求他们对自己主要特征的看法。

(6)在上述信息的基础上,学员用文字、照片、图形等各种方式描述自己的特征全貌。

惠普通过上述步骤不断地积累资料数据并进行归纳整理,学员从这些数据中可以进一步获得职业生涯自我管理的有用信息。

自我评估完成以后,部门经理要会见每个学员,了解他们的职业目标,并应用自我评估结果将他们的个人情况及在组织中的现有工作岗位做成档案材料。这一材料对于高层管理人员制订并实施整个组织的人力资源计划以及明确对员工的技能要求具有重要的价值。当组织对人力资源的未来需求与员工个人的职业生涯目标相一致时,部门经理就可以帮助员工设计在本组织内实现这一目标的具体安排,如培训、不同岗位的锻炼机会等。同时,员工的职业生涯目标可以转换成将来工作绩效的一个评估标准。部门经理对于员工职业生涯进展的实际状况要及时地做出评价,并给予各种可能的支持。

惠普的这一培训项目取得了显著的成效。公司对于员工的流动具有比以往更大的弹性,并使目标更为明确。公司能有更充分的理由向员工解释为什么安排他到现在这个工作岗位,为什么决定对他的工作岗位做出调整,或者帮助他离开公司寻求新的发展。40%预定计划的岗位变动也在项目实施后的半年内得以顺利完成,岗位变动的员工中有74%认为这种变动得益于这一培训项目。项目实施一年后,科罗拉多分部的人员流动率开始下降,公司中层管理人员流失导致的替换成本节约了40 000美元。

资料来源:案例:美国惠普公司员工职业发展的自我管理[EB/OL].(2012-07-19)[2020-08-05]. http://www.doc88.com/p-495332758426.html,有删改。

思考题：

1. 你认为本案例所介绍的惠普公司的特点是什么？你有什么启发？
2. 你预计这套办法在保留和激励惠普的人才方面会不会有效？为什么？
3. 这套办法用到中国的企业中是否可行？为什么？

本章参考文献

[1] 埃德加·H. 沙因等.职业锚[M].第4版.陈德金等,译.北京:电子工业出版社,2016.

[2] 安妮·博格尔.如何提升性格优势:9大维度解析性格的奥秘[M].张文语,译.北京:中国友谊出版公司,2019.

[3] 布莱德·哈林顿等.职业生涯规划与管理[M].第4版.张星,译.北京:中国友谊出版公司机械工业出版社,2013.

[4] E. H. 施恩.职业的有效管理[M].仇海清,译.北京:生活·读书·新知三联书店,1992.

[5] 弗洛伦斯·莉拖.性格解析[M].查文宏,译.南昌:江西人民出版社,2009.

[6] 杰弗里·H. 格林豪斯.职业生涯管理[M].王伟,译.北京:清华大学出版社,2006.

[7] 罗伯特·里尔登等.职业生涯发展与规划[M].第4版.侯志瑾,译.北京:中国人民大学出版社,2016.

[8] 刘丹.关于易变性职业生涯的思考[J].商业时代,2013(16):97-99.

[9] 乐嘉.跟乐嘉学性格色彩[M].长沙:湖南文艺出版社,2014.

[10] 吕杰,徐延庆.无边界职业生涯研究演进探析与未来展望[J].外国经济与管理,2010,32(09):37-44.

[11] 李建忠.关于职业生涯管理的几个问题[J].商场现代化,2008(24):285-286.

[12] 雷蒙德·A. 诺伊等.雇员培训与开发[M]. 第6版.徐芳等,译.北京:中国人民大学出版社,2015.

[13] 刘平青,陆云全.职业生涯与人生规划[M].北京:北京大学出版社,2014.

[14] 廖泉文.人力资源管理[M].北京:高等教育出版社,2003.

[15] 庞涛,王重鸣.知识经济背景下的无边界职业生涯研究进展[J].科学学与科学技术管理,2003(03):58-61.

[16] 唐·理查德·里索等.九型人格[M].徐晶等,译.海口,南海出版公司,2013.

[17] 于海波,董振华.职业生涯规划实务[M].北京:机械工业出版社,2018.

［18］耶胡迪·巴鲁.职业生涯管理教程［M］.陈涛等,译.北京:经济管理出版社,2011.

［19］杨河清.职业生涯规划［M］.第2版.北京:中国劳动社会保障出版社,2009.

［20］张爱卿,钱振波.人力资源管理［M］.第4版.北京:清华大学出版社,2015.

［21］张小兵,孔凡柱.无边界职业生涯研究综述［J］.商业时代,2010(19):83-84.

［22］QUINN R E. Beyond rational management［M］. San Francisco, CA：Jossey-Bass,1998.

［23］QUINN R E, FAERMANS, R S, THOMPSON M P, et al. Becoming a master manager［M］.3rd edition. New Jersey：Wiley,2003.

第八章　员工激励

【学习目标】
1. 了解激励的内涵及激励过程；
2. 熟悉内容型、过程型和行为修正型激励理论，掌握其在员工激励实践中的运用；
3. 了解员工激励的原则；
4. 重点掌握企业实践中能够采用的员工激励方法。

引导案例

索尼的内部招聘制度

有一天晚上，索尼董事长盛田昭夫按照惯例走进职工餐厅与职工一起就餐、聊天。他多年来一直保持着这个习惯，以培养职工的合作意识并与他们建立良好的关系。这天，盛田昭夫忽然发现一位年轻职工满腹心事，闷头吃饭，谁也不理，于是就主动坐在这位职工对面与他攀谈。几杯酒下肚之后，这位职工终于开口了："我毕业于东京大学，曾经有一份待遇十分优厚的工作。进入索尼之前，我对索尼崇拜得发狂。当时，我认为我进入索尼，是我一生最佳的选择。但是，我现在才发现，我不是在为索尼工作，而是在为课长干活。坦率地说，我这位课长是个无能之辈，更可悲的是，我所有的行动与建议都得课长批准。我自己的一些小发明与改进，课长不仅不支持、不解释，还挖苦我癞蛤蟆想吃天鹅肉。对我来说，这位课长就是索尼。我十分泄气，心灰意冷。这就是索尼？这就是我的索尼？我居然放弃了那份待遇优厚的工作而来到这种地方！"这番话令盛田昭夫十分震惊，他想，类似的问题在企业内部职工中恐怕不少，管理者应该关心他们的苦恼、了解他们的处境，不能堵塞他们的上进之路，于是产生了改革人事管理制度的想法。

之后，索尼开始每周出版一次内部小报，刊登企业各部门的人员需求，员工可以自由而秘密地前去应聘，他们的上司无权阻止。另外，索尼原则上每隔两年就让员工调换一次工作，特别是对于那些精力旺盛、干劲十足的人才，不是让他们被动地等待工作，而是主动地给他们提供施展才能的机会。在索尼实行内部招聘制度以后，有能力的人才大多能找到自己较中意的岗位，而且人力资源部门可以发现那些流出人才的上司所存在的问题。

资料来源:索尼公司的内部招聘制度案例[EB/OL].(2017-07-01)[2020-08-05].https://wenku.baidu.com/view/97133f23a9114431b90d6c85ec3a87c240288a08.html,有删改。

思考题:索尼的内部招聘制度适合在哪些企业推广?

第一节　员工激励概述

一、激励的内涵

激励可以看作是一个基本的心理过程,它决定着组织中个人的行为方向、努力程度及个人克服困难的毅力。个人行为方向是指被激励者所选择的做事方式,在没有激励的条件下,每个人都根据自身的需求做出有利于自身利益最大化的选择。由于个体需求存在差异,因此没有激励的组织很难实现个人目标与组织目标的统一。个人努力程度是指被激励者对工作的投入,在没有激励的条件下,显然没有人愿意为组织付出,这是因为这种付出无法获得精神或物质上的回报。个人克服困难的毅力是指被激励者在工作中遇到阻碍时,是否能够继续坚持或者千方百计地想办法来克服困难。

(一)激励及激励机制

美国管理学家伯纳德·贝雷尔森(Bernard Berelson)和加里·斯坦尼尔(Garry Steiner)认为,一切内心想要争取的条件、希望、愿望、动力都构成了对人的激励——它是人类活动的一种内心状态。人的一切行动都是由某种动机引起的,而动机是一种精神状态,它对人的行为起着激发、推动的作用。所谓员工激励,就是创造满足员工各种需要的条件,以此激发员工的动机,使其产生实现组织目标的特定行为的过程。

然而,企业要想持续地发挥激励的作用,就必须创造一个良好的激励机制来调动员工的工作积极性和工作热情,鼓励员工不断学习、创新。激励机制是"在组织系统中,激励主体系统地运用多种激励手段并使之规范化和相对固定化,而与激励客体相互作用、相互制约的结构、方式、关系及演变规律的总和",它是企业将长远理想转化为现实的重要手段。有效的激励机制应该建立在对员工需求进行系统分析的基础上,进而设计出个性化的激励方案。

企业激励机制有三大表现形式,分别是物质激励、精神激励与文化激励。

1. 以满足经济利益为核心的物质激励机制

所谓物质激励,顾名思义就是采用增涨工资、发放奖金和实物福利等方式来满足被激励者的物质需求。这一理论源自英国经济学家亚当·斯密(Adam Smith)的劳动交换理论。斯密认为,人天生就是懒惰的,能促成其主动采取某种行为的动机就是物质,工作的目的就是获得相应的报酬。人作为社会个体,通过劳动获得经济报酬是生存的主要手段,因此物质激励是最基本的激励方式。

但是企业不能盲目采取物质激励,而应当谨慎。因为如果人工成本增加导致企业不堪重负,再试图减少对被激励者的物质激励甚至降低其原有的收入,则会适得其反。

2. 以满足自我实现需求为核心的精神激励机制

精神激励就是采用精神鼓励的方式,例如评选优秀员工、口头表扬、晋升、授权、上级支持等,用无形的手段满足被激励者的精神需要,使其充满斗志,激发其工作积极性和创造力。

提出精神激励理论的亚伯拉罕·马斯洛(Abraham Maslow)、克里斯·阿基里斯(Cris Arggris)等学者都认为,人并不是懒惰、好逸恶劳的,除了要满足物质需要,更希望实现自我价值。人只有最大限度地发挥自身的才能,得到他人的认可和肯定,才能拥有最大的满足感。他们指出,员工在工作中获得的最大报酬是通过实现组织目标而获得的自我满足和自我实现。在一定条件下,被激励者不仅能承担责任而且能主动寻求承担责任。

与物质激励相比,精神激励并不需要投入太多的物质或金钱。企业管理者可以通过培训、提供晋升机会、授予更大的责任和权限等方式,来提供给员工更多实现自我价值的机会,从而激发员工的工作热情和动机。

3. 以人为本的文化激励机制

文化激励原本也是精神激励的内容,之所以从精神激励中独立出来,是因为文化激励更具有持久及全员性的特点,它一旦被员工认可,就会在企业中形成一种氛围,进而对员工的行为产生潜移默化的影响,这是普通的精神激励所不能实现的。

文化激励就是用企业文化、价值观、伦理道德、经营理念、企业制度等企业在长期经营活动中形成并沉淀下来的、被员工普遍认可的观念和思想来感召员工,使员工更具凝聚力和主人翁意识。文化激励是基于"以人为本"的人性化管理理念而形成的。为此,企业要充分地关心和爱护员工,除了获取经济利润,更要充分地考虑员工发展的需要和自我价值的实现,为员工的成长提供广阔的空间。优秀的企业文化所营造的良好工作环境和人际氛围更能调动员工的工作积极性。

(二)激励过程

激励的作用只有在真正实施激励手段的过程中才能体现出来。激励可以被概括为这样一个过程:需要与刺激相结合引发动机,动机引致行为,行为指向目标。四者相互关联,形成一个连续的过程(见图 8-1)。

我们可以看到,未满足的需要会引起需求者的心理紧张,引发其满足需要的欲望,这种欲望会产生一种有目的的行为。但行为的结果可能有两种情况:

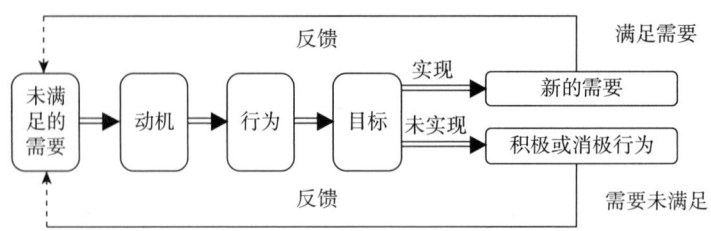

图 8-1 激励过程

资料来源:作者根据相关资料整理绘制。

(1) 实现了目标,满足了需要,这会产生一个反馈,告诉需求者原有的需要已经得到满足,于是心理紧张得以解除。但在新的刺激下,需求者又会产生新的需要。

(2) 没有实现目标,也会有一个反馈,引起挫折感,需求者可能采取两种行为:一是可能采取积极的建设性行为,以继续实现目标;二是可能采取消极的防御性行为,放弃原有的目标。

激励过程清楚地表明,人的行为由某种需要引起,而行为的目标则是满足需要。如果能满足人的需要,并使人感知到满足需要的可能性,那么就可以激励其行为。因此,要使员工产生组织所期望的行为,可以根据员工的需要来设置某些目标,通过目标导向使员工出现有利于目标实现的优势动机并按组织所期望的方式行动,这就是激励的实质。管理者应当根据被管理者的需要,采取适当的、个性化的激励方式和手段,引导其产生与管理目标相一致的动机和行为。

二、 激励的作用

有效的激励制度能够激发员工的工作热情,改变员工的工作态度,并最终提升组织的绩效。激励的作用具体表现在以下几个方面:

(一) 有利于实现员工个人目标与组织整体目标的统一

由于对员工激励的最终目的是实现组织的目标,而激励的效果取决于激励措施对员工个人需要的满足状况,所以在组织的激励过程中就必须考虑如何使员工个人目标与组织整体目标相一致,调整并引导员工的个人目标,从而实现员工个人目标与组织整体目标的统一。

(二) 有利于提高员工的满意度和忠诚度,减少人才流失

有效的激励措施能满足员工的需要,提高员工的满意度,进而提高员工对组织的忠诚度,减少人才流失,降低组织的人力成本。在知识经济时代,员工已成为企业最重要的战略资源,企业的利润依赖于员工的忠诚和持续投入,而员工的忠诚度又依赖于企业所提供的激励措施能够满足员工需要的程度。然而,员工的需要是多方面的,这就要求企业必须采取全面的激励措施,通过物质激励与精神激励的有机结合,满足员工的物质需

求、情感需求和自我实现需求,真正做到使员工满意,提高员工对企业的忠诚度,从而降低离职率。

(三) 有利于充分调动员工的工作积极性,提高工作效率,增加组织的经济效益

已有研究表明,在缺乏激励机制的环境中,员工仅能发挥其能力的 20%—30%;而在运行良好的激励机制下,员工能力可以发挥到 80%—90%。因此,让员工始终处于设有良好激励机制的环境中是人力资源管理所要达到的理想目标。良好的激励机制能为员工提供足够的动力使他们以积极和富有创造性的状态进行工作,从而大大提高工作效率。这对于增强企业在现代市场中的竞争力具有重要作用。

(四) 有利于降低组织的人力成本

一般情况下,员工仅能发挥其能力的 20%—30%,而受到充分激励的员工,其能力可以发挥到 80%—90%。在这种情况下,组织能够避免不必要的人员招聘和录用,达到有效降低人力成本,减少人力资源浪费的目的。

(五) 有利于建立良好的企业文化

良好的企业文化是企业生存和发展的基础,能够对员工的行为造成潜移默化的影响。在日趋激烈的竞争环境中,企业的生存和发展更加需要一种团结、进取、创新、和谐的企业文化,而良好的激励措施有助于建立这种文化。激励可以通过对正面行为的肯定和对负面行为的否定来发扬企业的优良文化,并使之深入人心,内化成员工个人的价值观。激励措施越科学、越合理,就越有利于建立良好的企业文化。

第二节 激励理论

企业要想建立科学完善的激励机制就必须事先对激励理论有一个充分的了解,清楚地知道如何将其应用到企业的具体实践中去。当前,主要的激励理论分为三大类,分别是内容型激励理论、过程型激励理论和行为修正型激励理论。

一、内容型激励理论

内容型激励理论是对引发激励的原因与能够起到激励作用的因素进行研究的理论,探讨的是员工的需求层次以及管理者采取什么样的激励措施来满足员工的需求,从而激发员工的动机和行为等问题。该理论的代表人物有亚伯拉罕·马斯洛(Abraham Maslow)、弗雷德里克·赫兹伯格(Fredrick Herzberg)、戴维·麦克利兰(David McClelland)及克雷顿·奥德弗(Clayton Alderfer)等。

(一)马斯洛的需求层次理论

美国社会心理学家马斯洛认为,人的一切行为都是由需要引起的,他在 1943 年出版的《调动人的积极性的理论》(*A Theory of Human Motivation Psychological Review*)一书中提出了著名的"需求层次理论"。马斯洛把人的多种多样的需求归纳为五大类,并按照它们发生的先后次序分为五个层级,即生理需求、安全需求、社交需求、尊重需求和自我实现需求(见图 8-2),并进一步将它们分为较高级的需求(自我实现需求、社交需求、尊重需求)和较低级的需求(生理需求、安全需求)。马斯洛还认为,人们的需求是逐级被满足的,只有较低层次的需求被满足后,较高层次的需求才会变得迫切起来,占据主导地位。需求的满足不仅要考虑单一需求所处的层级,更要着重考虑整体需求层级的系统性。

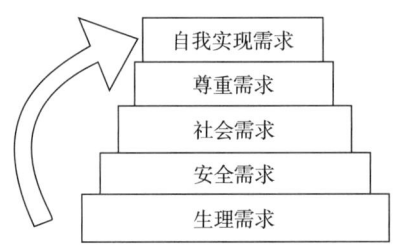

图 8-2 需求层次示意图

资料来源:斯蒂芬·P. 罗宾斯等.组织行为学[M].第 16 版.孙健敏等,译.北京:中国人民大学出版社,2016。

不同的人处于不同的发展阶段以及不同的社会生活条件下,其多种需求并存但结构会有所不同,尽管如此总有一种"优势"需求会发挥主导作用。当某种较高层次的需求出现并占据支配地位时,较低层次的需求会退居次要地位,但它并不因此而消失,而是继续存在,只是其影响力减弱了。马斯洛的需求层次理论表明,组织可以根据不同的优势需求来对员工实施差异化的激励。

而关于人的行为模式,需求层次理论认为,未满足的需求会引起一个人内心的紧张,引发满足需求的欲望,这种欲望会产生有目的行为。但行为的结果可能有两种:一是实现了目的,满足了需求,进而反馈需求已得到满足的信息,在新的刺激下又产生新的需求;二是没有实现目的,引起挫折感,这时还会产生两种结果,即需求者可能采取建设性行为,以继续实现目的,也可能采取防御性行为,放弃原有的目的(见图 8-3)。该行为模式表明,人的行为是由需求引起的,而行为的目的是满足需求。如果管理者能够满足员工的迫切需求,并使员工认为满足需求是可能的,那么管理者就可以激励并引导员工的行为。

(二)双因素理论

美国心理学家、行为科学家赫茨伯格,于 1959 年在其编著的《工作的激励因素》(*The Motivation to Work*)一书中提出了"激励因素—保健因素"理论,简称"双因素理论"。

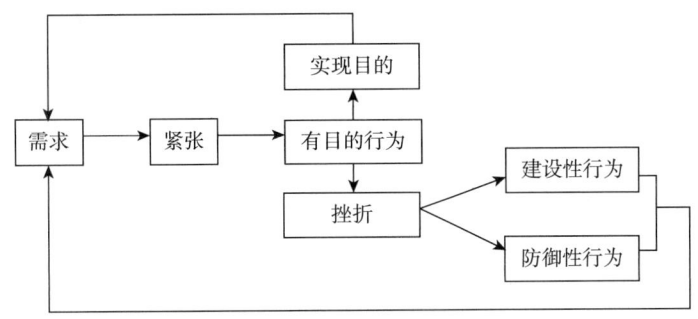

图 8-3 人的行为模式

赫茨伯格指出,能够使员工满意的因素往往与工作本身有关,包括工作成就感、上级认可、工作本身、晋升、自身发展等,赫茨伯格称之为"激励因素"。当这些因素得到满足时,员工会感到满意,从而产生激励效果;当这些因素得不到满足时,员工的工作热情虽然不高,但不会产生强烈的不满。使员工感到不满的因素往往与工作本身之外的因素有关,例如企业政策、管理监督、薪酬水平、人际关系和工作条件等,赫茨伯格称之为"保健因素"。当这些因素得到满足时,只能消除员工的不满,并不能使员工感到满意,也无法带来激励效果。

根据赫茨伯格的观点,"满意"的对立面不是"不满意",而是"没有满意";"不满意"的对立面也不是"满意",而是"没有不满意"。导致工作满意的因素和导致工作不满意的因素是相互独立的,因此消除工作中的不满意因素并不能够必然地带来工作满意。

该理论对企业人力资源管理实践具有重要的指导意义,它表明满足员工的不同需求所起到的激励效果是不同的,从而促使管理者对激励和保健因素加以区分,强调满足员工对激励因素的需求,即与工作本身有关的因素,而不能无限制地满足员工对保健因素的需求。

(三) 成就需要理论

美国哈佛大学心理学教授麦克利兰在 20 世纪四五十年代从人的需要和动机出发进行研究,提出了著名的"三种需要理论",认为人有三种需要:归属需要、权力需要和成就需要,并归纳为成就需要理论。归属需要是指寻求他人接纳并建立友好和亲密人际关系的欲望;权力需要是指影响与控制他人的愿望和内驱力;成就需要是指根据适当标准追求卓越、实现目标和争取成功的内在动机。成就需要理论侧重于对企业管理者的研究,指出具有高成就需要的人更喜欢独立承担责任、能够获得工作反馈和有适度风险的环境。高成就需要者并不一定是一个优秀的管理者,他们感兴趣的是自身如何做好,而不是如何影响其他人做好。归属需要、权力需要和管理的成功密切相关,最优秀的管理者是权力需要很高而归属需要很低的人。

麦克利兰指出,不同的人对上述三种需要的渴望程度是不同的,在企业管理中,掌握一个人的需要体系特征对于合理安排员工的工作以及建立有效的激励机制具有重要的指导意义。麦克利兰还认为,成就需要不是天生的,而是可以通过后天的教育和培养来提高,因此管理者应当充分发掘和培养员工的成就需要,为其提供具有挑战性的工作,从而激发员工的工作动机。

(四) 奥德弗的 ERG 理论

美国耶鲁大学组织行为学教授奥德弗在大量实验研究的基础上提出了 ERG 理论,把马斯洛需求层次理论中五个层次的需要简化为三个层次,即生存需要,是指人在衣、食、住、行、性方面的需要,这是人最基本的需要;关系需要,是指个体对社交、人际关系和谐及相互尊重的渴求;成长需要,是指一种要求得到提高和发展,获得自尊、自信及充分发挥自身能力的内在欲望。

与马斯洛需求层次理论不同的是,奥德弗提出了一种后退式的模型。他认为,人如果实现不了高层次的需要,就会产生挫折感,而挫折感会导致其放弃追求高层次的需要,转而追求能够实现的较低层次的需要。这种假设告诉我们,由于高层次需要相对比较抽象,如果不能实现,人们便会退而求其次,把目光转移到更加具体也更加容易实现的低层次需要。而无论是由低层次需要向高层次需要发展,还是由高层次需要向低层次需要后退,人们的需要都是在不断调整变化的。

根据奥德弗的理论,在人力资源管理实践中,管理者首先必须明确员工的哪些需要没有得到满足以及员工最希望满足哪些需要,了解员工所处的需要层次,然后有针对性地来满足员工的需要,提高激励效用。

二、过程型激励理论

过程型激励理论侧重于回答如何引发行为,怎样引导行为向着一定的方向发展,以及如何保持或结束该行为。过程型激励理论主要包括期望理论、公平理论和目标设置理论。

(一) 期望理论

美国学者维克托·弗鲁姆(Victor Vroom)于 1964 年在《工作与激励》(*Work and Motivation*)一书中提出,人们采取某项行动的动力或激励力,取决于其对行动结果的价值评价和对预期达成了该结果可能性的估计。弗鲁姆的这个理论被称为"期望理论"。

该理论认为,一种行为倾向的强度取决个体对该行为可能带来的结果的期望强度及结果对行为者的吸引力。因此,激励的效果取决于效价和期望值,用公式可以表示为 $M = V \times E$,其中:M 代表激励强度,表示受到激励的程度大小,决定着人在工作中付出努力的大小;V 代表效价,指人们对某一行为产生的结果所做出的主观评价,反映个体对结果的重视程度;E 代表期望值,指人们对特定行为导致特定结果的可能性大小的估计。

期望理论的关键在于了解个人目标以及努力与绩效、绩效与奖励、奖励与个人目标实现之间的关系(如图8-4所示)。我们可以看出,员工只有在认为个人努力会获得一定绩效,绩效会得到相应的组织奖励,同时来自组织的奖励能够满足其自身需求时,才会努力工作。

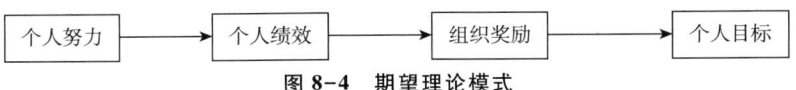

图8-4 期望理论模式

该理论给企业人力资源管理实践的启示是:企业要给员工制定切实可行、中等难度的目标,确保员工经过努力可以实现,并及时提供反馈,帮助其实现目标。与此同时,当员工通过自身努力实现了目标之后,企业应向员工提供对其具有吸引力和价值的奖励,以最大限度地激发员工的利组织行为。

(二) 公平理论

美国学者J. S. 亚当斯(J. S. Adams)于1967年提出了公平理论,用于研究个人所做贡献与所得报酬之间如何达到平衡。亚当斯通过大量的研究发现,一个人在获得报酬后,不仅关心自己所得报酬的绝对量,而且关心自己所得报酬的相对量。也就是说,每个人都会自觉地把自身投入与所得报酬的比值与其他人的比值做横向比较,产生公平或不公平感。从激励的角度来看,激励要遵循公平公正原则,不仅要考虑对员工激励的绝对公平,还要考虑相对公平,不公平感会让员工产生心理失衡,减少劳动投入或要求提高劳动报酬。如果企业处理不当,则会引发员工抵触和不满情绪。

(三) 目标设置理论

美国学者爱德温·洛克(Edwin Locke)于1967年提出了目标设置理论,认为对人们的激励大多是通过设置目标来实现的,目标具有引导员工工作方向和影响员工努力程度的作用,因此应当重视目标在激励过程中的应用。

洛克认为,目标的明确度和难度这两个因素决定了最终的激励效果。其中,目标的明确度是指目标能够被准确认知、理解和衡量的程度,而目标的难度则是指目标实现的难易程度。洛克的研究表明,就激励的效果而言,有目标的任务比没有目标的任务具有更好的激励作用;有具体目标的任务比只有笼统目标的任务要好;中等难易程度但经过努力能够实现目标的任务最具有激励作用。

目标设置理论对人力资源管理实践中的绩效管理模块提供了借鉴意义,它要求员工的绩效目标必须具体明确且有一定的难度;同时,为了使目标得到认可和接受,组织应该让员工更多地参与目标的制定。

三、 行为修正型激励理论

行为修正型激励理论主要研究如何改造和转化人们的行为,变消极行为为积极行为。例如，当一个有利于组织的行为出现后，管理者应该怎样从管理心理学的角度来提高这种有利行为出现的频率；而当一个不利于组织的行为出现后，管理者又应该从哪里入手来避免这种行为的再次发生。行为修正型激励理论主要包括强化理论和归因理论。

（一）强化理论

美国心理学家伯尔赫斯·弗雷德里克·斯金纳（Burrhus Frederic Skinner）提出了强化理论，认为行为不是天生决定的，而是后天习得的。当人们因采取某种行为而受到奖励时，他们最有可能重复这种行为，同时奖励要有时效性；如果行为不被奖励或因此而受到惩罚，则他们不太可能重复这种行为。凡是能增强反应强度的刺激物都被称为强化物，人们可以通过控制强化物来控制行为，使行为得以改造。

在管理实践中，运用强化理论来改造行为的方式有四种：正强化、负强化、惩罚和忽视。

（1）正强化，是指对符合组织要求的行为进行肯定和奖励，从而提高该行为重复出现的频率。例如，通过认可、赞赏、增加工资或奖金、晋升等方式来表示对员工某种行为的奖励和认可，以使员工在类似条件下重复出现该行为。

（2）负强化，是指对不符合组织要求的行为预先指出，并告知人们该行为可能引起的不良后果，从而使人们减少或避免此种行为的再次发生。例如，明确规定对上班迟到的员工停发该月全勤奖。

（3）惩罚，是指对不符合组织要求的行为给予否定和惩罚，从而降低该行为重复发生的频率。惩罚虽然能够减少消极行为的产生，但却不能鼓励积极行为的出现。例如，通过批评、降薪、降职、罚款、开除等方式来创造一种令人不愉快的环境，或是取消现有的令人愉快和满意的条件，以表示对某种不符合组织要求行为的否定，从而降低这种行为重复发生的可能性。

（4）忽视，是指对某种行为不给予任何形式的反馈，从而降低该行为出现的频率，甚至最终消失。

（二）归因理论

美国心理学家 F. 海德（F. Heider）早在 1958 年就提出了归因理论。在此基础上，乔治·亚历山大·凯利（George Alexander Kelly）于 1967 年提出了三维归因理论，伯纳德·韦纳（Bernard Weiner）于 1974 年提出了成败归因理论。其中，以韦纳的归因理论对当前实践的借鉴意义最大。

成败归因理论可以被看作是最能反映认知观点的一派，其指导原则和基本假设是：寻求理解是行为的基本动因。韦纳认为，能力、努力、任务难度和运气是人们在解释成功或失败时能够知觉到的四种主要原因，并将这四种主要原因分为控制点、稳定性和可控性三个维度。根据控制点维度，可将原因分成内因和外因；根据稳定性维度，可将原因分为稳定的和不稳定的；根据可控性维度，则可将原因分为可控的和不可控的。其中，能力和努力是两种描述个人特征的"内在原因",是个人可以控制的;任务难度和运气则是表示环境因素的"外在原因",是个人较难控制的。能力和任务难度又属于稳定因素,努力和运气则属于不稳定因素。不同的归因倾向会使人对成功与失败产生不同的情感体验和情感反应,并由此影响个体对未来结果的预期和努力程度。

韦纳认为,每一个维度对动机都有重要的影响。在控制点维度上,如果将成功归因于内部因素,则会产生自信,从而动机提高;归因于外部因素,则会产生侥幸心理。如果将失败归因于内部因素,则会产生自卑;归因于外部因素,则会引起愤怒。在稳定性维度上,如果将成功归因于稳定因素,则会产生自信,从而动机提高;归因于不稳定因素,则会产生侥幸心理。如果将失败归因于稳定因素,则会产生绝望感;归因于不稳定因素,则会产生抱怨心理。在可控性维度上,如果将成功归因于可控因素,则会积极争取成功,增加努力程度;归因于不可控因素,则不会产生足够的动力。如果将失败归因于可控因素,则会继续努力,从头来过;归因于不可控因素,则会绝望,从而放弃努力。总的来说,当个人将成功归因于能力和努力等内部原因时,则会感到骄傲、满意和自信,归因于任务容易和运气好等外部原因时,产生的满意则较少;相反,当个人将失败归因于缺乏能力或努力等内部原因时,则会产生羞愧和内疚,归因于任务太难或运气不好等外部原因时,产生的羞愧则较少。

第三节　员工激励的原则

要想激励真正地发挥效用,企业在实施员工激励时就必须遵循一些基本原则。

一、实现组织目标与个人目标的有效结合

在激励机制中,设置目标是一个关键环节。目标设置一方面必须体现组织目标的要求,另一方面还应结合员工的个人目标,在引导员工朝向组织目标行动的同时要提高员工的目标效价,达到令员工满意的激励强度。研究和实践表明,预期目标与工作成果之间关系的出现需要两个关键的前提条件:一是个人接受指定的目标,二是要向个人提供工作成果的反馈。所以,只有将组织目标与个人目标结合起来,使组织目标包含较多的个人目标,使个人目标的实现离不开为实现组织目标所做的努力,这样才能达到预期的激励效果。

因此,在分配工作任务时,管理者要注重将企业总体目标分解到各职能部门。而各职能部门经理在分配工作任务时也要注重将员工的个人目标和组织目标有效地结合在一起。同时,企业也应该尊重员工个体的价值观,营造出一种积极向上的工作氛围,让想干事的员工有事干,而且能够干成事,不断增强员工的成就感,使其在工作中实现自我价

值,以充分调动员工工作的积极性。

二、实现物质激励与精神激励的均衡

员工的需求包含了物质需求和精神需求,激励方式也应将物质激励与精神激励结合起来。通常情况下,对员工的物质激励只能满足员工较低层次的需求,例如生理和安全需求,它的激励作用层次较浅;而精神激励能够满足员工较高层次的需求,例如自我实现和尊重需求,它的激励作用较为深远。在实际工作中,我们应以物质激励为基础,同时进行精神激励,尤其随着生活水平和员工素质的提高,人们更注重尊重和自我实现需求的满足。

当然,物质激励和精神激励在不同行业、不同层次、不同素质的员工中所起的作用也不同,要视具体情况而定,但无论如何,都要将二者结合起来。知识型员工由于自身素质较高,对成就及自我实现的需求更强烈,在对他们进行物质激励的基础上,应更强调精神激励对其满足个人需求的作用。而在职业生涯的早、中、晚期,人们对金钱的需求相对于其他回报方式(诸如地位、成长、职业稳定等)的需求是不断变化的。还有一个需要考虑的因素是民族文化,美国的管理者和员工更加强调对个人绩效的回报,而欧洲和日本企业更倾向于采取缓慢提升与年功序列工资制以及提供一定程度的雇佣保障。即使在同一种文化内,变迁中的社会力量也可能改变人们对物质及精神奖励的需求,例如高通货膨胀常常使人们更加强调物质的重要性,而低增长及失业则使人们更注重内在报酬或就业的稳定性。

三、正向激励与负向激励相结合

激励分为正向激励和负向激励,正向激励是对员工符合组织目标的期望行为进行奖励,以使这种行为更多地出现,从而提升员工工作的积极性和主动性;负向激励则是对员工违背组织目标的非期望行为进行惩罚,以使这种行为不再发生。正向激励与负向激励都是必要而有效的,不仅作用于当事人,还会间接地影响到周围其他人,但负向激励具有一定的消极作用,容易使当事人产生挫折心理,进而引发挫折行为,应该谨慎使用。在具体的人力资源管理实践中,应将正向激励与负向激励结合起来,坚持以正向激励为主、负向激励为辅。

四、根据员工需求差异进行个性化激励

要想激励发挥作用,企业首先需要为员工提供他们自己认为有价值的奖励(如工作再设计、灵活的福利项目、额外的奖金等)。首先员工的需要存在个体差异性和动态性,

激励则应该因人而异、因时而异,并且只有满足最迫切需要的激励措施,其效价才高,激励强度才大。企业只有不断地了解员工所处的需要层次及其需要结构的变化趋势,并有针对性地采取激励措施,才能收到实效。例如,有一名销售人员超额完成了企业制定的个人销售目标,认为企业在年末会给予其个人一笔额外的奖金并获得"先进工作者"的荣誉称号,但他并没有得偿所愿,因为企业决定用口头表扬的方式以资鼓励,则这样的激励就不能使员工的满足程度和激励效果最大化。其次需要提供足够数量的奖励来激励员工付出努力去得到它。例如,如果超额完成工作任务和刚好完成工作任务的员工获得的奖金数额是一样的,那么这种情况就无法激励员工去超额完成工作任务。

五、激励要注重时效

无论采取哪种激励形式,例如职务晋升、奖金发放、责任增加或给予认可,都要注重时效。强化理论认为,只有在员工表现出了企业期待的行为之后立马给予强化,才能提高员工重复发生这种行为的频率。如果员工已经取得较好的工作绩效,而企业在激励时间上过分延误,那么这种奖励就会失去其保持甚至提升后续工作绩效的潜力。激励越及时,越有利于调动员工的积极性和工作热情。

六、激励要保证内部公平

公平不是简单的平均,而是完成相同任务的员工其所得和付出应该一致。企业应赏罚分明并且赏罚适度,否则干多、干少、干好、干坏都一个样,这种绝对平均是达不到激励效果的,只会挫伤员工的积极性。激励是否公平,可以影响到员工实际工作绩效的提升和下降。对于企业来说,重要的是让每一位员工都认为自己所得到的报酬是公平的,而且有进一步增加的余地,从而促进员工通过改进自己的工作绩效来得到奖励。实际工作中,企业要按照标准坚持该奖则奖、该罚则罚。

第四节 员工激励的方法

需要产生动机,动机引发人的行为,而人的任何行为都是为了满足自身的某种需要。建立科学完善的激励机制必须从满足人的需要出发。由于人们的需要多种多样、千差万别,可运用到的激励方法也应该是多种多样的。在企业管理实践中,经常用到的激励方法有工作设计激励、目标激励、薪酬激励和员工授权激励。

一、工作设计激励

工作设计是指为了有效地实现组织目标、合理地处理人与工作的关系而采取的,对与满足员工个人需要相关的工作内容、工作职责和工作协作关系的特别处理,是现代企业管理实践中的重要问题,也是确定员工工作活动范畴、责任以及工作协作关系的管理活动。系统完善的工作设计是企业激励模式的基础,可以成为提高员工工作效率、生活质量及工作满意度的基石。

自从赫兹伯格提出双因素理论后,工作设计理论便得到了巨大的发展,许多企业纷纷通过"工作再设计"来提高团队成员工作的满意度,调动他们工作的积极性。

通过工作设计来实现对员工的激励,具体而言,有如下几种方式:

(一)工作扩大化

工作扩大化是指横向增加工作任务的数量或灵活性,以避免工作单调重复,但工作的难度和复杂程度并不增加。工作扩大化的途径有两种:纵向扩大化和横向扩大化。纵向扩大化是指增加需要承担更多责任、拥有更多权力或更多自主权的任务或者职责;横向扩大化则是指增加属于同一层级的工作内容,同时增加目前包含在工作岗位中的权力。

工作扩大化是通过扩大某个岗位的工作范围,使员工的工作内容增加,从而提高员工的工作兴趣,但也要求员工掌握更多的知识和技能。工作扩大化增加了员工工作的多样性和挑战性,使员工感到更有意义,员工的积极性得到了一定程度的提高,进而提高了他们的工作效率。

(二)工作丰富化

工作丰富化是对工作进行纵向深化,改变工作内容和责任层次,同时赋予员工更多职责、决策权和控制权的工作设计方法。工作丰富化旨在向员工提供更具有挑战性的工作,使得员工在完成工作的过程中,有机会获得一种成就感、认同感、责任感和自身发展。它鼓励员工主动参与对其工作的再设计,这对组织绩效和员工个人绩效的提升都有益。在工作设计的过程中,员工可以提出针对个人工作进行某种改变的建议,目的是使他们的工作更令人满意,同时他们必须说明这样的改变是如何更有利于实现组织整体目标的。

工作丰富化是以员工为中心的工作再设计,其理论基础是赫茨伯格的双因素理论。赫茨伯格认为,在实行工作丰富化时,应该遵循以下五条原则:

(1)增加工作要求,应该以增加责任和提高工作难度的方式来改变工作;

(2)赋予员工更多的责任和权力,应该让员工拥有更多的对工作的支配权,让员工有机会参与决策;

（3）给予员工工作自主权,在一定的范围内,应该允许员工自主安排他们的工作进度;

（4）及时反馈,将有关工作业绩和表现的评估结果定期地直接反馈给员工本人,而不是只反馈给他们的上司;

（5）帮助员工制订培训计划,创造有利环境来为员工提供学习机会,以满足他们个人发展的需要。

工作丰富化的优点是明显的,与其他工作再设计方法相比,它能更大限度地发挥激励的作用,也更能令员工满意,从而提高他们的工作效率,降低缺勤率和离职率。然而,工作丰富化涉及改造工作本身的内容,所以比较复杂和困难,对员工的要求也会相应地提高,工作丰富化的成效在一定程度上还取决于员工成就动机的高低。

（三）工作轮换

工作轮换是为减轻对工作的厌烦感而把员工从一个岗位调换到另一个岗位上。它并不是要改变工作本身的内容,而只是让员工定期从一个岗位调换到另一个岗位上。这样,员工能够掌握不同的工作技能,提高对环境的适应力,也能够从全新的角度来看待问题。需要注意的是,并不是所有岗位都可以进行轮换,对专业技能有特殊要求的岗位就不适合进行轮换。所以,在进行轮换之前,要想明确哪些岗位之间可以互相调动,就必须开展工作分析。

工作轮换的优点在于不仅能够丰富员工的工作内容,减少工作中的枯燥感,还能通过提高员工的技能来为企业储备多样化的人才;工作轮换带动人员内部流动从而激发了组织的活力。然而,工作轮换也存在一定的缺陷:员工轮换到新的岗位上可能会不适应,从而导致工作效率下降;也正是由于这种不适应和不熟悉,企业往往需要提供大量的培训来解决这种问题,从而增加了企业的管理成本。

（四）工作团队

当工作是围绕小组而不是围绕个人来进行设计时,就形成了工作团队。工作团队是一种日益流行的工作再设计方法。工作团队大体上有四种类型:职能型团队、问题解决型团队、自我管理型团队和跨职能团队。

1. 职能型团队

职能型团队是由职能部门中的管理者和来自特定职能领域的员工组成的,其成员全部来自某个单一的部门,他们考虑和解决那些在其职责与专长范围内经常出现的问题。在职能型团队中,职权、职责、领导和成员的交互作用等问题都相当简单、明晰,成员经常致力于改进特定职能领域的工作活动或解决一些具体问题。一般而言,职能型团队的稳定性较高,只要组织的基本结构不变,团队就会持续下去。

2. 问题解决型团队

问题解决型团队是针对某一特定目的或任务而组成的团队,通常由组织中不同职能领域的员工组成,其目的是探讨怎样使事情做得更好。这种团队一周通常会聚集在一起几个小时,共同讨论改进产品或服务质量、提升工作效率、保证工作环境安全或鼓舞员工士气的途径。问题解决型团队的生命周期是不确定的,通常是临时性的任务编组,一旦问题得到解决,团队的使命也就结束了,临时任务小组就是一个问题解决型团队的常见例子,它只会在需要解决具体问题的时段内存在。20世纪80年代,问题解决型团队得以最广泛应用的事例是全面质量管理小组的出现。

问题解决型团队的成员主要是根据所需解决具体问题的需要而产生,其成员专业背景是多元化的,团队成员就工作流程和方法的改进以及问题的解决共同交换意见,并提出建议。问题解决型团队并不一定拥有决策权,有些团队仅限于对管理层提出建议,而最终的决策与执行权仍保留在管理层那里。但也有一些问题解决型团队拥有管理层所赋予的较大的自主权,除拥有建议权外,也拥有相应的决策与执行权。

3. 自我管理型团队

自我管理型团队通常由那些制造一个完整产品或提供一项完整服务的员工组成,其成员可能全部来自某个单一的职能领域,但更多时候成员的专业背景是多元化的、跨职能领域的。

自我管理型团队的突出特征是,团队自身根据不同的工作任务而具有不同的责任水平。在自我管理型团队中,并不是由管理者来负责整个或局部工作流程的安排和监督,团队成员集体对整个工作过程负责,并进行自我管理。具体而言,自我管理型团队需要完成的任务有:制订工作计划,进行工作日程安排,在成员中进行工作分配,决定团队的领导者,做出决策,针对问题采取行动,向团队成员提供反馈等,它是由整个团队——不仅仅是领导者——共同决定要做什么以及如何去做。有的自我管理型团队甚至能够自主地选择成员,并凭借成员间的相互评价来进行鼓励,结果是领导者的角色逐渐变得不那么重要了。

4. 跨职能团队

跨职能团队可以由不同职能领域(有时候是不同层级)的员工组成,这些成员聚集在一起完成各种各样的特定任务,从这个角度来看,跨职能团队与任务小组类似。然而,跨职能团队不同于任务小组的地方在于,整个团队是完成组织核心工作的主要媒介。目前,很多组织都在使用跨职能团队,常见的形式是委员会模式。

在跨职能团队中,来自不同职能领域的团队成员可以有效地沟通交流、提出解决问题的新思路以及协调复杂的工作任务。这种团队通常被用于加快设计、研发、生产和服务过程,能够有效地推动创新。

(五)灵活的工作时间

灵活的工作时间安排可以有以下几种形式:

1. 压缩工作周

压缩工作周是指员工每周的工作日减少,但每天的工作时间增加。例如,可以每天工作10小时,每周工作4天。这种方式使员工有更多的时间处理个人事务。

2. 弹性工作制

弹性工作制要求员工每周工作一定的时间,但在限定范围内员工可以自由地安排工作时间。弹性工作制一般将工作时间分为共同工作时间(核心工作时间)和弹性工作时间两部分,在核心工作时间内要保证所有员工都在工作岗位上工作,而在弹性工作时间内员工则被允许做灵活的时间安排。

弹性工作制由于可以使员工更好地根据个人需要安排他们的工作时间,使他们在工作时间安排上能行使一定的自主权,因此员工能够将他们的工作调整到最具生产效率的时间来开展。但是,这种安排会给管理者对核心工作时间以外的员工进行指导造成困难,也容易导致工作轮班的混乱。监督和管理是决定弹性工作制能否取得成效的关键。需要注意的是,弹性工作制并不适用于所有的工作。

3. 工作分担

工作分担是指由两名或多名员工共同承担一个全日制的工作任务。在这种情况下,员工按照工作时间长度或工作成果的数量来计薪。

4. 远距离办公

远距离办公允许员工在工作日待在家里办公,通过网络与公司保持联系,自主安排工作进度。

二、目标激励

目标激励就是通过制定适当的目标来激发人的动机和行为,达到调动人的积极性的目的。目标作为一种诱因,具有引发、导向和激励的作用。当组织为员工设立的目标强烈且迫切地需要实现时,员工就会关注组织对自身的期望,对工作产生强大的责任感,在无人监督的情况下也能自觉地把工作做好。这种目标激励会产生强大的效果。

目标设置理论认为:给员工设置明确的、可量化的且具有一定挑战性的工作目标,并在其朝目标努力的过程中不断地给予反馈,能够发挥很大的激励作用。具有中等难度且具体的目标,一旦被接受,就会比容易实现的目标激发出更高水平的工作绩效。

然而,并不是所有的企业都能够有效地通过设置目标来达到激励的作用,有些企业在设定目标值时未能全面考虑市场行情、企业发展等现状,导致下达的工作目标脱离现实,不是太高就是太低。目标值过高,员工经过努力仍旧无法实现,这样就会打击员工的自信心,使他们减少工作投入;而目标值过低,各部门及员工都能轻而易举地实现,在这种情况下,有些企业就会降低奖励水平,从而挫伤员工的积极性,导致员工对企业失去信任,最终破坏企业内部的激励机制。在目标值设定不准确的情况下,企业可以事先与员工进行一定程度的沟通,让员工了解企业实际的运营状况,并向员工征求调整激励方式的建议,然后再修正目标值,切忌在目标激励中破坏了员工对企业的信任。

除此之外,企业在进行目标激励时,还应注意以下几点要求:

(1) 目标的设置要考虑被激励者的能力,要让他们通过努力能够实现预期的目标;

(2) 目标的设置同样要考虑被激励者的需求,被激励者会朝着自己看重的目标努力奋斗;

(3) 激励目标和措施要因人而异,要留意员工需求和能力的变化情况;

(4) 目标实现后要及时给予一定的强化,让被激励者对于来自组织的目标保持较高的效价。

三、薪酬激励

薪酬激励是通过物质刺激的手段,满足员工在物质生活方面的需求,从而激励他们为企业努力工作。彼得·德鲁克认为,如果要视薪酬为有效的诱因,就必须具备某些先决条件。薪酬激励是最常见的激励方式,但是要想真正发挥薪酬的激励作用,就必须使薪酬水平与员工实际的工作表现成正相关。同时,薪酬标准和水平应该与员工所在的工作岗位、所处的职能领域、所处的行业及地域等因素相关联,需要企业与时俱进地根据环境的变化做出调整,制定出符合企业实际情况并且具有一定外部竞争性的薪酬标准,以达到企业留住人才的目的。

对于员工而言,薪酬不仅是劳动回报,它在一定程度上还代表着自身在企业的价值,代表企业对员工工作的认同,甚至代表个人能力和职业发展前景。设计一个能够吸引和留住优秀员工,并激励他们不断开发潜能的薪酬体系,是企业追求的目标。

企业要想通过薪酬来激励员工,就必须重视薪酬的外部竞争性和内部公平性。薪酬的竞争性是一个相对的概念,并不是越高越好。企业一方面要通过较高的薪酬吸引和留住员工,另一方面也要考虑到企业的人工成本。因此,企业要结合员工发展、职位晋升等其他激励因素来制定一个合理的薪酬战略。薪酬的高低目前是评价员工自身价值的标准之一,即使是高出市场平均薪酬一点点,也会对员工起到很大的激励作用。同时,根据亚当斯的公平理论,企业薪酬不仅要在外部竞争环境中保持竞争优势,更要保证其内部分配的公平性。员工的工作动机不仅受到绝对报酬的影响,而且受到相对报酬的影响,他们会把自己付出的劳动和所得与他人付出的劳动和所得进行横向比较,也会把自己现在付出的劳动和所得与自己过去付出的劳动和所得进行纵向比较,从而感知是否公平。报酬会影响员工的绩效水平,如果员工认为工作一个阶段以后所得到的报酬是相对公平的,则会受到激励,从而在以后的工作中保持并提高努力程度;反之,一个没有得到公平对待的员工可能只会维持努力到仅能保住其岗位的水平,甚至降低原有的努力程度。

因此,企业要想真正实现薪酬激励的效果,就必须进一步完善薪酬激励方法的设计。

(一) 薪酬激励应注重激励因素的增加

按照双因素理论,广义的薪酬可以分为两类:一类是保健因素,如工资、固定津贴、国家强制性福利等;另一类是激励因素,如奖金、员工持股、培训发展等。如果保健因素达不到员工的期望,就会使员工感到不满意,导致员工士气下降、企业人才流失等。尽管高额工资和多种福利项目能够吸引员工,但这些常常被员工视为应该得到的待遇,属于保健因素,难以起到激励作用。而真正能够调动员工工作热情的是激励因素。因此,企业在确定薪酬结构时就应该提高激励因素的比重,考虑根据员工的个性化需求采用弹性的薪酬模式。

企业在员工福利方面也应该提高激励因素的比重,同时主动满足员工的个性化需求。完善的福利系统对吸引和留住员工非常重要。员工个人的福利可以分成两类:一类是强制性福利,企业必须按法律规定的标准执行,比如养老保险、失业保险、医疗保险、工伤保险、住房公积金等;另一类是企业自行设计的福利项目,常见的如人身意外保险、补充养老保险和医疗保险、个人财产保险、免费旅游、午餐补助和带薪休假等。员工有时会把这些福利折算成收入,用以比较企业是否具有物质吸引力。对企业而言,福利是一笔不小的开支,但对员工来说,其激励性不大。最好的办法是采用菜单式福利,即根据员工的个性特质和需求,列出一些福利项目,并事先规定好福利总额,让员工自由选择,各取所需。这种方式具有很强的灵活性,能够有效地实现对员工的激励。

(二) 薪酬激励应灵活使用薪酬支付方式

对不同的员工要使用不同的激励手段。人的需求是有层次的,对绝大多数人而言,工资只是作为满足低层次需求的保障条件。对高层次人才而言,即使工资较高但如果缺少培训和发展机会,则仍然缺乏吸引力。如果我们将货币性薪酬和非货币性薪酬结合起来运用,就能获得意想不到的效果。货币性薪酬主要包括工资、津贴、奖金等,而非货币性薪酬则包括企业为员工提供的所有保险项目、旅游项目、文体娱乐活动、晋升空间、培训机会等。同时,对员工的奖励也可以通过一定的形式使其家属有机会分享,例如日用品公司让超额完成任务的员工每月以内部价格购买公司的各种日用品,这样会有助于动员社会力量,支持员工辛勤劳动和职业奉献。企业通过减少常规定期的奖励,增加不定期的奖励,让员工有更多意外的惊喜,也能够增强激励效果。

(三) 薪酬激励应重视对团队整体的激励

尽管从激励效果来看,奖励团队比奖励个人的效果要弱,但为了促使团队成员之间相互合作,同时防止上下级之间由于工资差距过大而出现普通员工心理失调的现象,企业有必要建立团队奖励计划。对优秀团队的考核标准和奖励标准,要事先定义清楚并保证每个团队成员都能理解。具体的奖励分配形式可归纳为三类:第一类是以节约成本为基础的奖励,将整个团队的业绩收入乘以一定的百分比,直接奖励给员工所在团队;第二类是以利润分享为基础的奖励,也可以视为一种分红的方式;第三类是从工资总额中拿出一部分设定为奖励基金,根据团队目标的完成情况,按照预先设定的奖励标准进行奖励。

(四)薪酬激励应选择合适的计薪方式

在激励方式的选择上,首先应选择具有激励性的计薪方式。计薪方式通常包括按时计薪、按件计薪和按工作绩效计薪等。最缺乏激励效果的是按时计薪,但这种方式也有一定的优势:员工收入稳定,实施方便;员工成本易于预测,不会因强调产出数量而忽视质量等。按件计薪对员工的激励作用十分明显,但它仅适用于产出数量容易计量、质量标准界定明晰的工作。对于管理者,则应采用按时计薪与按工作绩效计薪相结合的方式。对于高层次的人员,可以考虑将企业利润作为重要的业绩指标而与薪酬挂钩,将薪酬与可量化的业绩挂钩,则更具激励性和公平性。

薪酬激励虽然是企业常用的一种经济性激励方式,但是员工作为社会个体除了具有物质需求,在经济高速发展的当下,面对日益强大的工作压力,还具有精神需求等非物质需求。在现实生活中,除了员工个人的职业发展,通过工作本身、上级对下级的人文关怀、组织公平宽容地对待员工而使其充满感激等方式带给员工的激励作用,也能提高员工工作的积极性和工作热情,转变员工的工作态度。这些都要求企业在对员工进行激励时考虑经济性激励和非经济性激励的均衡,综合使用两种激励方式。

针对员工的非经济性激励可以分为精神激励、工作本身激励、个人发展激励和外部环境激励四类。每一种激励方式都有可供选择的一系列手段,详见表8-1。

表8-1 非经济性激励方式

激励类型	描述	非经济性激励手段
精神激励	对施加控制和影响表示极大的关心	权利
	希望得到较高的道德评价,对名誉十分看重	名誉
	注重公平,不公平严重影响积极性	公平
	希望能够与领导和周围同事充分地沟通,了解各自的需求和看法	沟通
	渴望受到领导和其他员工的尊重	尊重
	渴望得到上级的信任	信任
工作本身激励	工作中能不断地有新的挑战	挑战性工作
	从事的工作能被人重视并希望得到他人的认可	重视和认可
	工作能激发内在的兴趣,调动工作的积极性	工作兴趣
个人发展激励	良好的晋升机会	晋升
	工作能带来成就感	成就
	有良好的培训教育体系	培训
	组织能创造施展个人才华的空间	创造施展才华空间

（续表）

激励类型	描述	非经济性激励手段
外部环境激励	希望建立良好的人际关系,积累充足的人脉资源	人脉
	对于同事和领导,榜样力量有很大的影响力	榜样
	很注重员工之间的团队合作	参与
	很注重组织的发展前景	目标
	组织能提供高质的安全保障	安全
	能很好地安排和协调工作与生活的时间	弹性工作时间

资料来源：朱阳.FLA公司基于企业文化的非经济性激励研究[D].长春：长春理工大学,2011。

四、员工授权激励

授权是激励员工的可行方法。有效的授权必然会使员工更多地参与到组织的日常运作和决策活动中来,能够增强员工的责任感和主人翁意识,从而调动员工的工作热情。然而,更为重要的是,管理者要了解如何正确、合理地给员工授权,掌握授权的艺术和技巧,这样才能使授权对员工起到最大的激励作用。

（一）授权要因人而异

因人授权也就是要根据员工能力大小及其个性特征等来进行差异化授权。对能力相对较弱的员工,应减少授权；而对于能力较强的员工,则应多授予一些权力,这样可以激励其更好地完成工作。同时,授权也要充分考虑员工的个性特征。比如,对于性格外向的员工,可以让他们自行处理人际关系以及部门之间需要沟通协调的事项；而对于性格内向的员工,则适宜让他们针对某些专业难题进行分析和处理。

（二）授权要公开透明

公开授权可以使所有相关部门的人员清楚地了解被领导授权的人是谁、被授予的权力是什么以及大小如何等,从而避免在今后处理相关事务时出现程序混乱或者其他部门和个人"不买账"的现象。同时,公开授权体现了领导对被授权者的充分信任和肯定,可以更好地起到激励作用。

（三）授权要有据可依

管理者最好以备忘录、授权书、委托书等书面形式明确对员工的授权,这样可以更好地帮助该员工完成工作。当有人不服从被授权者的安排时,被授权者就可以以此为证。

（四）授权要维持一定的时间长度

管理者不要因被授权者工作上稍有偏差或失误就将权力收回。这种做法容易使下属对领导授权产生怀疑,认为自己并不受领导信任,有一种被欺骗感,从而极大地打击员工的积极性。所以,授权后的一段时间,即使被授权者表现欠佳,管理者也应该通过适当的指导或者创造一些有利的条件来帮助其逐步改正错误,不应立马收回权力。

(五)授权不授责

管理者在对下属进行授权时是将权力而不是责任让渡给下属,如果下属未能很好地完成任务,则管理者自身应当承担相应的责任,而不能因授权给了下属而将责任推卸掉,这样就会失去授权的激励作用,反而导致员工的不满。

管理者有效实施授权以激励员工应当按照如下步骤进行:

1. 授权之前要明确划分职责

授权的基础应该是职责的细分,而不是具体任务的制定,授权之前自上而下细分职责是很重要的环节。在职责确定之后,员工会更有动力地处理在职责范围内的各项任务。

具体而言,首先,管理者必须清楚自己所担任职务的职责和权限,明白组织对自己的要求,并就每一项职责与自己的上级进行沟通,获得他们的认可,确定自己的岗位说明书。然后,管理者需要根据岗位说明书上明确的职责要求,对本部门或团队内部分工做出有效的分析和规划,明确授权对象的职责,让他们了解上级对自己的期待和要求,从而更加有方向地工作。只有分工明确,才能理顺权限关系,避免上下级互相推诿扯皮现象的发生,这在一定程度上也保证了授权的有效性。

2. 选择合适的方式实施授权

授权不只是简单的权力下放的过程,它还涉及许多方面,比如授权内容和授权方式的选择。对象不同、情境不同、任务不同,授权内容和方式也会不同。具体的授权方式有四种:刚性授权,管理者明确职责、权限和任务完成时间,授权对象需严格遵守;模糊授权,管理者明确目标,但对如何实现目标不做硬性要求;惰性授权,管理者不知如何做或不愿去做,所以将工作任务及其包含的权限和责任全部授予下属来完成;柔性授权,管理者只提供给下属一个大致的方向,不做具体规划和安排,授权对象做事的余地较大。

3. 授权之后要随时进行监督和控制

授权之后,管理者要通过定期工作汇报、绩效考核等方式对被授权者的工作予以及时、有效的监督和控制。管理者对于被授权者的出色表现要及时地给予表扬和奖励,对于出现的失误则要加以指导并及时纠正。管理者要想做到事无巨细很不容易,也不可能。适当的授权不仅能把管理者从繁重的事务性工作中解脱出来,还能激发员工的工作热情,增强员工的责任感。

员工激励的方法有很多,不同的激励方法所能达到的激励效果也会有所差异。本书有侧重性地介绍了四种员工激励方法,管理者应根据企业的实际情况同时考虑到员工需求和个性特征的差异,有针对性地进行激励,以最大限度地调动员工的工作热情,提高员工的工作效率和效果。

本章小结

1. 激励,即调动人的积极性的过程。激励有助于激发和调动员工工作的积极性,有助于将员工的个人目标导向实现组织目标的轨道,有助于增强企业的凝聚力,促进内部各组成部分的协调统一。随着现代社会的发展,组织对人的要求也越来越高,员工的积极性和创造性成为决定组织成败的关键。

2. 激励理论主要包括内容型激励理论,如需求层次理论、双因素理论、成就需要理论和 ERG 理论;过程型激励理论,如期望理论、公平理论和目标设置理论;行为改造型激励理论,如强化理论和归因理论。这些激励理论对企业的管理实践都能产生一定的启发。

3. 员工激励的基本原则为:实现组织目标与个人目标的有效结合,实现物质激励与精神激励的均衡,正向激励与负向激励相结合,根据员工需求差异进行个性化激励,激励要注重时效,激励要保证内部公平。

4. 员工激励的方法有工作设计激励、目标激励、薪酬激励和员工授权激励。企业在对员工进行激励时应综合使用多种激励方法,以最大限度地调动员工的工作热情,转变员工的工作态度。

复习思考题

1. 简述激励的内涵及激励过程。
2. 内容型激励理论有哪些,如何将其应用到企业的管理实践中去?
3. 管理者有效实施激励应当遵循的六大激励原则是什么?
4. 结合实际,谈谈你对经济性激励和非经济性激励的认识。

案例与讨论

××电信公司如何建立合理的激励机制

近年来,电信行业处于改革的浪潮中,在这种大环境下,无论是产业结构、资本结构还是竞争格局,电信行业都要做出相应的改革,随之而来的是电信行业内部也需要相应地进行调整。电信企业应如何建立合理的激励机制?下面以××电信公司为例来提供实践经验。

一、健全考核评价体系,不断增强绩效考核的激励性

(一)设计科学的考核指标体系

在明确岗位职责的基础上不断优化部门绩效计划书和员工绩效考核指标库,淘汰、

修改难以考核或形同虚设的指标,尽量设立与工作职责密切相关、可以衡量、易于考核的指标,建立操作性强、定量与定性指标有机结合的指标体系。同时,建立客观而明确的考核标准,定量考核,用数据说话。对照各部门及每位员工岗位职责的实际情况,将绩效目标自上而下层层分解,力争科学合理、公平公正地进行考核,让每位员工对自己的绩效目标既感到压力,又觉得是可以通过努力实现的,从而使员工的绩效考核更具导向性与激励性。

（二）构建有效的考核沟通机制

通过持续的沟通来提供绩效反馈,调动广大员工的主动性和积极性。一是部门主管要同员工一起分析其工作完成情况和质量,就员工绩效合约的内容逐项与员工面谈,客观、公正地评价员工,指导、帮助其制定改进措施,并做好面谈记录;二是人力资源部要认真听取员工对绩效考核工作的意见和建议,了解员工的想法,及时帮助员工认清目标、反馈信息,更好地改善工作业绩。

（三）加强绩效考核的有效应用

在绩效考核的基础上,对考核结果为优秀、良好、合格或较差的员工实行分类动态管理,作为其岗位调整、职级升降的主要依据,从而使绩效考核结果落到实处,促进绩效考核的良性发展。同时,在科学的岗位分析的基础上,采取积分制小步快跑,员工积满一定分数,绩效等级可以上浮一小级,从而让每一位员工具有明确的工作目标和价值定位。

二、完善薪酬激励体系,不断增强企业发展动力

薪酬并不是把工资和奖金简单地分配给员工,而是以有限的资金激发员工的工作积极性,从而提高企业的经济效益。为此要建立合理的薪酬激励机制,拉开收入差距。为实现这个目的,××电信公司进行了一系列改革。

（一）创新薪酬激励机制

引进岗位评价系统,实行具有差别化的薪酬政策,以岗定薪,不断完善、细化各岗位、层级的绩效工资和奖金标准,使之更具激励性和差异性。将薪酬与业绩挂钩,把员工工资从过去论资排辈的阶梯式彻底改变为在什么岗位拿什么工资、工资随着岗位变动而变动的模式。进一步完善客户经理、话务员和营业员按业绩、计件考核的薪酬分配办法,探索试行线路、宽带维护等岗位的合理薪酬分配形式,使薪酬分配更适应岗位特点。

（二）试行主营业务收入认购责任制

为进一步引导各单位、各渠道紧密围绕收入目标、充分发挥能动性开展经营工作,××电信公司试行主营业务收入认购责任制,推进目标激励机制,在保证存量的基础上,对增量主营业务收入实行认购责任制。在全区一级经营单位试行业务收入与绩效工资总额挂钩,年业务收入分为存量和增量两部分,完成存量业务收入则给予上年度绩效工资总额的70%,增量部分实行分档认购,按认购档次和完成情况分别对应不同的绩效工资含量。

（三）设立总经理奖励基金

为适应电信企业竞争与发展的需要，充分调动经营管理者的积极性和创造性，坚持薪酬激励机制与岗位职责、工作业绩和贡献直接挂钩，可以设立总经理奖励基金，对在业务拓展、劳动竞赛、技术革新以及业务完成情况等方面表现突出的中层经营管理者进行奖励。

三、完善职业发展激励体系，为员工提供实现自我价值的舞台

（一）构造多渠道人才晋升通道

打通技术和管理双向晋升通道，使管理岗位上的员工既可以按管理类职业方向发展，又可以走技术业务专家通道，有效地解决管理通道过于拥挤的状况，为技术、业务人员提供新的发展通道，使各类人才充分享受实现自我价值的满足感、工作成就感，激发全公司技术、营销人员的工作积极性。

（二）健全员工职业生涯规划体系

加快建立、健全各类员工职业生涯规划体系，如建立岗位纵向和横向发展机制，依据员工绩效积分和竞聘上岗实施岗位晋升、降级、转岗、轮换和岗位工作扩大化，为员工提供更大的发展空间。对于社区经理这支一线队伍，主要是通过星级、层级评定来落实诸如提供保险和相应培训机会等不同的奖励，并根据层级评定情况对五级社区经理优先推荐录用为劳务工，打通社区经理职业生涯通道，充分调动社区经理的工作积极性，加强社区经理队伍建设。

四、创建良好的企业文化，帮助员工树立自我激励意识

企业文化是企业的灵魂所在，能对员工的行为产生内在的约束力。优秀的企业文化能够培育出一种与企业同呼吸、共命运的企业精神，树立起共同的价值观，对员工的行为产生永久的激励作用。

（一）营造"快乐工作"的氛围

××电信公司在全公司内开展"快乐工作"主题系列活动，通过开展"快乐管理""快乐工作""快乐服务""快乐生活"和"快乐成长"等具体活动，纾解广大员工的工作压力，为广大员工创造宽松、团结、向上的工作环境，营造和谐的工作氛围，促进企业文化落地生根。

（二）切实做好关爱员工的工作

把重视解决实际问题和及时排忧解难作为思想政治工作的切入点，切实做好关爱员工的工作。围绕员工的不同层次、不同年龄和合理正当的利益需求，建立起制度有保证、领导负责任、信息反应快的工作机制，构筑党政工团齐抓共管的完善的工作网络，努力为员工的工作、学习、生活创造良好的环境。

总之，电信企业应该认真分析当前形势，结合本企业实际，根据员工的不同特点综合运用多种激励机制，把激励的手段和目的结合起来，改变思维模式，真正建立起适应企业

特色、时代特点和员工需求的开放的激励体系,以使企业在激烈的市场竞争中立于不败之地。

资料来源:案例:电信企业如何建立合理激励机制[EB/OL].(2012-02-22)[2020-08-05].https://zl.hrloo.com/file/40438,有删改。

思考题:

1. ××电信公司的激励机制适合在哪些行业推广?
2. 如何针对不同的员工综合运用多种不同的激励方式?

本章参考文献

[1] 稻盛和夫.调动员工积极性的7个关键:稻盛和夫经营问答[M].曹岫云,译.北京:机械工业出版社,2015.

[2] 李道永.所谓管理好就是会激励[M].北京:中国友谊出版公司,2018.

[3] 李琳.HR员工激励整体解决方案[M].北京:中国人民大学出版社,2018.

[4] 李永瑞.组织行为学[M].北京:高等教育出版社,2011.

[5] 斯蒂芬·P.罗宾斯等.组织行为学[M].第16版.孙健敏等,译.北京:中国人民大学出版社,2016.

[6] 唐华山.激励员工不用钱(高效实用版)[M].北京:人民邮电出版社,2019.

[7] 朱阳.FLA公司基于企业文化的非经济性激励研究[D].长春:长春理工大学,2011.

第九章 绩效管理

【学习目标】

1. 了解绩效及绩效管理的相关概念及特点;
2. 掌握绩效计划的制订与实施;
3. 掌握战略导向的 KPI 指标与绩效管理;
4. 掌握绩效考评的方法及其相关过程;
5. 掌握如何进行绩效反馈与改进。

引导案例

为什么设定目标反而导致利润下降?

一家制药公司决定在整个公司内部实施目标管理。事实上,公司之前在为销售部门制定奖金系统时已经用到了这种方法。公司通过对比实际销售额与目标销售额,支付给销售人员相应的奖金。这样,销售人员的实际薪资就包括基本工资和一定比例的个人销售奖金两部分。

销售大幅度提上去了,但是却苦了生产部门,他们很难完成交货计划,销售部抱怨他们不能按时交货。总经理和高级管理层决定为所有部门和个人经理以及关键员工建立一个目标设定流程。为了实施这个新的方法,他们需要用到绩效评估系统。于是,他们请了一家咨询公司来指导管理人员设计新的绩效评估系统,并就现有的薪资结构提出改进建议;还请咨询顾问参与制定奖金系统,该系统与年度目标的实现程度密切相关。咨询顾问指导经理们如何组织目标设定的讨论和构建绩效回顾流程。

总经理期待着很快能够提高业绩。然而不幸的是,业绩不但没有上升,反而下降了。部门间的矛盾加剧,尤其是销售部和生产部,生产部埋怨销售部销售预测准确性太差,而销售部则埋怨生产部无法按时交货。每个部门都指责其他部门的问题,客户满意度下降,利润也在下滑。

资料来源:为什么设定目标反而导致了矛盾加剧和利润下降?[EB/OL].(2014-12-04)[2020-08-05].http://blog.sina.com.cn/s/blog_819fae530102vi8h.html,有删改。

思考题:这家制药公司如何解决目前面临的问题?

第一节　绩效管理概述

一、绩效

(一) 绩效的含义

"绩效"一词在英文中是"performance",是 perform(根据要求采取行动)之后的结果,即所完成的事、成就(something performed;accomplishment)的意思。

在管理学领域的理论和实践中,"绩效"已经成为重要的关键词。其基本含义是"成绩和效果",可以定义为"个人、团队或组织从事一种活动所获取的成绩和效果"。实际上,绩效就是结果,就是收获,就是进展情况,是投入了要素之后的产出,付出了成本之后的收益。凡是有活动,就会有结果,即绩效。绩效有大有小,有好有坏。

按照参与活动的主体是个人、团队还是组织,绩效可以分为个人绩效、团队绩效和组织绩效。三种绩效可以以毫无关联的形式独立存在。对于一个组织内的关联活动而言,个人绩效、团队绩效和组织绩效既有区别又有联系。一方面,三种绩效的层次不同、大小有别;另一方面,三者又联系密切,团队绩效取决于个人绩效,组织绩效取决于团队绩效。

需要注意的是,团队绩效虽然取决于个人绩效,但并不是团队中个人绩效的简单相加;团队绩效有可能大于团队中个人绩效之和(合作,高绩效团队),也有可能小于团队中个人绩效之和(不合作,产生内耗)。同理,组织绩效有可能大于组织中所有团队绩效之和。一般而言,团队和组织绩效要大于其组成部分绩效之和。这是团队和组织存在的根据与理由;否则,组建团队、建立组织的意义就会大打折扣。

从战略管理视角,可以定义战略绩效(Strategic Performance)概念。按照上述绩效概念的逻辑,战略绩效可以界定为个人、团队或组织在从事与战略管理有关的活动中所表现出来的并且能够被评价的成绩和效果。执行战略任务、落实战略目标、实现组织使命,在围绕组织战略管理开展的一系列活动中,行为主体所采取的活动,总是能够创造出成绩、产生效果。

(二) 绩效的特点

绩效的特点中值得强调的是它的多因性、多维性与动态性。

1. 多因性

多因性是指员工的绩效受多重因素的影响,既有员工个体的因素,如知识、能力、态度、价值观等,又有企业环境的因素,如组织制度、激励机制、工作设备和场所等。这里指

绩效的优劣并不取决于单一的因素,而要受到主客观多种因素的影响。绩效和影响绩效的因素之间的关系可以用公式表示:

$$P=f(A,M,O,E)$$

式中,f 表示一种函数关系;P(Performance)就是绩效;A(Ability)就是能力,指员工自身具备的能力;M(Motivation)就是激励,指员工在工作过程中受到的激励;O(Opportunity)就是机会,指员工在工作过程中所获得的机会;E(Environment)就是环境,指工作场所、工作设备等。此公式说明的是,绩效是能力、激励、机会和环境四个变量的函数。其中,能力和激励为员工自身所拥有,属于主观因素,直接对绩效产生影响;而机会和环境则属于客观因素,对绩效产生间接影响。

2. 多维性

这里指绩效需要从多个维度或方面去分析与考评,员工的工作结果和工作行为都属于绩效范围。例如,考察一名工人的绩效除了看产量指标完成情况,质量、原材料消耗、能耗、出勤,甚至团结、服从、纪律等都需要综合考虑、逐一评估,但各个维度可能权重不等,考评侧重点也可能有所不同。一般来说,我们可以从工作业绩、工作能力和工作态度三个维度来评价员工绩效。

3. 动态性

动态性是指员工的绩效是变化的。比如,随着时间的推移,原来绩效较差的员工可能会转好,或者原来绩效较好的员工也有可能变差。这种动态性就决定了绩效的时限性,绩效往往是针对某一特定的时期而言的。因此,管理者切不可凭一时印象,以僵化的观点看待下级的绩效。

总之,管理者对下级绩效的考察,应该是全面的、发展的、多角度的和权变的,力戒主观、片面和僵化。

二、绩效管理

(一)战略与绩效管理

随着信息时代的到来,企业核心价值基础来源由有形资源向无形资源的改变,源于企业对人力资本、企业文化、信息技术、内部运作过程质量和顾客关系等无形资产的开发与管理,而这一切都决定于员工素质水平。员工素质是企业战略能否实现的决定性因素之一,这就要求绩效管理体系既要体现出战略性,又要体现出员工素质导向性,强调员工能力、潜力的识别及发展培训。企业管理者要站在战略管理的高度,基于企业长期生存和持续稳定发展的考虑,对企业发展目标、达到目标的途径进行总体谋划。

战略的成败以绩效的好坏为标志,而绩效的好坏在一定程度上取决于绩效管理水平与质量。从这个角度来讲:战略绩效管理即以战略为导向的绩效管理系统,并促使企业在计划、组织、控制等所有管理活动中全方位地发生联系并适时进行监控的体系。其活动内容主要包括两方面：一是根据企业战略，建立科学规范的绩效管理体系，以战略为中心牵引企业各项经营活动；二是依据相关绩效管理制度，对每一个绩效管理循环周期进行检讨，对经营团队或责任人进行绩效评价，并根据评价结果对其进行价值分配。

（二）目的

绩效管理的目的主要体现在三个方面：战略、管理与开发。绩效管理能够把员工的努力与战略目标联系在一起，通过提高员工个人绩效来提高企业整体绩效，从而实现企业战略目标，这是绩效管理的战略目的；通过绩效管理，可以对员工的行为和绩效进行评价，以便及时地给予相应的奖励以激励员工，其评价结果是企业进行薪酬管理、做出晋升以及保留或解雇员工等重要人力资源管理决策的重要依据，这是绩效管理的管理目的；在实施绩效管理的过程中，可以发现员工存在的不足，在此基础上有针对性地进行改进和培训，从而不断地提高员工素质，达到提高绩效的目的，这是绩效管理的开发目的。

（三）责任

绩效管理虽然是人力资源管理的一项职能，但这绝不意味着绩效管理就完全是人力资源部门的责任。绩效管理的目的是发现员工工作过程中存在的问题和不足，通过对这些问题和不足的改进来提高员工的工作绩效。而对员工工作情况最了解的正是员工所在部门的管理者，因此绩效管理是企业所有管理者的责任，只是大家的分工不同而已，在某种程度上甚至可以说，绩效管理者水平的高低反映了企业管理水平的高低。

（四）绩效管理的实施

为了达到绩效管理的目的，绩效管理的实施应当贯穿管理者的整个管理过程，在某种意义上，管理者的管理工作其实就是一个绩效管理的过程。绩效管理绝不是在绩效周期结束时对员工的绩效做出评价那么简单，而是要体现在管理者的日常工作中，成为一种经常性的工作，在绩效周期结束时对员工的绩效做出评价只是这一过程的一个总结。

三、绩效管理的意义

作为人力资源管理的一项核心职能，绩效管理具有非常重要的意义，这主要表现在三个方面。

1. 绩效管理对组织的意义

从整个组织的角度来看，组织的目标被分解成各个业务单元的目标以及各个职位上每个工作者的目标。有了个人目标的达成，也就有了业务目标的达成，而组织的整体目标是由各个业务单元的绩效来支持的，也就是由每个员工的绩效来支持的。绩效管理与组织目标之间的关系如图9-1所示。

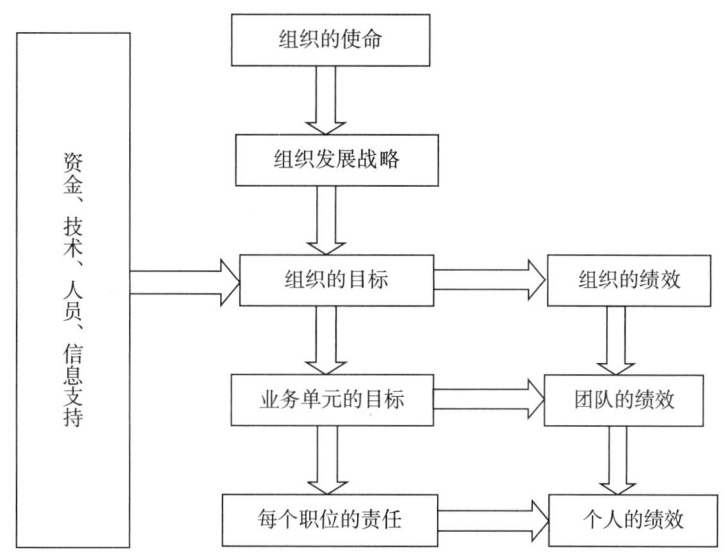

图 9-1 绩效管理与组织目标之间的关系

资料来源：武欣.人力资源管理——管理学与心理学的整合应用[M].北京：中国轻工业出版社，2014：190。

因此，绩效管理对组织的意义主要体现在：

（1）增强战略的执行能力，提升组织绩效。

（2）通过高绩效的工作系统和对员工贡献的认可形成良好的组织氛围与高昂的士气。

（3）使组织的学习过程中有效的做事方式被保留下来，无效的被淘汰，差距不断缩小；通过对员工绩效和能力的识别，保留最有价值的员工。

2. 绩效管理对管理者的意义

绩效管理使得管理者有机会将组织的目标和工作期望传递给团队中的员工，并取得他们对目标的认同，使他们能够朝着共同的目标努力，并且能通过监控对员工绩效执行过程掌握一些必要的信息。

管理者从绩效管理中获得的收益主要表现在：

（1）有助于管理者在人力资源管理活动中实现科学、合理的决策；

（2）使管理者能够"通过他人获得成功"；

（3）使管理者能够对下属的表现"尽在掌握"，及时发现下属的绩效问题，并帮助其改进。

3. 绩效管理对员工的意义

员工在绩效管理中不是被动的评价者，而是积极的参与者。在绩效管理过程中，员工可以得到的益处是：

（1）有助于提高员工的满意度。首先，通过有效的绩效管理，员工的工作绩效不断改善,成就感逐步提高,从而满足自我实现的需要;其次,通过完善的绩效管理,员工不仅可以参与到管理过程中,而且可以得到绩效的反馈信息,这使他们感到自己在企业中受到了重视,从而满足尊重的需要。

(2)有助于保证员工行为与企业目标的一致。企业绩效的提高有赖于员工的努力,人们对此早已形成共识,但是近年来的研究表明,二者的关系并不像人们想象的那么简单,而是复杂的(见图9-2)。

	员工工作努力程度	
	高	低
努力方向与企业目标的一致性 高	企业绩效 大幅度提高	企业绩效 有所提高
努力方向与企业目标的一致性 低	企业绩效 降低	企业绩效 无明显变化

图 9-2　企业绩效与员工努力程度的关系

四、绩效考核与绩效管理的关系

绩效考核已经成为人力资源管理的一个工具,通过与企业经营战略和其他管理环节紧密结合,绩效考核已经突破原有的功能而发展成为绩效管理,它通过把每一个员工的工作与组织的使命联系在一起,强化了组织的整体经营目标。

(一)绩效管理与绩效考核的联系

绩效管理包括绩效计划、绩效实施、绩效考核、绩效反馈,在这个过程中绩效沟通贯穿其中。绩效考核只是绩效管理的一个环节,在绩效管理中占有很重要的位置,如果绩效考核做不好,那么整个绩效管理效果将大打折扣,甚至出现绩效下降的现象,所以必须加以重视。

(二)绩效管理与绩效考核的区别

绩效管理是对绩效考核的新发展,绩效考核是绩效管理的局部环节和手段,二者是不同的。具体表现为:

(1)绩效考核是对员工个人或部门绩效的评价,而绩效管理是把对组织绩效的管理和对员工绩效的管理结合在一起的体系,是从战略高度对绩效进行管理,着眼于组织绩效和长远发展。

（2）绩效考核是事后考核工作的结果，而绩效管理包括事前计划、事中管理、事后考评，所以绩效考核仅是绩效管理中的一个环节。

（3）绩效考核侧重于判断和评估，而绩效管理侧重于信息沟通和员工个人及组织整体绩效的提高。

（4）绩效考核往往只出现在特定时期，如月末、季末或年末，绩效管理则伴随着管理活动的全过程。

由于对绩效管理的片面认识将绩效考核与完整的绩效管理割裂开来，往往使组织的绩效管理系统没有与组织的战略目标联系起来。而且，绩效考核仅仅被视为人力资源管理的一个工具，通常被认为只是人力资源管理部门的人应该考虑和应该做的事情，而没有把它视为整个管理过程中的一个有效工具。

五、绩效管理模型

理解绩效管理的整个过程对于建立绩效管理模型至关重要。如图9-3所示，技能、能力等个人特征都是绩效的原始投入。然而，这些原始投入通过员工个人的行为才能转化为客观的结果。只有当员工具备必要的知识、技能以及其他一些特征时，他们才能够表现出某些行为。因此，那些具备良好产品知识和人际关系技能的员工，就能够与客户探讨各种不同品牌产品的优点，在此过程中他们既能对客户表现出友好，又能对他们有所帮助。而另一些产品知识较少、人际关系技能较差的员工，则无法有效地表现出上述这些行为。客观的结果是指那些可以衡量的、可见的工作产出，它们是一个员工或一个工作群体的行为所产出的结果。

在绩效管理模型中（见图9-3），有一个重要的部分就是组织战略。绩效管理与组织战略及其目标之间的联系常常被忽略。随着绩效计划与考核系统变得越来越普及，建立起绩效管理与组织战略之间的联系的必要性，已经被越来越多的企业认识到。这种绩效计划与考核系统力图将正式的绩效考核过程和组织战略紧密结合起来。具体做法是：为了实现组织战略目标，组织必须要先确定达成哪些类型以及何种水平的绩效。然后，在绩效考核的后期阶段，组织再根据员工个人和工作群体的实际绩效与绩效计划之间的吻合程度来对他们的绩效进行考核。

最后，模型还指出，情境约束在绩效管理系统中会起作用。即使一位员工具备一些必要的技能，他也未必就一定能够表现出某些行为来。因为有时候，组织文化可能并不鼓励员工去做某些事情；此外，工作群体规范也会直接决定群体成员做什么及其行为产生怎样的结果。另外，有些员工之所以没有表现出某些正确的行为，仅仅是因为他没有受到足够的激励。如果员工并不认为自己的行为会得到加薪、晋升等形式的报酬，那么上述这种情况就会经常发生。

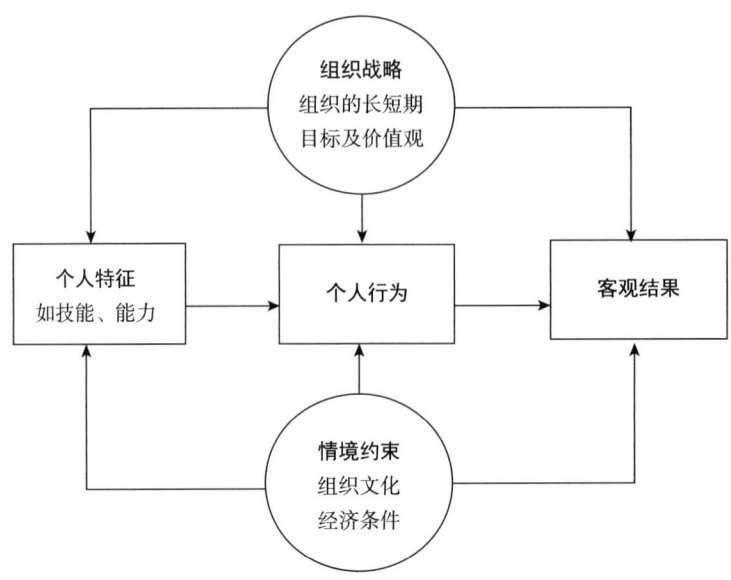

图 9-3 组织中绩效管理模型

综上所述,员工必须具有某些特定的个人特征才能够采取一系列正确的行为,并且产生某些结果。为了赢得竞争优势,员工个人的特征、行为及其结果都必须与组织战略密切挂钩。同时不可忽视的一点就是,在工作环境中存在的一些约束因素常常会阻碍员工采取某些行为。此外,有效的绩效管理系统中还包括一个根据情境约束来对绩效管理系统进行调整的过程。

第二节 绩效计划与实施

一、绩效计划概述

(一)绩效计划的含义

绩效计划是整个绩效管理过程的开始阶段,这一阶段的任务主要是制订计划,即上级与下属共同讨论确定员工的绩效目标和绩效考核周期。对绩效计划的定义,我们可以做以下理解:第一,绩效计划是对整个绩效管理过程的指导和规划,是一种前瞻性思考。第二,绩效计划包含三部分内容,即员工在考核周期内的绩效目标体系(包括绩效目标、指标和标准)、绩效考核周期;为实现最终目标,员工在考核周期内应从事的工作和采取的措施;对绩效实施、绩效考核、绩效反馈阶段的工作所做的规划和指导。第三,绩效计划必须由员工和管理者共同参与,绩效计划上有关员工绩效考核的事项,如绩效目标等,须经双方共同确认。第四,既然是前瞻性思考,就有可能出现无法预料的事情,所以绩效计划应该随着外界环境和企业战略的变化而随时进行调整。

（二）绩效计划的作用

绩效计划对于整个绩效管理工作的成功与否甚至组织的发展都有重要的影响，绩效计划作为绩效管理的一种有力工具，体现了上下级之间承诺的绩效指标的严肃性，使决策层能够把精力集中在对企业价值最关键的经营决策上，确保企业总体战略的逐步实施和年度工作目标的实现，有利于在企业内部创造一种突出绩效的企业文化。绩效计划是绩效管理体系的第一个关键步骤，也是实施绩效管理系统的主要平台和关键手段，通过它可以在企业内建立起一种科学合理的管理机制，能有机地将股东的利益和员工的个人利益整合在一起，其价值已经被国内外众多企业认同和接受。

（三）绩效计划的原则

不论是对公司进行经营绩效计划，还是对员工进行工作绩效计划，在制订绩效计划时应该注意以下原则：

1. 可行性原则

绩效目标一定是员工能够控制的，要界定在员工职责和权力控制的范围之内，也就是说要与员工的工作职责和权力相一致，否则就难以完成绩效计划所要求的目标任务。同时，确定的绩效目标要具有挑战性，有一定难度，但又可实现。另外，在整个绩效计划制订过程中，要认真学习先进的管理经验，结合组织的实际情况，使关键绩效指标与绩效目标贴近实际，切实可行。

2. 全员参与原则

在绩效计划的制订过程中，一定要积极争取并坚持让员工、各级管理者多方参与。这种参与可以使各方的潜在利益冲突暴露出来，便于通过一些政策性程序来解决这些冲突，从而确保绩效计划制订得更加科学合理。

3. 客观公正原则

组织应该保持绩效考核的透明性，实施坦率的、公平的、跨越组织等级的绩效审核和沟通，做到系统地、客观地考核绩效；对于工作性质和难度基本一致的员工的绩效考核标准，应该保持大体相同，确保考核过程公正、考核结论准确无误、奖惩兑现公平合理。

4. 一致原则

制订绩效计划一定要紧紧围绕企业的发展目标，自上而下逐层进行分解、设计和选择，以确保组织总体发展战略和年度生产经营目标的实现。

二、绩效计划的主要内容

（一）绩效考核内容

企业绩效考核的内容，体现了企业对员工的基本要求，考核内容是否科学、合理，直接影响到绩效考核的质量。因此,实行绩效考核的企业对有关考核内容的问题都应重视,应制定符合各自企业实际情况、能够全面而准确地评价员工工作绩效的考核内容。我国企业主要将下面四点作为绩效考核的主要内容:

(1) 德,德是员工的品德素质,决定个人的行为取向,反映了员工的工作价值观和工作态度。

(2) 能,能是员工的能力素质,对不同职位而言,能的要求有所不同。

(3) 勤,勤是员工勤奋敬业的精神,主要指员工的工作积极性、创造性、主动性、纪律性和出勤率。需要注意的是,勤不仅指出勤率,还指工作责任感和投入感。

(4) 绩,绩是员工的工作结果,包括完成工作的数量、质量、效率和经济效益等。

(二) 绩效考核标准

企业绩效考核标准的制定,是考核的重要环节。绩效考核结果的准确与否同考核标准的合理与否有着密切的关系。绩效考核标准制定的程序如下:

1. 建立绩效考核标准编制小组,提出工作计划

企业绩效考核标准的编制工作应该在企业领导人的带领下进行,由具有一定专业知识和丰富实践经验的人力资源管理专业人员、管理人员以及有关部门负责人组成编制小组,并提出标准编制的工作计划。标准编制的工作计划应包含以下内容:

(1) 编制标准的目的和要点;

(2) 国内外同类绩效考核标准的现有水平;

(3) 工作步骤、计划进度和分阶段目标;

(4) 编制标准可能出现的问题和相应措施;

(5) 编制标准的效果预测。

2. 编制绩效考核标准草案

(1) 调查研究,试点验证。首先,通过工作分析、理论推演和专家咨询设计出考核指标体系;然后,调查国内外同类绩效考核标准水平,初步形成绩效考核标准试行草案,并进行试点。

(2) 起草征求意见稿,广泛听取意见。在调查研究和试点的基础上,编制小组应进行统计分析和综合研究,起草征求意见稿,并根据本行业的具体情况使标准详细、准确,便于实施。

3. 审定绩效考核标准草案

企业绩效考核标准的审定,可以先由人力资源部门初审,然后请有关领域的专家进行鉴定,最后把鉴定的意见附于绩效考核标准之后一起呈报上级批准生效。

(三) 绩效考核周期

绩效考核周期一般而言可以分为月度考核、季度考核、半年度考核和年度考核。另外,根据企业所在行业的不同,在某些特殊的情况下还会出现按旬考核、按周考核和按项目节点考核。由于绩效考核需要耗费一定的人力、物力,因此考核周期过短,会增加企业管理成本;但是,绩效考核周期过长,又会降低绩效考核的准确性,不利于员工工作绩效的改进,从而影响绩效管理的效果。因此,在准备阶段,还应当确定恰当的绩效考核周期。

绩效考核周期的确定,需考虑以下几个因素:

1. 职位的性质

不同的职位,工作的内容是不同的,因此绩效考核的周期也应当不同。一般来说,职位的工作绩效比较容易考核的,考核周期相对要短一些;职位的工作绩效对企业整体绩效的影响比较大的,考核周期相对要短一些,这样有助于及时发现问题并进行改进。

2. 指标的性质

不同的绩效考核指标,其性质是不同的,考核的周期也相应不同。一般来说,性质稳定的指标,考核周期相对要长一些;相反,考核周期相对就要短一些。例如,员工的工作能力比工作态度要相对稳定一些,因此能力指标的考核周期相对态度指标就要长一些。

3. 标准的性质

在确定考核周期时,还应当考虑到绩效考核标准的性质,就是说考核周期的时间应当保证员工经过努力能够实现这些标准,这一点其实是和绩效考核标准的适度性联系在一起的。例如,销售额为"50万元"这一标准,按照以往的经验需要两周左右的时间才能完成,若将考核周期定为一周,员工根本就无法完成,若定为4周,则又很容易实现,在这两种情况下,对员工的绩效进行考核都是没有意义的。

三、绩效计划的实施

(一)绩效沟通

绩效沟通是指在绩效管理的过程中管理者与被管理者双方就工作绩效方面的问题进行交流。绩效沟通不仅是获取绩效信息的正确途径,还是进行绩效辅导、解决绩效问题的手段。绩效沟通的本质是沟通,与其他沟通不同的只是沟通的内容,它围绕着绩效的内容展开。管理者时刻保持与员工的沟通,有助于帮助员工实现绩效目标。

在进行绩效沟通时,管理者应该重点关注的内容有:员工的工作进展情况如何?员工哪些方面的工作进行得好,哪些方面遇到了困难,需要采取什么措施解决?员工和团队是否在正确达成目标和绩效标准的轨道上运行,如果偏离方向,应该如何扭转?员工应该重点关注的内容有:工作是否达到了预期的目标?是否需要对绩效计划进行调整?

绩效沟通的形式比较简单,大多数情况下是在小范围内甚至以"一对一"的形式就问题进行深入的交流。绩效沟通可以通过正式沟通和非正式沟通的方式进行。常用的正式沟通形式有书面报告、会议和正式面谈。书面报告又分为定期的和不定期的。定期的书面报告主要采用工作日志、周报、月报、季报、年报等形式;除了定期的书面报告,针对某些问题准备不定期的书面报告也比较常见,目前使用较多的是电子文档的形式。在绩效计划实施过程中,还大量使用非正式沟通方法。常见的非正式沟通有走动式管理、开放式办公、工作间歇的沟通和非正式的会议等。相对于正式沟通而言,非正式沟通更容易让员工开放地表达自己的想法,沟通的氛围也更加宽松。作为管理者,应该充分利用各种各样的非正式沟通机会。

需要注意的是,绩效沟通不是万能的,若绩效沟通在多次的反复碰撞中还是无法帮助达成绩效目标,则绩效沟通的另一个作用,即甄别出绩效管理的阻碍因素,就得以发挥,为后续管理提供依据。

(二)绩效辅导

绩效辅导是在绩效沟通后进行的由管理者提供的旨在帮助员工克服困难、趋近绩效目标的行为。绩效辅导的目的主要是:第一,及时地帮助员工了解自己的工作进展情况,清楚哪些工作需要改进,需要学习哪些知识、掌握哪些技能;第二,必要时指导员工完成特定的工作任务;第三,使工作过程变成一个学习过程。

绩效辅导具有层次性,分为正式会议、专题培训、小组讨论、工作现场模拟等几个层次,因员工任职岗位的层级与其工作的复杂程度不同而有所选择。员工工作技能不足可以选择工作现场模拟、小组讨论等方式,员工的协调性出现问题可选择正式会议、专题培训等方式。绩效辅导与绩效沟通在绩效计划实施过程中始终存在,交替出现。

(三)收集绩效信息

绩效信息是指那些在绩效实现过程中所表现出来的对绩效计划的完成有影响的信息。收集或记录这些绩效信息的好处有:提供绩效考核的事实依据,发现绩效一般和绩效优秀的原因,在争议处理中得到利益保护。

获取绩效信息是管理者应具备的一项基本技能。收集绩效信息常用的方法包括观察法、工作记录法和他人反馈法。观察法是指管理者直接观察员工在工作中的表现,并如实记录;工作记录法主要是指查阅一些客观记录,如销售记录、质检记录等;他人反馈法是指管理者从他人那里获得关于员工绩效的反馈,例如客户满意度调查就是通过他人反馈获取绩效信息的典型方法。

(四)绩效考核工具与方法

1. 目标管理

目标管理(Management by Objectives,MBO)是由美国企业管理专家彼得·德鲁克于1954年在《管理的实践》一书中首次提出的。他认为,并不是有了工作才有目标,而是有了目标才能确定每个人的工作。目标管理要求管理人员与每位员工共同制定一套便于商量的具体工作目标,并定期与员工审查其目标的完成情况。

在企业管理实践中,目标管理多用于对部门和个人目标的管理,因此出现了很多弊端,如在制定目标时更注重短期目标而牺牲了长远利益;为了完成本部门的任务,不同部门的目标有时会相互冲突,容易造成本位主义;更重视结果而忽略了实现目标的过程,从而打击认真工作但出于外因或偶然因素而结果不佳的员工的积极性,也容易导致不择手段赢得结果的行为等。

目标管理通常是指一种复杂的、涵盖整个组织的目标设立和评估体系,这种管理方法主要包括六个实施步骤:

(1)制定组织目标。为整个组织制订下一年度的工作计划,并确定相应的组织目标。

(2)制定部门目标。接下来,各部门负责人在了解了组织目标之后,与其上级共同制定本部门的工作目标。

(3)讨论部门目标。部门负责人就本部门的工作目标与员工展开讨论,并要求员工初步制定自己个人的工作目标。换言之,部门中的每位员工都要考虑,自己如何才能为本部门目标的实现做出贡献。

(4)界定预期成果(制定个人目标)。部门负责人与员工共同制定短期的个人工作目标。

(5)绩效审查。部门负责人对每位员工的实际工作绩效与他们事前商定的个人工作目标进行比较。

(6)提供反馈。部门负责人与员工一起讨论和评价其在目标实现方面取得的成就。

运用目标管理时,还有以下几个问题需要注意:

(1)目标体系应该是上下级共同制定的;

(2)目标体系的制定要注意部门之间的相互协调性;

(3)目标体系的制定是一个动态反复的过程;

(4)要注意过程的监督控制,定期进行检查纠偏;

(5)对考核结果要严格兑现承诺,奖励要具有多样性;

(6)目标管理要逐步推行,长期坚持。

目标管理与传统管理有很多共同要素,如明确目标、参与决策、规定期限、反馈绩效等,但是目标管理与传统管理相比有鲜明的不同,具体见表9-1。

表9-1 目标管理和传统管理的区别

项目	传统管理	目标管理
如何看待利润	目标就是利润最大化	利润是实现一系列目标后的间接结果
如何看待驱动	过程驱动,认为过程带来结果	目标驱动,认为目标带来结果

(续表)

项目	传统管理	目标管理
如何看待过程	强调规则、程序和制度,目标被放在了一边	第一是目标,其次才是过程
如何看待控制	靠施加惩罚性的方法来鞭策员工	员工自我约束并注重自我发展
管理类型	听命式管理	参与式管理
管理重点	重点是关注谁是对的,容易产生冲突	重点是关注什么是对的,鼓励团队合作
适应情况	刚性企业,程序型员工	柔性企业,知识型员工

2. 360°绩效考评

为了使绩效考评尽量客观、公正、全面,令被考评者心悦诚服,360°绩效考评技术便应运而生。目前,此法不但在国外大公司中迅速普及,而且被我国广泛采纳。所谓360°绩效考评,就是扩大和丰富考评者人数与类型,使各考评者优势互补,结论公正而全面。

360°绩效考评首先是为提高绩效考评质量而实施的。员工绩效考评由直接主管负责,首先,由他确定绩效考评维度,成立绩效考评小组,并选定绩效考评小组成员。其次,小组成员每人按指定维度,各以五分制给被考评者打分;组员也按此进行自评。最后,根据绩效考评结果计算出均值及其分布范围后,由直接主管对被考评者进行正式的面谈。

现在,有些企业还把360°绩效考评作为员工开发的有效手段。为此,绩效考评小组成员不是按照指定维度打分或者给出较抽象的、难以量化的简单评语,而是列出被考评者在本考评周期若干项具体的积极性行为或成绩,同时也列出若干项还不够妥当或有改进余地的具体行为和事实。因此,这套系统已不仅仅是一种绩效考评工具,而成为一种改善绩效和推动自我开发的综合性制度。

常见的360°绩效考评模式如图9-4所示。

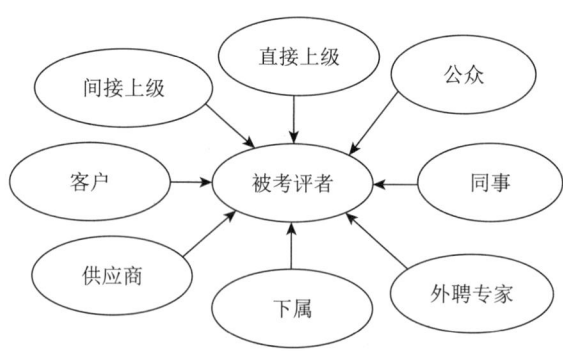

图9-4 常见的360°绩效考评模式

3. 基于计算机和网络的绩效考核

现在市场上有几种相对比较便宜的绩效考核软件,这些软件通常都可以让管理人员对下属员工在全年中的绩效加以记录,并以电子化的方式对下属员工一系列绩效特征做出评价。而后,软件系统还会生成一份书面的电子文档,对每个部分的评价提供支持。无论如何,有效地使用计算机考核工作绩效,必须注意以下几点:

(1) 提供可靠的反馈。使用计算机正确显示员工的绩效,提示员工理想工作行为表现如何。

(2) 提供及时的反馈。使用计算机提供报告摘要,给员工及时的反馈,作为其调整工作行为的参考。

(3) 订立建设性的期望。利用计算机工作绩效考核功能,订立特定的标准和日常工作的期望,以使员工清楚组织对他们的期望。

(4) 减少不明朗因素。利用计算机工作绩效考核功能,让员工经常知道自己的工作绩效,使员工对年终绩效考核的结果不会感到太意外。

(5) 改善训练课程。收集经常犯错误的类别,并将其编成资料摘要,使企业能够针对常犯错误的类别,设计训练课程。

(6) 设立客观档案。利用计算机工作绩效考核功能,量化绩效考核标准,客观地识别和评估员工的工作表现。

(7) 提高工作安排的灵活性。"速度快"的员工能够更有效地控制工作进度,对于"速度较慢"的员工,倘若计算机资料显示其产出足够,则容许其有额外时间去完成任务。

第三节 战略导向的 KPI 与绩效管理

一、依据组织结构分解 KPI

(一) KPI 的内涵

关键绩效指标(Key Performance Indicator,KPI)是通过对组织运作过程中的关键成功因素进行开发、分析、提炼和归纳,用以衡量绩效的一种目标式量化管理指标。它是战略目标通过层层分解产生的可操作的指标体系,是组织绩效管理的基础。

建立明确的、切实可行的 KPI 体系,是做好绩效管理的关键:

(1) KPI 来自组织战略目标的分解。这意味着,首先,KPI 所衡量的内容最终取决于组织的战略目标。当 KPI 构成组织战略目标的有效组成部分或支持体系时,它所衡量的职位便以实现组织战略目标的相关部分为自身的主要职责。其次,KPI 是对组织战略目标的进一步细化和发展。组织战略目标是长期的、导向的、概括性的,而职位的 KPI 内容丰富,针对职位而设,着眼于考核当年的工作绩效,具有可衡量性。

(2) KPI 是对绩效构成中可量化的及可行为化的标准进行评价和管理。KPI 是用来对员工的工作行为和工作结果进行衡量的,指标必须是可量化的或可行为化的,否则便无法用来衡量和考核。

(3) KPI 体现的是对组织战略目标有增值作用的绩效指标。KPI 是连接个人绩效和企业战略目标的桥梁,可以引导员工真正做出有利于组织战略目标实现的行为。

(4) 通过在 KPI 上达成的承诺,员工与管理人员就可以进行工作期望、工作表现和未来发展等方面的沟通。KPI 是进行绩效沟通的基石,是企业中关于绩效沟通的共同辞典。有了这样一本辞典,管理人员和员工在沟通时就可以有共同的语言。

(二)基于组织结构建立 KPI 体系

依据组织结构设计的 KPI 体系,主要强调的是把组织目标落实到部门。事实上,这一指标体系更适用于没有组织目标和战略的企业使用。为什么呢?虽然形式上这种指标体系是对组织目标的分解,但实质上,最后的指标设计所体现的往往是部门本身原有的职责体系。各种指标分解来分解去,还是以部门原有的各项职责为本位,往往体现不出组织目标的落实。表 9-2 为依据组织结构建立的 KPI 体系举例。

表 9-2 依据组织结构建立的 KPI 体系举例

组织年度目标:在目标市场上取得第一		
部门	关键绩效领域(KPA)	关键绩效指标(KPI)
市场部	市场份额指标	销售增长率、市场占有率、销售目标完成率、新客户开发率……
	客户服务指标	投诉处理及时率、客户回访率……
	经营安全指标	贷款回收率、成品周转率……
生产部	成本指标	生产效率、原料损耗率、设备利用率……
	质量指标	成品一次合格率……
	经营安全指标	原料周转率、备品周转率、在制品周转率……
技术部	成本指标	设计损失率……
	质量指标	设计错误再发生率、项目及时完成率、第一次设计完成到投产前修改率……
	竞争指标	在竞争对手前推出新产品的数量、在竞争对手前推出新产品的销量……
采购部	成本指标	采购价格指数、原料周转率……
	质量指标	采购达成率、供应商交货一次合格率……
人力资源部	执行力指标	为组织目标实现所需的人才合格率、员工自然流动率……
……	……	……

资料来源:葛玉辉.人力资源管理[M].第 3 版.北京:清华大学出版社,2012:258。

由上表可以看出,依据组织结构建立的 KPI 体系是从组织目标分解开始,然后依据部门承担责任的不同而建立起来的。依据组织结构建立的 KPI 体系,对各职能部门来说,往往是以部门自身职责为出发点进行设计的,而当落实到个人时,又往往依据各岗位职责、岗位说明书来进行设计和分解。问题也正出在这里,因为企业各部门的业务重点各有侧重,所以这样的指标体系就导致了很多问题与风险。

首先,对于组织目标来说,有些部门在对这一目标进行指标分解时是相当困难的。例如,"在目标市场上取得第一"这样的目标,对于采购部来说就很难分解与之相对应的直接指标。采购部所要提高的供应商交货一次合格率、采购达成率显然与"在目标市场上取得第一"没有直接关系。

其次,由于是从部门职责和个人岗位说明书的角度分解目标,因此分解来分解去,往往使得指标围绕着业务部门的职责和本职工作进行设计,指标可能越分越多,而忽视了组织最根本的目标。到了最后,下级的指标因为分解的缘故,往往会出现"1+1≤2"的情况,分解后的指标不能更好地驱动部门自发地完成上级的大目标,甚至偏离了主要的战略方向,导致达到"1+1=2"也是非常困难的。

因此,从表面上看,依据组织结构建立的 KPI 体系的确突出了各部门的参与,但实际上存在组织目标被稀释的风险。那么,当一家企业依据组织结构建立了 KPI 体系后,会产生什么样的绩效指标呢?请看下面的例子。

某公司本年度的业务重点为销售增长。该公司的 KPI 体系是依据组织结构建立的,并由此设计出研发部门项目经理绩效考核表,具体考核指标见表 9-3。

表 9-3 某公司项目经理绩效考核表

填表日期: 年 月 日

姓名:	部门:		入职时间:		年 月 日	
考核项目	考核内容	分值	自我评分	管理部经理评分	总经理评分
自身管理 (20分)	1. 遵守考勤、仪容仪表及公司各项规章制度,无违纪记录。	5分			
	2. 遵守工作纪律,上班时间不做与工作无关的事情。手机保持24小时畅通。	5分			
	3. 不赌博、不酗酒、不收受贿赂,不请吃喝,不接受任何形式的好处。	5分			
	4. 遵守职业道德,保守企业秘密,不私自将公司有关资料对外传发和下载。	5分			

（续表）

考核项目	考核内容	分值	自我评分	管理部经理评分	总经理评分
项目管理（60分）	1. 很好地完成了成本的监督、控制，未发生超预算现象。	8分			
	2. 做好苗木养护，所负责项目的苗木存活率达到93%以上。	8分			
	3. 未发生因工作失误（指本项目所有相关人员）导致本项目预算损失达5%以上。	8分			
	4. 做好安全保障工作，无安全事件发生。	8分			
	5. 所负责过的项目档案、文件、各类报表等资料分类归档完整、有序，无丢失、损坏等情况。符合公司ISO 9000质量管理体系标准。	7分			
	6. 无因工作责任心不强导致的客户有效投诉。	5分			
	7. 无拖延工期现象，能在合同期限内按时、按量、按质地完成所负责项目工作。	8分			
	8. 能及时完成工程结算、清算工作，并及时协助催收账款。	8分			
日常管理（20分）	1. 能合理安排、调配项目相关人员工作，调动员工工作热情，具有良好的团队协作精神。（含施工队）	5分			
	2. 不定期对员工进行岗位技能培训，关心员工，使员工工作技能适合岗位要求。（并做好培训记录）	2分			
	3. 准时上交周、月、年度工作总结、计划。	2分			
	4. 做好部门会议召开、会议记录整理，并准时参加公司例会。	2分			
	5. 所管辖的员工流失率控制在5%以内。	3分			
	6. 熟悉并遵守国家和地方政府的政策法规。	2分			
	7. 献计献策，为公司开源节流，提出合理化建议、意见。	2分			
	8. 服从领导的工作安排和完成其他临时性工作。	2分			
合　计		100分			

自我评价：

管理部经理评语：	总经理评语：

说明：1. 发生严重事故造成公司损失当月无绩效工资。（严重事故包括：员工与客户发生冲突造成严重经济损失及负面影响，员工群体上访或群体罢工，员工个人挪用公款，其他事宜造成公司损失达到2 000元以上的。）

　　2. 评分标准：考核内容中，每个得分项与绩效工资成正比。（取平均分值作为最终得分。）

　　3. 连续3个月每月绩效分数低于60分的，已转正的员工转为试用期员工，试用期员工月考核不纳入工资结算范围。

通过考察依据组织结构建立的KPI体系,可以发现:依据组织结构建立的绩效指标存在很大的问题,即大多数指标是以部门职责为本位的。如上例所述,公司的业务重点已经被确定为"销售增长"。但因为是依据组织结构建立的KPI体系,所以部门在思考时就局限于"部门职责"这一层面。事实上,从组织目标而不仅仅是部门职责的角度来思考的话,完成多少个研发项目只是个过程问题。从公司的角度来说,研发部门不仅要完成规划中的研发项目,关键是要及时地推向市场,并且研发出来的项目产品要经得起市场的检验、得到用户的认可和青睐,只有这三条都达到要求,才能够达到公司所确定的销售增长目标。否则,仅有项目的完成数却得不到市场的认可岂不是"竹篮打水一场空"?但这时问题又来了,在依据组织结构建立KPI体系的思路里,指标是从上向下产生的,也就是说,下级只对上级的要求负责,而不对接手其工作的下一个工作环节(比如市场部或生产部)是否成功负责。这就是依据组织结构建立KPI体系的最大弊端。

如同上例,依据组织结构建立的KPI体系要求各组织部门只对上级和组织目标负责,所以研发部门的绩效指标就不会从响应客户的要求这一角度来设计。

因此也有人认为,依据组织结构建立的KPI体系是对部门管理责任的体现,但其严重忽略了对流程责任的体现,即忽略了投入产出关系对目标实现的重要性。

所以,为了避免依据组织结构建立KPI体系所产生的问题和风险,人们又设计了依据业务流程建立的KPI体系。

二、依据业务流程分解KPI

一般来说,建立KPI体系一直有两条主线:依据组织结构和依据业务流程。从上一节我们知道了依据组织结构建立的KPI体系会出现不对结果负责等弊端。

那么,依据业务流程建立的KPI体系又如何呢?依据业务流程建立KPI体系,其思路是把组织目标落实到流程,在考虑部门职责时,注重对结果的考虑。也就是说,其指标来源不是各部门的先天职责,而是客户——体现的是"一切为了下一个流程的客户"的思想。因此,其原则是客户至上,而方向则是从投入到产出。

可见,依据业务流程建立的KPI体系与依据组织结构建立的KPI体系有很大差别。首先,它需要把组织的目标分解为若干具体的业务重点,然后让流程中的各职能部门对每一个业务重点进行响应。

流程是什么呢?事实上在组织的职责边界外,组织是通过复杂交错的职能工作流程来提供其产出的。这些所谓的职能工作流程可以看作新产品设计流程、交易流程、销售流程、分配流程和订单流程等。而所有这些流程都可以分为三类,即主流程、管理流程、支持流程(见图9-5)。一旦组织目标被分解成若干关键绩效领域(Key Performance

Areas，KPA），上述流程就可以按照具体的 KPA 形成相应的指标。

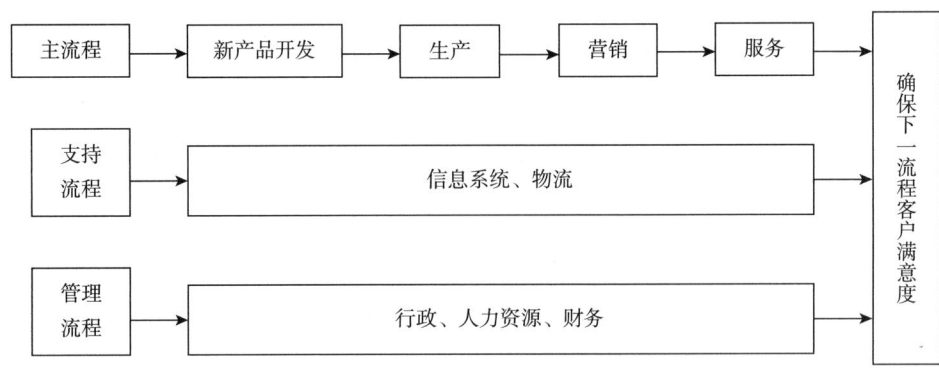

图 9-5 职能工作流程

例如，当公司提出组织目标为"公司成功"时，在这一目标指导下，可以分解出如下业务重点：客户满意、产品开发、市场领先、利润增长与支持、管理改进与支持等。根据这些业务重点，可以继续分解出相应的 KPA。例如，对于市场领先这一业务重点，可以继续分解出销售利润增长、营销网络完善、重点市场的市场份额稳定和品牌形象提高等 KPA（见表 9-4）。

表 9-4 关键绩效领域（KPA）举例

公司目标	业务重点	从业务重点分解 KPA
公司成功	客户满意	……
	产品开发	……
	市场领先	销售利润增长
		营销网络完善
		重点市场的市场份额稳定
		品牌形象提高
	利润增长与支持	……
	管理改进与支持	……

根据具体的 KPA，各流程中的职能部门本着"为下一个流程服务，下一个流程是客户"的原则，继续分解自己的 KPI。

某一 KPA 通过公司业务流程来分解，基于此，对于某一具体的 KPA，各流程中的职能部门通过业务流向的输入和输出就可以较为清晰地给予响应。表 9-5 所示为公司流程中各职能部门针对表 9-4 中"重点市场的市场份额稳定"这一 KPA 所做的响应。

表 9-5　流程中各职能部门响应 KPA 举例

KPA	流程中的各职能部门	响应下一个流程而分解出的部门 KPI
重点市场的市场份额稳定	生产职能部门	指标一
		指标二
		指标三
		……
	研发职能部门	指标一
		指标二
		指标三
		……
	营销职能部门	指标一
		……
	服务职能部门	指标一
		……

由此可以看到，业务流程式的 KPI 体系与组织结构式的 KPI 体系相比，更看重客户的要求，根据业务流向的输入和输出就可以清晰地确定和分解 KPI 了。可见，把组织目标落实到业务流程上而建立的 KPI 体系，突出了组织目标实现过程中的流程责任。而且按照业务流程设定和分解指标，可以适应客户至上的导向，清除部门间的壁垒，加快响应客户的速度。这些都是依据业务流程建立 KPI 体系的优点。

三、外部导向法——标杆基准法

（一）标杆基准法的定义及作用

标杆（Benchmark）是据以进行测量和比较的卓越成效的标准。作为一种监控和管理组织绩效的工具，标杆比较用来确定具体的绩效差距和潜在的需要提高的领域。管理者既要重视内部最佳实践，又要关注外部组织来获得最佳实践。

标杆基准法（Benchmarking）就是将本企业经营的各方面状况和环节与竞争对手或行业内外一流的企业进行对照分析的过程，是一种评价自身企业和研究其他组织的手段，是将外部企业的持久业绩作为自身企业的内部发展目标并将外界的最佳实践移植到本企业的经营环节中去的一种方法。实施标杆基准法的企业必须不断地对竞争对手或一流企业的产品、服务、经营业绩等进行评价来发现优势和不足。

总的来说，标杆基准法就是对企业所有能衡量的东西给出一个参考值，是一种管理体系、学习过程，它更着重于流程的研究和分析。

标杆基准法最基本的思想是，管理者通过分析然后复制各个领域领先者的方法来改进绩效。像日产、美国联合航空公司等都把标杆基准法作为绩效改进的工具。事实上，有些公司还选择了一些与众不同的标杆基准合作者。例如，美国西南航空公司研究了赛车小组是如何用 15 秒钟就完成了轮胎更换的过程，从中找到了如何缩短其登机和离机时间的方法。佐丹奴借用 Marks & Spencer 优质优价的理念，以利米特公司的销售点信息采集系统为标杆，利用麦当劳公司的菜单方法来优化自己的产品结构。

标杆基准法的作用主要有以下几点：

(1) 通过与竞争对手进行比较，有助于了解竞争对手经营战略的组成要素。

(2) 通过对行业内外一流企业的比较，可以从任何行业中最佳的企业那里得到有价值的情报，用于改进本企业的内部经营，建立起相应的赶超目标。

(3) 做跨行业的技术性的标杆基准分析，有助于技术和工艺方面的跨行业渗透。

(4) 通过对竞争对手的标杆比较，与对客户的需求做对比分析，可以发现本企业的不足，从而将市场、竞争力和目标的设定结合在一起。

(5) 通过对竞争对手的标杆比较，可以进一步确定企业的竞争力、竞争情报、竞争决策及其相互关系，作为进行研究对比的三大基点。

(二) 标杆基准法的分类

根据所针对的企业运作的不同层面，可以将标杆基准法分为三类，即战略层的标杆基准法、操作层的标杆基准法和管理层的标杆基准法。战略层的标杆基准法是将本企业的战略和标杆企业的战略进行比较，找出成功战略中的关键因素。操作层的标杆基准法主要集中在比较成本和产品的差异性，重点是功能分析，一般与竞争性成本和竞争性差异有关。管理层的标杆基准法涉及分析企业的支撑功能，具体指人力资源管理、营销规划、管理信息系统等。其特点是较难用定量指标来衡量。

根据基准企业角色的不同，可以将标杆基准法分为对竞争对手的标杆基准法和瞄准一流企业的标杆基准法。前者一般仅限于生产同类产品或提供同类服务的企业，其目的主要是发现竞争对手的优点和不足，针对其优点取长补短，根据其不足选择突破口。而后者的范围就要广得多，可挑选任何业绩优良的企业，其好处是更能博采众长，以及由于不存在竞争关系，交流信息的障碍少。

标杆基准法一般可依选择的标杆对象与作业流程的不同分为以下三种类型：内部流程标杆基准法、外部竞争性标杆基准法、功能性标杆基准法。

1. 内部流程标杆基准法

内部流程标杆基准法是指一个组织内部不同部门、机构的相同作业流程的相互比较过程，其主要目的在于采取措施解决客户问题。内部流程标杆基准法的最大优点在于所需的资料和信息易于获得，并且获得的信息不必经过费心的翻译便可以转换到部门内部，故不存在资料鸿沟问题；另外，在分化程度过高的企业内，内部流程标杆基准法还可以促进事业单位或部门间的沟通。但是其缺点也十分明显：不易找到最佳作业典范，并且学习的对象局限在组织内部，很难为组织带来创新性的突破。

2. 外部竞争性标杆基准法

外部竞争性标杆基准法是指通过与外部同业竞争者的产品、服务、作业流程等标杆进行比较，试图找出自身的弱点，并加以改进。此种方法需要充分配合的标杆伙伴，通常可以提供20%—25%的改善机会。与内部流程标杆基准法相同，企业本身与竞争对手的做法在比较上会较为容易，并且一旦需要将竞争对手的流程转换到自身企业也不会有太大的困难。竞争性流程标杆基准法的最大缺点是相关信息的收集比较困难。

3. 功能性标杆基准法

功能性标杆基准法的对象不限同业，而是选择某一特定功能或作业流程，针对在这个领域内已建立卓越成就的机构，进行标杆分析。这种标杆分析的主要标的不是机构，而是其某一作业典范。功能性标杆基准法最大的优点在于协助企业引发许多极具创意的经营点子，而且容易寻求到真正的最佳作业典范。但是，其资料收集十分困难。

（三）标杆基准法的步骤

标杆基准法的实质是以领先企业的业绩标准为参照，改造那些不能推动企业发展的因素，它必然伴随着企业原有秩序的改变。具体步骤如下（见图9-6）：

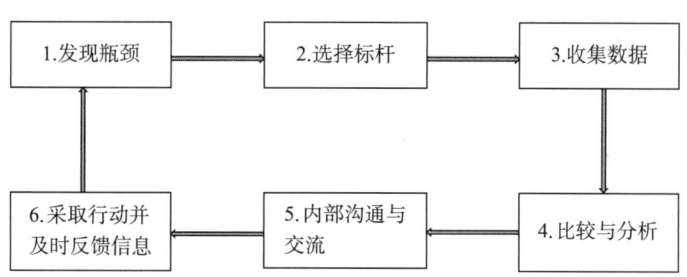

图9-6 以标杆基准法为基础设计绩效考评体系

1. 发现瓶颈

在这一阶段企业需要了解自身的关键业务流程与管理策略，从构成这些流程的关键节点切入，找出企业运营存在的瓶颈，从而确定企业标杆管理的内容与领域。一般而言，企业要选择那些对自身利益至关重要的环节进行标杆管理。不同的企业由于其性质不同，其盈利的关键环节也有所不同，如影响制造行业企业的首要环节是产品质量，而影响服务行业企业的首要环节则是客户满意度等。所以，企业要根据自身的实际情况选择标杆管理的内容。

2. 选择标杆

在确定了标杆管理的内容之后，接下来就是要选择标杆管理的"基准"企业。标杆管理的基准目标，即标杆管理的"标杆"，是企业要模仿和超越的对象，它可以是组织内部的最佳部门，也可以是竞争对手或者行业内外的最佳组织。

选择基准化标杆有两个标准:第一,标杆企业应有卓越的绩效,尤其在基准化的内容方面,即它们应是行业中具有最佳实践的企业;第二,标杆企业的被瞄准领域应与本企业需要进行标杆超越的部门具有相似的特点。

3. 收集数据

这一阶段的主要任务是收集资料和数据,深入分析标杆企业的经营模式,从系统的角度剖析与归纳其竞争优势的来源,总结其成功的关键要领。这一阶段所收集的资料和数据通常分为两类:一类是标杆企业的资料和数据,其中主要包括标杆企业的绩效数据以及最佳管理实践,即标杆企业达到优良绩效的方法、措施和诀窍;另一类与开展标杆管理的企业有关,主要是反映其自身绩效管理现状的资料和数据。

4. 比较与分析

比较与分析是标杆管理的关键环节。这一阶段的主要任务是将标杆企业的绩效与实践和本企业的绩效与实践进行比较、分析,从而找出绩效水平的差距及在管理实践上的差异,借鉴其成功经验,确定适合本企业的、能够赶上甚至超越标杆企业的关键绩效标准及最佳实践。

企业在分析差距和确定绩效标准时应考虑以下因素:第一,经营规模差异以及规模经济成本的效率差异;第二,企业发展阶段的管理实践与绩效差异;第三,企业文化理念与管理模式差异,如集分权、资源共享程度及内部控制的特点;第四,产品特性及生产过程差异;第五,经营环境与市场环境差异。

5. 内部沟通与交流

内部沟通与交流是标杆管理的重要内容,应该贯穿其始终。标杆管理的实施需要企业管理人员与基层员工的积极参与和配合。因此,应利用各种途径,将比较与分析的结果、拟订的方案、所要达到的目标前景告知企业内的各个管理层及有关员工,争取他们的理解和支持,根据他们的建议修正和完善方案,以统一成员思想,减少计划实施的阻力,使他们在计划实施过程中保持目标一致、行动一致。

6. 采取行动并及时反馈信息

这一阶段的主要任务是:在详细分析内外部资料的基础上,制订具体的行动方案,并在组织内部达成共识,推动方案的有效实施。具体而言,企业要根据现阶段的具体情况,包括文化因素、资金因素、技术因素、人员因素等,结合比较与分析的结果,形成可以操作的计划方案,有针对性地确定行动。计划内容包括标杆管理要达到的发展目标、具体的改进对策、详细的工作计划和具体的措施、计划实施的重点和难点、可能出现的困难和偏差、计划实施的考察和考核标准等。

此外,在各项计划和方案的具体实施过程中,企业对每一个实施阶段都要进行监控和评价,以保证实施按计划进行,并随时按照环境的变化,对计划进行调整。同时,企业需要针对环境的变化或新的管理需求,持续进行标杆管理活动,确保对最佳实践的跟踪,即再标杆,从而使其保持持续的竞争优势。

采用标杆基准法提取 KPI 指标,并以此为基础设计绩效考核体系具有相当大的优势。具体表现为:
(1) 能够建立以绩效改善为关注点的绩效考核标准。
(2) 绩效指标体系的设计更加注重满足客户的需要。
(3) 激发企业中的个人、团体和整个组织的潜能,充分发挥其潜力,提高企业绩效。
(4) 促进企业激励机制的完善。

四、平衡计分卡

自商业组织存在以来,传统的评价一直集中于财务评价。然而,只重视财务指标所导致的对短期结果的过分关注,常以牺牲企业长期利益为代价,这一做法逐渐不再适应当今的经营环境,不利于企业的长远发展。于是,可以平衡财务数据的准确性、完整性和未来绩效动因的平衡计分卡就这样应运而生。

(一) 平衡计分卡思想在绩效指标设计中的应用

哈佛商学院教授罗伯特·卡普兰(Robert Kaplan)和复兴方案有限公司总裁戴维·诺顿(David Norton)于 1992 年在《哈佛商业评论》(*Harvard Business Review*)上合作发表了一篇关于平衡计分卡的文章。最初,平衡计分卡被设计为一个能够将历史财务数据的准确性与未来绩效动因相结合,同时又有助于企业实施差别化战略的绩效考核系统,是根据企业的战略要求而精心设计的指标体系,是企业绩效管理方面的一个里程碑。

平衡计分卡从本质上讲是一个战略管理工具,但是其生成的指标体系和管理思想可以借鉴到绩效指标的设计中。

平衡计分卡以企业的战略目标和竞争需要为基础,相较于传统的、以财务指标为主的绩效考核系统,它强调非财务指标的重要性,通过对财务、客户、内部流程、创新与学习等四个各有侧重、互相影响的方面的绩效考核,来沟通企业战略目标、战略重点和企业经营活动的关系,以实现短期利益和长期利益、局部利益和整体利益的均衡。其中,财务是最终目的,客户是关键,内部流程是基础,创新与学习是核心。平衡计分卡将结果(如财务目标)与原因(如客户或员工满意)联系在一起,它是以因果关系为纽带的战略实施系统,也是推动企业可持续发展的绩效考核系统。因此,平衡计分卡是一种长期的、可持续发展的绩效管理制度,有助于衡量、培植和提升企业的核心能力。

平衡计分卡一方面考核企业的财务状况(上期的结果),另一方面考核企业未来发展的潜力(对下期的预测);再从客户角度和从内部流程角度两方面考核企业的运营状况,从而充分地把企业的长期战略与企业的短期行动联系起来,把远景目标转化为一套系统的绩效考核指标。运用平衡计分卡设计绩效指标具有以下优势:

首先,根据企业的战略目标和竞争需要,平衡计分卡从四个角度设计绩效指标,具有系统性与全面性,并把企业目标聚焦到战略远景。

其次,传统的财务指标只能报告上期发生的情况,不能告诉管理人员下一期怎样改善经营业绩;而平衡计分卡则可以充当企业当前及未来成功的基石。

再次,与传统的绩效指标不同,平衡计分卡从四个角度得出的信息,可以使业务收入等外部绩效指标与新产品及人力资源开发等内部绩效指标之间达到平衡。

最后,平衡计分卡认识到人力资源等无形资产在企业发展中的推动作用。以前隐形的人力资源越来越在平衡计分卡中显而易见。

(二)平衡计分卡概述

平衡计分卡是一种绩效衡量工具,以企业的战略和使命为基础,运用综合与平衡的哲学思想,依据组织结构,将企业的愿景与战略转化为下属各责任部门在财务、客户、内部流程、创新与学习等四个方面的系列具体目标,从而构成了内部与外部的平衡、数量与质量的平衡、结果与动机的平衡、短期目标与长期目标的平衡。它是一个科学的集企业战略管理控制与战略管理绩效考核于一体的管理系统。平衡记分卡模式如图 9-7 所示。

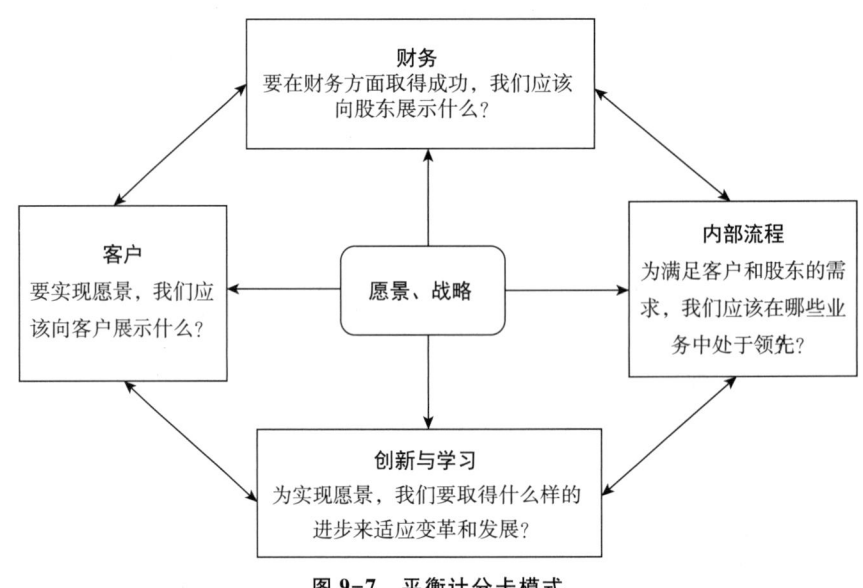

图 9-7 平衡计分卡模式

1. 基本框架

下面以某银行的平衡计分卡为例向大家介绍平衡计分卡的基本框架。

(1)财务层面。

内容:财务层面主要是指企业的财务绩效,包括衡量企业的财务和利润状况,考察企业战略的实施和执行能否最终为经营成果的改善做出贡献。财务层面是其他层面目标和指标的核心。财务层面的最终目标是利润最大化,企业的财务目标通过两种方式实现:收入增长和生产率提高。

目标:企业经营要保证企业的生存、成功和持续繁荣。

KPI:现金流、销售收入及增长率、利润及增长率、市场份额提升率、投资回报率等。

(2)客户层面。

内容:客户层面主要是指客户对产品及服务的满意度。客户层面反映了企业吸引客户、保留客户和提升客户价值的能力。企业应该首先确定自己的目标客户和细分市场,然后针对目标客户确定自己的客户价值主张。卡普兰和诺顿提供了四种通用的战略,即竞争战略、成本最低战略、产品领先战略、全面客户解决方案和系统锁定战略。企业可以根据不同的客户价值主张选择不同的战略。

目标:为客户提供满意的产品和服务,保证灵敏供应,成为客户首选的供应商。

KPI:客户满意度、客户保持率、交货准时率、客户投诉率、大客户购买占销售收入的比例、市场份额等。

(3)内部流程层面。

内容:内部流程层面反映了企业内部的运营资源和运营效率,关注导致企业绩效改进的决策和行动过程,特别是对客户满意度和股东满意度有重要影响的流程。内部流程分为四类:运营管理流程、客户管理流程、创新流程、法规与社会流程。

目标:优化流程、改进管理、提高效率,成为本行业的卓越企业。

KPI:质量、产量、生产周期、出勤率、新产品开发速度、单位成本等。

(4)创新与学习层面。

内容:创新与学习层面主要是指企业通过创新和学习不断地提升其竞争力。创新与学习层面描述了前三个层面的基础架构,是驱使前三个层面获得成功的内在动力。创新与学习层面关注组织未来发展的潜力,主要有三个来源:人、系统、组织程序。

目标:创建学习型组织,提高员工能力,保持技术和产品的领先优势。

KPI:新产品开发周期、开发费用投入率、员工培训与学习投入率、员工技能考核提升率、战略目标的一致性等。

平衡计分卡已演化为企业充分利用其潜能的一种战略管理系统和有力的沟通工具。平衡计分卡四个层面的指标都来自组织的使命、愿景、战略,是对组织使命、愿景、战略的分解、细化和现实支撑。四个层面内部存在层层支撑、层层传递的内在联系,构成了一个紧密联系的有机统一整体。

2. 表现形式

在实践中,平衡计分卡的表现形式有多种,但无论其属于企业的哪一层次、哪一个级别,都应当包括以下基本要素:

(1)角度或维度。角度或维度是观察组织和分析战略的视点与镜头,每个维度都包含战略目标、绩效指标、目标值、行动方案和任务几部分。平衡计分卡可以使用不同的维度来组织企业的目标,大大改进企业的战略管理架构。

(2)目标。目标是由企业战略分解出来的关键战略目标,每个战略目标都包括一个或多个绩效目标。

（3）指标与指标值。前者是衡量企业战略目标实现结果的定量或定性尺度，后者是对期望达到的绩效目标的具体定量要求。

（4）行动计划。行动计划由一系列相关的任务或行动组成，目的是达到每个指标的期望目标。

（5）任务。任务是执行战略行动方案过程中的特定行为。

（三）平衡计分卡的特点

平衡计分卡的典型特征主要体现在其关注或强调以下几个"平衡"：

（1）财务与非财务的平衡。平衡计分卡通过财务、客户、内部流程、创新与学习等四个方面来实施战略管理，从而弥补了传统的绩效考核系统以财务指标为主的缺陷。财务指标衡量的是相对直观、短期的业绩，而非财务指标是对能使企业获得未来增长潜力的、长远的业绩进行衡量。平衡计分卡中的目标和衡量指标来源于企业战略，它把企业的使命和战略转化为有形的目标和衡量指标，能够综合地反映企业总的业绩，并与企业的主要目标直接联系，做到了财务指标与非财务指标的有机结合。

（2）结果与动机的平衡。平衡计分卡将结果指标及其驱动因素联系起来，这种因果关系为组织的行动提供了一个良好的反馈机制，组织可以通过因果关系分析确定造成结果的原因，从而有针对性地制订行动方案。

（3）长期与短期的平衡。平衡计分卡是从企业战略开始的，也就是从企业的长期目标开始，逐步分解到企业的短期目标。在关注企业长期发展的同时，平衡计分卡也关注企业短期目标的完成，使企业的战略规划和年度计划很好地结合起来，解决了企业的战略规划可操作性差的缺点。

（4）外部与内部的平衡。在平衡计分卡的四个维度中既包含了外部评价指标，又包含了内部评价指标。比如，客户满意度指标是通过对客户的调查而得到的，反映了外部人员对企业的评价，是外部评价指标；而合格品率、雇员培训次数、雇员满意度等指标则是企业内部对企业的评价，是内部评价指标。所以，平衡计分卡体现了在有效实施战略的过程中平衡内外部群体间矛盾的重要性，从而通过相应的指标设置，实现了外部与内部的平衡。

（5）客观与主观的平衡。平衡计分卡中既包括客观评价指标，又包括主观评价指标；利润、投资报酬率、合格率、雇员培训次数等指标均是根据数据计算得到的，是一种客观指标；而客户满意度、雇员满意度等指标则是主观判断的结果，是一种主观指标。这在一定程度上体现了客观与主观的平衡。

（6）有形资产与无形资产的平衡。平衡计分卡不但关注企业的有形资产，而且关注为企业带来超额利润的无形资产。这种无形资产包括企业的品牌、人力资源、信息系统和组织优势等。

(7）领先指标和滞后指标之间的平衡。财务、客户、内部流程、创新与学习这四个维度包含了领先指标和滞后指标。财务指标就是一个滞后指标，它只能反映企业上一年度发生的情况，不能告诉企业如何改善绩效。平衡计分卡对领先指标（客户、内部流程、创新与学习）的关注，使企业更关注于过程，而不仅仅是事后的结果，从而达到了领先指标与滞后指标之间的平衡。

（四）平衡计分卡的实施流程

运用平衡计分卡进行企业绩效管理通常可以遵循"前期准备——构建计分卡——设计运作系统——实施、反馈和修正"的流程（见图9-8）。

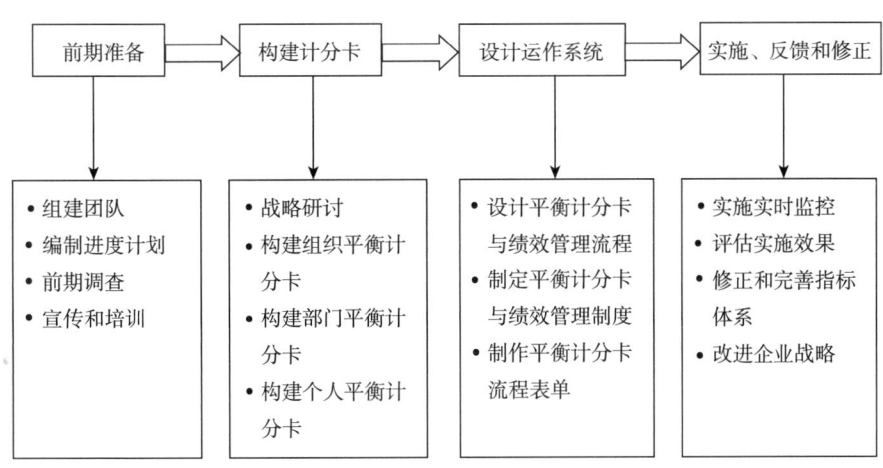

图9-8 平衡计分卡实施流程

1. 前期准备

在实施平衡计分卡之前，企业通常需要做一定的准备工作，这些准备工作包括以下几点：

（1）组建团队。在实施平衡计分卡项目以前，企业需要组建一个专门的团队来负责平衡计分卡系统建设的正常运作、监控和维护等工作，并且这个团队需要有强大的推动力来保证平衡计分卡项目的顺利实施。因此，团队成员通常需要包括企业的高层管理者，在规模较大的企业中，可以组建两个团队：一个是由企业高层管理者组成的"高层促进委员会"，该团队主要职责是分析和制定企业战略，审批企业和部门的平衡计分卡目标；另一个是由来自人力资源部门、IT部门和其他主要部门代表组成的"项目实施小组"，该团队负责协调实施工作、跟进项目进展。

（2）编制进度计划。团队组建后，即可着手编制平衡计分卡项目实施的具体计划。这一计划通常是以后各个步骤的实施计划，因此应制订得较为详细。为了能够对每一步骤的实施提供指导，该计划应该明确各项活动的完成时间、产出结果及具体负责人。

（3）前期调查。前期调查是为了了解企业绩效管理的现状。对企业现状的有关信息掌握得越充分，就越能够采取有针对性的措施。此外，了解员工对即将实施的平衡计分卡项目的看法也是有必要的。

（4）宣传和培训。平衡计分卡的实施是全员参与的过程，因此赢得全体员工的支持和理解是至关重要的。为此，项目团队需要做好相关宣传工作和有关人员的培训与学习，使员工最大限度地理解并接受实施平衡计分卡和绩效管理的意义。

2. 构建计分卡

平衡计分卡的构建应当从明晰企业的使命、价值观、愿景以及战略重点与目标开始，所以首要的工作是进行企业的战略研讨。

（1）战略研讨。在战略研讨环节，项目小组将与企业高级管理层组织战略研讨会议并绘制"战略规划图"。战略研讨会议使企业的使命、价值观、愿景、战略目标以及战略目标实现的关键流程与指标等得以清晰化，这是构建企业平衡计分卡的重要依据。同时，战略规划图也能够使员工清楚企业的战略目标和使命。

战略规划图主要从以下几个方面进行绘制：明确企业追求的财务成果，根据企业现有的财务成果和将要达到的财务成果，制定出实现企业财务目标的措施；明确客户价值和目标客户，制定出相应的措施，保持现有客户，积极拓展市场，提高市场占有率，发展潜在客户；对现有内部流程进行分析和整合，解决原有内部流程中所存在的弊端和不足，并根据客户的价值要求和潜在需求，制定出行之有效的措施，以满足客户的价值主张及学习与成长需求；根据企业今后发展的战略需求和人力资源的潜在不足，及时绘制出培训计划和具体的操作程序，确保企业后续发展的人力资源需求和创业需求。

（2）构建组织、部门及个人等各层次平衡计分卡。战略目标的转化及流程指标在企业层面可以称为企业 KPI 体系。在企业 KPI 体系中，实际上有两种类型的指标：一是考核指标；二是分解指标。前者是考核整个企业经营绩效水平的重要指标，其直接责任人为企业的总经理；后者则是分解到副总、总监及部门层面甚至员工层面的指标。

3. 设计运作系统

运作系统的设计实际上是对平衡计分卡与绩效管理整个过程的规范，其主要包括以下几个方面的内容：

（1）设计平衡计分卡与绩效管理流程。平衡计分卡的运作本质上需要按照一定的流程来进行，这一流程是其日常运作的规范与标准。因此，设计运作体系的第一步就是对企业平衡计分卡的流程进行设计，这也是运作系统设计最为核心的一部分。

（2）制定平衡计分卡与绩效管理制度。绩效管理制度，主要是对平衡计分卡及绩效管理流程与方法进行描述。通常包括：明确平衡计分卡与绩效管理的目的，确定平衡计分卡与绩效管理制度的使用范围，解释平衡计分卡与绩效管理制度的相关定义，确认平衡计分卡与绩效管理的基本原则，设置平衡计分卡与绩效管理的组织机构并界定其职责，以及描述平衡计分卡与绩效管理的实际运作规则。

（3）制作平衡计分卡流程表单。在设计出平衡计分卡的流程以后，企业还需要制作出流程表单，这些表单是企业在后期推进实施平衡计分卡时所需用到的。在设计表单时,企业应先制作出表单目录,目录中列出在平衡计分卡实施流程的每个环节上所要使用的全部表单以及每个表单所支持的流程。如果没有这些流程表单,则企业将无法按照平衡计分卡实施流程来实现有效的运作,也最终不能实现运作系统的有效规范。

4. 实施、反馈和修正

在平衡计分卡实施过程中,企业需要进行实时的监控,不断反馈其实施状况,及时分析其对于企业战略目标实现的促进力度,进而评估平衡计分卡的实施效果。根据反馈信息、发现的问题和员工的意见,企业需要对平衡计分卡中所涉及的指标体系进行修正和完善,并改进企业战略。

第四节 绩效考核

一、绩效考核概述

(一) 绩效考核的原则

绩效考核已经成为人力资源管理领域最棘手的问题,它往往需要企业投入大量的人力、物力、财力,但不一定能达到预期效果。根据国内外企业管理的实践,绩效考核应坚持以下一些原则。

1. 客观性原则

客观性是一个最基本的考核原则,一方面,在考核方法的选择和使用上要保证客观性,也就是说考核方法的选择和使用要尽量与被考核目标的实际情况相符;另一方面,在考核结果的讨论和分析上也要做到与实际考核结果应有的结论相一致。只有进行客观的考核,才能保证绩效考核的正确性和全面性。

2. 公平、公开原则

公平、公开原则是指适时地公开考核过程和结果,最大限度地减少考核者和被考核者工作的神秘感。考核结果的公开,使考核工作制度化;同时,也保证了考核工作的公平性,既有助于考核过程中群众的监督,又有助于不断提高考核的质量。

3. 经常化原则

对于组织而言,员工工作质量的改进和工作效率的提高是一个永不停止的过程,这就要求组织合理地选择考核周期对员工的绩效进行考核。通过经常性的考核周期,组织可以发现员工存在的潜在问题,同时挖掘员工和组织的潜在优势,提高组织竞争力。

4. 全面性原则

全面性原则是指绩效考核过程中对被考核者的分析要从多方面收集信息,进行综合考核;考核渠道要多元化,考核方式要多样化,考核结果要全面化,形成全方位、多渠道、多层次的立体考核体系。

5. 及时反馈原则

及时反馈原则是指在考核之后,与被考核者进行面谈,把结果及时地反馈给被考核者,同时听取被考核者的意见及自我评价情况,在此基础上形成改进方案,达到考核的最终目的。如果被考核者不能接受考核结果,则管理者应分析其中的原因,找到解决的办法。

(二)绩效考核的程序

绩效考核是企业根据员工的职务说明,对员工的工作绩效,包括行为和工作结果进行考察与评估。考核的程序一般分为横向程序和纵向程序。

1. 横向程序

横向程序一般包括如下内容:

(1)制订计划。为了保证绩效考核工作的顺利进行,企业必须事先制订计划。计划的内容包括考核的目的、对象、内容、时间和方法。

不同的考核目的有不同的考核对象。例如,为晋升而进行的考核,对象是专业技术人员;而评先进、决定提薪、进行奖励的考核往往在全体员工中进行。

考核的目的和对象不同,考核的重点内容也不同。例如,为晋升而进行的考核不仅要考核工作成绩,更应注意被考核者的品德及能力,着眼点是开发潜力;而为发放奖金进行的考核应以考核绩效为主,因为发放奖金是为了鼓励员工改善绩效,着眼点是当前行为。

考核的目的、对象和内容不同,考核的时间也应当有所区别。例如,生产销售人员的勤、绩可每月考核;而专业技术人员、管理人员工作短期不易见效,考核过于频繁,不但无实际意义,反而容易助长短期行为,因此一年一次,至多半年一次为好。

(2)确定考核标准。确定考核标准对绩效考核至关重要。首先,如果没有客观的考核标准,则考核者将无法客观地对被考核者做出正确的评估。其次,如果考核标准选择不适当,则员工的工作表现和执行任务的情况就无法给以正确的衡量与评价。一般来说,考核标准包括绩效标准、行为标准以及任职资格标准。这些标准在员工的工作计划、工作目标或工作任务中都已明确规定。

(3)分析与评定考核结果。考核结果的分析与评定是对员工的德、能、勤、绩做出综合性的评价。评价的记录需与既定的标准进行对照分析与评判,从而获得考核结果。

(4)反馈与纠正考核结果。绩效考核的结果通常应反馈给被考核者,使其了解组织对自己工作的看法与评价,从而发扬优点、改正缺点;但另一方面,还需针对绩效考核中发现的问题,采取纠正措施。

2. 纵向程序

纵向程序是按组织层级进行绩效考核的程序。绩效考核一般是先对基层进行考核,再对中层进行考核,最后对高层进行考核,是由下到上的过程。

(1) 以基层为起点,由基层部门的领导对其直属下级进行考核,考核内容包括员工个人的工作行为(是否按照规定的程序进行操作)、员工个人的工作效果(产量、出勤率),也包括影响其行为的个人特征和品质(技能、期望以及个人需要)。

(2) 基层考核完以后,上升到中层部门,考核内容包括中层干部的个人行为与特征,也包括该部门总体的工作绩效(如任务完成率)。

(3) 待逐级上升到企业领导层时,再由企业所隶属的上级机构对企业的这一最高层级进行考核,考核内容主要是经营效果方面的硬指标的完成情况(如市场占有率、利润率)。

(三) 绩效考核的类型

1. 品质导向型

这种考核方法的特点是不侧重于考评员工的工作能力,而是侧重于考评员工的个人特征,如团队精神、沟通能力、创造性和忠诚度等。它主要回答员工人怎么样,而不重视员工的事做得如何。这种考核方法最主要的优点是简便易行,但其也有严重的缺陷:首先,有效性差,含混而主观,不具体、不明确,而且考核过程中所衡量的员工特性与其工作行为和工作结果之间缺乏确定的联系。其次,缺乏稳定性,特别是不同的考核者对同一名员工的考核结果可能相差甚大。最后,无法为员工提供足够有益的反馈信息。

2. 行为导向型

这种考核方法比较细微,不但是多维的,而且每个维度都设计了一个标准的尺度以提供良性测定。但尺度的标尺刻度,若仅用1、2、3、4等数字标定,则在测评中仍无从下手;若刻度用一定的形容词来标定,如优、良、中、劣,则虽然与单纯的数字标定相比在可操作性上有了一定的改进,但仍欠具体,主观判定的成分比较大,可信度不高。较可取的方法是用一定的、具体的、可测度的行为来标定,即把对一定行为的描述语言和某一刻度联系起来,从而使考核的操作性大大改善。这种考核方法能够为员工提供及时的反馈信息,但是无法涵盖员工达成理想工作绩效的全部行为。

3. 效果导向性

这种考核方法是为员工设定一个最低的工作绩效标准,然后将员工的工作结果与这一明确的标准相比较。它着眼于"干出了什么",而不是"干什么",虽然也是多维分解,但考核的重点在于产出和贡献,而不在于行为和活动。这样虽然对象具体可测、可操作性强,但是只测结果,不问手段,会导致结果具有表面性,并且可能强化员工的短期行为。一般而言,对一线员工,尤其是从事具体生产操作的蓝领工人而言,比较适合用这种方法。

4. 综合评价型

这种考核方法是对员工的所作所为进行整体评价与鉴定。它不以工作分析为基础,也不再划分若干维度,只做粗线条的、轮廓性的、定性的描述,往往涉及人的道德品质、基本能力和智力等,但也可能完全与工作中的具体表现和成绩无关。

二、绩效考核过程模型

绩效考核,也叫绩效评价,是指在绩效考核周期结束后,选择相应的考核主体和考核方法,收集相关信息,对员工完成绩效目标的情况做出考核。绩效考核结果会对人力资源管理的其他职能产生重要影响,也关系着员工的切身利益,受到全体员工的重视。为了确保绩效考核结果的公正性、客观性和科学性,企业应该建立一套科学的绩效管理流程。一般而言,企业在进行绩效考核时,要经过五个步骤,表 9-6 就显示了这五个步骤以及每个步骤需要从事的工作内容。

表 9-6 绩效考核过程模型

步骤	工作内容
建立目标	使考核指向组织战略目标,正确选择考核对象,制订考核计划
建立考核系统	确定考核主体,构建考核指标体系,选择适当的考核方式
整理数据	回顾在绩效监控环节收集和存储的数据,形成系统的画面和印象,与考核系统做出相应的对比
分析判断	运用各种考核方法,对信息进行重审,并收集各种其他信息,进行分析比较
输出结果	形成最终判断,确定被考核者的考核等级,并找出绩效好坏的原因

资料来源:方振邦,罗海元.战略性绩效管理:第 3 版[M].北京:中国人民大学出版社,2010:222。

1. 建立目标

这一步需要明确组织的战略目标、选择考核对象。考核指标体系的建立都是源于组织的战略使命和战略目标。通过对组织战略层面的目标进行层层分解,由组织目标到部门目标再到员工个人目标,利用这些目标分别对组织层面、部门层面和个人层面的绩效进行考核。

2. 建立考核系统

建立考核系统包括三个方面的内容:确定考核主体、构建考核指标体系、选择适当的考核方式。其中,构建考核指标体系在前面已有介绍,即通过 KPI 和平衡计分卡等进行指标体系的构建,这里不再赘述。对于考核主体和考核方式则会在后文做详细的介绍。

3. 整理数据

这一步需要把在绩效实施过程中所收集到的数据进行整合与分析,按照考核指标和标准进行界定与归类。在这一过程中,要尽量减少主观色彩,以客观事实和依据来进行,保证考核结果公正与客观。

4. 分析判断

这一步需要对信息进行重新整合,按照所确定的考核方式对考核对象进行最终的判断。

5. 输出结果

考核结束后,需要得出一个具体的考核结果。考核结果既要包括绩效得分和排名,又要对考核结果进行初步的分析,找出优秀和不足的原因,以供后面反馈和改进之用。

三、 绩效考核关键点

绩效考核是一个系统的工程,包括许多项工作,只有每一项工作都落实到位,考核工作才能有实效。具体而言,主要包括以下方面的工作:考核对象的确定、考核主体的确定、考核的信度与效度。

(一)考核对象的确定

企业中,考核对象一般包括组织、部门和员工三个层面。针对不同的对象,考核内容也会有所不同。一般来说,企业在绩效管理过程中,企业应该优先考虑组织层面的考核,然后关注部门层面的考核,最后再关注员工层面的考核。

(二)考核主体的确定

考核主体是指对员工的绩效进行考核的人员。为确保考核的全面、有效性,在实施考核的过程中,企业应该从不同岗位、不同层次的人员中,抽出相关成员组成考核主体并参与到具体的考核中来。考核主体无非就是五类人,即直接上级、同级同事、直接下属、被考核者本人、客户。

1. 直接上级

直接上级是最主要的考核人员,授权他们进行考核,能够体现企业的声望。直接上级握有奖惩手段,无奖惩手段的考核便没有权威,而且通常直接上级最了解员工的工作情况。但是,直接上级在公正性上不太可靠,因为频繁地日常接触,易使考核掺杂个人主观色彩;而且,直接上级往往没有足够的时间来全面观察员工的工作情况,考核信息来源单一。

2. 同级同事

同级同事对被考核的职务最熟悉、最内行,对被考核的同事的情况往往比较了解;此外,同级同事作为考核人员,有助于促进员工在工作中与同事配合。但是同级同事作为考核人员也存在一些缺点,人际关系因素会影响考核的公正性,与自己关系融洽的就给高分,相反就给低分,因此要求同级之间必须关系融洽、相互信任、团结一致,相互间有一定的交往与协作,而不是各自为战地独立完成工作。

3. 直接下属

直接下属作为考核人员的优点是:可以促使上级关心下级的工作,建立融洽的员工关系;由于下级是被管理的对象,因此最了解上级的领导管理能力,能够发现上级在这方面存在的问题。缺点是:由于顾及上级的反应,下级往往不敢真实地反映情况;有可能造成上级对下级的迁就,削弱上级的管理力度。

4. 被考核者本人

这就是常说的自我鉴定。自我鉴定能够增加员工的参与感,提高他们的自我开发意识,有利于工作的改进。不过自我鉴定时,本人对考核维度及权重的理解可能与上级不一致,常见的自我鉴定的评语一般优于上级。

5. 客户

即由员工服务的对象来对他们进行绩效考核,这里的客户不仅包括外部客户,还包括内部客户。客户考核有助于员工关注自己的工作结果,提高工作质量。缺点是客户更侧重于员工的工作结果,不利于对员工进行全面的评价。

由于不同的考核主体获取考核信息的来源不同,因此对员工的绩效看法也会有所相同。为了保证绩效考核的公正、客观,企业应当根据考核指标的性质来选择考核主体,选择的考核主体应是对考核指标最了解的人员。此外,当不同的考核主体对某一指标都比较了解时,这些主体都应当对这一指标做出考核,以尽可能地消除考核的片面性。

(三)考核的信度与效度

考核要求准确而全面,于是就提出了对其信度与效度的要求。

信度是指考核的一致性(不因所用的考核方法及考核者的改变而导致不同的结果)和稳定性(不久的时间间隔后重复考核所得结果应该相同)。影响考核信度的因素既有情景性的(考核时机、对比效应等),又有个人性的(考核者的情绪、健康等),还有绩效定义与考核方法方面的因素。为了提高信度,企业应在考核中对同一维度采用多种方法及角度考核,请一个以上的考核者进行多次考核,并应使考核程序和格式尽量标准化。对考核者进行统一的培训,也有助于信度的提高。

效度是指考核所获信息与待考核的真正工作绩效之间的相关程度。效度差便是所考核的不是拟考核的,无关信息被纳入,有关信息却被忽略,出现文不对题与答非所问的弊端。例如,考核设计工程师的绩效时,测定他在每月完成的各类图纸的数量就比检查他借阅资料室文献按期归还状况的效度要高。为了保证考核的高效度,企业应选用和设计适当的考核方法,并着重考核具体的、可量化的指标。此外,培训考核者也很重要。

影响考核效果的因素分析起来,共有四个方面:

(1)考核者自身情况。考核者个人的特点,如个性、态度、智力、价值观、情绪与心境等对考核效果常有影响。

(2)考核者与被考核者的关系。除考核者与被考核者关系的亲疏、过去的恩怨外,对被考核者的工作情况及其职务的特点与要求的了解程度,对考核效果也颇有影响。

(3) 考核标准与方法。考核维度的选择是否恰当，是否相关和全面，定义是抽象、含混还是明确，结果是否传达给被考核者，都对考核效果有影响。

(4) 组织条件。企业领导对考核工作重视与否；考核制度是否正规、过程是否严肃；对考核执行者是否进行教育与培训；考核结果是否认真分析；考核是否发扬了民主，让被考评者高度参与；是否及时反馈考核结果。上述这些因素对考核效果的影响都非常大。

四、常见的绩效考核技术

（一）排序法

排序法也叫分级法，即综合各绩效标准的内容，将员工按工作完成情况的优劣次序排序。这种方法的好处是操作简单，但是不能显示出员工与员工之间的差距。

按照分级排序程度的不同，排序法又可以分为以下五种：

1. 简单排序法

此方法首先在全体被考核员工中找出最优者列于序首，再找出次优者列作第二名，如此直至最差的一个列于序尾。

2. 交替排序法

此方法首先找出最优者，然后找出对比鲜明的最劣者，下一步则找出次优者，接着找出次劣者，循环此程序直至全部排完。

3. 范例对比法

此方法通常从五个维度进行考核，即以品德、智力、能力、贡献和体格为考核的标准尺度，每一维度又分为优、良、中、差、劣五个等级。然后就每一维度的每个等级，先选出一名适当的员工作为范例。实施考核时，将每位被考核的员工和这些范例逐一对照，按他们与各范例的近似程度来给他们评出等级分。最后各维度分数的总和，便作为被考核员工的绩效等级分类。

4. 强制正态分布法

此方法根据事物两头大、中间小的正态分布规律，先确定好各等级在总数中所占的比例；然后按照每人绩效的相对优劣程度，强制列入其中的一定等级。

5. 逐一配对比较法

此方法要将全体员工逐一配对比较，按照逐一配对比较中被评为较优的总次数来确定等级名次。这是一种系统比较程序，科学合理，但此方法通常只考核总体状况，不分解维度，也不考核具体行为，其结果也是仅有相对等级次序。当被考核者达10人以上时，配对比较次数太多，实际不可行。例如，假设对某部门的甲、乙、丙、丁4位员工的"创造力"特征进行配对式绩效考核，列出如下配对矩阵（见表9-7）：

表 9-7 绩效考核配对矩阵举例

创造力特征员工评级				
对比	甲	乙	丙	丁
甲		+	+	-
乙	-		-	-
丙	-	+		+
丁	+	+	+	

在上述逐一配对比较中,若某员工比另一员工绩效好,则记"+",反之则记"-"。一个"+"为1分,"-"不计分。得分最多者为最优,得分最少者为最差。因此,在上例中,四位员工中创造力最好的是乙。

(二) 关键事件法

在采用关键事件法时,主管需要为每一位被考核者准备一本《考绩日记》《绩效记录》,由被考核者直属上级随时记录。需要说明的是,所记载的事件既有好事(如提前完成所分配的某项重要任务),又有不好的事(如因违反操作规章而造成的一次重大的质量事故);所记载的必须是比较突出的、与工作绩效直接相关的事件,而不是一般的、琐碎的、生活细节方面的事件;并且这些事件是具体的,有了这些具体事件作为依据,经归纳、整理,便可得出可信的考核结论。

关键事件法是非常必要的。表9-8所举的是一名厂长助理的例子。这个职位的日常职责就是监控原材料的采购并使库存成本最小化。关键事件记录表明,这名厂长助理导致库存成本增加了15%。这一具体的实例可以证明,此人的工作绩效有待改善。

表 9-8 关键事件法举例

持续的职责	目标	关键事件
安排生产	充分利用工厂中的人员和机器 订单准时交货	制定新的生产调度系统 上月下旬提高机器利用率20%
监督采购原材料和库存控制	库存成本最小化 保持原材料及时供应	让存货成本比上月上升15% 产品部件订货率超过20%
机械维修监督	不出现由机械故障导致的停产	制定新的预防性维护系统 及时发现零件缺陷避免故障发生

资料来源:DESSLER G, HUAT T C. Human resource management, an Asian perspective [M]. 2nd edition. Singapore: Prentice Hall, 2009: 183。

(三) 描述性表格法

在进行绩效考核之后,通常采取描述性的书面文件作为结束,即考核者使用书面文件描述被考核者在工作绩效、工作能力等方面的情况,包括被考核者的哪些工作表现符合工作绩效标准、哪些工作能力能够得到更充分的运用、哪些工作行为/工作能力需要改善,以及在未来的工作中被考核者(员工)与考核者(上级主管)的共同目标等内容。

(四) 图解评定量表法

图解评定量表法是常用的一种绩效考核方法。图解评定量表法的设计程序是:

(1) 选择绩效因素。即与绩效相关的个人特性,如工作知识、沟通技能、工作质量等。

(2) 确定考核尺度。通常采用五点法,即优秀、很好、好、正常、差,分别用5、4、3、2、1或90—100(优秀)、80—90(很好)、70—80(好)、60—70(正常)、60以下(差)来表示各种绩效水平。此外,考核表上留有一定的空间以便书写简短的评语。表9-9为图解评定量表法的举例。

图解评定量表法的优点是使用范围广,大部分工作都可以采用,使用开发成本小,考核内容全面,打分档次还可以设置得多一点。缺点是考核准确性不够,得出的考核结果不能指导行为。

表 9-9 图解评定量表法举例

维度	评分				
	优秀(5)	很好(4)	好(3)	正常(2)	差(1)
知识					
沟通					
人际关系					
创造力					

(五) 行为锚定评分法

此方法实质上是把图解评定量表法与关键事件法相结合,兼具二者之长。它为每一职务的各考核维度都设计了一个评分量表,并有一些典型的行为描述性说明词与量表上的一定刻度(评分标准)相对应和联系(即所谓锚定),在对被考核者的实际表现进行评分时,可以作为参考依据。采用行为锚定评分法考核员工绩效时通常按照以下五个步骤进行:

(1) 进行岗位分析,获取关键事件。

(2) 建立评价等级。一般分为5—9级,将关键事件归并为若干级绩效考核指标,并给出确切定义。

(3) 重新设定事件。由另一组管理人员对关键事件做出重新分类,把它们归入最合适的绩效考核指标中,确定关键事件的最终位置,并确定绩效考核指标体系。

(4) 对关键事件进行评价。审核绩效考核指标等级划分的正确性,由第二组管理人员将绩效考核指标中包含的关键事件由优到差、从高到低进行排列。

(5) 建立最终的工作绩效考核体系。选择大约6—7个关键事件作为行为锚定事件。

例如,研究人员为某食品杂货店结账员设计行为锚定评价等级尺度,经过对很多关键事件的收集,最后将这些关键事件分为几个重要的考核维度(见图9-9)。

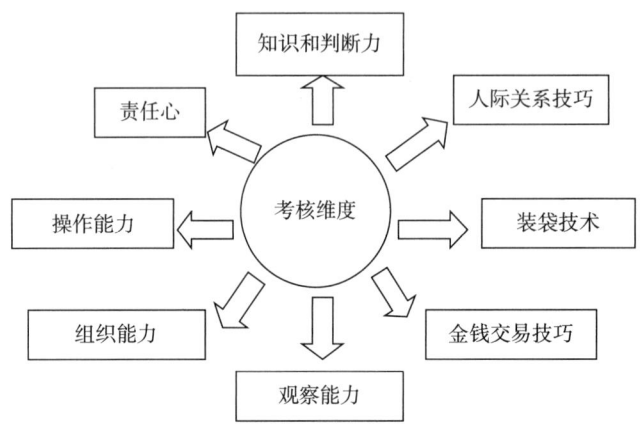

图 9-9 食品杂货店结账员考核维度

资料来源:DESSLER G, HUAT T C. Human resource management: an Asian perspective [M]. 2nd edition. Singapore: Prentice Hall, 2009: 185。

然后,研究人员为其中的每一个考核维度都研制了一个行为锚定评价等级尺度,一共包括9个等级,分别代表工作绩效从"非常差"到"非常好"(1—9)的不同情况。接着再用一些关键事件(如果结账员了解商品的价格,那么她/他将能够发现商品标签上的错误,并且知道未挂标签商品的价格)来说明或界定"非常好"(等级9)的工作绩效到底是什么样的;同样,对于其他等级也运用其他关键事件来建立行为锚。

第五节 绩效反馈与改进

一、绩效反馈面谈

(一) 绩效反馈面谈准备工作

许多管理者认为,绩效考核结束后,给员工打了分数,绩效管理的目的就达到了。实际上,在绩效考核结束后,管理者还需要做一项工作,即绩效反馈面谈。为了确保绩效反馈面谈达到预期的效果,管理者和员工双方都需要做好充分的准备。

1. 管理者方面

对于管理者而言,应做好以下几个方面的工作:

(1) 安排好绩效反馈面谈的时间和地点。由于面谈主要是针对员工的绩效考评结果进行的,因此一般情况下选择在员工绩效考核结束后、得出了明确的绩效考核结果且准备得比较充分的情况下及时进行面谈。具体的面谈地点可以根据情况灵活地选择,在办公室、专门的会议室或者咖啡厅之类的休闲场所等都可以进行。当然在面谈过程中,选择良好的面谈氛围也是非常重要的。

(2) 选择适当的面谈主持者。面谈主持者应该由人力资源部门或高层管理人员担任,并且最好选择那些经过绩效反馈面谈培训、掌握相关技巧的高层管理人员作为面谈主持者,因为他们在企业中处于关键位置,能够代表组织的整体利益。

(3) 准备面谈所需的各种资料。面谈之前,面谈者应当充分地了解被面谈员工各方面的情况,包括教育背景、家庭环境、工作经历等,同时也要充分地估计到员工在面谈中可能出现的反应,比如员工的抵触情绪。

(4) 计划面谈的程序和进度。面谈者应事先将面谈的内容、顺序、时间、技巧等掌握好,自始至终掌握好面谈的节奏。某公司的绩效反馈面谈步骤如表 9-10 所示。

表 9-10 绩效反馈面谈步骤举例

绩效反馈面谈十步走
第一步:营造一种和谐的气氛。
第二步:说明面谈的目的、步骤和时间。
第三步:根据预先设定的绩效指标讨论员工的工作完成情况。
第四步:分析成功与失败的原因。
第五步:讨论员工行为表现与组织价值观相符合的情况。
第六步:讨论员工在工作能力上的强项和有待改进的方面。
第七步:讨论员工的发展计划。
第八步:为员工下一阶段的工作设定目标和绩效指标。
第九步:讨论员工需要的资源与帮助。
第十步:双方签字认可。

2. 员工方面

员工在绩效反馈面谈前也应有所准备:

(1) 重新回顾自己在一个绩效考核周期内的行为、态度与绩效,收集准备好自己与绩效相关的证明材料。

(2) 对自己的职业发展有一个初步的规划,正视自己的优缺点。

(3) 总结并准备好自己在工作过程中遇到的相关疑惑问题,反馈给面谈者,请求组织的理解与帮助。

(二) 绩效反馈面谈实施

1. 面谈与反馈的内容

面谈的主要内容是讨论员工工作绩效目标的完成情况,并帮助其分析工作成功与失败的原因及下一步的努力方向,同时提出解决问题的意见和建议,求得员工的认可和接受。谈话中,面谈者应注意倾听员工的心声,并对涉及的客观因素表示理解和同情;对敏感问题的讨论应集中在缺点上,而不应集中在个人上,最大限度地维护员工的自尊,使员工保持积极的情绪,从而使面谈达到增进信任、促进工作改进的目的。表 9-11 是某公司绩效反馈面谈表的例子。

表 9-11 绩效反馈面谈表举例

面谈对象		职位编号	
面谈者		面谈时间	
面谈地点			

绩效考核结果(总成绩):

工作业绩		工作能力		工作态度	

上期绩效不良的方面:

导致上期绩效不良的原因:

下期绩效改进的计划:

面谈对象签字		面谈者签字	

绩效改进计划的执行情况:

记录者签字		时间	

2. 面谈原则

在绩效反馈面谈中,面谈者应把握一些基本原则:

(1) 建立和维护彼此的信任;

(2) 清楚说明面谈的目的;

(3) 鼓励员工说话;

（4）认真倾听；

（5）避免对立和冲突；

（6）关注绩效，而不是性格特征；

（7）着眼于未来发展；

（8）优点和缺点并重；

（9）以积极的方式结束面谈。

（三）绩效反馈应该注意的问题

如果只做考核而不将结果反馈给被考核者，则考核便失去了重要的激励、奖惩与培训功能。为了保证绩效反馈的效果，管理者在反馈绩效考核结果时应注意以下几个问题：

1. 绩效反馈要及时

在绩效考核结束后，管理者应当立即就绩效考核的结果向员工进行反馈。绩效反馈的目的是指出员工在工作中存在的问题，从而有利于他们在今后的工作中加以改进。如果反馈之后，员工在下一个考核周期内还会出现同样的问题，就达不到管理的目的。

2. 对事不对人，焦点应置于绩效效果上

在绩效反馈过程中，针对的只是员工的工作绩效，而非员工本人，因为这样容易伤害员工，造成其抵触情绪，影响反馈效果。考核者首先要表明他所关心的是哪方面的绩效，再说明员工的实际情况与要求达到的绩效目标之间的差距，要双方一起找差距。

3. 谈具体，避一般

管理者不要做泛泛的、抽象的一般考核，绩效反馈是让员工知道自己到底什么地方存在不足，要指出具体的问题并要拿出具体结果来支持结论。例如，反馈时不能只告诉员工"你的计划做得不好"，而应该告诉员工到底怎么不好，比如说："你上回要求追加预算、增拨设备，由于事态紧急，我批准了，但你事先为什么没有预料到这种可能的情况，这说明你的计划做得不好。"

4. 不仅要找出缺陷，更要诊断原因

管理者要引导和鼓励被考核者自己分析造成问题的原因，即使浅薄牵强，也切不可反驳嘲笑，而要启发他们继续深挖直到找准原因。找原因本身可以成为解决问题的过程，借此可以找到解决问题的措施。

5. 注意绩效反馈时的说话技巧

由于绩效反馈也是一种面谈，因此说话技巧会影响反馈的效果。在进行反馈时，管理者首先，要营造轻松、融洽的谈话氛围；其次，在反馈过程中，要以正面鼓励为主，语气缓和，不能引起员工的反感；再次，要给员工说话的机会，允许他们自由发表意见；最后，要控制好面谈时间，一般控制在20—40分钟比较适宜。

二、绩效考核结果的运用

绩效考核结果有多种用途,主要包括改进绩效、制订个人发展计划、进行相关人力资源管理决策等。

(一)改进绩效

绩效管理的根本目的就是要不断地提高员工和企业的绩效,以实现企业发展目标,所以利用绩效考核结果来帮助员工改进绩效,是考核结果运用的一个非常重要的方面。绩效改进是绩效考核的后续应用阶段,是连接绩效考核和下一个绩效考核周期绩效目标制定的关键环节。

绩效考核的目的不仅仅是作为确定员工薪酬、奖惩、晋升或降级的标准,员工能力的不断提高以及绩效的持续改进才是其根本目的。绩效改进是一个包括一系列活动的过程:首先,管理者根据绩效考核结果,分析其中存在的问题与不足;其次,管理者与员工共同探讨找出问题出现的原因;再次,管理者与员工一起商榷,制订绩效改进计划和目标;最后,以绩效改进计划补充绩效计划,进入下一个绩效考核周期。

1. 绩效诊断

绩效诊断包含两层内容:找出绩效问题和分析问题出现的原因。借助上一阶段绩效反馈面谈的机会,既能够让员工接受绩效考核的结果,提高员工的重视程度,同时又能够让管理者在面谈中获得员工的意见、申诉和反馈。诊断员工绩效问题出现的原因通常有两种方式:第一,从知识、技巧、能力、环境四个方面着手分析员工绩效不佳的原因;第二,从员工、主管、环境三个方面来分析绩效问题。不管采用哪种方法,都要全面地分析导致员工绩效不佳的可能性原因。这也证实了前面所讲的绩效多因性的特点。

2. 制订绩效改进计划

在绩效管理过程中,员工和直接上级都扮演着非常重要的角色:员工个人对自己的绩效负有责任,按照岗位胜任力要求尽量提高自己的绩效;直接上级为员工提供指导和支持,以帮助员工顺利地改进绩效。

(1)个人绩效改进计划。个人绩效改进计划主要包括以下内容:首先,回顾自己上一个考核周期内的工作表现、工作态度以及反馈面谈中所确认的绩效病因,反思如何通过自己的努力去改进工作绩效;其次,制订一个完整的个人绩效改进计划,针对每项不良的绩效维度提出个人可以采取的改进措施,如需要改进的项目,通过何种方式实现,是否接受培训、再学习等,需要实现的掌握程度和时间框架等(如表9-12所示);最后,针对改进措施,向组织提出必要的资源支持,综合调配自己的时间和可以利用的资源,以确保改进措施能够付诸实践。当然,个人绩效改进计划还必须与上级沟通,获得他们的支持与认可。

(2)上级绩效改进支持。上级在绩效改进过程中扮演着重要的角色。第一,凭借自己的经验为员工提供建议,告诉员工在绩效改进中应该采取哪些措施;第二,针对员工的计划提出相关改进意见,使之完善并监督其贯彻落实;第三,为员工提供必要的支持和帮助,满足员工的需求。

(3)组织绩效改进支持。组织的支持对于员工的绩效改进具有重要作用。组织在这一过程中所从事的工作包括:第一,广泛地开展培训工作,将培训重点放在各级主管上,通过培训提高各级主管对绩效改进等内容的认识;第二,通过公布绩效管理制度,明确相关的奖惩措施,从制度上保证绩效改进计划的实施。

表9-12 个人绩效计划改进表举例

需要改进项目	形式	掌握程度	所需资源	需要组织的支持	时间框架	取得的成果
办公软件操作知识	自我学习	熟练操作办公软件	相关书籍、在线视频课程、电脑	无	××××年××月××日前完成	
沟通技能	参与沟通技能培训课程	掌握沟通技能;学习共情表达	培训费用、上课时间	报销培训费用;时间调配	××××年××月××日参与培训课程	

资料来源:董克用.人力资源管理概论[M].第3版.北京:中国人民大学出版社,2011:340。

3. 指导和监督

在制订绩效改进计划后,员工进入下一个绩效考核周期,管理者在这个过程中要保持与员工不断地沟通,适时地为员工提供指导和帮助,帮助员工克服困难,确保下一个考核周期内,员工绩效能够顺利地实现提升。

(二)制订个人发展计划

个人发展计划是指员工在一定时期内完成有关工作绩效改进和工作能力提高的系统计划,是直接从绩效考核延伸出来的、实际有效的个人绩效改进计划。

制订个人发展计划的目的,一是帮助员工在现有工作绩效的基础上改进绩效;二是帮助员工发挥潜力,提升个人技能与能力,从而获得职业成功与发展。个人发展计划通常是在上级主管人员的帮助下,由员工自己来制定,并与主管人员讨论,达成一致意见。

个人发展计划通常包括以下内容:

(1)有待发展的方面;

(2)目前的水平和期望达到的水平;

(3)发展的措施;

(4)实现目标的期限。

上级主管人员在帮助员工制订个人发展计划时,要对其绩效考核结果进行分析,判断员工的能力水平以及某些方面的潜力。图 9-10 为人才矩阵模型,可供管理人员参考。

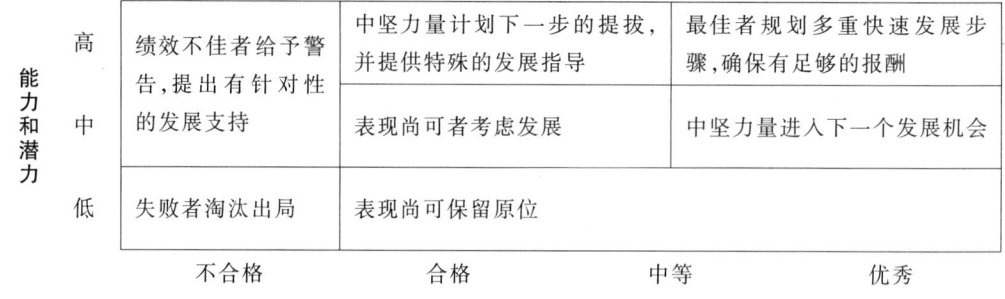

图 9-10　人才矩阵模型

(三) 薪酬分配与调整

对员工最直接的奖惩就体现在薪酬变动中,一般来说,为了增强薪酬的激励作用,员工的薪酬中有一部分是与绩效挂钩的。当然不同的工作性质,与绩效挂钩的薪酬所占的比重也不一样。另外,薪酬的调整往往也是由绩效来决定的。一般来说,将绩效考核结果应用于薪酬有两种形式:一是绩效工资,即工资等级或水平的提升,这是一种持续性的调整,提升的是员工以后每个月的工资水平;二是奖金,通常是指一次性的奖金发放。

(四) 人员调配和职位变动

绩效考核结果是员工职位调动的重要依据,这里的调动不仅包括纵向的职位升降,还包括横向的岗位轮换。如果员工在某一岗位上业绩非常突出,则可以考虑将其适当地调到其他岗位上锻炼或承担更大的责任;如果员工不能胜任现在的工作,则在查明原因后可以将其调到其能够胜任的工作岗位上。另外,对于多次调岗都无法达到绩效标准的员工,则应该考虑解聘。

综合以上四个用途,绩效考核结果应用的流程如图 9-11 所示。

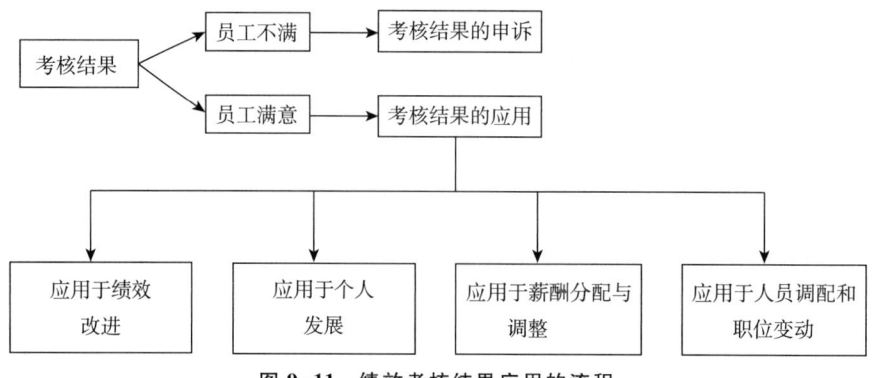

图 9-11　绩效考核结果应用的流程

三、绩效管理体系的建立

(一)建立绩效管理体系

一个组织如何建立一套绩效管理体系,或者如何改进原有的绩效管理体系?如何获取组织成员对这套绩效管理体系的认同,并使这套绩效管理系统得到成功的实施?为了回答这些问题,需要思考下列问题:组织中原来有没有绩效管理?原来的绩效管理系统存在怎样的问题?相关的管理基础怎么样?如何获得对系统的支持?如何让管理者和员工充分地支持与投入?如何获得对系统的反馈?

组织要想成功地建立绩效管理体系,有些管理基础是必备的,包括战略管理、适当的组织文化价值观、组织设计和业务流程设计、工作分析。由于 KPI 的设计依赖于对组织战略目标的分解和工作职责的界定,因此组织中必须建立起有效的战略管理体系,否则战略目标的分解将无从谈起;而组织结构、业务流程、工作分析能够保证工作职责的清晰界定。由于绩效管理中需要强调一些特定的文化价值观,例如客户导向、结果导向、开放沟通等,这些需要通过组织文化建设来保障。

除了这些必备的管理基础,随着胜任力分析与绩效考核的结合得到普遍应用,组织可以根据实际情况建立基于胜任力的绩效管理模型,其步骤如图 9-12 所示。

第一步:定义工作及从事工作需要的胜任力特征。

通过有效的工作分析定义员工的工作,这是基于胜任力的绩效管理的第一步。在多数情况下,这一步包括明确期望员工生产的具体产出或结果。这些产出或结果必须与组织的战略目标相一致。然后,对于那些原本从事不必要的工作的员工,组织就可以进行重新分配,让他们做对组织有意义的工作。用基于胜任力的方法进行绩效管理的关键在于识别胜任力特征,即员工为生产期望的量化产出或结果而必须具有并以恰当方式使用的特征。

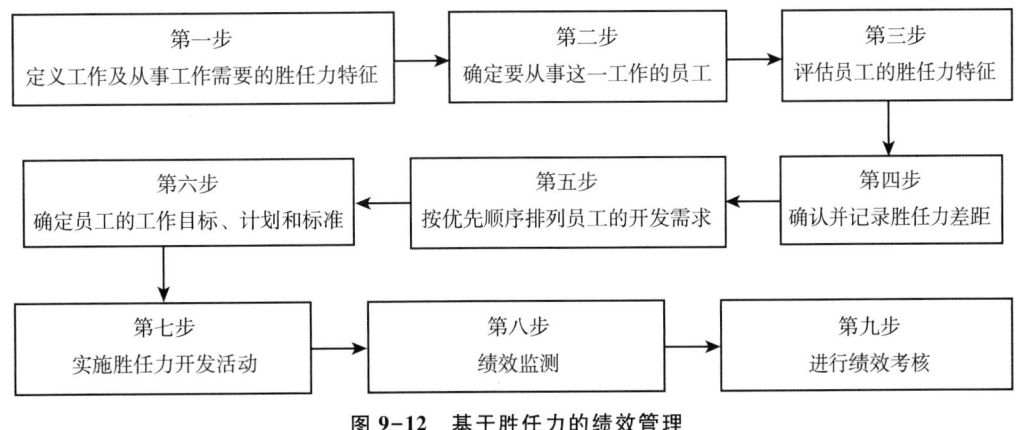

图 9-12 基于胜任力的绩效管理

第二步和第三步:确定从事这一工作的员工并评估其胜任力特征。

接下来,通常采用选拔的方法确定要从事这一工作的员工,同时应用胜任力评估方法确定员工顺利完成任务所需的关键胜任力特征,并判断其一贯地展示出来的程度。

第四步:确认并记录胜任力差距。

确认并记录员工需要开发的胜任力差距。

第五步:按优先顺序排列员工的开发需求。

确定员工胜任力特征开发的优先顺序,并准备一个员工胜任力开发方案。

第六步:确定员工的工作目标、计划和标准。

审查完开发方案后,直线经理和员工建立双方都同意的工作目标、计划和标准,设定量化工作产出的最低期望,并确定令人满意的工作目标。

第七步:实施胜任力开发活动。

员工开始接受培训或者参加其他学习活动,从而获得或培养出在第一步中所确定的胜任力特征,并为完成工作目标而努力。

第八步:绩效监测。

直线经理和员工经过沟通达成一致的绩效目标后,直线经理需要对员工的工作行为进行监测,并帮助员工最终实现绩效目标。在这一过程中,直线经理与员工不仅要讨论需要实现的绩效目标,还要讨论员工如何使用胜任力特征达到期望的工作结果。这种绩效监测方法建立并增强了组织胜任力的基础优势——组织的胜任力库。在绩效监测的过程中,如果有必要,直线经理可以对胜任力开发方案做出修改。

第九步:进行绩效考核。

基于胜任力的绩效管理既使用中期考核,又使用阶段性考核。有计划的中期考核对员工更有利,员工可以有确定的机会让直线经理知道影响他们实现预期产出目标的各种障碍;同时,可以避免员工和组织之间出现意外情况。

(二)绩效管理体系的构成

绩效管理体系主要包括以下六个部分。这六个部分构成了一个循环的整体,促使组织绩效不断提升(如图9-13所示)。

1. 组织愿景与战略

如果没有组织愿景与战略作为基础,则绩效管理体系就没有了依托,就无法发挥它的综合效用。企业实施绩效管理是为战略目标的实现提供支持,帮助企业分解并落实战略目标,是绩效管理最终要致力达成的目标。

2. 组织目标分解

即按照组织愿景,采用SWOT分析,制定组织战略,画出组织战略地图;再根据战略地图设立组织的中长期目标;按照目标分解法,将一级目标逐级分解,并明确告知部门工作职责。

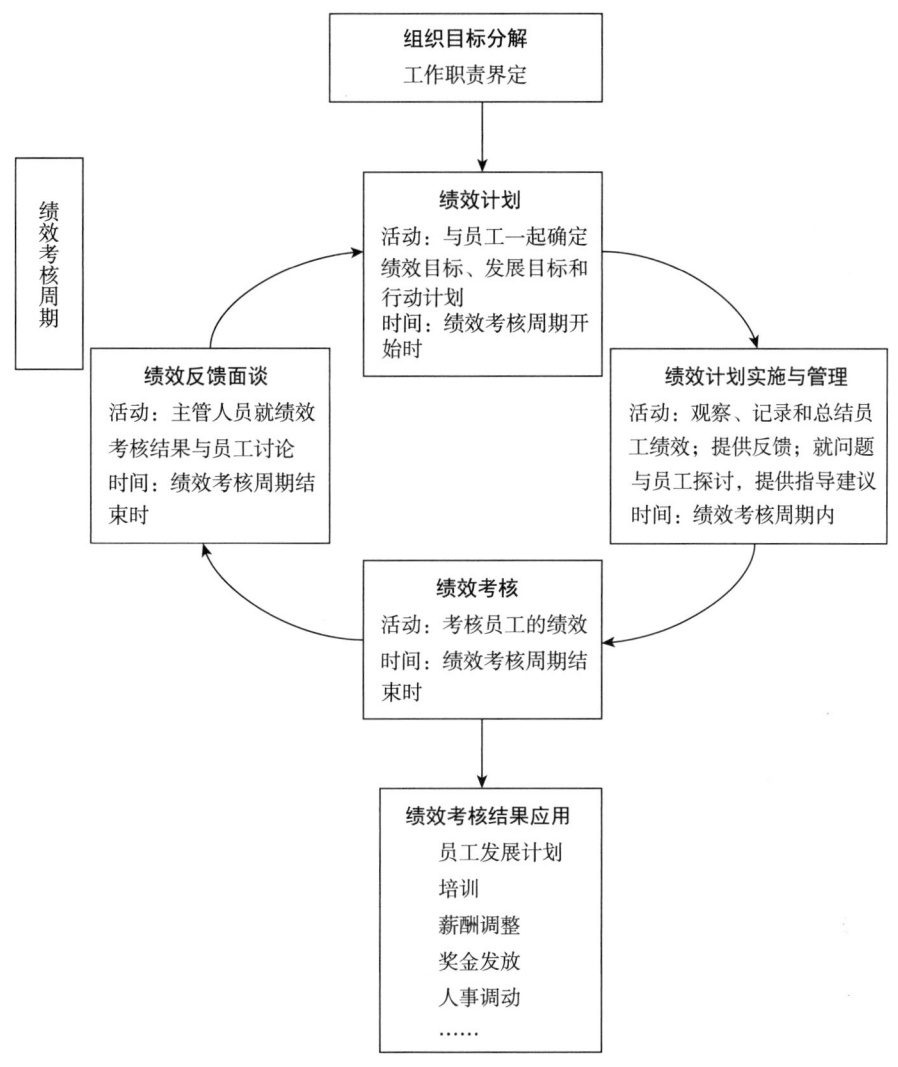

图 9-13 绩效管理体系

3. 绩效计划

绩效计划是进行绩效管理的基础环节。制订绩效计划主要依据工作目标和职责。在绩效计划阶段,管理者与员工共同探讨,就实现目标的时间、责任、方法和过程进行沟通,以确定以什么样的流程来完成什么样的工作,最终达到什么样的目标。

4. 绩效计划实施与管理

绩效计划实施与管理贯穿整个绩效考核周期,即按照绩效计划对员工工作绩效进行数据收集,并对员工绩效进行监督、辅导和改进。

5. 绩效考核

在绩效考核周期结束时,管理人员应采取科学的方法对员工的绩效目标完成情况进行评估。具体包括:第一,要对所收集到的绩效原始数据进行汇总和检验;第二,如果确认收集的数据充分、全面且正确,则可以根据这些数据对员工的绩效目标完成情况进行评估;第三,在最终的绩效考核结果生效前,还必须与员工进行面谈,即绩效考核结果的反馈阶段。

6. 绩效改进

绩效改进包括两部分内容:绩效考核结果应用和绩效反馈面谈。绩效考核结果应用主要是组织将绩效考核结果依据绩效计划的责任约定及时地进行奖惩兑现;绩效反馈面谈则是组织依据上一轮绩效考核周期的绩效考核情况,对员工新一轮的绩效目标和考核标准进行修正。

本章小结

1. 战略绩效管理即以战略为导向的绩效管理系统,并促使企业在计划、组织、控制等所有管理活动中全方位地发生联系并适时进行监控的体系。其活动内容主要包括两方面:一是根据企业战略,建立科学规范的绩效管理体系,以战略为中心牵引企业各项经营活动;二是依据相关绩效管理制度,对每一个绩效管理循环周期进行检讨,对经营团队或责任人进行绩效评价,并根据评价结果对其进行价值分配。

2. 绩效管理的流程主要包括以下几个步骤:绩效计划、绩效实施、绩效考评、绩效反馈以及绩效改进。这五个环节是一个封闭的绩效管理循环,上下承接,紧密联系,只有各环节的有效整合才能保证绩效管理最终目的的实现。

3. 作为整个绩效管理流程的起点,绩效计划将个人目标、部门目标和组织目标结合起来,是员工全面参与管理、明确自己职责和任务的过程,是绩效管理一个至关重要的环节。绩效计划包括两方面内容:做什么和如何做。所谓做什么,实际上就是员工个人的绩效目标;而如何做,就是实现目标的手段。

4. 绩效沟通在绩效计划实施过程中至关重要,持续的绩效沟通可以使一个绩效考核周期里的每一个人,随时获得有关绩效改进的信息,并就出现的变化情况达成新的承诺。

5. 绩效考核是绩效管理的重点与难点,人力资源管理专业人员与该领域的专家设计和创造了一系列绩效考核方法,这些方法各具特点。具体包括:目标管理、360°绩效考评、基于计算机和网络的绩效考核。

6. 关键绩效指标是通过对组织运作过程中的关键成功因素进行开发、分析、提炼和归纳,用以衡量绩效的一种目标式量化管理指标。它是战略目标通过层层分解产生的可操作性的指标体系,是组织绩效管理的基础。

7. 标杆基准法就是将本企业经营的各方面状况和环节与竞争对手或行业内外一流的企业进行对照分析的过程,是一种评价自身企业和研究其他组织的手段,是将外部企业的持久业绩作为自身企业的内部发展目标并将外界的最佳实践移植到本企业的经营环节中去的一种方法。实施标杆基准法的企业必须不断地对竞争对手或一流企业的产品、服务、经营业绩等进行评价来发现优势和不足。

8. 平衡计分卡是一种绩效衡量工具,以企业的战略和使命为基础,运用综合与平衡的哲学思想,依据组织结构,将企业的愿景与战略转化为下属各责任部门在财务、客户、内部流程、创新与学习等四个方面的系列具体目标,从而构成了内部与外部的平衡、数量与质量的平衡、结果与动机的平衡、短期目标与长期目标的平衡。它是一个科学的集企业战略管理控制与战略管理绩效考核于一体的管理系统。

9. 常见的绩效考核技术有:排序法、关键事件法、描述性表格法、图解评定量表法、行为锚定评分法。

复习思考题

1. 绩效管理的含义是什么?
2. 绩效考核与绩效管理的区别与联系有哪些?
3. 绩效计划制订的主要步骤是什么?有哪些注意事项?
4. 实施绩效沟通的目的有哪些?
5. 实施绩效辅导的目的有哪些?
6. 绩效考核的工具与方法有哪些?如何使用?
7. 管理者在绩效反馈面谈实施前应做好哪些准备?
8. 简述绩效反馈面谈的过程。
9. 简述关键绩效指标、平衡计分卡、标杆管理等方法的使用。

案例与讨论

海底捞的绩效管理

四川海底捞餐饮股份有限公司(以下简称"海底捞")成立于1994年,是一家以经营川味火锅为主、融汇各地火锅特色于一体的大型跨省直营餐饮民营企业。

公司在张勇董事长确立的服务差异化战略的指导下,始终秉承"服务至上、顾客至上"的理念,以创新为核心,改变传统的标准化、单一化的服务,提倡个性化的特色服务,将用心服务作为基本的运营理念,致力于为顾客提供"贴心、温心、舒心"的服务;在管理上,倡导双手改变命运的价值观,为员工创建公平、公正的工作环境,实施人性化和亲情化的管理模式,提升员工价值。

人力资源管理

众所周知的是,海底捞这一餐饮"怪人"生意很好,顾客吃饭要排队,员工工作量大、工资高,但公司不考核利润指标,也不考核营业额和餐饮业经常使用的一些KPI,比如单客消费额等。在今天这样一个强调结果导向,没有收入、利润就无法生存的餐饮业,海底捞为什么能取得今天的成绩?由此引发的一个问题是,到底餐饮业应该考核什么样的指标?是不是所有的餐饮业都可以向海底捞一样,不考核利润等指标呢?

(一)不考核利润,不等于不关注

按照海底捞自己的说法:"利润只是做事的结果,事做不好,利润不可能高;事做好了,利润不可能低。"海底捞不考核利润,原因有三:一是利润是很多部门工作的综合结果,每个部门的作用不一样,很难合理地分清楚;二是利润具有偶然因素,比如店面选址如果不好,则不论店长和员工怎么努力,也做不过管理一般、位置好的店面;三是考核利润把员工的关注点引导到短期业绩上来,从而导致该给客人的服务做不到位,出现因降低成本而免费给客人吃的西瓜也不甜了、给客人的擦手纸巾也出现了漏洞等现象。海底捞关注长期业绩,不考虑当期利润,但其企业文化让员工养成了节约的好习惯,"生意忙时累人,生意淡时累心",海底捞店长对门店业绩高度负责任的意识已经深入骨髓。

(二)绩效管理的关键是中层干部

海底捞对顾客满意度的考核,不是通过给客人发放满意度调查表来进行的,而是让店长的直接上级——经理经常在店中巡查,经理不断地同店长沟通,顾客哪些方面的满意度比过去好、哪些比过去差,熟客是多了还是少了;对员工满意度的考核,也是通过上级的判断来进行的,同时摸索出了一套验证流程和标准,比如通过抽查和神秘访客等方法对各店的考核进行复查,并建立越级投诉机制,当下级发现上级不公平,特别是人品方面存在问题时,下级可以随时向上级的上级,直至大区经理和总部投诉。

不难看出,海底捞的绩效管理和门店扩张,靠的是能够理解、执行和贯彻海底捞使命、文化和管理要求的店长等中层干部;对员工的绩效管理,靠的是懂行的管理者对"人"的判断,而不是简单地使用定量化的考核工具。由于海底捞的经理都是从服务员做起的,因此评价基本上都会比较真实地反映实际情况,消除了主观因素。

(三)考核指标设置体现了公司战略

海底捞对每个门店的考核只有三个指标:一是顾客满意度,二是员工积极性,三是干部培养。所有这些指标,都是围绕海底捞的战略来进行设置的,即想尽一切办法提升顾客满意度,海底捞相信"客人是一桌一桌抓来的",而唯有满意的员工,才能提供令顾客满意的服务;只有符合海底捞要求的干部,才能带出能提供令顾客满意服务的员工。对指标进行考核很容易,但关键是对这些指标的坚守。在海底捞,这三个指标不仅决定了店长的奖金,甚至提升和降职也根据这三个指标。比如,海底捞的店长只是业绩做得好还不行,还要看你能不能培养干部。"能下蛋的母鸡最值绩效管理钱",在海底捞,能培养干部的干部晋升得最快。如果你只能自己干,不会用人和培养人,则说明你是"公鸡",人家跟着你,没有大出息。2010年,海底捞就一口气免了三名这种就就业业的"公鸡"店长。

对顾客满意度的极端关注,让海底捞充分对员工进行授权。不论什么原因,只要基层员工认为有必要,都可以给客人免一个菜或者加一个菜,甚至免一餐。其实在服务业,基层员工充分授权并不是海底捞的首创。以服务享誉全球的五星级酒店——丽思卡尔顿酒店为例,其员工就享有多项服务顾客的自主决策权。对基层员工的尊重和信任是海底捞和丽思卡尔顿酒店的共同特性。这些企业的指标设置与其战略和管理是一致的。正是因为这种高度的一致性,从而让基层员工明确企业的战略,让所有人的行为围绕战略而展开。

(四)绩效政策制定与实施的关键是坚持人性第一标准

海底捞告诉我们,任何好的绩效制度与政策,要想执行得好,必须基于人性。人不幸福,就不可能提供令顾客舒心满意的服务。只有理解员工的心理和诉求,知道员工在想什么,才能有的放矢地采取激励员工的最佳方式。我们有很多餐饮企业,尽管天天有人检查卫生间的清洁程度,但依然臭味熏天;天天强调微笑服务,但却走形式,成了皮笑肉不笑的苦笑。制定政策时考虑人性,执行政策时顾及人性,海底捞对顾客满意的高标准、对员工服务的高要求、对激励员工的高信任是一体化的。海底捞不以利润为考核指标,不以利润为终极导向,但在服务顾客的过程中收获了利润。

资料来源:人力资源管理案例分析报告——海底捞的员工管理[EB/OL].[2020-08-05].https://wenku.baidu.com/view/f85b6f1a85254b35eefdc8d376eeaeaad0f31671.html,有删改。

思考题:
1. 结合本案例,分析海底捞的绩效管理有何特点?
2. 学习这篇案例之后,你得到了什么启示?

本章参考文献

[1] 戴维·帕门特.关键绩效指标:KPI的开发、实施和应用[M].第3版.张丹等,译.北京:机械工业出版社,2017.

[2] 方振邦,罗海元.战略性绩效管理[M].第3版.北京:中国人民大学出版社,2010.

[3] 方振邦,唐健.战略性绩效管理[M].第5版.北京:中国人民大学出版社,2018.

[4] 葛玉辉.人力资源管理[M].第3版.北京:清华大学出版社,2012.

[5] 赫尔曼·阿吉斯.绩效管理[M].第3版.刘昕等,译.北京:中信出版集团,2013.

[6] 贺清君.绩效考核与薪酬激励整体解决方案[M].第3版.北京:中国法制出版社,2018.

[7] 黄卫伟.以奋斗者为本[M].第3版.北京:中信出版社,2014.

[8] 克里斯蒂娜·沃特克.OKR 工作法:谷歌、领英等顶级公司的高绩效秘籍[M].明道团队,译.北京:中信出版集团,2017.

[9] 诺伯特·卡普兰等.平衡计分卡:化战略为行动[M].刘俊勇等,译.广州:广东经济出版社,2013.

[10] 武欣.人力资源管理——管理学与心理学的整合应用[M].北京:中国轻工业出版社,2014.

第十章　薪酬管理

【学习目标】

1. 了解薪酬管理的基本概念、意义与原则；
2. 掌握薪酬管理决策的内容；
3. 掌握薪酬制度的特点及主要形式；
4. 了解特殊员工群体的薪酬管理；
5. 掌握福利体系的详细内容；
6. 掌握薪酬制度的基本内容。

引导案例

A 制冷公司的薪酬管理问题

A 制冷公司是一家合资公司，成立于 1995 年，目前是中国最重要的中央空调和机房空调产品生产销售厂商之一。公司现有员工 300 余人，在全球有 17 个办事处，随着销售额的不断上升和人员规模的不断扩大，公司整体管理水平也需要提升。

公司在人力资源管理方面起步较晚，原有的基础比较薄弱，尚未形成科学的体系，尤其是薪酬管理方面的问题比较突出。在早期，公司人员较少，单凭领导一双眼、一支笔倒还可以分清楚给谁多少工资，但人员激增后，只靠过去的老办法显然不灵了，这样的做法带有明显的主观色彩，更谈不上公平性、公正性及对外竞争力了。于是公司聘请 B 公司就其薪酬体系进行系统设计。

B 公司管理顾问经过系统分析和诊断，认为公司在薪酬管理方面存在的主要问题有：一是薪酬分配原则不明晰、内部不公平。不同职位之间、不同员工之间的薪酬差别基本上是凭感觉来确定。二是不能准确了解外部特别是同行业的薪酬水平，无法准确定位薪酬整体水平。给谁加薪、加多少，领导和员工心里都没底。三是薪酬结构和福利项目有待进一步合理化。四是需要建立统一的薪酬分配政策。

B 公司管理顾问认为，解决薪酬分配问题需要一系列步骤：第一，需要有工作说明书以作为公司人力资源管理的基础；第二，在工作说明书的基础上，需要对职位所具有的特性进行重要性评价，最终形成公司职级图；第三，公司需要委托专门的薪酬调查公司就同行业、同类别、同性质公司的薪酬水平进行调查,获得薪酬市场数据;第四,需要依据公司职级图、薪酬调查数据、公司业务状况及实际支付能力,对公司的薪酬体系进行设计,此项工作内容包括制定薪酬结构、制定不同人员的薪酬分配办法和薪酬调整办法、测算人力成本等;第五,形成公司可执行、公布的薪酬分配政策。

经过双方的紧密配合,A公司领导对最终形成的方案十分满意,因为他们再也不用为每月发工资这件事而头疼了;薪酬分配政策的公平性也消除了员工之间的猜疑,提高了其工作热情。

资料来源:A制冷公司的薪酬设计[EB/OL].(2019-04-16)[2020-08-05].http://www.pinlue.com/article/2019/04/1600/048680457106.html,有删改。

思考题:A制冷公司在薪酬管理方面存在的主要问题有哪些?该公司是如何解决这些问题的?

第一节 薪酬管理概述

一、基本概念

薪酬是指员工因向所在的组织提供劳务而获得的各种形式的酬劳。薪酬从企业角度来讲是一种人力成本支出,但随着人力资本理论的发展,薪酬的内涵也发生了变化。现在,一方面,从企业人力资本投资和激励机制的角度出发,薪酬是企业为员工提供的有形与无形的酬劳的总和;另一方面,从员工角度出发,薪酬就是企业员工从企业获得物质或精神回报的过程。因此,薪酬**从狭义**上可以说是指货币和可以转化为货币的报酬,包括基本工资、奖金、津贴等;但**从广义**上出发,除了包括狭义的薪酬,还包括获得的各种非货币形式的满足,包括弹性工作时间、良好的工作环境、成就感等。现代企业薪酬的基本形式如图10-1所示。

薪酬管理是指企业在组织发展战略的指导下,对员工薪酬支付原则、薪酬策略、薪酬水平、薪酬结构、薪酬构成进行确定、实施和调整的动态管理过程。薪酬管理要为实现薪酬管理目标服务,薪酬管理目标是基于人力资源战略设立的,而人力资源战略服从于企业发展战略,因此薪酬管理是企业发展战略的重要组成部分。

薪酬管理对几乎任何一个组织来说都是一个比较棘手的问题,主要是因为企业的薪酬管理系统一般要同时达到有效性、公平性和合法性三大目标,企业经营对薪酬管理的要求越来越高,但就薪酬管理来讲,受到的限制因素也越来越多,除基本的企业经济承受能力、政府法律法规外,还涉及企业不同时期的战略、内部人才定位、外部人才市场以及行业竞争者的薪酬策略等因素。

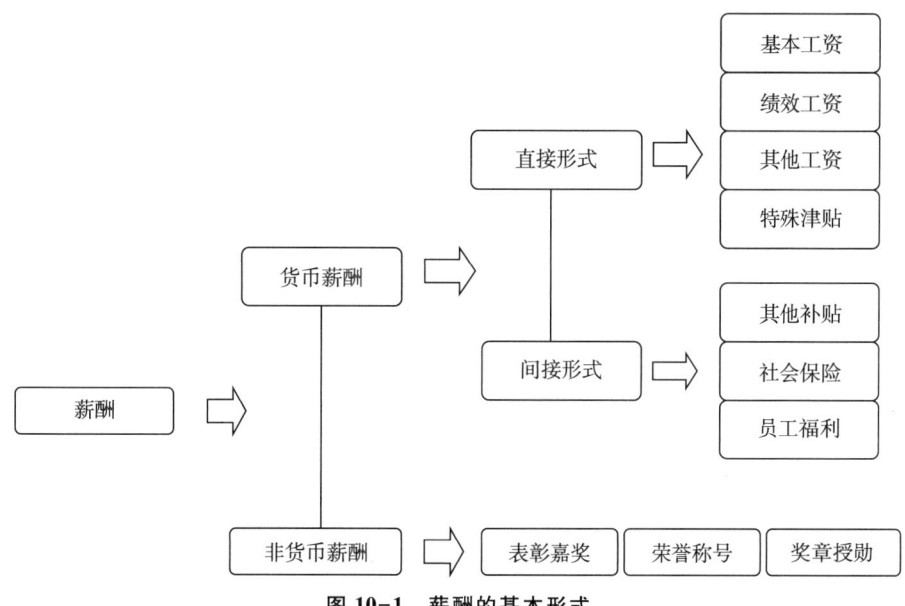

图 10-1　薪酬的基本形式

资料来源：企业人力资源管理师专家委员会.企业人力资源管理师（三级）[M].第 2 版.北京：中国劳动社会保障出版社，2015：210。

二、薪酬管理的目标、意义与原则

（一）薪酬管理的目标

薪酬管理的目标可以分为效率、公平与合法三个方面。

第一，效率目标，薪酬管理的效率可以分为外部效率和内部效率。外部效率主要是指社会宏观经济运行的效率；而内部效率则体现为通过提升员工、团队和组织绩效，推动全面质量管理，有效控制成本。

第二，公平目标，薪酬管理的公平可以分为内部公平和外部公平。内部公平包括政策公平、程序公平和结果公平；外部公平是指薪酬的社会公平性。

第三，合法目标，法律、法规是企业薪酬管理的底线和边界，而且直接接受国家相关法律和地区法规的制约。

（二）薪酬管理的意义

薪酬管理作为人力资源管理的一项主要职能活动，具有非常重要的意义，主要表现在以下几个方面：

1. 有效的薪酬管理有助于吸引和留住优秀员工

人力资源的有限性与稀缺性已被理论和实践充分证明。在人力资源有限和稀缺的条件下，通过一定的手段使资源在不同的生产领域进行组合，使之得到最充分的利用，并发挥出其最大的效能,这便是人力资源合理配置问题。企业中,薪酬管理的有效实施,能够给员工提供可靠的经济保障,从而有助于吸引和留住人才。

2. 有效的薪酬管理有助于实现对员工的激励

在今天,薪酬激励成为现代人力资源管理的重要组成部分,它对提高企业的竞争力有着不容忽视的作用。员工所得到的薪酬既是对其过去工作努力的肯定和补偿,又是他们对未来努力工作得到报酬的预期,激励其在未来也能努力工作。在员工心目中,薪酬不仅仅是自己的劳动所得,在一定程度上它也代表着自身的价值以及企业对自身工作的认同,甚至还代表着自身的个人能力、品行和发展前景。

3. 有效的薪酬管理有助于改善企业的绩效

薪酬实际上是企业向员工传递的一种特别强烈的信号。通过这种信号,企业可以让员工了解什么样的行为、态度以及业绩是受到鼓励的、是对企业有贡献的,从而引导员工工作行为和工作态度以及最终的绩效朝着企业期望的方向发展。相反,不合理和不公平的薪酬则会引导员工采取不符合企业利益的行为,从而导致企业经营目标难以实现和价值观混乱。因此,如何通过充分利用薪酬这一利器来改善企业的绩效,是企业薪酬管理的一个重大课题。

4. 有效的薪酬管理有助于塑造良好的企业文化

良好的企业文化对于企业的正常运转具有重要作用,而有效的薪酬管理则有助于企业文化的塑造。首先,薪酬是进行企业文化建设的物质基础,员工的生活如果得不到保障,则企业文化的建设就是空谈;其次,企业薪酬政策本身就是企业文化的一部分,如奖励导向、公平的观念等;最后,企业的薪酬政策能够对员工的行为和态度产生引导作用,从而有助于企业文化建设。

(三)薪酬管理的原则

有效的薪酬管理,应当遵循以下几项原则:

1. 合法性原则

合法性是指企业的薪酬政策要符合国家法律和政策的有关规定,这是薪酬管理应遵循的最基本的原则。国家相关法律对企业的薪酬体系施加约束,例如我国《劳动法》规定,企业不能违反最低工资制度、社会保险福利、工资指导线制度等的有关规定。

2. 公平性原则

企业为了增强竞争力,提高产品和服务质量,就需要对员工的薪酬制度进行不断的调整,实现对员工的有效激励。而有效的薪酬制度必须满足公平性原则,只有建立在公平基础上的薪酬制度才是有效的,才能确实起到对员工的激励作用。将公平理论应用于薪酬管理,可以得到三种公平的表现形式:外部公平、内部公平和员工个人公平。

(1)外部公平。所谓外部公平,即外部竞争力,强调的是本企业薪酬水平同竞争对手薪酬水平的相对高低以及由此产生的企业在劳动力市场上的竞争力大小。为了确保外部公平，企业在薪酬管理过程中就必须借助薪酬调查了解其他企业的薪酬水平，并以此为依据，建立具有竞争力的薪酬体系。

（2）内部公平。所谓内部公平，即薪酬政策中的内部一致性。内部公平强调的重点是根据各种工作对组织整体目标实现的相对贡献大小来支付报酬。为了确保内部公平，企业在薪酬管理过程中就必须对所有职位进行评价，并根据职位评价结果来确定每一个职位的薪酬。

（3）员工个人公平。所谓员工个人公平，即对同一个组织中从事相同工作员工的薪酬进行相互比较时公平性是否成立。员工个人公平要求组织中每个员工得到的薪酬与其各自对组织的贡献相互匹配。为了确保员工个人公平，企业在薪酬管理过程中就必须考虑员工的能力和绩效，确保给员工提供与其能力、绩效相当的薪酬。应当注意的是，公平性与平均性原则本质上是有区别的。公平性强调按劳分配，体现了劳动的差异性，从而薪酬应当是有差异的；平均性强调绝对平均，忽视了劳动的差异性，追求员工之间的平均报酬。

3. **及时性原则**

及时性是指薪酬的发放应当及时，这可以从两个方面来理解：首先，薪酬为员工提供了基本的生活保障和稳定的收入来源，如果不能及时发放，则势必会影响员工的正常生活；其次，薪酬又是一种重要的激励手段，特别是个别薪酬，是对员工有效行为的一种奖励，而按照激励理论的解释，这种奖励只有及时兑现，才能够充分发挥员工的激励效果。

4. **经济性原则**

经济性是指企业支付薪酬时应当在自身可以承受的范围内进行，所设计的薪酬水平应当与企业的财务水平相适应。虽然高水平的薪酬可以更好地吸收和激励员工，但由于薪酬是企业一项非常重要的开支，因此在进行薪酬管理时，企业必须考虑自身承受能力的大小，超出承受能力的过高薪酬必然会给企业造成沉重的负担，有效的薪酬管理应当在竞争性和经济性之间找到恰当的平衡点。

5. **动态性原则**

由于企业面临的内外部环境处于不断地变化之中，因此企业薪酬管理应当坚持动态性原则，要根据环境因素的变化随时进行调整，以确保企业薪酬的适应性。这表现在两个方面：一是企业整体的薪酬水平、薪酬结构和薪酬形式要保持动态性；二是员工个人的薪酬要具有动态性，企业要根据其职位变动、绩效表现进行薪酬调整。

三、薪酬管理的影响因素

（一）企业外部因素

1. **国家相关法律法规**

不同时期，国家的经济政策会有所不同，有时为了刺激消费，有时为了抑制通货膨

人力资源管理

胀,薪酬水平会整体有所浮动。许多国家对最低工资从法律上予以规定;此外,有关劳动与就业的法律还规定了企业的最长工作时间、加班津贴标准、福利计划要求、工作安全与卫生条款等。

2. 劳动力市场状况

劳动力的数量与质量会影响薪酬水平。劳动力的需求方会受到劳动力数量的制约。如果该地区劳动力稀缺,那么劳动力的工资就会相对较高,则薪酬水平就会相对较高;反之,如果该地区劳动力密集,那么劳动力的工资就会相对较低,则薪酬水平就会相对较低。劳动力的供应则会受到劳动力质量的制约。

3. 地区及行业特点

行业性质、特点及地区的道德观和价值观等,会直接或间接地影响企业的薪酬政策。例如,沿海企业与内地企业、国有企业与民营企业、制造业企业与 IT 企业等的薪酬有很大的差异。

4. 当地生活水平和物价指数

员工的正常收入至少应能支付家庭的基本生活费用,而这个费用又与居民消费习惯及当地物价水平有关。由于物价指数上涨,为了保证员工的实际购买力不至于下降,企业必须考虑适当地调整员工的工资。

5. 其他企业薪酬状况

同行业其他企业的薪酬状况对企业薪酬管理的影响是最直接的,这是进行横向公平性比较时非常重要的一个参照系。当其他企业,尤其是竞争对手的薪酬水平提高时,为了保证外部公平性,企业也要相应地提高自己的薪酬水平,否则就会造成员工的不满意甚至流失。

(二)企业内部因素

1. 企业经营战略

企业经营战略对企业薪酬水平的影响是非常明显的。如果企业选择实施低成本战略,那么企业必然会尽一切可能去降低成本,当然也包括薪酬成本。在企业中,薪酬管理应当服从和服务于企业经营战略,不同的经营战略下,企业的薪酬管理也会有所不同。表 10-1 列举了在三种主要的经营战略下企业薪酬管理的区别。

表 10-1 三种主要的经营战略下企业薪酬管理的区别

经营战略	经营重点	薪酬管理
成本领先战略	• 一流的操作水平 • 追求成本的有效性	• 重点放在与竞争对手的成本比较上 • 提高薪酬体系中可变薪酬的比重 • 强调生产率 • 强调制度的可控性及具体的工作描述

(续表)

经营战略	经营重点	薪酬管理
创新战略	• 产品领袖 • 向创新性产品转移 • 缩短产品生命周期	• 奖励在产品及生产方法方面的创新 • 以市场为基准的薪酬 • 弹性/宽泛性的工作描述
客户中心战略	• 紧紧贴近客户 • 为客户提供解决问题的方法 • 加快营销速度	• 以客户满意为奖励的基础 • 由客户进行工作或技能评价

资料来源:刘昕.薪酬管理[M].第5版.北京:中国人民大学出版社,2017:61-62。

2. 企业经营状况与盈利能力

通常资本实力雄厚、盈利能力强且正处于上升期的企业,其员工所获得的薪酬要高于经营状况差的企业的员工。这是因为企业的经营效益归根结底决定着企业对员工薪酬的支付能力。企业支付的薪酬总额应该在企业能负担的范围之内,而且员工薪酬的增长水平也要与企业劳动生产率的增长水平相协调。企业劳动生产率提高,即企业员工单位时间内创造的财富增加,员工的薪酬也会随之增加;反之,若企业经营不佳,劳动生产率下降、效益不好,产品价值无法实现,那么员工的薪酬也就失去了增加的基础。

3. 企业文化

企业文化是在一定的社会历史条件下,由企业在生产经营和管理活动中所创造的具有本企业特色的精神财富与物质形态,包括文化观念、价值观念、企业精神、道德规范、行为准则、历史传统、企业制度、文化环境、企业产品等。其中,价值观念是企业文化的核心。企业文化界定了组织在市场和社会中独特的地位与优势,是影响企业薪酬制度设计的重要因素,每个企业的薪酬制度必须适合本企业的文化观念和价值导向。

四、薪酬管理的理论基础

(一) 经济学角度的薪酬管理

经济学角度的薪酬是组织的成本支出,也是组织对员工进行人力资本投资取得的收益。与薪酬管理有关的经济学理论主要有边际生产率理论、投资理论、代理理论。

1. 边际生产率理论

该理论假设:雇主为达到利润最大化而努力;雇主对生产要素进行最优组合;边际收益递减规律对生产的不同要素起作用;员工都是同质的,故每单位劳动的工资等于边际成本或边际收益;员工对劳动力市场非常了解;劳动力市场是完全竞争的;资本和劳动被充分利用;工资的吸引力以每小时工资水平来衡量。事实上,组织管理很难满足上述假设,但商业企业的共同目标是盈利。

2. 投资理论

员工的生产力或价值是企业技术和员工个人属性的函数。员工的个人属性主要是通过在教育、培训和经验上的投资获得的能力。单个员工的具体价值是员工对自身人力资源进行投资的数额。该理论主张通过工作评价来制订薪酬方案,薪酬应该体现人力资源投资的差异。

3. 代理理论

该理论关注所有者与员工的关系,并假设所有者(委托人)与员工(代理人,包括各类管理者和普通员工)的利益和目标是不一致的。委托人希望利润最大化,代理人则希望报酬最大化。当委托人无力管理自己的企业,或者代理人可能增加企业的利润时,委托人倾向于雇用代理人。但是,如何使代理人更好地履行其义务,委托人必须有良好的约束和激励体系。

(二) 管理学角度的薪酬管理

管理学角度主要是从心理学方面探究员工对薪酬的满意度。激励理论是行为科学家对员工工作动机的系统解释的总称。与薪酬管理有关的激励理论主要有需求层次理论、期望理论、强化理论、公平理论。

1. 需求层次理论

马斯洛的需求层次理论也叫基本需求层次理论,是行为科学的理论之一。该理论将需求分为五个层次,像阶梯一样从低到高,分别为生理需求、安全需求、情感和归属需求、尊重需求、自我实现需求。另外两种需求,即求知需求和审美需求未被列入需求层次中,马斯洛认为这二者应居于尊重需求与自我实现需求之间。

2. 期望理论

期望理论出自北美著名心理学家和行为科学家维克托·弗鲁姆于1964年提出的激励理论。期望理论以三个因素来反映需要与目标之间的关系,要激励员工,就必须让员工明确:第一,工作能提供给他们真正需要的东西;第二,他们需求的东西是和绩效联系在一起的;第三,只要努力工作就能提高他们的绩效。

3. 强化理论

强化理论是美国心理学家和行为科学家伯尔赫斯·弗雷德里克·斯金纳等人提出的一种理论,也叫操作条件反射理论、行为修正理论。强化模型为:刺激——反应——强化。其中,刺激是指环境中能够鼓舞个人做出某种反应的因素,反应是指个人对刺激做出的回应,强化是指个人选择一个具体反应的结果。一般将强化分为四种不同的形式:正强化、负强化、废除和惩罚。正强化是指通过运用一个积极因素来增加某种可能性,如发奖金、表扬等,以保证预期的行为在相似的情况下重复出现;负强化是指通过减少负面效果来增加某种可能性,如停止批评或扣款;废除是指通过停止正强化而终止不希望发生的行为;惩罚则是指通过增加负面效果以使不希望发生的行为不再重复出现。由此可见,薪酬的发放、增减以及不同薪酬项目间的调整都与强化理论有关。

4. 公平理论

人的工作积极性不仅与个人的实际薪酬水平有关,而且与人们对薪酬的分配是否感到公平更为密切。人们总会自觉或不自觉地将自己付出的劳动及所得到的报酬与他人进行比较,并对公平与否做出判断。该理论强调薪酬的组织内部公平,即个人、部门和组织的薪酬公平;此外,还强调外部公平,即劳动力市场的薪酬公平。

第二节　薪酬管理决策

薪酬管理决策的内容包括薪酬体系决策、薪酬水平决策、薪酬结构决策等诸多方面的问题。薪酬管理决策的核心是使企业的薪酬系统有助于企业战略目标的实现,具备外部竞争性及内部一致性,合理认可员工的贡献,以及提高薪酬管理过程的有效性。由于不同类型的薪酬管理决策支持不同的企业战略,因此企业必须根据组织的经营环境和既定战略来做出合理的薪酬管理决策。

一、薪酬体系

薪酬体系是指企业以什么为基础来确定薪酬。目前最常见的薪酬体系有职位薪酬体系与能力薪酬体系。

职位薪酬体系是首先对职位本身的价值做出客观的评价,然后再根据这种评价的结果来赋予承担这一职位工作的人与该职位价值相当的薪酬。职位薪酬体系是一种传统的确定员工基本薪酬的制度,即员工担当什么样的职位就得到什么样的报酬,是真正的"对事不对人"。

能力薪酬体系是指企业根据员工所具备的能力或任职资格来确定其基本的薪酬水平,"对人不对事",其中基于岗位的能力占到了岗位薪酬总额的绝大部分;员工能力的高低和薪酬、晋升相挂钩;其设计的假设前提是能力高的一定取得高绩效,使员工能够认识到高能力会取得高绩效;薪酬随着能力的提高而提高,能力最高者其薪酬也最高;管理者关注的是员工能力价值的增值。

总体来说,职位薪酬体系与能力薪酬体系的直接区别如表10-2所示。

表10-2　职位薪酬体系与能力薪酬体系的直接区别

项目	职位薪酬体系	能力薪酬体系
薪酬基础	以员工所在职位为基础	以员工掌握的能力为基础
价值决定	职位价值的大小	员工能力的高低

(续表)

项目	职位薪酬体系	能力薪酬体系
管理者关注的重点	职位对应薪酬,员工与职位匹配	能力对应薪酬,员工与能力相连
员工关注的重点	追求职位晋升,以获得更高的报酬	寻求能力的增多或提升,以获得更高的报酬
程序	职位分析,职位评价	能力分析,能力评价
工作变动	薪酬随着职位变动	薪酬保持不变
培训作用	是工作需要而非员工意思	是增强工作适应性和增加报酬的基础
员工晋升	需要职位空缺	不需要职位空缺,只要通过能力认证或测试
优点	清晰的期望,进步的感觉	鼓励员工持续学习,具有灵活性,便于人员的水平流动
缺点	潜在的官僚主义,灵活性不足	对成本控制能力的要求较高

资料来源:董克用.人力资源管理概论[M].第3版.北京:中国人民大学出版社,2011。

二、薪酬水平

薪酬水平是指企业内部各类职位和人员平均薪酬的高低状况,它反映了企业薪酬的外部竞争性,即企业薪酬相对于当地市场薪酬和竞争对手薪酬绝对值的高低。它对员工的吸引力和企业的薪酬竞争力有着直接的影响,其数学公式为:薪酬水平=薪酬总额/在业的员工人数。

在确定薪酬水平时,企业通常可以采用四种策略:

（1）领先型策略,即企业薪酬水平高于市场平均水平。当采用这种策略时,企业的薪酬相对而言比较有竞争力,成本相对来说较高。

（2）匹配型策略,即企业薪酬水平与市场平均水平保持一致。当采用这种策略时,企业的薪酬相对而言竞争力中等,成本也是中等。

（3）拖后型策略,即企业薪酬水平要明显低于市场平均水平。当采用这种策略时,企业的薪酬竞争力弱,但成本较低。

（4）混合型策略,即针对企业内部的不同职位采用不同的策略。比如,对关键职位采用领先型策略,对辅助型职位采用匹配型策略,而对一线员工则采用拖后型策略。

实际上,很大一部分企业都采用混合型策略,以保留关键职位上的员工,同时又尽可能地降低成本。

三、薪酬结构

薪酬结构是指同一企业内不同职位或不同技能之间薪酬水平的排列方式,主要是一种纵向的等级关系,包括薪酬等级的数目、薪酬级差、等级区间以及级差标准。典型的薪酬结构有窄带结构(传统的垂直型薪酬结构)和宽带结构。

窄带薪酬等级多,每一个等级的薪酬区间相对较小,员工要想大幅度提高薪酬,则必须通过提高自己的薪酬等级来实现。宽带薪酬等级少,每一个等级的薪酬区间比较大,员工不提高薪酬等级,就有可能实现薪酬的大幅度提高。**宽带薪酬**最大的特点是压缩级别,将原来十几甚至二十、三十个级别压缩成几个级别,并将每个级别对应的薪酬区间拉大,从而形成一个新的薪酬管理系统及操作流程,以便适应当时新的竞争环境。现在企业管理中大部分都已使用宽带薪酬结构,与传统的等级薪酬结构相比,宽带薪酬结构具有以下特征:

(1) 打破了传统的等级薪酬结构所维护和强化的等级观念,减少了工作之间的等级差别,有利于企业提高效率以及创造学习型的企业文化,同时有助于企业保持自身组织结构的灵活性以及提高适应外部环境的能力。

(2) 引导员工重视个人技术和能力的提高。在传统的等级薪酬结构下,员工的薪酬增长往往取决于个人职位的提升而非能力的提高,因为即使能力达到了较高的水平,但是在企业中没有出现职位空缺,员工仍然无法获得较高的薪酬。而在宽带薪酬结构下,即使是在同一个薪酬区间内,企业为员工提供的薪酬变动范围也可能比员工在原来的五个甚至更多的薪酬等级中可能获得的薪酬变动范围还要大,这样员工就不需要为了薪酬的增长而去斤斤计较职位晋升等方面的问题,而只要注意发展企业所需要的那些技术和能力就可以获得相应的报酬。

(3) 有利于职位轮换,促进那些新组织的跨职能成长和开发。在传统的等级薪酬结构下,员工的薪酬水平是与其所担任的职位严格挂钩的。由于同一级别职位的变动并不能带来薪酬水平上的变化,但是这种变化使得员工不得不学习新的东西,从而工作的难度增加、辛苦程度提高,这样员工便不愿意接受职位的同级轮换。而在宽带薪酬结构下,由于薪酬的高低是由能力来决定而非由职位来决定的,员工乐意通过相关职能领域的职位轮换来提升自己的能力,以此来获得更大的回报。

(4) 有利于提升企业的核心竞争优势和企业的整体绩效。在宽带薪酬结构下,上级对下级员工的薪酬有更大的决策权,从而有利于增强组织的灵活性,促进创新性思想的出现,并提高企业适应外部环境的能力。

四、薪酬构成

薪酬主要由基本薪酬、可变薪酬和间接薪酬构成。

（一）基本薪酬

基本薪酬，即劳动者所得工资额的基本组成部分。它由用人单位按照规定的工资标准支付，较之工资额的其他组成部分具有相对稳定性。具体来说，在企业中，基本薪酬是根据员工所在职位、能力、价值核定的薪资，这是员工工作稳定性的基础，是员工安全感的保证。同一职位，可以根据其能力大小将薪酬分为不同的等级（见图10-2）。

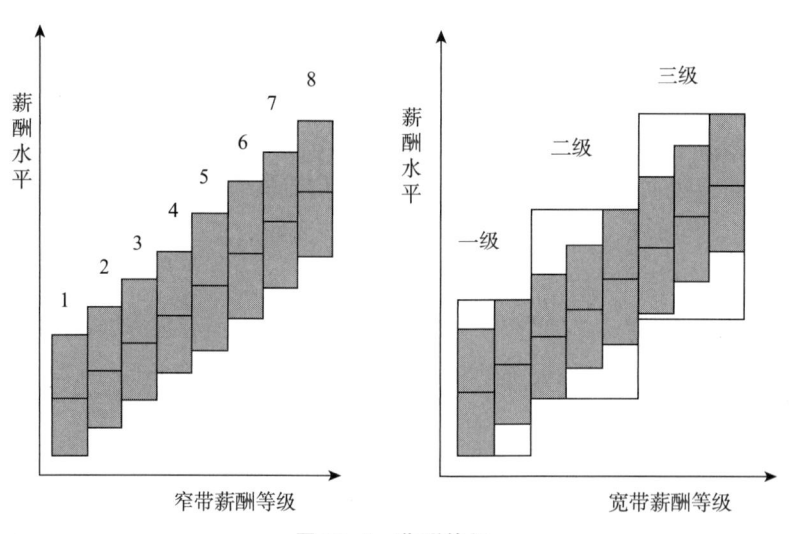

图 10-2　薪酬等级

在实践中，基本薪酬设计一般要按照下面的步骤来实施：首先要进行职位分析，界定各职位的工作职责和任职资格要求；接着要进行职位评价，确定各个职位相对的价值大小；然后要进行薪酬调查，将调查结果和职位评价结果结合起来，建立薪酬曲线；最后要根据薪酬曲线来确定薪酬等级。

（二）可变薪酬

全面薪酬战略非常强调可变薪酬的运用。这是因为，与基本薪酬相比，可变薪酬更容易通过调整来反映组织目标的变化。在动态环境下，面向员工群体实行可变薪酬能够针对员工与组织所面临的变革和较为复杂的挑战做出灵活反应，从而不仅能够以一种积极的方式将员工和企业联系在一起，为在双方之间建立起伙伴关系提供便利，同时还能够起到鼓励团队合作的效果。

此外，可变薪酬一方面能够对员工所达成的有利于企业成功的绩效进行灵活的奖励,另一方面在企业经营不利时还有利于企业控制成本开支。事实上,集体可变薪酬、利润分享、一次性奖励及个人可变薪酬等多种可变薪酬形式的灵活运用,以及由此而产生的激励性和灵活性,恰恰是全面薪酬战略的一个重要特征。

(三) 间接薪酬

间接薪酬主要是针对组织内员工的一系列有关安全健康、生活保障、社会保险及退休养老等方面提供的保障,目的在于提高员工对工作的满意度和忠诚度。

从间接薪酬的性质来看,间接薪酬可以分为两类:一类是政府立法应由企业实施的法定福利项目,另一类是企业根据自身情况有选择性地提供给职工的福利项目。从福利内容来看,企业福利可以分为三大类:一是健康与安全福利,主要包括社会保险、商业保险、补充医疗保险、附加失业保险,以及企业年金、解雇费、劳动保护等。二是非工作时间报酬,主要包括带薪长假、代替带薪长假的奖金、病假补偿、探亲假或丧假补偿、低息或无息住房贷款等。三是为员工提供的服务,主要是指为员工提供各类咨询服务、教育帮助计划、关怀老幼、班车接送、保健活动、食堂服务等其他一些服务,甚至为员工开通24小时服务热线,帮助员工解决他们的个人问题,或者至少避免问题转变为危机而影响其工作效率。

五、薪酬模式

薪酬构成是指员工和企业总体的薪酬中,不同类型薪酬的组合方式。对于企业而言,基本薪酬、可变薪酬与间接薪酬都是经济性支出,但这三种薪酬的作用又不完全相同。基本薪酬在吸引、保留人员方面效果比较显著,而在激励人员方面效果一般;可变薪酬在吸引、激励人员方面效果比较显著,而在保留人员方面效果中等;间接薪酬在保留人员方面效果比较显著,而在吸引、激励人员方面效果一般。企业在薪酬管理过程中,应该考虑这三种薪酬在员工总薪酬中所占的比重。根据这三者所占比重的不同,可以划分为三种薪酬模式:高弹性薪酬模式、高稳定薪酬模式和调和型薪酬模式。

(1) 高弹性薪酬模式是一种激励性很强的薪酬模式,可变薪酬是员工总薪酬的主要组成部分,基本薪酬处于次要地位,所占比重相对较小。此种薪酬模式适应于企业初创时期,固定人工成本较低,可变薪酬占比较大,容易对员工产生较强的激励作用;但是也会造成员工对企业缺乏安全感和归属感,易产生短期行为倾向。

(2) 高稳定薪酬模式是一种稳定性很强的薪酬模式,基本薪酬占主导地位,可变薪酬占比较小,员工收入稳定,绩效差异造成的薪酬差异不会过大。此种薪酬模式下,员工稳定性较高,但薪酬的激励功能较低,企业承担的固定人工成本较高。

(3) 调和型薪酬模式兼具激励性和稳定性,基本薪酬和可变薪酬所占的比重基本相当。此种薪酬模式设计注重员工绩效、个人资历和组织经营状况的有机统一。此种薪酬模式下,员工的稳定性较强,同时又关注员工绩效和组织的长远发展。

第三节 薪酬管理的制度安排

一、薪酬制度的特点

薪酬制度是薪酬理念和薪酬管理原则的具体实现形式。薪酬理念和薪酬管理原则的革命性变革,导致现代薪酬制度发生了重大变化,呈现出一系列新的特点。

(一)薪酬构成的多元化与激励的长期化

在劳动要素资本化、员工参与利润分享以及全面薪酬等新理念的影响下,现代企业薪酬的构成具有多元化特征。这集中表现在两个方面:其一,工资、奖金等传统的劳动性收入与红利、股份、期权等资本性收入并存,体现了人力资本价值与劳动要素剩余索取权的有机结合;其二,现金和非现金等物质收益与员工的心理满意度及个人发展机会等精神收益并存,实现了物质激励和精神激励的统一。

纵观那些取得成功的现代企业,它们的薪酬构成无不具有多元化的特征。多元化的薪酬构成不但更能满足员工的各种需求,更有助于调动员工的积极性,而且使企业获得了更为多样的激励手段。尤其是股份、期权等新型薪酬形式的创新,使现代薪酬制度又具有激励长期化的特征。它能较为有效地解决传统薪酬制度在激励功能上的三大弊端:其一,激励短期化;其二,激励成本高;其三,对经营管理者的激励功能弱化。

新型薪酬形式及其长期激励的特点有助于解决传统薪酬制度的弊端。以期权制为例,期权制是对企业未来几年绩效达到预期目标的一种特殊报酬形式,长期激励力度极大,激励效率很高;期权收益来源于外部资本市场而非组织支付的现金,即"企业请客,市场买单",使激励成本降到最低;期权制较好地解决了对经营管理者的激励与监督的难题,其奥妙就在于通过股票期权将所有者的目标函数转化成经营管理者收入的一个变量,使期权收益成为企业长期利润的增函数,经营管理者只有充分地发挥企业家才能,大幅度提高企业的盈利水平并使资产增值,才能在实现所有者目标函数的过程中实现自身的利益和价值。

(二)薪酬设计的战略性与个性化

战略性薪酬要求企业根据实际需要和可能,设计、创新一种或几种最适合自己的薪酬制度,使现代薪酬设计具有个性化特征,这主要表现在两个方面:一方面,企业应按照自己的发展目标和战略、组织结构和员工队伍特点、行业和产品性质,以及市场环境和竞争状况等因素来设计薪酬制度,从而使企业的薪酬制度具有不同于其他企业的个性化特征;另一方面,企业还应根据员工在个性、偏好(需求)、价值目标和相应行为方面的差异,针对不同类型的员工实施不同的薪酬策略,设计不同的薪酬方案,制定不同的薪酬制度。例如,为营销人员、研发人员、经营管理者分别设计符合其特点、满足其价值目标的不同薪酬方案(如固定工资以外给予销售提成、科技分红、期权激励等)。企业应为高级人才和普通员工设计不同的薪酬方案:要留住和激励高级人才,除了外在薪酬,企业还必须为其提供更多的内在薪酬,如发展机会;而普通员工可能更偏好于较高的工资和福利待遇。此外,针对员工的不同需求偏好,设计自助餐式的组合薪酬方案,是薪酬设计个性化的一个有效手段和发展趋势。企业在严格遵守国家法律法规和严格控制薪酬总预算的基础上,可以设计出不同比例和内容的薪酬组合,每个员工可在其薪酬预算范围内,自主选择能最大限度地满足其需求偏好的薪酬组合。例如,年轻员工可以选择现金收入较高的薪酬组合;双职工夫妇中的一方可以选择子女教育津贴较多的薪酬组合,而另一方则可以选择住房津贴较多的薪酬组合等。这种自主选择依据经济学原理,即选择等预算费用线与效用无差异曲线的切点的薪酬组合,可使个人效用最大化。薪酬设计的战略性和个性化,是现代薪酬制度区别于传统薪酬制度的一个极其鲜明的特征,也是其优越性的重要体现。

(三)薪酬计发的绩效化和弹性化

传统的基于岗位、工作量测定或年功的薪酬制度,由于其不合理的薪酬结构、刚性的薪酬标准、形式化的评估体系、论资排辈的观念等制度性缺陷,使得薪酬计发与员工绩效呈非对称性,有悖于公平性原则,降低了薪酬绩效,也增加了企业不合理的薪酬成本支出。

薪酬计发的弹性化是指根据企业的经营状况和员工的绩效水平确定薪酬水平,通过提高变动薪酬的比例(研究表明变动薪酬达到员工总薪酬60%时会产生强大的激励效应),实行多样化的薪酬形式(如绩效工资、奖金、红利、股权激励等),使薪酬计发随企业经营状况和员工绩效的变化上下浮动。完善和严格执行绩效考核制度,是薪酬计发绩效化和弹性化的必要前提,为此,近年来又发展出平衡计分卡和无级系数考核法等更为先进、合理的绩效考核制度。

薪酬计发的绩效化和弹性化,有助于软化工资的刚性以利于企业控制人工成本;以动态化、利益分享的薪酬分配体现企业与员工之间合作伙伴利益与共的关系;使薪酬真实地反映员工的绩效、价值和贡献,有助于消除平均主义分配弊端和员工惰性;有助于促进企业内部的良性竞争,激发员工的工作积极性,提高薪酬的激励效果。

(四)薪酬制度的宽带化和透明化

传统的薪酬制度为了适应传统的多层次、等级化的组织结构和高度细化的组织分工的要求,以多等级、垂直型的薪酬结构为基础。随着组织理论的创新和知识经济的崛起,20世纪90年代后,扁平化的组织结构取代了传统多层次、等级化的组织结构,企业发展也日益依赖于员工团队合作、个人技能水平与创新精神的高低,以人为本、注重人的发展的薪酬管理思想占据了主导地位。与此相对应,客观上要求以一种新型的薪酬制度取代传统的薪酬制度,宽带薪酬制度就应运而生了。

宽带薪酬是指对多个薪酬等级及同一等级的薪酬区间进行重新组合,将多层次、多等级、窄幅度的薪酬结构压缩成层次和等级相对较少但同一等级薪酬变动幅度较宽的薪酬结构,给予部门主管更大的薪酬分配权限,使绩效优秀者有较大的薪酬上升空间。

宽带薪酬制度打破了等级森严的官僚层次型组织结构和束缚员工发挥主动性与潜能的管理体制,适应了企业组织结构扁平化、团队合作、薪酬分配技能导向和绩效导向的新型管理战略,形成了一种新的薪酬管理系统及操作流程,具有明显的优点。

二、薪酬制度的主要形式

(一)职位薪酬制度

职位薪酬制度,就是赋予承担某一职位工作的人与该职位价值相当的薪酬的一种基本薪酬决定制度。它最大的特点是员工承担什么样的职位就得到什么样的薪酬,在确定基本薪酬时基本上只考虑职位本身的因素。

1.职位薪酬制度的利弊

(1)职位薪酬制度的优点。从职位薪酬制度的决定依据及特点来看,实施职位薪酬制度主要有以下优点:

第一,实现了职位一致性,有利于内部公平性的建立。职位薪酬制度只依据员工从事的工作付酬,不论员工个体存在多大的差异,只要从事相同职位的工作,他们获得的薪酬就是一致的,这样就实现了真正意义上的同工同酬。在员工个体存在差异,但工作绩效差异不大的情况下,职位薪酬制度实施效果最理想。

第二,有利于组织的成本控制。职位薪酬制度最大的优点就是在人力资源供给丰富的条件下,组织只依据员工所从事工作应有的价值来支付薪酬。该制度可以有效地避免一些高素质的员工愿意从事低技能职位的工作,导致其所拥有的知识与技能无法有效发挥作用而造成的闲置。

第三,按照职位体系进行薪酬管理,操作比较简单,管理成本较低。员工薪酬的变化主要随职位的变化而变化,只要职位不变,员工的薪酬水平也就基本稳定。

第四,可以有效地激励员工为获得更高级别的职位而努力工作。晋升和基本薪酬增加之间的关联性会促使员工为了得到晋升机会、获得更高的薪酬而努力提高自身的绩效水平,并主动学习那些为胜任上一层级职位工作所需的知识与技能。

(2) 职位薪酬制度的弊端。职位薪酬具有以下弊端:

第一,无法反映个体绩效差异。由于职位薪酬制度以职位为中心,具有对岗不对人的特点,当在相同职位上的员工出现技能差异与绩效差异时,无法提供具有针对性的薪酬,因此职位薪酬制度的实施也可能是引起内部非公平性感受的原因之一。

第二,可能会造成员工消极怠工或离职现象。由于员工薪酬主要取决于职位,如果员工长期得不到晋升,或者晋升无望,也就没有机会获得较大幅度的薪酬增长,则其工作积极性必然会受挫,甚至会出现消极怠工或离职现象。

第三,缺乏弹性。由于外部环境不断地变化,每个职位的工作内容也要相应发生变化,同时员工的情况也在不断变化,这就要求组织能够及时地调整职位的工作内容,而这必然引起相应职位的薪酬变化。但在实际操作中,职位薪酬制度一旦实施,就处于相对稳定的状态,从而造成薪酬制度不能及时地适应环境变化,降低了组织弹性。

第四,不利于组织核心竞争力的提升。职位薪酬制度不鼓励员工拥有跨职位的其他技能,这一方面抑制了员工的学习意愿,降低了组织的学习能力,最终影响到组织核心竞争力的提升;另一方面使得组织的职位配置弹性大大降低。

尽管传统上的那种严格、细致的职位薪酬制度已经越来越不适应现代组织所面临的迅速变化的市场环境以及对员工工作灵活性的要求,但从世界范围以及我国的薪酬管理实践来看,职位薪酬制度对于大多数企业来说,仍然具有很强的实用性。

2. 职位薪酬制度建立的基本流程

职位薪酬制度建立的基本流程如下:

(1) 工作分析。建立职位薪酬制度首先必须明确组织内部每一个工作的价值,这样才能依据工作的价值对所有相应的职位进行排序。而对工作进行评价的基础是工作分析,这是收集工作信息、提取薪酬要素重要的基础性工作。

(2) 选取相应的薪酬要素。对于职位薪酬制度来说,薪酬要素的选取非常重要,它涉及能否准确评价组织内部各个职位具有决定性的价值要素的价值,最终形成职位薪酬等级。

(3) 衡量各薪酬要素的相关价值。在准确选取薪酬要素的基础上,组织需要确定每一薪酬要素的价值。这一步骤主要确定薪酬要素的定价与等级,它对建立薪酬结构有重要的作用。

(4) 将工作评价结果转换为相应的薪酬结构。即将工作评价结果转换为职位薪酬等级。

职位薪酬制度的建立流程可以通过图10-3反映出来。

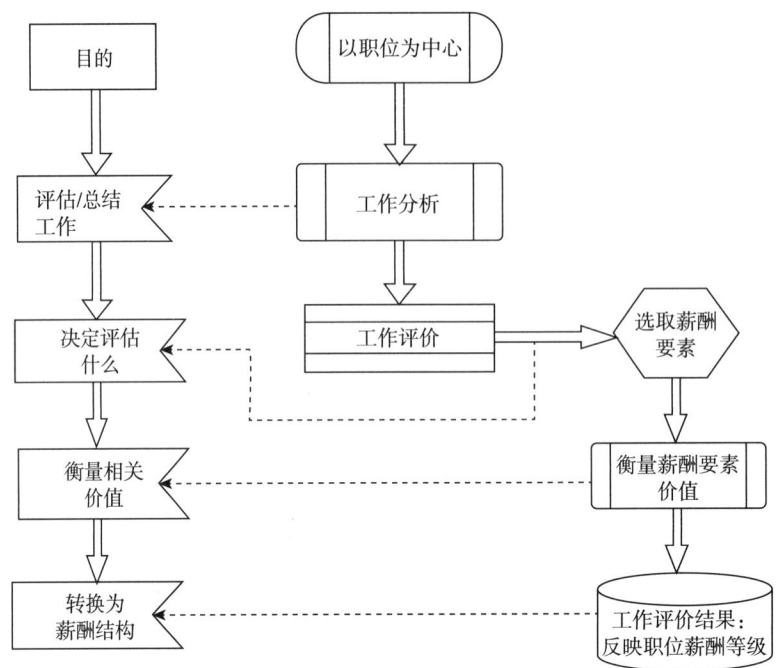

图 10-3　职位薪酬制度建立的基本流程

资料来源:刘银花.薪酬管理[M].第 3 版.大连:东北财经大学出版社,2011:147。

(二)能力薪酬制度

能力薪酬制度中的能力是指绩效行为能力,而非一般意义上的能力,**绩效行为能力**又称素质、胜任能力,是指与现实高绩效的行为有关的各种素质和能力,包括知识、技能、行为方式、价值观、个性特征和动机等要素。

1. 能力薪酬制度的操作步骤

(1) 能力的界定与提取。能力薪酬制度的基础是确定企业准备支付薪酬的能力,而能力的确定又应该是在组织战略目标的导向下进行的,将能力薪酬制度与组织使命和战略目标联结起来的就是组织的核心能力。能力薪酬制度能否对组织的战略起到支持作用,取决于能力的确定是否体现了组织的核心能力。因此,在这个环节中,企业要解决的问题是:组织需要的能力是什么?

组织能力的提取与分解模型(见图 10-4)给出了提取和分解组织能力的基本思路。企业所在产业和市场的定位取决于组织战略。通过对组织战略的分析,确定组织应该具备什么样的关键成功因素,核心能力就是要确保能够使组织具备这样的关键成功因素。在这个过程中,组织的核心价值观会起到决定性的作用,而产业关键成功因素、产业核心能力在相应的环节也起到了影响作用。确定了组织的核心能力后还需要把这些能力要求进行分解,首先是针对不同的团队形成能力域,在此基础上分解成个人所需的能力。所有这些能力最终包括两个部分:能为组织创造竞争优势的能力和其他必要的能力。

第十章 薪酬管理

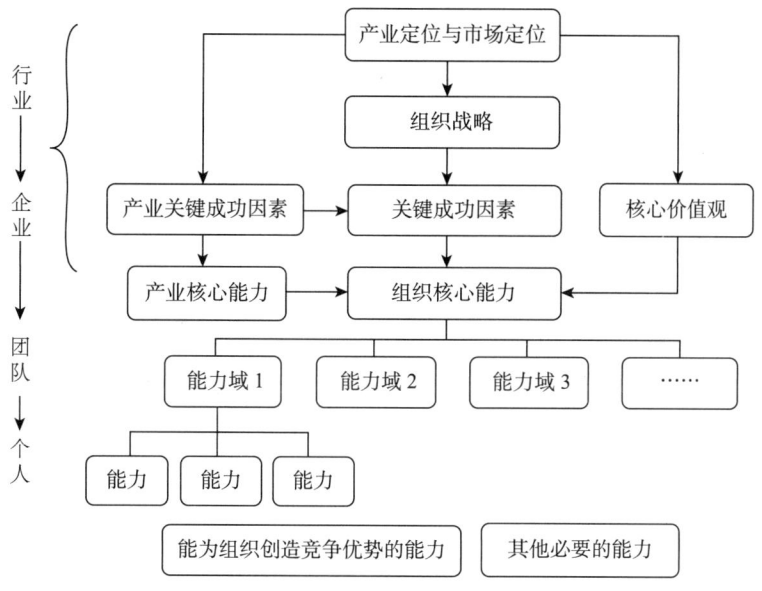

图 10-4 组织能力的提取与分解模型

资料来源:张正堂.薪酬管理[M].北京:北京大学出版社,2007:100。

(2)能力的评估。在这个环节中,企业需要解决两个主要问题:第一是开发能力评估的标尺;第二是建立能力评估的保障体系。

通常有两种思路来进行员工能力的评估:第一,将组织所需的每一项能力视为独立的技能部件,对每个技能部件设置技能等级及与之相对应的衡量标准,然后根据这些标准来衡量员工的能力;第二,将组织所需的能力细化到职位簇中,为每个职位簇开发出所需具备的任职资格,再根据任职资格衡量员工所需具备的能力。这两种思路各有优势,由于后一种思路与职位结合得比较紧密,可操作性更强,所以被很多企业采用。

企业应当保证能力评估过程的客观性和公平性,这可以通过以下措施来实现:企业成立一个由相关领域权威组成的非常设组织"能力评审委员会",由委员会进行能力的评估;通过民主程序来实施能力评估,增加员工参与,加强沟通,以获得员工的认同;完善员工的申诉机制和意见反馈机制也是增强员工认同的途径,企业可以将能力评估纳入员工满意度调查。

(3)能力与薪酬的结合。一般来说,能力与薪酬挂钩有三种基本方式:第一种,在职位评估中体现能力,将薪酬同职位价值挂钩,这种方法在职位评估中加大了能力的权重,突出了能力的重要性;第二种,将薪酬同任职资格挂钩,或者说将薪酬同个人角色挂钩;第三种,将薪酬直接、完全地同个人能力挂钩,这是纯粹意义上的能力薪酬,且是最为激进的方式。

能力应该在多大程度上影响薪酬并没有固定的说法,薪酬设计是权变的,企业应该根据自身情况来对这三种方式加以选择。但无论是哪种挂钩方式都存在操作上的难点,第一种方式必须准确确定能力的种类,并且给能力以恰当的权重;第二种方式很难客观地将能力分为若干等级,员工认同性差,容易流于形式;第三种方式因为过于灵活,容易导致工资的膨胀,并且可能会与同工同酬的原则发生理念上甚至法律上的冲突,这些方面都是必须引起企业关注的。

2. 实施能力薪酬制度可能会遇到的问题

(1) 实施能力薪酬制度可能会大大增加企业的成本。由于工资具有刚性的特点,组织实施这一薪酬制度往往意味着人工成本的增加。随着时间的推移,员工掌握的技能和能力不断提高,企业面临的加薪压力会越来越大。为了保证能力薪酬制度的顺利实施,企业需要为员工提供大量的培训机会以满足员工不断增长的培训需求。培训费用的增加以及员工参加培训对本职工作的影响都会在短期内增加企业的成本。另外,能力薪酬制度的引入、维持和更新都是一个费时、费钱的过程,它通常会带来企业管理成本的大幅增加。如果成本增加超过了企业收益的增加,影响了企业的利润,则企业很有可能无法继续采用这一薪酬制度。

(2) 能力薪酬制度在推行过程中可能会受到抵制。从原有的长期实施的薪酬制度转向这种新的薪酬制度的过程必然会带来组织内部的冲突和摩擦。从群体角度而言,能力薪酬制度可能会影响一些部门或群体的利益,这些原有的既得利益集团很可能强烈地抵制这一薪酬制度的实施。从个人角度而言,薪酬制度的改变会带来员工收入的变化,在制度实施初期,员工不能确定自己的收入是否下降,因而可能抵制这种引起不确定性的薪酬制度。

(3) 能力薪酬制度的实施过程比较复杂。企业在实施能力薪酬制度时会涉及众多环节。这一薪酬制度在引入之前需要企业做大量的基础工作,如工作分析、技能分析等;在引入之后需要外部专家、部门主管和员工的充分合作。这一薪酬制度的建立通常需要1—2年的时间,建立以后还需要持续地维护和更新。企业要不断地丰富能力评价要素、及时地更新能力评价体系、定期地对员工的能力进行重新评价等,这些要求都是对企业人力资源管理的挑战。

3. 解决问题的思路及措施

为了解决上述问题,成功实施能力薪酬制度,企业应该做好以下几个方面的工作。

(1) 判断组织是否适合采用能力薪酬制度。一般而言,适合采用能力薪酬制度的组织具有如下特征:第一,组织是涉足高新技术产业或新型服务业的知识型组织。这种组织通常迫切地需要员工不断学习新的知识和技能,以增强组织的核心竞争力及适应环境变化的能力。第二,组织实行差异化的竞争战略。实施差异化竞争战略的组织更加强调创新文化对能力薪酬制度的作用。只有这种文化下的组织才能为能力出众的员工提供充分施展自己才华的机会,才能营造出不断学习、积极迎接挑战的氛围。

(2) 先建立基于能力的人力资源管理系统,再实施这一薪酬制度。能力薪酬制度本身是企业以能力为基础的人力资源管理系统的一部分,它只是以人为本而非以职位为本的新型人力资源管理思想在薪酬领域的体现。如果企业在人力资源管理的各个环节,如招募、培训、晋升、绩效管理等方面都实行了基于能力的方式,那么在薪酬领域实施能力薪酬制度就是水到渠成的事。

(3) 解决好能力培养和能力利用的问题。能力薪酬制度要求员工不断地提高自己的能力以适应未来工作的需要,因此员工的培训需求必然大幅增加。如果企业的培训体系无法满足员工的需求,则不仅会导致员工的不满,而且能力薪酬制度也难以维持。企业应当高度重视培训工作,在培训内容上应具有一定的前瞻性,既要满足当前工作所需的能力;又要满足企业未来发展所需的能力;在培训方法上可以采用企业组织培训和员工自主培训相结合的方式,以适应员工个性化的培训需要;在费用上应形成培训费用合理分摊的机制,以免企业承担过高的培训成本。

(4) 在实施能力薪酬制度的同时有效地结合其他薪酬制度。能力薪酬制度并不会完全替代传统的基于职位和基于绩效的薪酬制度。因为传统的薪酬制度反映的是员工工作的价值和过去的绩效,而能力薪酬制度主要反映的是员工未来创造价值的潜力,它们之间并不矛盾,只是各自的侧重点不同而已。

因此,企业应当考虑能力、职位、绩效三方面的因素,将三者有机地结合起来,实现优势互补,共同构成一套完整的薪酬制度。企业在对员工实施能力薪酬制度的同时辅以绩效薪酬制度或职位薪酬制度,可以使员工更容易接受,实施效果也更好。多种薪酬制度的有机结合可以引导员工在重视技能、能力提高的同时也关注现实绩效的提高,从而让企业获得实实在在的收益。

(三) 绩效薪酬制度

与传统的工资制相比,绩效薪酬制度的特点主要体现在:一是有利于员工工资与可量化的绩效挂钩,将激励机制融于企业目标和个人绩效的联系之中;二是有利于工资向绩效优秀者倾斜,提高企业效率和节约企业工资成本;三是有利于突出团队精神和企业形象,增大激励力度和提高员工的凝聚力。

绩效薪酬制度的不完善之处和负面影响主要是:容易导致对绩优者奖励有方、对绩劣者约束欠缺的现象,而且在对绩优者奖励幅度过大的情况下,容易造成一些员工瞒报绩效的行为,因此对员工绩效的准确评估和有效监督是绩效薪酬制度成功实施的关键。

绩效薪酬的计量基础是员工个人的工作绩效,因此绩效考核是绩效薪酬制度的核心。绩效考核手段可以分为正式体系和非正式体系,非正式体系主要是依靠管理人员对员工的工作做出个人主观判断;正式体系建立在完整的考核系统之上,强调考核的客观性。

1. 考核目标及其制定原则

绩效考核的目的不仅是为付给员工合理的劳动报酬提供依据,更重要的是充分发挥员工的能力和创造性,达到员工个人发展目标与企业发展目标的一致。因此,制定切实可行的考核目标是绩效薪酬制度的基础,企业在确定绩效考核目标时,要遵守以下原则:

(1) 绩效考核目标一定要得到员工的接受和认可,绩效考核目标一定要在上下级之间、主管和员工之间充分交流的基础上制定。

(2) 绩效考核手段要可靠、公正和客观,考核后,要将规划绩效和实际绩效之间的差距及时地反映给被考核者,达到及时沟通的目的。

(3) 对于绩劣者,要帮助和监督其制订完善的计划,根据计划有针对性地对其进行培训,或提供改进的条件,达到鞭策后进的目的。

(4) 对于绩优者,不仅要给予外在奖励(增加收入),还要给予内在奖励(提供晋升和发展机会),从内外两方面鼓励其为企业做出更大的贡献。

2. 绩效要素

绩效考核要选择一些有代表性的绩效要素,这些要素要能够全面、客观地反映被考核者的绩效,同时也有利于考核者做出公正的评价。不同企业在绩效要素的选择上侧重不同,英国伦敦收入资料局(Income Data Services)于1989年做了一项研究,将使用频率最高的绩效要素筛选如下(见表10-3):

表10-3 绩效相关要素

使用频率最高的要素	使用频率稍低的要素
与工作有关的知识、能力和技能 工作热情、责任感、工作态度和敬业精神 工作质量及其关注意识 工作数量	处理问题和工作方式的灵活性 独立处理问题的能力和开创性 管理他人的能力 对岗位需要的熟悉程度 出勤和守时情况 确定和实现优先目标的能力 劳动卫生和安全生产意识

资料来源:李新建.企业雇员薪酬福利[M].北京:经济管理出版社,1999。

此外,企业在绩效要素的选择上应注意:

(1) 和考核方法相结合。

(2) 避免选择一些与工作关系不大、纯属个人特点和行为的要素。

(3) 培养关注绩效考核的文化氛围,绩效考核的作用不仅限于薪酬发放,其最终目标是激发员工实现企业目标的积极性和创造性。

3. 考核方法

企业实施绩效考核的方法有很多,但先进的考核方法一是体现规范化和程序化的特点;二是注重考核效果,突破为考核而考核、为报酬而考核的传统框架。

4. 实施条件

绩效薪酬制度的实施需要企业具备一些条件,包括:

(1) 薪酬范围足够大,各档次之间拉开距离。

(2) 绩效标准科学、客观;绩效考核公正、有效,考核结果与薪酬水平挂钩。

（3）有浓厚的文化氛围支持绩效考核系统的实施和运作，使之起到奖励先进、约束落后的作用。

（4）将绩效考核过程与组织目标实现过程相结合，并将薪酬体系运作纳入整个企业的生产和经营运作系统之中。

三、特殊员工群体的薪酬管理

从世界及我国管理实践来看，影响组织发展，但又与一般员工的薪酬管理差异较大的特殊群体主要是销售人员、专业技术人员、外派人员、管理人员及团队。本节主要集中探讨这几类特殊员工群体的薪酬管理问题。

（一）销售人员的薪酬管理

在企业中，销售人员的地位举足轻重。没有他们的勤奋工作，就没有企业的市场，也就没有企业的立足之地。因此，对销售人员的激励是企业薪酬管理中的重点之一。

1. 销售人员的工作特点

（1）工作时间自由、单独行动多。对于管理人员和生产工人，上级主管可以对他们进行严格的考勤，而对于销售人员则不能，他们可能晚上陪客户到很晚，导致早上九点还在休息。因此，对他们的管理要指标化、间接化。

（2）工作绩效可以用具体的成果显示出来。销售人员的工作绩效通常可以用销售数量、销售金额、市场占有率、回款率、客户保留率、销售利润率等指标来衡量。因此，对销售人员的绩效考评一般是以结果为导向，而不是以过程为导向。

（3）工作具有较大的风险性与挑战性。销售人员的个人能力、技术和努力程度对销售结果有很大的影响。除此之外，他们的工作绩效还受到诸多外在因素的影响，如产品销售的季节性、整个经济的景气与萧条、产品本身的品质性能、替代产品的出现及竞争的激烈程度等，这些因素往往不是销售人员所能把握的。

（4）岗位壁垒较低。岗位壁垒即进入壁垒，就是非本岗位人员转到本岗位并从事本岗位工作的难易程度。和财务人员、研发人员、生产人员、技术人员等岗位相比，销售工作的平均岗位进入壁垒较低。从事其他工作的人员，无论是技术人员还是服务人员，只要身体健康、年龄适当，就可能转到销售岗位上。

2. 影响销售人员薪酬的主要因素

（1）员工付出的劳动。员工的薪酬水平受到他所提供的劳动量的影响。这包含两方面的含义：其一，员工只有为企业劳动才可能得到工资性收入；其二，员工的劳动能力有别，同等条件下，所能提供的现实劳动量不同。这种现实劳动量的差别是导致薪酬水平差别的基本原因。

（2）职位的高低。职位的高低是以责任为基础的，责任是由判断或决策能力而产生的。通常情况下,职位高的人权力大,责任也较重,因此其薪酬较高。这样就可以说明为什么销售经理的薪酬高于一般的销售人员,因为销售经理判断和决策的正误会对企业产品的市场、信誉与赢利等产生重大影响,必须支付与其责任相称的薪酬。

(3)受教育程度。销售人员作为企业与客户之间的纽带,代表企业与客户接触,其一言一行表现出企业的文化层次。使销售人员的基本薪酬与其受教育程度挂钩,一方面是对销售人员前期投资的回报,另一方面体现出企业对知识和文化的认可,对于留住高文化层次的销售人员起到了积极作用。

(4)销售工作经验。薪酬水平(一般是薪酬中的固定部分)和员工的岗位经验成正比,这有利于促使员工不断学习产品知识、接受培训,提高其销售能力和工作效率。

(5)企业负担能力。有的企业盈利能力高,其销售人员的薪酬与福利水平也居于同行业前列;有的行业(如我国的家电行业)利润空间较小,其销售人员的平均薪酬就偏低。

(6)行业间的薪酬水平差异。不同行业有不同的成长空间、利润空间及不同的营销特性,薪酬水平也会因此而产生较大的差异。在诸如医药、IT行业的销售工作中,销售人员的薪酬水平较高,这是因为这些行业的销售工作中包含了一定的技术支持,相比其他销售人员,其岗位进入壁垒高,薪酬也高。

(7)地区差异。薪酬水平应当与企业当地的经济发展水平成正比。

(8)劳动力市场状况。当市场上某些销售人员供不应求时,其薪酬水平会提高;相反,当市场上某些销售人员供过于求时,其薪酬水平会下降。

(二)专业技术人员的薪酬管理

随着知识经济时代的到来,技术因素在组织中愈来愈重要,特别是掌握核心技术的专业人员,他们是企业创新的骨干力量。这些人才的去留往往极大地关系到组织的生存和发展。所以,加强专业技术人员的薪酬管理是当前企业面临的重要任务。

1. 专业技术人员的工作特点

专业技术工作通常是指利用既有的知识和经验来解决组织经营过程中所遇到的各种技术或管理问题,帮助企业实现经营目标的工作,其中的知识一般是指通过大学或更高程度的正式学习才可以掌握的知识。因此,专业技术工作大多以脑力劳动为主,需要特定员工在工作过程中充分发挥自己的积极性和主动性。这部分人的工作特点表现在:

(1)智力含量高并且知识和技术更新快。专业技术人员的工作属于脑力劳动,智力含量高;同时,他们还面临一个非常大的挑战,即知识和技术更新快的问题。由于专业技术人员是凭借已经掌握的知识、技术和经验来创新性地为组织解决问题,因此他们除了要完成日常的工作,还必须及时地学习新的理论和技术知识。因此,学习机会对于专业技术人员来说是一种非常有吸引力的薪酬形式。

(2)工作专业化程度高或创造性强。由于工作专业化程度高或创造性强,会使得在很多情况下,从事同一领域工作但是专业技术水平有别的人所从事的工作内容基本相同,但是他们在解决问题时所投入的时间和精力或者所起的作用存在很大的差异。因此,如果简单地根据他们所从事的工作确定他们的薪酬水平,则可能很难反映出不同的专业技术人员对企业所做贡献的差异。

（3）工作时间无法估计。专业技术人员有时为了保持思维的连贯性,不要说节假日加班加点,甚至连正常的睡眠时间都不能保证,他们将所有的时间都投入专业工作中,因此这部分人往往患有失眠、焦虑等症状。

（4）工作压力大。一般情况下,企业会给研发任务限制时间,而研发结果是很难预测的。因此,专业技术人员在接到任务后会立刻全身心地投入研发工作中,以实现最理想的结果,这是工作本身带来的压力。此外,在研发小组之间和小组成员之间也存在竞争压力,还有来自整个专业领域内的压力。

（5）市场价格高。各类专业技术人员是市场上的稀缺资源,是各类企业争夺的焦点,自然具有较高的市场价格。由于他们是企业创新的骨干力量,他们构成的创造力是企业的核心竞争力,因此他们给企业带来的价值与企业付给他们的报酬是不能相提并论的。

2. 专业技术人员的薪酬模式

（1）单一化高工资模式。也就是给予较高的年薪或月薪,一般不发放奖金。该模式较适合从事基础性、理论性研究的专业技术人员。

（2）较高工资+奖金模式。该模式以职能资格（职业等级和能力资格）为基础,给予较高的固定工资,奖金仍以职位等级和固定工资为依据,依照固定工资的一定比例发放。

（3）较高工资+科技成果提成模式。除较高的固定工资外,按研发成果为组织创造经济效益的一定比例提成。该模式激励功能很强,较适合新产品研发人员。

（4）科研项目承包模式。也就是将专业技术人员的薪酬列入其从事的科研项目经费中,按任务定薪酬,实行费用包干。该模式有利于激励专业技术人员快速出成果,也有利于组织对专业技术人员人工成本的控制。

（5）工资+股权激励模式。该模式工资水平一般,但股权激励的力度大,如对专业技术人员实行期权制、技术入股、赠送干股、股权优先购买等各种激励方式。其优点是长期激励机制强、激励机制与约束机制并存,一旦组织发展迅速就会给专业技术人员带来丰厚的回报。

（三）外派人员的薪酬管理

当特定的企业开始进行跨国经营时,一般都会选择向目标市场外派员工,由他们负责产品的销售、服务的提供、新市场的开拓以及与他国企业的合作。外派员工通常是指那些因短期使命而被派至国外工作的员工,他们的任期一般会持续1—5年。针对这一类特殊人群,不同的企业通常会制定不同的人力资源管理政策,以便使他们更努力地完成企业赋予的使命。

外派人员的薪酬一般由基本薪酬、奖金、补贴和福利构成,具体内容如下:

1. 基本薪酬

基本薪酬和激励薪酬的确定标准有三类:以总部(母国)的薪酬体系为标准、以东道国的薪酬体系为标准、以国际化员工的薪酬体系为标准。前两种即把外派人员的基本薪酬和激励薪酬纳入总部的薪酬体系或东道国的薪酬体系;而第三种所谓国际化员工的薪酬体系,主要是针对那些具有高度流动性、经常在国外工作的人员,根据他们的工作特点而专门为他们设计的一套薪酬体系。

2. 奖金

在对外派人员进行管理时,最重要的是要使他们保持与在国内时一样的心态。考虑到外派工作往往与一些不利的条件联系在一起,比如工作上缺乏必要的监督和支持、要与陌生的文化打交道、要学会使用另一种语言、要改变既有的家庭生活方式等,在这样的环境下工作,员工必然要付出更大的努力,因此根据员工的绩效表现向其支付一定数量的奖金也是有一定意义的。

3. 补贴

国内外的工作环境和生活环境之间存在很大的差异,而企业向外派员工支付补贴的目的就在于对他们的生活成本进行补偿,使他们得以维持在国内时的生活水平。在国内的生活成本比国外的生活成本低很多的情况下,补贴的作用就更不言而喻了。一般来说,企业对外派员工所提供的基本补贴通常会与税收、住房、教育成本、生活费用、利率差异等有一定的关系。

4. 福利

鉴于外派员工在企业中的特殊地位,企业在制定福利计划时需要对其福利做出单独的考虑。举例来说,东道国的医疗保险、房屋费用、交通成本可能都与国内存在不小的差距,这些必须在福利项目中体现出来。

(四)管理人员的薪酬管理

一般来说,管理人员通过做出决策、分配资源、指导他人的活动从而实现组织目标。也就是说,管理人员通过协调他人的活动达到与他人一起或者通过他人实现组织目标的目的。

1. 管理人员的主要类别

(1)高层管理人员,指对整个组织的管理负有全面责任的人。他们的主要职责是制定组织的总目标、总战略,掌握组织的大方针,并评价组织的整体绩效。

(2)中层管理人员,指处于高层管理人员与基层管理人员之间的一个或若干中间层次的管理人员。他们的主要职责是贯彻执行高层管理人员制定的重大决策,监督和协调基层管理人员的工作。

(3)基层管理人员,亦称第一线管理人员,也就是组织中处于最低层次的管理者,他们所管辖的仅仅是作业人员而不涉及其他管理者。他们的主要职责是,给下属作业人员分派具体的工作任务,直接指挥和监督现场作业活动,保证各项任务的有效完成。

2. 管理人员薪酬要素组成

与其他职位类似,管理人员的薪酬体系也同样主要由基本薪酬、奖金和福利三部分组成。

(1) 基本薪酬。大多数企业会使管理人员的基本薪酬水平超过或者至少相当于市场平均水平,无疑,选择这样做是出于多方面的考虑:管理人员的工作对于企业而言至关重要;管理人员往往都有很长的工作年限和丰富的工作经验;管理层相对于员工总数而言人员甚少;管理人员和外部市场打交道比较多,追求外部公平性的意识较强烈;企业对管理人员的要求往往比较高,而劳动力市场上的供给又相对比较紧张,因此企业管理人员的薪酬水平需要具有一定的市场竞争力。当然,管理人员的薪酬水平在很大程度上还是取决于其实际的管理能力和绩效水平。

(2) 短期奖金。一般情况下,企业向管理人员支付短期奖金,是为了对其在特定时间段里为组织所做的贡献进行奖励。通常意义上的短期奖金都是以企业的总体经营绩效为基础的,由于管理人员对企业总体经营绩效的实现情况有着比普通员工更大的影响力,因此管理人员的短期奖金与企业总体经营绩效之间的关系会更为紧密。

(3) 长期奖金。短期奖金大多是在周期为一年的情况下以现金方式向管理人员进行支付的,而长期奖金则通常是延期支付的,它与组织的长期经营绩效具有紧密的联系,其主要目的在于通过经济上的利益关系促进管理层和企业的经营目标保持一致,从而激励管理人员关注企业的长期发展以及持续性地达到更高的绩效水平。

(4) 福利。管理人员,尤其是高层管理人员,通常都能够得到各种福利。福利中有一部分是针对企业里的所有员工的,还有一部分则是专门针对管理人员的(后者往往被称为补贴)。企业之所以采用这种做法,在很大程度上是因为保留管理人员对于企业发展而言是至关重要的,而特定内容的福利和服务在吸引与保留这些核心员工方面有着不可低估的功效。在管理人员能够得到的各种福利中,退休福利通常所占比重最大。这是因为,一方面,管理人员本身的薪酬水平就高;另一方面,他们的工作年限相对较长。一般管理人员的年薪结构如表 10-4 所示。

表 10-4 一般管理人员的年薪结构

年薪构成		内容
	福利与津贴	企业为员工提供的基本福利保障,为特定人员提供的岗位津贴或其他合理的补助
↑浮动部分↓	年终资金	根据企业年度绩效完成情况和年度绩效考核结果,针对全体员工或工作表现突出的部门和员工发放的年终奖励
	绩效薪酬	根据 KPI 考核与主管评价结果,确定员工每季度领取的绩效工资部分
	固定薪酬	员工每月根据工资级别领取的固定收入部分

资料来源:王少东,吴能全,余鑫.薪酬管理[M].北京:清华大学出版社,2009:241。

（五）团队的薪酬管理

以团队为单位一起工作的人们应该得到集体协作的薪酬，在支付团队成员薪酬时需要考虑到整个团队的协作结果。如果将整个团队成员的薪酬与整个团队的协作结果联系起来的话，那么团队成员就会更紧密地团结和配合来实现团队目标。

1. 团队的类型

团队是由一些具有互补性技能、致力于共同目标或某些业绩目标，并且互相负有责任联系的人组成的。根据定义，可将团队大致分为三类：平行团队、流程团队和项目团队，每一种团队都具备独有的一些特点及所使用的薪酬方案。

平行团队一般是为解决一些特定问题而组建的，这种团队既可以是暂时性的，解决问题后即告解散，也可以是长期性的。无论是暂时性的还是长期性的平行团队，其特点都是兼职性，即团队成员只是利用部分时间从事团队工作，他们在企业里还要从事其他工作，且投入其他工作的时间和精力要远远超过团队工作。

流程团队具有全职性、长期性的特点，是企业集体配合的主力军，通过其成员的共同合作来执行某项工作或工作流程。这种团队中大部分成员都接受过类似的培训和教育，而且从事的工作也都差不多，并拥有比其他两种团队更一致的目标。

项目团队与平行团队相反，要求团队成员在项目期间进行全职的工作。与流程团队不同的是，项目团队通常由企业内各种不同的职能和级别的人员组成，他们的能力、受教育水平及专长等都有所不同。所谓项目，一般是指开发一种新产品或服务，或者对现有产品或服务进行更新等。

2. 团队薪酬要素组成

（1）基本薪酬。由于平行团队成员属于兼职性质，因此其基本薪酬主要是基于成员的个人工作，而非团队工作，但是对于流程团队成员来说，情况则有所不同。企业一般比较愿意采用宽带薪酬体系来支付流程团队成员的基本薪酬，该体系通过把不同的薪酬水平统一到一系列的宽带中来简化基本薪酬结构。由于流程团队成员一般都有相似的背景和能力，并且通过分工合作来完成一项工作，因此宽带薪酬体系的意义是很明显的：该体系将团队成员置于同一个工资带中，形成一种很强的公平感。由于该体系可能使差距最小化，因此该体系也适用于项目团队。

（2）认可奖励。由于团队成员的价值和贡献已经融入整个团队，因此其更需要得到一定的认可奖励。认可的方式有两种：非货币性的和少量货币性的。非货币性的认可奖励比较常用，这些奖励通常具有名义价值，例如印制有企业标志的棒球帽、T恤衫、奖杯等都是典型的非货币性认可奖励。货币性认可奖励的价值一般也不是很大，许多企业通常将货币性认可奖励授予那些实现了可衡量财务绩效的员工。非货币性认可奖励与货币性认可奖励的内在区别在于，非货币性认可奖励用来认可优良的工作表现，而货币性认可奖励则用来认可优良的工作结果（绩效）。

（3）激励性薪酬。合理的团队激励计划,将有助于形成成员的团队意识,加强团队成员的责任感和相互依存性,对于流程团队来说更是如此。但并不是所有类型的团队都同样适用激励性薪酬。

为了使激励性薪酬能够真正发挥激励作用,这种薪酬的金额必须足够大。但是否每个团队成员都得到相同金额的激励性薪酬,不同的企业有不同的做法,有的企业按各成员基本薪酬的一定百分比支付激励性薪酬,还有的企业基于对成员贡献的评价支付激励性薪酬。

第四节 员工福利管理

一、福利的概况

(一) 员工福利的含义

员工福利是组织真正为满足员工的生活需要,在工资收入之外,向员工本人及家属提供的货币、实物及一些服务形式。也就是说,福利的形式可以是金钱或实物,也可以是服务机会和特殊权利。

组织向员工提供的各种福利,是员工整个薪酬系统中的一个重要组成部分,与其他类型的薪酬既有共同点又有不同点。福利的形式多种多样,其成本也很高,好的福利对员工的激励不亚于基本薪酬与可变薪酬。另外,福利也有一些特殊的类型:有的福利是只提供给某类特殊员工的,如提供给因工致伤(残)的员工的福利,其他员工不能享受;还有的福利是提供给高层管理人员的,如股票优惠选购权、股票面值计划等,实际上,这是对他们所做的重要贡献的奖赏,带有激励薪酬的性质。

(二) 员工福利的特点

员工福利具有以下几个主要特点:

1. 均等性

虽然福利与激励薪酬的界线并不明显,但并不是说福利与激励薪酬没有区别,福利与激励薪酬有一个最重要的区别,即大部分福利带有平均主义的性质,是提供给全员的,不以员工对企业的相对价值或当前的贡献为基础。

2. 集体性

兴办集体福利事业、员工集体消费或共同使用公共物品等是员工福利的主要形式,因此集体性是员工福利的另一个重要特征。集体消费除可以满足员工的某些物质需求外,还可以强化员工的团队意识和对企业的归属感。例如,集体旅游、娱乐和健康项目的实施等都可以对员工起到激励作用。

3. 补偿性

员工福利是对劳动者为企业提供劳动的一种物质补偿,也是员工薪资收入的补充分配形式。一些劳动报酬,不宜以货币的形式支付,可以以非货币的形式支付;不宜以个体的形式支付,可以以集体的形式支付。

(三) 员工福利的作用

1. 福利对企业的作用

(1) 有助于吸引和保留人才。福利是一种很好的吸引和保留员工的工具,有吸引力的员工福利计划既能帮助企业招聘到高素质的员工,同时又能保证已被招聘来的高素质员工继续留在企业中工作。这样就能以较少的费用,分散企业巨大的风险,稳定企业经营,为企业创造更多的利润。

(2) 有助于营造和谐的企业文化,提高员工的忠诚度。企业通过福利的形式为员工提供各种照顾,会让员工感觉到企业和员工之间的关系不仅仅是一种单纯的经济契约关系,从而在雇佣关系中增加一种类似家庭关系的感情成分,以提高员工的工作满意度,降低员工的不满情绪,增加向心力,体现企业文化中以人为本的原则。而员工工作满意度的提高必然会导致员工生产效率的提升以及缺勤率和离职率的下降。

(3) 享受国家的优惠税收政策,提高企业成本支出的有效性。在许多采用市场经济体制的国家,员工福利计划所享受的税收待遇往往要比货币薪酬所享受的税收待遇优惠。这就意味着,在员工身上支出的福利要比在员工身上支出的同等价值的货币薪酬能够产生更大的潜在价值。

2. 福利对员工的作用

(1) 税收优惠。福利不仅对企业来说存在税收优惠,对员工来说也同样如此。以福利形式获得的收入往往无须缴纳个人收入所得税;即使需要缴税,往往也不是在现期,而是要等到员工退休以后。到那个时候,员工的总体收入水平就会低于工作时的收入水平,从而所面临的税收水平会更低。这样,他们还是能够享受到一定的税收优惠。因此,在企业薪酬成本一定的情况下,员工直接从企业获得福利要比自己用拿到手的薪酬收入再去购买福利的成本低许多。节省的那一部分就相当于所缴纳的税金。

(2) 符合员工偏好,规避风险。从经济学的角度来说,大多数劳动者都是风险规避型的,也就是说,他们在收入方面会追求收入的稳定性,不喜欢收入存在风险波动。与基本薪酬和浮动薪酬相比,福利的稳定性无疑更强。这样,那些追求稳定和安全感的员工会对福利比较感兴趣。

(3) 满足员工平等和归属需要,增强对企业的认同感。员工在一家企业中工作并不仅仅只是经济方面的需要,他们还会产生心理方面的需要,比如被尊重、公平待遇以及有归属感等。由于直接薪酬更为偏重员工的能力和绩效,而福利则可以满足员工在平等和归属等方面的一些需要。事实上,福利水平的高低会直接影响一家企业内部的雇佣关系到底是一种什么样的性质,在那些力图培养企业和员工之间长期雇佣关系的企业中,福利项目往往比较多,福利水平相对来说也会比较高。

(4) 集体购买的优惠或规模经济效应。员工福利中的许多内容是员工工作或生活所必需的,即员工福利具有其自身的实际价值。即使企业不为员工提供这些福利,员工个人也要花钱去购买。而在许多商品和服务的购买方面,集体购买显然比个人购买更具有价格方面的优势。企业还可以以较低的成本自己为员工提供某些项目的服务。因为企业可以将固定成本分散到较多的员工身上,从而降低每位员工所承担的成本,如果每位员工自己去购买某种福利,则福利的成本可能会很高。

二、员工福利的种类

员工福利包括多种福利项目,因此很难对其进行确切的种类划分。在本节中,我们将福利划分为两种类型:一种是国家法律明确规定的各种福利,要求企业必须按照政府规定的标准执行,比如各类社会保险、住房公积金、法定节假日等,我们称之为法定福利;另一种是由企业提供给员工全体或个人的各种福利,主要包括补充养老保险、补充医疗保险、各类员工服务计划等,我们称之为企业补充福利。

(一) 法定福利

法定福利是组织依据国家有关法律规定必须为员工提供的福利,它为员工提供了工作和生活的基本保障,当员工遭遇失业、疾病、伤残等特殊困难时,可以给予及时的救助,提高了员工防范风险的能力。

1. 社会保险

社会保险旨在保护一般劳动者的基本生活不会因这样或那样的意外风险而出现无法维持的局面。当劳动者发生疾病、工伤、残疾、年老、死亡时,社会保险会按照一定的标准给予物质帮助,以保障他们能够维持正常的生活。社会保险一般包括养老保险、失业保险、医疗保险、工伤保险、生育保险等。

(1) 养老保险。养老保险是指国家通过立法,使劳动者在因年老而丧失劳动能力时,可以获得物质帮助,以保障晚年基本生活需要的一种社会保险制度。养老保险是社会保险体系的核心,它影响面大、社会性强,直接关系到社会稳定和经济发展,因此各国政府都特别重视。从资金的筹备管理和发放方面考虑,现代养老保险制度主要有以下几种模式:国家统筹型、投保自助型和自我保障型。

国家统筹型的养老保险模式的主要特点为:工薪劳动者在年老丧失劳动能力之后,均可享受国家法定的社会保险待遇,但国家不向劳动者本人征收任何老年保险费,老年保险需要的全部资金均来自国家的财政拨款。我国在计划经济体制下实行的就是这种模式。

世界上大多数国家实行的是投保自助型的养老保险模式,这是一种社会共同负担、社会共享的保险模式。它规定:每一个工薪劳动者与未在职的普通公民都属于养老保险的参加者和受保对象;在职的企业员工必须按工资的一定比例定期缴纳养老保险费,未在职的社会成员也必须向社会保险机构缴纳一定的养老保险费,作为参加养老保险所履行的义务,这样才有资格享受养老保险;同时,企业必须按企业工资总额的一定比例定期缴纳养老保险费。

自我保障型保险模式也称强制储蓄型保险模式。这种保险模式下的保险基金来自企业和劳动者两个方面,国家不进行投保资助,仅仅给予一定的政策性优惠。这种模式要求企业和劳动者的投保费较高,因此只有在经济发展迅速且水平较高的情况下才能实行。世界上只有少数亚非发展中国家实行这一模式,应用得比较成功的是新加坡。

(2)失业保险。失业保险是指国家和企业对因非主观意愿、暂时丧失有报酬或有收益的工作的职工,付给其一定的经济补偿,以保障其失业期间的基本生活,维持企业劳动力来源的社会保障的总称。失业保险的根本目的在于保障非自愿失业者的基本生活,促使其重新就业。国务院于1999年1月发布并实施的《中华人民共和国失业保险条例》规定:城镇企事业单位按本单位工资总额的2%缴纳失业保险费;城镇企事业单位职工按照本人工资的1%缴纳失业保险费;政府提供财政补贴、失业保险基金的利息和依法纳入失业保险基金的其他资金。

失业保险基金用于下列支出:失业保险金;领取失业保险金期间的医疗补助金;领取失业保险金期间死亡的失业人员的丧葬补助金和其供养的配偶、直系亲属的抚恤金;领取失业保险金期间接受职业培训、职业介绍的补贴;国务院规定或者批准的与失业保险有关的其他费用。

享受失业保险待遇的条件为:按照规定参加失业保险,所在单位和本人已按规定履行缴费义务满1年;非本人意愿中断就业;已办理失业登记,并有求职要求。同时具备以上三个条件者才有资格领取失业保险金。

关于失业保险金的给付期限,具体的规定是:最长为24个月,最短为12个月。其中,累计缴费时间满1年不足5年的,给付期最长为12个月;满5年不满10年的,给付期最长为18个月;10年以上的,给付期最长为24个月。对连续工作满1年的农民合同制工人,根据其工作时间长短支付一次性生活补助。

(3)医疗保险。医疗保险也称疾病保险,是国家、企业对职工在因病或非因公负伤而暂时丧失劳动能力时,给予假期、收入补偿和提供医疗服务的一种社会保险制度。

各国对医疗保险给付条件的法律规定一般有下面几种:①被保险人必须患病,失去工作能力,并停止工作进行治疗;②被保险人患病时已从事具有收入的工作,并且因患病而不能从雇主方面获得正常工资或病假工资。此外,有的国家规定被保险人必须缴足最低期限的保险费;有的国家规定了等待期;有的国家规定了最低工作期限。按照各国的通例,医疗保险的给付包括现金给付和医疗给付,而现金给付又有疾病现金给付、残疾现金给付和死亡现金给付三种形式。

（4）工伤保险。工伤保险是指劳动者在工作中或在规定的特殊情况下，遭受意外伤害或患职业病，导致暂时或永久丧失劳动能力以及死亡时，劳动者或其遗属从国家和社会获得物质帮助的一种社会保险制度。在现代工伤保险制度中，普遍实行"补偿不究过失原则"或"无责任补偿原则"。根据该原则，劳动者在负伤后，不管过失在谁，均可获得收入补贴。另外，与养老保险、医疗保险、失业保险所不同的是，工伤保险费只由企业或雇主缴纳，员工个人不缴纳。

国务院于2003年4月27日发布了《中华人民共和国工伤保险条例》，自2004年1月1日起施行。这说明工伤保险已经从部委的规章上升到国务院法规的高度，工伤保险正式纳入法律体系。

（5）生育保险。生育保险是国家立法、筹集保险基金，对生育子女期间暂时丧失劳动能力的职业妇女给予一定的经济补偿、医疗服务和生育休假福利的一种社会保险制度。生育保险的内容一般包括：①产假，也就是给予生育女职工不在工作岗位的时间期限，通常是产前和分娩后一段时间。②生育津贴，在法定的生育休假（产假）期间，对生育女职工的工资收入损失给予一定的经济补偿。③生育医疗服务，生育保险承担与生育有关的医疗服务费用，女职工从怀孕到产后享受一系列医疗保健和治疗服务，如产前检查、新生儿保健、产褥保健等。

目前，国家通过立法和制定办法强制组织参加的职工社会保险制度主要是上述介绍的养老保险、医疗保险、失业保险、工伤保险和生育保险。而发展较快、制度相对比较完善的是前三项保险制度。在中国经济转型时期，社会保险制度对保障职工的切身利益具有十分重要的作用。对组织来说，五项保险都要求组织缴纳相应的保险费用，总体约占组织员工工资的30%，这也是一笔不小的成本，但无论怎样，组织都不能拒绝参加社会保险，因为社会保险是组织的法定福利。

2. 法定假期

（1）法定节假日。法定节假日又称法定休假日，是国家依法统一规定的休息时间。法定节假日是带薪休假，《中华人民共和国劳动法》（以下简称《劳动法》）规定，如果在法定节假日安排劳动者工作，则应支付不低于工资的300%的工资报酬。

（2）公休假日。公休假日是劳动者工作满一个工作周期后的休息时间。按《劳动法》的相关规定，用人单位应当保证劳动者每周至少休息一日。国务院于1995年修订的《国务院关于职工工作时间的规定》规定，星期六和星期日为周休息日。

（3）带薪休假。为了维护职工休息休假权利，调动职工工作积极性，根据《职工带薪年休假条例》的规定：机关、团体、企业、事业单位、民办非企业单位、有雇工的个体工商户等单位的职工连续工作1年以上的，享受带薪休假；单位应当保证职工享受带薪休假；职工在休假期间享受与正常工作期间相同的工资收入等。职工累计工作已满1年不满10年的，年休假5天；已满10年不满20年的，年休假10天；已满20年的，年休假15天。另外,国家法定休假日、休息日不计入年休假的假期。

职工有下列情形之一的,不享受当年的带薪休假:① 职工依法享受寒暑假,其休假天数多于年休假天数的;② 职工请事假累计20天以上且按照单位规定不扣工资的;③ 累计工作满1年不满10年的职工,请病假累计2个月以上的;④ 累计工作满10年不满20年的职工,请病假累计3个月以上的;⑤ 累计工作满20年以上的职工,请病假累计4个月以上的。

(二) 企业补充福利

1. 企业补充养老保险

养老保险是社会保险的一部分,是法律所要求的退休福利。出于各方面的原因,法律所规定的养老保险金水平不会很高,很难保证劳动者在退休后过上宽裕的生活。为此,很多国家会自行建立企业的补充养老金计划,其主要手段是提供税收方面的优惠。补充养老金计划有三种基本形式,分别是团体养老金计划、延期利润分享计划和储蓄计划。

团体养老金计划是指企业(可能也包括员工)向养老基金管理部门缴纳一定的养老金。延期利润分享计划是指企业会在每个员工的储蓄账户上贷记一笔数额一定的应得利润。储蓄计划是指员工从其工资中提取一定比例的储蓄金作为以后的养老金;与此同时,企业通常还会付给员工相当于储蓄金金额一半或同等数额的补贴,在员工退休或死亡后,这笔收入会发给员工本人或其亲属。

2. 健康医疗保险

我国医疗保险制度改革的目标,是实现多层次的医疗保险体系。因此,国家鼓励企业建立补充医疗保险制度,以保证该企业职工医疗保险待遇水平不降低。具体规定是:

(1) 按规定参加各项社会保险并按时足额缴纳社会保险费的企业,可自主决定是否建立补充医疗保险。企业可在按规定参加当地基本医疗保险基础上,建立补充医疗保险,用于对城镇职工基本医疗保险制度支付以外由职工个人负担的医药费用进行的适当补助补充医保,减轻参保职工的医药费负担。

(2) 企业补充医疗保险费在工资总额4%以内的部分,企业可直接从成本中列支,不再经同级财政部门审批。

(3) 企业补充医疗保险办法应与当地基本医疗保险制度相衔接。企业补充医疗保险资金由企业或行业集中使用和管理,单独建账、单独管理,用于本企业个人负担较重职工和退休人员的医药费补助,不得划入基本医疗保险个人账户,也不得另行建立个人账户或变相用于职工其他方面的开支。

(4) 财政部门和劳动保障部门要加强对企业补充医疗保险资金管理的监督和财务监管,防止挪用资金等违规行为。

3. 团体人寿保险

团体人寿保险是以团体为对象,以团体的所有成员或者大部分成员为被保险人的一

种人寿保险,一般不进行体检。团体人寿保险是由保险公司为团体签发一张总的保险单,为该团体的成员提供保障的保险。其特点是:

(1) 要求投保团体必须是依法成立的组织,要有自身的专业活动,投保团体人寿保险只是该组织的附带活动;投保团体中参加保险的人数必须达到规定的标准。

(2) 免体检。

(3) 保险金额分等级制定。团体人寿保险的被保险人不能自由选择投保金额,这样做是为了防止体质差、危险大的人选择较高的保险金额。

(4) 保险费率较低。

(5) 保障范围比较广泛。

4. 对特殊工种劳动者的保护与福利

所谓特殊工种,在我国是指在特别环境下从事体力劳动,如从事井下采掘、地质勘探、高处野外作业等。特殊工种劳动者除享受一般员工的劳动安全保护和福利条件外,还享受特殊的营养补贴和津贴。

(三) 福利的新发展——弹性福利计划

弹性福利计划,又称自助餐式福利计划,即根据员工的特点和具体需求,列出一些福利项目,在一定的金额限制内,员工按照自己的需求与偏好自由选择和组合。

对员工而言,弹性福利计划可以满足员工多样化的需求,提高其工作满意度;有助于员工参与决策,促进企业营造和谐的氛围。对企业而言,弹性福利计划有利于企业控制成本;有助于吸引人才、激励员工。

企业在实施弹性福利计划时应注意以下几个方面的问题:

(1) 控制成本。实施弹性福利计划也就意味着企业要提供较多的福利项目以供选择,而员工的选择结果也因人而异。

(2) 科学的绩效考核是基础。为了增强福利的激励作用,进而留住核心人才,越来越多的企业将员工福利与绩效进行挂钩。在弹性福利制度下,企业根据不同员工的绩效考核结果,规定其能享受的福利金额上限。

(3) 帮助和引导员工选择合理的福利项目。部分员工在选择福利项目时未仔细考虑,只看眼前利益或对福利项目了解不够,以至于选择了不实用的福利项目,没有为可预见的突发事件提供保障。企业应有意识地引导员工选择最优的福利组合。

三、员工福利管理

员工福利目标需要有效的管理手段来实现,没有管理,员工福利就只存在于理论意义和形式层面。

(一) 员工福利管理的概念

员工福利管理是指为了保证员工福利按照预定的轨迹发展、实现预期的效果而采用各种管理措施及手段对员工福利的发展过程和路径进行控制或调整的活动。

员工福利管理可以分为广义和狭义两个部分。广义的员工福利管理是对员工福利从产生到发展整个过程进行全方位的管理,包括:员工福利发展的各个阶段,即从低级阶段到高级阶段,从不成熟阶段到成熟阶段;员工福利管理所涉及的各种资源的配备和制度的建设,以及各种管理方式和手段的运用等。狭义的员工福利管理是指为完成一个既定的中长期发展目标而采取的各种措施和手段。

(二)员工福利管理的内容

员工福利管理的内容主要包括以下六个方面:

(1)方案制订。方案制订结合了员工福利计划职能和实施职能,是这两种职能的具体体现。

(2)财务预算。财务预算是执行员工福利控制职能必须考虑和依据的因素,财务预算数额的高低一般反映了组织的支付能力,它对员工福利起着重要的作用。财务预算应该考虑未来市场的变化、经营环境的变化、劳动力成本占总成本的比率等因素。

(3)管理机构。主要解决是否需要建立一个专门的管理机构和建立一个多大规模的管理机构的问题。管理机构决定了管理人员工作职责的分工框架。管理机构的设置与组织的规模、组织所处的发展阶段以及组织对员工福利的管理思想、管理目标等因素相关。

(4)人员配备。制订和实施员工管理计划、控制员工福利管理过程离不开人,制度规范需要人去推动,整个员工福利系统的正常运转都需要人来实现。

(5)成本控制。在财务预算的基础上,如何保证组织对员工的各项成本支出能按照既定的预算方案进行,是成本控制的重要内容和所要达到的根本目的。

(6)调整变动。员工福利管理应该是一个动态的系统,它的变化应随着整个人力资源管理系统、薪酬管理系统的变化而变化。同时,薪酬管理人员需要对员工福利进行跟踪调查,及时发现员工福利管理中存在的问题,并对实施效果进行评估,以便进行有针对性的调整。

(三)员工福利管理的意义

今天,企业为员工所做的福利管理已从过去家长式的角色转变为激励的角色,其目的和意义体现在以下几个方面。

1. 减轻员工税收负担

每个员工都希望自己能被加薪,然而加薪是否能增加员工的年度净所得?加薪代表的是所得的增加,然而加薪难免会有预算上的限制,而且员工可能会因加薪而造成年度所得税税率上调,反而增加个人税收负担。企业可以从减轻员工税收负担着手来规划员工福利,也就是所谓的薪酬福利化,此举不但有双重加薪的效果,而且可以充分地满足员工需求。

2. 增加企业招募优势

一般求职者在决定是否加入一家企业时,其考虑的主要是企业的知名度、工作本身是否具有挑战性与薪酬福利等。一般而言,高知名度企业往往能够吸引优秀的成员,进而创造丰厚的利润,更好地回馈社会,进一步打响企业的知名度,并将工作的挑战性与薪酬福利纳入员工福利规划。企业妥善地做好福利规划,不仅可以避免外部恶性"挖角",而且可以有效地运用人事预算。

3. 避免年资负债

管理者最头疼的问题就是加薪了。加薪幅度过大,将会给企业的运营成本带来沉重的负担;如若加薪幅度过小,则恐将造成人员流失。那么除了加薪,难道没有其他方法可以补偿员工吗?此时,具有竞争性的员工福利计划就应运而生了,最常见的福利形式有员工分红入股、退休与医疗保险、购屋购车贷款与教育补助等。尽管有些实施竞争性员工福利计划的企业,其薪酬水平未必比同行业企业有竞争力,然而求职者却趋之若鹜,最大的原因是员工福利计划所创造的价值远超出了一般企业加薪的价值。

第五节　薪酬战略的制定

一、薪酬管理面临的挑战

(一)人才竞争不断加剧的挑战

人才的重要性不言而喻。有一种职业叫"猎头",但经常被人骂作"猪头"。原因只有一个,这些猎头们做的都是"挖墙脚"的勾当,这种勾当在传统文化里都是属于"缺德"的。虽然这些猎头们猎的不一定是真正的人才,但却足以让企业面临人才流失的威胁。更有甚者,随着企业生存压力的增大,转型升级的要求也都在人才竞争上体现出来。而薪酬、文化和成就感都是最基本的留人要素,所以薪酬管理怎么做也面临前所未有的挑战。

(二)组织结构扁平化的挑战

《2011中国企业人效白皮书》数据显示,中国企业的人均绩效不到美国企业的1/5,不到欧洲企业的1/6,可以说,组织绩效与组织模式及管理水平息息相关。这就是说,粗放的管理方式、臃肿的组织结构、复杂的组织流程导致的低绩效已经开始影响企业生存了。所以,中国企业必须瘦身,组织结构必须扁平化,也就是说,传统的"一根筋"的薪酬模式必须做出必要的调整。

(三)复合型人才需求不断增加的挑战

以前的人才比较单一,现在各种多元化的复合型人才也都成长起来了。在薪酬管理上,单一人才的薪酬结构也很简单——基本工资和加班工资,大不了再增加餐补。可是,这种模式对于复合型人才显然是行不通的,管理者也必须运用创新型思维来探寻新的薪酬模式。

(四) 薪酬激励的挑战

如果企业没有及时地激励下属,则可能降低薪酬激励的有效性。当员工通过自己的努力,做出了杰出的业绩时,如果这个时候直线经理不运用包括薪酬激励在内的激励手段,对员工的行为进行及时的肯定,则会极大地挫伤员工的工作积极性。同样是奖励,如果过上几个月,那么它的作用将大打折扣,对其他员工的示范作用也将会大为降低。当员工做出企业所倡导的、所鼓励的行为时,他会一直关注企业管理层的行为,如果他的行为得不到及时激励的话,那么将极大地影响其工作的主动性和热情。

二、 中国企业的薪酬制度改革

在传统的计划经济体制下,中国的收入分配制度和分配方式主要由立法、行政手段和指令计划来加以调节。随着改革开放的不断深入,作为企业制度改革的重要组成部分之一,中国企业的薪酬制度改革得以不断深化,逐步打破了缺乏活力的统一的等级工资制,并形成了薪酬制度的多元化。

(一) 改革开放以来中国企业薪酬制度改革的沿革

改革开放以来,中国企业的薪酬制度改革可以划分为三个阶段:

1. 第一阶段:1977—1983 年

在这期间的首要任务是从思想上和理论上重新认识按劳分配这一社会主义分配原则;其次是大幅度提高职工的货币工资水平。1977—1983 年间,每年都在一定范围内给职工增加工资,打破了过去多年不增加工资的僵局,使职工货币工资和实际工资水平达到了历史最高水平;加上恢复了计件工资和奖金制度,对调动职工的劳动积极性起到了一定的作用。但这一阶段的改革是初步的,采取的是普遍调整的办法,与职工个人的实际劳动贡献联系不紧密。

2. 第二阶段:1983—1985 年

在这期间,随着"利改税"的实施,企业的奖金不再按工资的一定比例提取,而是改为由企业的奖励基金支付,实质上实现了奖金随生产经营成果浮动;同时,取消了行政上硬性规定奖金水平的做法,改为"奖金不封顶,征收奖金税",这使得企业之间拉开了工资水平。不少企业利用自有资金,开展企业内部工资制度改革,实行"浮动工资制",这在一定程度上将工资与劳动贡献相联系,提高了工资的激励作用。

3. 第三阶段:1985 年至今

从 1985 年开始,国家对传统的工资制度实施了结构性改革。1985 年 1 月国务院发布的《关于国营企业工资改革问题的通知》中明确规定:"从一九八五年开始,在国营大型企业中,实行职工工资总额同企业经济效益按比例浮动的办法。"于是,中国出现了效益工资制,也叫"挂钩工资",即企业工资和企业经济效益挂钩。随着企业经济效益的提高,工资总额也随之提高。由于企业增人不增工资总额,减人不减工资总额,提高职工工资水平主要依赖提高企业的经济效益,从而开创了一条工资合理增长的新规则。这次改革的内容还有诸如实行分级管理体制、简化统一企业职工的工资标准以及扩大企业内部工资分配的自主权等。接下来,围绕转换企业经营机制,在 1988 年和 1992 年,国务院先后发布了《中华人民共和国全民所有制工业企业法》和《全民所有制工业企业转换经营机制条例》。在工资体制改革上,继续采取"工效挂钩"的方法,赋予企业工资和奖金的分配权,建立企业内部分配的约束机制和监督机制。其主要内容包括:①企业的工资总额依照政府规定的工资总额与经济效益挂钩办法确定,企业必须坚持将工资总额增长幅度低于本企业经济效益增长幅度、职工实际平均工资增长幅度低于本企业劳动生产率增长幅度的原则;②企业在相应提取的工资总额内,有权自主使用、分配工资和奖金,真正成为分配的主体;③企业职工的工资、奖金、津贴、补贴以及其他工资性收入,应当纳入工资总额,取消工资总额以外的一切单项奖。经过这样的改革,中国大多数企业都相继实行了结构工资制度,替代了传统的职务等级工资制和工人等级工资制。而在非国有企业里,还出现了保密工资制等对当时的中国而言较为新鲜的工资制度形式。

经过了若干年循序渐进的改革,中国企业的薪酬制度已经发生很大的改变,向多元化和混合化发展,有效地配合了中国企业转换经营机制的需要。越来越多的企业意识到完整的薪酬体系和完善的薪酬管理对其自身发展的重要性,许多企业的管理者开始注重发挥薪酬的激励功能,采取多样化的薪酬管理方法来挖掘员工的内在价值与潜在创造力,激励他们更有成效地工作。在众多以激励为目标的薪酬制度中,经营者年薪制无疑是相当突出和引人瞩目的一项。

(二)经营者年薪制

所谓经营者年薪制,是指"以年度为单位确定企业经营者的基本薪酬,并视经营成果确定其效益或风险薪酬的工资制度",由基本薪酬和风险收入两部分组成。这项制度在西方已经实行了几十年,是国际通行的一项针对经营者的薪酬制度,而在中国还处于起步阶段。

长期以来,中国企业家的收入水平偏低,各种所有制企业的企业家之间收入差距很大。特别是在国有企业里,传统上实行的是企业厂长和经理工资制,企业家薪酬和企业绩效之间不一致的现象时常出现。这些都十分不利于对企业家的激励。如今,人们越来越多地认识到企业家素质与企业家精神在形成和发展企业核心竞争力方面的重要作用,并且将其视为企业毋庸置疑的核心资产之一。因而,面对激烈的市场竞争,经营者年薪制的欠缺便成为中国企业,特别是国有企业缺乏竞争力的原因之一。

人力资源管理

自20世纪90年代初以来,国务院有关部委颁布了不少法令和规定,提出要在国有企业管理体制改革的过程中实施经营者年薪制,以此作为针对经营者的新的考核管理制度,并在全国主要城市选择试点企业。据不完全统计,截至1997年,已有1万家国有企业实行了经营者年薪制。尽管取得了一些进展,经营者年薪制的试点实行还是遇到了种种问题。深究个中原因,不单单来自薪酬体制本身,与中国国有企业改制的整体情况有着密切的联系。许多学者对经营者年薪制在中国国有企业中遭遇的阻碍做过深入研究,一般都会提出以下几个有普遍性的问题:

第一,国有企业的经营者应如何选择?如果经营者不是从经理人市场中选择,而是一味地由政府任命,则经营者的职位本身就很有可能成为谋求高额年薪的手段。另外,年薪制并非单纯的薪酬,它将责任、风险和利益高度统一在了一起。既然年薪中有很大一部分是风险薪酬,那么就必须体现出经营者承受风险这一事实。然而,政府任命经营者的方式在一定程度上削弱了经营者承担的风险,进而弱化了他们对企业经营结果应该负有的责任。

第二,年薪应该由谁来确定?如何确定?在市场经济条件下,经营者的年薪应由企业家市场、薪酬市场、行业及企业具体经营情况确定。对任何企业来说,有竞争力的年薪并非都要高得离谱。然而,目前还有部分国有企业经营者的年薪标准有必要在政府部门的调控与监管下制定。

第三,经营者的年薪和职工工资之间应该有什么样的差距?如果硬性地规定一个企业的管理者年薪应该是该企业职工工资的多少倍,则明显是缺乏灵活性的。在第二个问题中已经谈到,经营者的年薪应由企业家市场、薪酬市场、行业及企业具体经营情况确定。可见,经营者年薪的确定机制在相当程度上依赖于企业家价值的评估,这和一般职工工资的确定机制是有差别的。

经营者年薪制在中国还处于起步阶段,任重而道远。中国企业在实行经营者年薪制时,一味地模仿外国企业不一定可行,重要的是要结合中国的实际情况,在实践中设计出完善而灵活的经营者薪酬体系,将企业家自身的经济利益与其为企业及社会创造的价值结合起来,充分地发挥薪酬的激励作用。

三、变革时代的薪酬战略

(一) 传统薪酬战略存在的弊端

自20世纪90年代以来,传统薪酬战略的弊端日益显现,主要表现在以下几个方面:

(1) 传统的薪酬战略往往将目标界定在吸引、保留和激励员工方面,所采取的战略通常是支付市场化的薪酬。由于不同企业在目标及结构方面存在很大的差异,因此仅仅依靠薪酬来吸引、保留和激励员工,是无法保证薪酬战略成为企业的经营战略、财务战略以及人力资源管理战略的一种直接延伸的。

（2）基本薪酬加绩效加薪的战略对于强调稳定性和一致性的职能组织来说是非常适用的，但是这种将基本薪酬与特定的、单个的职位紧紧联系在一起的做法，对于强调流程和速度的组织来说并不适用，这是因为这种组织所依靠的是要求团队成员共同分享工作角色的跨职能团队。

（3）20世纪90年代以后的一个重大变化就是，企业的组织结构从原来的金字塔状职能型结构向扁平型结构转移。而传统薪酬战略的基本薪酬部分强调的却是保障性和职位的持续晋升。显然，这种薪酬导向是不符合扁平化组织的要求的。

（4）新的竞争环境要求企业不断地改善绩效和生产率，改善产品或服务质量，同时改善员工的工作和生活质量，从而谋取竞争优势。而传统薪酬战略的激励性和灵活性较差，虽然其中也有绩效加薪的成分，但是加薪的幅度很多时候仅仅维持在每年3%—4%这种几乎接近生活成本上升率的水平上，所以对员工和组织绩效的影响实际上并不明显。

（二）变革时代的薪酬战略

薪酬制度对于企业来说是一把"双刃剑"，使用得当能够吸引、留住和激励人才，而使用不当则可能给企业带来危机。在社会政治、经济各方面发展的同时，薪酬战略也必将随着社会的发展而不断变化，与传统薪酬战略相比，现代薪酬战略呈现出以下发展趋势。

1. 薪酬信息日益得到重视

当今社会是一个信息社会，谁掌握了更多更准确的信息，谁就拥有了成功的绝好机会，因此薪酬战略也必将越来越重视薪酬信息。薪酬信息包括外部信息和内部信息两大类：外部信息是指相同地区和行业，相似性质、规模的企业的薪酬水平、薪酬结构、薪酬价值取向等。外部信息主要通过薪酬调查获得，供企业在制订和调整薪酬方案时参考。内部信息主要是指员工满意度调查结果和员工合理化建议。员工满意度调查的目的并不一定在于了解有多少员工对薪酬是满意的，而是了解员工对薪酬战略的建议及不满到底是在哪些方面，进而为制订新的薪酬方案打下基础。

2. 薪酬与绩效挂钩

单纯的高薪并不能起到激励作用，这是每一本薪酬设计方面的教科书和资料反复强调的观点，只有与绩效紧密结合的薪酬才能够充分调动员工的积极性。而从薪酬结构上看，绩效工资的出现丰富了薪酬的内涵，过去那种单一的、僵硬的薪酬制度已经越来越少，取而代之的是与个人绩效和团队绩效紧密挂钩的灵活的薪酬制度。

3. 全面薪酬制度

如前所述，薪酬既不是单一的工资，又不是纯粹的货币形式的报酬，它还包括精神方面的激励，如优越的工作条件、良好的工作氛围、培训机会、晋升机会等，这些薪酬形式正逐渐为人们所认识。随着社会的发展，个体的需求在不断地发生变化，在物质条件日益得到满足的条件下，企业就必须追求对员工其他方面的满足，从而使薪酬的激励作用得以不断地发挥。

4. 重视薪酬与团队的关系

以团队为基础开展项目,强调团队内协作的工作方式正越来越流行,与之相适应,针对团队设计专门的激励方案和奖励计划,其激励效果要比简单的单人激励效果好。团队奖励计划尤其适合人数较少、强调协作的组织。

5. 薪酬制度的透明化

关于薪酬到底是应该保密还是透明,这个问题一直存在比较大的争议。从最近的资料来看,支持透明化的呼声越来越高,因为毕竟保密的薪酬制度使薪酬应有的激励作用大打折扣。而且,实行保密薪酬的企业经常出现这样的现象:强烈的好奇心理驱使员工通过各种渠道打听同事的工资额,从而使得刚刚制定的保密薪酬很快就变成透明的了,即使通过制定严格的保密制度也很难防止这种现象的出现。既然保密薪酬起不到保密作用,不如直接使用透明薪酬。

6. 有弹性、可选择的福利制度

企业在福利方面的投入占总的薪酬成本的比重是比较大的,但这一部分支出往往被员工忽视,认为不如货币形式的薪酬实在,企业有一种吃力不讨好的感觉。而且,员工在福利方面的偏好也是因人而异和个性化的。因此,越来越多的企业采用了选择性福利,即让员工在规定的范围内选择自己喜欢的福利组合。

本章小结

1. 薪酬管理是人力资源管理活动的重要组成部分。本章从薪酬管理概述开始,转而对薪酬管理决策、薪酬管理的制度安排、员工福利管理以及薪酬战略的制定进行了详细的介绍。

2. 薪酬是指员工因向所在的组织提供劳务而获得的各种形式的酬劳,是单位支付给员工的劳动报酬。薪酬主要分为货币薪酬和非货币薪酬,货币薪酬又分为直接经济性薪酬和间接经济性薪酬。薪酬管理则是指企业在经营战略和发展规划的指导下,综合考虑内外部各种因素的影响,确定薪酬体系、薪酬水平、薪酬结构和薪酬构成,明确员工应得的薪酬,并进行薪酬调整和薪酬控制的过程。在市场经济条件下,企业的薪酬管理会受到内外部多种因素的影响,同时企业在进行薪酬管理时应当遵循一些基本的原则,如合法性、公平性、及时性、经济性以及动态性等原则。

3. 企业在进行薪酬管理时,应根据不同薪酬制度的特点来选择合适的薪酬制度,比如职位薪酬制度、能力薪酬制度和绩效薪酬制度。企业中,各种岗位的工作性质各有不同,企业应根据岗位工作性质的特殊性来进行特殊的薪酬管理,例如因为销售人员工作时间自由,工作具有较大的风险性与挑战性,且进入壁垒较低,所以其薪酬管理难度较大。除了销售人员,专业技术人员、外派人员、管理人员以及团队的薪酬管理等都需要特殊的管理方法。

4. 福利是指企业为了保留和激励员工,采用的非现金形式的报酬。在本章中,我们将福利划分为两种类型:一种是国家法律明确规定的各种福利,要求企业必须按照政府规定的标准执行,比如各类社会保险、住房公积金、法定节假日等,我们称之为法定福利;另一种是由企业提供给员工全体或个人的各种福利,主要包括补充养老保险、补充医疗保险、各类员工服务计划等,我们称之为企业补充福利。

复习思考题

1. 薪酬管理的意义与原则是什么?
2. 影响薪酬管理的因素有哪些?
3. 宽带薪酬有哪些特征?
4. 薪酬制度的主要形式有哪些?这些形式有何区别?
5. 员工福利的主要形式、特点与作用是什么?

案例与讨论

F 公司薪酬制度改革的两难困境

F 公司是一家生产电信产品的公司。在创业初期,一批志同道合的朋友不怕苦、不怕累,从早到晚拼命干,公司得到了迅速发展。几年之后,员工由原来的十几人发展到几百人,业务收入由原来的每月 10 多万元发展到每月 1 000 多万元。企业大了,人也多了,但公司领导明显感觉到,大家的工作积极性越来越低,也越来越计较报酬。

公司总经理黄先生一贯注重思考和学习,为此他特地到书店买了一些有关成功企业经营管理方面的书籍来研究,他在《松下幸之助的用人之道》一书中看到了这样一段话:"经营的原则自然是希望能做到'高效率、高薪资'。效率提高了,公司才可能支付高薪资。但松下幸之助在提倡'高效率、高薪资'时,却不把高效率摆在第一个努力的目标,而是借助提高薪资来激发员工的工作意愿,以此达到高效率的目的。"黄先生想,公司壮大了,确实应该考虑提高员工的待遇,这一方面是对老员工为公司辛勤工作的回报,另一方面也是吸引高素质人才加盟公司的需要。为此,公司聘请了一家知名的咨询公司对薪酬制度进行重新设计,大幅提高了公司各类员工的薪酬水平,并对工作场所进行了全面整修,改善了各类员工的劳动环境和工作条件。

新的薪酬制度推行以后,其效果立竿见影,公司很快就吸引了一大批有才华、有能力的人才,所有员工都很满意,工作十分努力,工作热情高涨,精神面貌焕然一新。但这种好势头没有持续多久,员工们又旧病复发,逐渐地恢复到以前懒洋洋、慢吞吞的工作状态。公司的高薪没有换来员工持续的高效率,公司领导陷入两难的困境,既苦恼又彷徨,问题的症结到底在哪儿呢?

资料来源:案例诊断:F公司的薪酬制度[EB/OL].(2016-11-01)[2020-08-05].http://www.hrsee.com/? id=22,有删改。

思考题:

1. 该公司应采取哪些措施对员工的薪酬制度进行再设计、再改进?
2. 为了持续保持公司员工昂扬的斗志,应当采取哪些有效的激励措施?

本章参考文献

[1] 董克用.人力资源管理概论[M].第3版.北京:中国人民大学出版社,2011.

[2] 刘昕.薪酬管理[M].第5版.北京:中国人民大学出版社,2017.

[3] 刘银花.薪酬管理[M].第3版.大连:东北财经大学出版社,2011.

[4] 仇雨临.员工福利管理[M].第2版.上海:复旦大学出版社,2019.

[5] 企业人力资源管理师专家委员会.企业人力资源管理师(三级)[M].第2版.北京:中国劳动社会保障出版社,2015.

[6] 王少东,吴能全,余鑫.薪酬管理[M].北京:清华大学出版社,2009.

[7] 翁涛.薪酬总监修炼笔记[M].北京:人民邮电出版社,2019.

[8] 张正堂.薪酬管理[M].北京:北京大学出版社,2007.

第十一章　员工关系管理

【学习目标】

1. 了解员工关系及其管理的基本理念；

2. 学会并能够运用本章中所介绍的方法对员工在工作和生活中出现的问题进行有效的诊断和处理；

3. 掌握并运用员工援助计划解决员工问题，提高员工的工作积极性，从而改善员工个人及企业整体绩效。

引导案例

发错药之后

有一位护士叫玛丽，她在纽约一家医院已经工作了三年。这一年纽约气候异常，住院病人激增，玛丽忙得脚不沾地。一天给病人发药时，她张冠李戴发错了药，幸好被及时发现，没有酿成事故。

但医院的管理部门依然对这件事情展开了严厉的问责。

首先问责护理部。他们从电脑中调出了最近一段时间的病历记录，发现玛丽负责区域的病人增加了30%，而护士人手并没有增加。管理部门认为，护理部没有适时增加人手，造成玛丽工作量加大、劳累过度，这是人员调配上的失误。

其次问责人力资源部的心理咨询机构。通过询问得知，玛丽的孩子刚两岁，上幼儿园不适应，整夜哭闹，影响到玛丽晚上休息。调查人员询问后认为，医院的心理专家没有对她进行帮助，是失职。

最后问责制药厂。专家认为，谁也不想发错药，这里可能有药物本身的原因。他们把玛丽发错的药放在一起进行对比，发现几种常用药的外观、颜色相似，非常容易混淆。他们向制药厂发函，建议改变常用药片外包装，或者改变药片形状，以尽可能地减少护士对药物的误识。

那几天，玛丽特别紧张，不知医院会如何处理。医院的心理专家对她进行了走访，告诉她不用担心病人赔偿事宜，已由保险公司解决；还与玛丽夫妻探讨如何照顾孩子，并向社区申请给予她10小时义工帮助。玛丽下夜班，义工照顾孩子，以保证她能充分休息；

人力资源管理

同时,医院特别批准她"放几天假,帮助女儿适应幼儿园生活"。

这以后,玛丽工作得更加认真、细致,也没有其他人发生类似的错误。她和同事们都很喜欢自己的工作,想一直做下去。

虽然护士工作辛苦是众所周知的,但在美国,护理业是非常受人尊敬的职业,除了护士较高的薪水和待遇,还有很多其他原因。

员工关系管理的工作职能就是对员工个人或者群体已经出现的问题或可能出现的问题进行管理,进行事前、事中和事后调整,从而预防或治理这些问题,最终的目的是创建和维护良好的内部关系。

资料来源:护士发错药之后——令人深思的案例[EB/OL].(2012-03-22)[2020-08-05].https://wenku.baidu.com/view/46699d09844769eae009edc5.html,有删改。

思考题:

在玛丽发错药之后,医院的管理部门是如何有效地处理这一问题的?

第一节 员工关系管理概述

员工关系管理是企业人力资源管理的一项基本职能,对规范和管理员工行为具有至关重要的作用。因此,作为一个人力资源管理者,必须了解员工关系管理的内涵和基本性质,明确员工关系管理的目标,清楚地认识到员工关系管理对企业人力资源管理的作用。

一、员工关系管理的内涵与性质

(一)员工关系管理的内涵

对于员工关系管理的内涵目前尚无统一而准确的界定,国内各专家学者大多结合国外的经验阐述各自的理解。李新建和孙美佳对员工关系管理做了如下定义:为保证企业目标的实现,而对企业中涉及企业与员工、管理者与被管理者,以及员工之间的各种工作关系、利益冲突和社会关系进行协调与管理的制度、体系及行为。而王长城和关培兰指出:员工关系管理是指以促进企业经营活动的正常开展为前提,以缓和、调整企业内部员工冲突为基础,以实现企业管理者与员工的合作为目的的一系列组织性和综合性的管理措施与手段的总和。

员工关系管理内涵的界定更多的是分为广义和狭义两个方面:**从广义上讲**,员工关系管理是指企业管理人员和员工关系管理人员,通过拟定员工管理政策、实施员工行为管理标准,完善和优化企业与员工、员工与员工之间的相互关系,从而更有效地实现组织目标;**从狭义上讲**,员工关系管理是指企业与员工通过采用柔性的、激励性的、非强制性的手段进行沟通,化解冲突和矛盾,达成心理契约,从而提高员工满意度,促成组织目标实现。

员工关系管理的要素主要包括劳动关系管理,法律问题及投诉,心理咨询服务,员工冲突管理,员工沟通管理,员工信息管理,员工纪律管理,员工奖惩管理,裁员、辞退、临时解聘等。从企业发展的角度来看,员工关系管理是实现员工素质与岗位要求衔接的最佳手段,是保证企业目标顺利实现的重要手段,也是组织关注并满足员工合理需求、留住并激励优秀人才、鞭策或淘汰不合格员工的重要手段;从员工个人发展的角度来看,员工关系管理是企业帮助员工实现职业规划的重要因素,是员工完成工作、升职加薪、实现自我价值的重要平台。良好的员工关系管理不仅能实现人与事的最佳匹配,还能促进企业形成积极向上的企业文化;可以建立畅通的沟通机制,提前介入企业与员工之间的矛盾,减少或避免冲突的发生;可以加强上下级之间的理解,促进横向部门的有序工作;同时,还可以使员工关系融洽,增强组织成员间的配合与协作。

(二)员工关系管理的性质

员工关系管理的内涵亦体现了员工关系管理的基本性质:

其一,员工关系管理是人力资源管理的一项基本职能,是人力资源管理的重要组成部分。员工关系贯穿于员工管理的各个方面,有效的员工关系管理可以保证人力资源管理工作的顺利开展,同时可以为其他工作提供前提和保障。

其二,关注员工,提倡从员工角度制定管理策略,实施管理措施。员工关系管理倡导劳资双方利益和关系的协调,强调运用一些非强制性的、柔性的、激励性的方法与手段,达到对员工行为的管理和企业绩效提升的目的。

其三,为保证企业工作有条不紊,员工关系管理需要在既定的制度和规则下进行。因此,员工关系管理的实施既要运用约束性手段规制组织成员的行为,又要运用激励性方法实现对员工的保护和管理。

其四,员工关系管理在一定程度上力图"内部解决"。员工关系管理力图在组织内部通过管理者的积极努力和有效的员工关系协调,避免劳资之间的利益冲突,满足员工权益的现实需要。

二、员工关系管理的目标

员工关系管理的目的是确保管理者与员工之间进行良好的沟通,争取员工的通力合作,并激励员工竭尽所能地工作。有效的员工关系管理可以使员工对组织的不满、员工之间的摩擦以及员工个人的困难得以释放和化解,让员工全身心地投入工作。那么,员工关系管理的目标是什么呢?乔治·米尔科维奇(George Milkovich)提出,员工关系管理是通过消除障碍使员工积极参与公司事务并且遵守公司纪律,以达到提高公司效率的活动;约翰·布里顿(John Brafton)认为,员工关系管理是指一系列的人力资源管理行为,它通过雇员介入决策和进行纪律管理来使得雇员承诺变得可靠,并与组织的目标和标准保持一致。综合来看,员工关系管理的主要目标可以归纳为[①]:

(1)推行以人为本的管理。从员工关系的视角可以看出,与传统的以工作为中心的人事管理不同,员工关系管理更重视从员工的角度出发实施管理,更加关注员工工作价值观的变化、员工工作满意度的提升,以及和谐的工作—家庭关系的构建等。这些都是以员工为中心的管理理念的体现,也是员工关系管理的目标之一。

(2)以良好的员工关系提升组织绩效。实现组织目标、提升组织绩效以及对员工行为进行有效的管理都是实施人力资源管理的目的。基于不同的目标有不同的人力资源管理模式,重视员工关系的人力资源管理更强调员工的态度、行为、情绪和心理契约管理,更强调民主管理和员工自我管理,更提倡通过良好的员工关系提升组织绩效。

(3)促进人力资源管理职能的深层次开发。广义的员工关系管理超越了传统的人力资源管理框架,起着补充、扩大和深化人力资源管理职能的作用。相对而言,员工关系管理更强调对员工的服务职能,更提倡人本而非物本管理,更注重提升人力资源部门在企业中的地位和作用。

(4)创造企业与员工双赢的局面。成功的员工关系管理能够激发员工的工作热情,使其更具有敬业精神,能够提高员工的忠诚度,提升人力资源管理的文化内涵,从而提高组织绩效,增强企业竞争力。同时,企业也将为员工提供更好的服务和待遇,以实现共同发展的目标,创造双赢的局面。

三、员工关系管理的作用

员工关系管理的核心思想是将企业的员工视为最重要的企业资产,通过完善的人力资源服务来满足员工的个性化需求,从而提高企业绩效,促进企业发展。从这个层面上讲,员工关系管理有以下作用:

(一)提高员工满意度

在竞争日益激烈的社会环境下,很多企业越来越重视客户满意度,但遗憾的是,很少有企业对员工满意度足够重视。实际上,员工对工作的满意度会直接影响到客户满意度;同时,员工工作满意度低还会造成人员流失、工作效率低下等问题。而有效的员工关系管理的实施,可以大幅度提高员工的工作满意度,进而有利于企业的发展。

(二)降低员工的关系冲突、提高员工的工作热情、减轻员工的工作压力

由于企业内部成员具有不同的教育背景、立场、观点、态度和职责,因此在企业发展

---

① 参见李新建.员工关系管理[M].天津:南开大学出版社,2009:6。

过程中很自然地就会产生各种各样的矛盾和冲突。虽然不是所有的冲突都会产生不良影响,但是企业内部的大部分冲突会降低企业的生产效率,影响员工的工作积极性,进而影响企业的正常发展。因此,在讲求企业员工关系和谐的今天,员工关系管理在化解冲突、建立解决冲突的有效机制方面发挥了重要作用。

(三) 促进员工之间的沟通与交流

员工关系管理有利于营造和谐、轻松的工作氛围,塑造便于员工沟通、交流的企业文化。进行员工关系管理有利于企业及时地了解员工的心理状况,解除员工之间的冲突与隔阂,使得员工能在积极向上的工作氛围中交流和从事生产活动。

(四) 培养员工团队意识

团队意识是一家企业同心协力、积极进取的动力,它会让每位队员产生一种归属感,觉得为团队做贡献就等于为自己争荣誉。可以说,一家企业的团队意识越强,它的生命力就越旺盛、越长久。士气高昂、活力充沛的团队可以将整个企业牢牢地捆在一起,更好地发挥整体的作战能力。员工关系是团队意识的关键,员工关系越融洽,团队意识就越强,因此实施有效的员工关系管理可以培养员工的团队意识,提升企业的作战能力。

第二节 员工问题诊断

一、满意度调查分析

(一) 员工满意度调查

1. 员工满意与员工满意度的内涵

员工满意和员工满意度有不同的内涵:员工满意是指员工通过对组织管理可感知的效果与其期望值相比较之后形成的一种感觉状态;**员工满意度**是指反映员工感知效果与其期望值比较之后的满意程度的指标,即

$$员工满意度 = 实际感知效果/期望值$$

2. 员工满意度调查的必要性

员工满意度是企业人力资源管理的一项重要指标,员工满意度调查是否有必要,可以通过对企业一些相应的情况进行考察来做出判断。考察主要包括组织变动情况、员工工作状态、重要事情的影响、人事变动的影响、竞争环境的变化、人力资源管理政策的制定、变革的需要等方面。通过考察可以知道调查的重点是什么,同时也能够知道应该选择什么样的调查方式。

3. 员工满意度调查的目的

组织实施员工满意度调查,通常是为了更好地诊断员工管理状况、发现员工管理中存在的问题并加以解决、促进与员工间的沟通和交流、培养员工对企业的认同感和归属感等。

4. 员工满意度调查的内容

企业应根据调查目的选择调查内容。结合已有研究,可将调查内容大致分为工作满意度、报酬满意度、自我发展满意度、对领导满意度、人际关系满意度、组织认同感和管理认同感等方面。

(二)满意度的调查方法及测量工具

1. 满意度的调查方法

(1)访谈调查法。访谈调查法是调查者通过面对面谈话等沟通方式直接获取有关信息的调查方法,主要分为个别访谈和集体访谈,是一种直接、灵活、开放度很高的双向信息交流方法。这种方法可根据实际情况对被调查者进行提问,回答率高,但真实性不高,费时、费力且标准化程度较低,一般适合小规模调查。

(2)问卷调查法。问卷调查法是调查者根据需要把所要调查的内容设计在一张调查问卷上,写好填写说明和要求,分发给有关人员填写,用以收集和征求不同人员意见的一种方法。这种方法收集到的信息质量取决于问卷本身设计是否科学及被调查者填写问卷是否认真。问卷调查法可以迅速地从许多被调查者处获取信息,且回答一般比较客观,标准化程度也较高,但设计问卷并进行统计需要花费很多时间,是一种最为通用的方法。

(3)观察记录法。观察记录法是指对特定人群的行为进行观察,收集工作行为信息。这是一种单向获取信息的方法,有一定的针对性,但很容易受观察者个人主观判断和被观察者偶然表情的影响。这种方法简单易行,但信息过于表面化,真实性难以估量。

2. 满意度的测量工具

目前企业普遍采纳的员工满意度调查的测量工具主要有以下几种[①]:

(1)工作描述指数法。此量表由阿瑟·布雷菲尔德(Arthur Brayfield)和哈罗德·罗德(Harold Rothe)编制而成,主要衡量工作者一般的工作满足,亦即综合满意度,也称工作满意度指数量表。这是最有名的员工满意度调查工具之一,它对薪酬、晋升、管理、工作本身和公司群体都有各自的满意等级,可用在各种形式的组织中。

(2)明尼苏达满意度调查量表。此量表由大卫·韦斯(David Weiss)等人编制而成。量表分为短式问卷和长式问卷两种。短式问卷包括20个题目,可测量工作者的内在满意度、外在满意度及一般满意度。长式问卷则包括120个题目,可测量工作者对20个工

---

① 参见刘磊,韩佳.员工关系管理实务[M].北京:中国物资出版社,2010:148。

作构面的满意度及一般满意度。这20个大项包括个人能力的发挥、成就感、能动性、公司培训和自我发展、权力、公司政策及实施、报酬、部门和同事的团队精神、创造力、独立性、道德标准、公司对员工的奖惩、本人责任、员工工作安全、员工所享受的社会服务、员工社会地位、员工关系管理和沟通交流、公司技术发展、公司的多样化发展以及公司工作条件和环境。此量表的特点在于对工作满意度的整体性与各个构面皆予以完整的衡量，但是缺点在于120个题目占用受测者的时间较长，若无相应的耐心和细心度，则会导致一定的误差。

(3) 彼得需求满意度调查表。此量表适用于管理人员。其提问集中在管理工作的具体问题，如：你在当前的管理位置上个人成长和发展的机会如何？理想的状况应如何？而现在的实际状况又如何？等等。

(4) 工作说明量表。此量表由帕特里夏·史密斯(Patricia Smith)等人编制而成，可测量工作者对工作本身、薪资、升迁、上司和同事5个构面的满意度，而这5个构面分数的总和即代表整体工作满意度的分数。此量表的特点是不需要受测者说出内心感受，只需就不同层面找出不同的描述词进行选择即可，因此对于受教育程度较低的受测者也比较适用。

(5) 工作诊断调查表。此量表由理查德·哈克曼(Richard Hackman)和奥尔德姆·格雷(Oldham Grey)编制而成，可测量工作者的一般满意度、内在工作动机和特殊满意度(包括工作安全感、待遇、社会关系、督导及成长等构面)；此外，还可以同时测量工作者的特性及个人成长需求强度。

(6) 工作满足量表。此量表由理查德·哈克曼和爱德华·劳勒(Edward Lawler)编制而成，可测量工作者对自尊自重、成长与发展、受重视程度、主管态度、独立思考与行动、工作保障、工作待遇、工作贡献、制定工作目标和方式、友谊关系、升迁机会、客户态度及工作权力13个构面的满意度。

(7) 洛克、阿莫德和菲德曼量表。埃德文·洛克(Edwin Locke)提出了员工满意度构成的10个因素：工作本身、报酬、提升、认可、工作条件、福利、自我、管理者、同事和组织外成员。休·阿莫德(Hugh Arnold)和丹尼尔·菲德曼(Daniel Feldman)提出，工作满意度的结构因素包括工作本身、上司、经济报酬、升迁、工作环境和工作团体。

(三) 满意度调查实施步骤

满意度调查一般要经过以下几个步骤：

1. 分析调查需求

分析调查需求是指分析组织是否有进行满意度调查的需求。一方面，企业为了了解员工状况，会定期进行员工满意度调查；另一方面，在员工情绪波动明显、离职率高、员工业绩下降等特殊情况下，企业会进行不定期的员工满意度调查。企业只有清楚地了解员工的工作和生活状况,才可以判断出是否有进行满意度调查的需求,以此确定调查目的、调查内容和调查方式等。

2. 选择调查方法

企业应根据自身或员工的实际工作状况,确定获取员工满意度信息的途径和方法,从而更合理而准确地进行调查。

3. 设定调查问题

调查问题的设定应取决于调查目的,是要了解员工的总体满意度状况,还是要找出员工对某一方面感到满意或不满,或者是就某一方面征求员工的意见。此外,运用哪种满意度模型,以何种方式进行提问,是否聘请第三方咨询机构进行调查等,都是设计调查问题时需要考虑的因素。

4. 实施调查

实施调查阶段,应注意样本的选择和调查方法的运用。企业应根据组织规模和员工数量选择不同类别具有代表性的样本,按比例随机抽样。实施调查时,会运用到不同的调查方法,是发放问卷、进行访谈还是观察记录,要根据实际情况进行选择。

5. 整理和分析调查资料

资料的准确性和有效性是调查的关键,因此调查资料的整理和分析也至关重要。整理调查资料时,企业要剔除无效的、无关的信息,有规则地进行分类整理,尽可能地使资料准确、清晰。对调查资料进行分析是比较困难的一步,运用什么样的软件和分析方法处理数据,是否将数据转化成图表等,在分析资料时必须加以考虑,这也是决定满意度调查结果的关键因素。

6. 撰写调查报告

在撰写调查报告时,企业应注意对调查报告的内容进行分层次、分类别的列报。报告分析部分主要包括以所有调查者为对象进行分析、以特定部门为对象进行分析、部门间员工满意度的比较、按人口学特征进行分析、相关问题交叉分析等。进行分析之后,企业还要就相关问题提出改进意见和建议,以提高员工满意度。

7. 实施改进计划

针对调查的结论实施改进措施是很有必要的,企业应针对不同的问题进行改进,并就实施后的效果进行评估。评估主要评价措施的经济性和实用性,以提高员工满意度,改进公司绩效评估标准,从而继续反馈效果、优化措施,进一步提高员工满意度。

二、桑德沃理论模型

(一)桑德沃理论模型的分析框架

美国学者 M. H. 桑德沃(M. H. Sandvet)在 1987 年出版的《劳动关系:过程与结果》

(*Labor Relations*: *Process and Outcomes*)一书中提出了劳动关系管理的理论模型。该模型从理论上较为全面地分析了企业劳动关系的一些具体影响因素,以及劳动关系运作中紧张冲突的解决及其后果。桑德沃认为,在企业劳动关系及其运作中,外部环境、工作场所和个人因素是导致工作紧张冲突的三个基本因素;而工作紧张冲突的解决,依赖于管理和个人撤出以及劳工运动。劳工运动在解决紧张冲突的过程中,集体谈判是基本手段。工会一般就工资、工时和工作条件等同雇主或企业管理者进行集体谈判;在集体谈判的基础上,签订集体合同和有关协议,集体合同和有关协议成为工作场所的行为准则,或对工作场所产生影响,使工作场所得到改善;工作场所的改善和发展变化又会对外部环境产生影响,外部环境也因此得到改善;外部环境的改善和发展变化又反过来影响企业的劳动关系及其运作。

(二)劳动关系管理的影响因素

桑德沃在构建劳动关系管理理论模型的同时,对影响劳动关系及其运作的各项因素进行了理论分析。这些影响因素主要有:

1. 外部环境因素

外部环境因素包括工作场所以外的对工作场所劳动关系及其运作产生影响的各种社会经济因素。主要有:①经济因素,它受经济总体运行状况的影响,主要包括通货膨胀、失业和经济周期的阶段等;②技术因素,它是生产的硬件,主要包括制造产品的工具和机器、工人的技术和工艺,以及使生产和组织正常运转的必要的管理技艺等;③政治和法律因素,包括调整劳动关系的法律的性质、政党的权威,以及政治信仰自由的相对普及性等;④思想意识因素,主要是指人们对于有关问题的一般社会心态和看法,包括人们对工会、企业的看法,人们对集体行为相对于个体行为合法性的认同,甚至人们对私人财产所有权和自由参加社团权的认识等。

2. 工作场所因素

工作场所因素主要有:①工作场所的技术,属于这一范畴的有生产(产品或服务)的一般属性、生产过程的属性(批量生产或依靠工艺生产,办公室生产或工厂生产),以及生产设备的规模和工作强度的大小等;②预算和市场力量,属于这一范畴的有雇主盈利的可能性、产品市场的竞争状况、产品或服务的可替代性等;③工作场所的管理,包括工作场所管理或管理者的一般特征、行为和态度,也就是工作场所管理或管理者对工作场所行为准则和规章制度的一般心理,以及履行还是不履行等;④所有制和企业的思想,包括企业是个人所有还是公众所有,所有者们对诸如劳工运动和工人参加工会的态度是什么等。

3. 个人因素

影响劳动关系及其运作的个人因素主要有:①经济、安全和保障需求,这些需求是由劳动者个人的身体健康和保障需求决定的;②社会化、交往和权力需求,这些需求不像生存需求那样是人类的本能,而是需要经过学习或实践才能产生的,因此它们对人类的发展更为重要;③公平和平等需求,这些需求也是人们生活经历或实践的产物,人类在诸如家庭、工作和个人交往等各种交换关系中,都要追求公平和平等感,并设法在努力和回报之间找到一种平等关系;④价值观和信仰,这是一个与人们的行为紧密相连的因素,它会真正使人们彼此之间的行为模式不同,并在很大程度上可以用来解释人类行为的复杂性。

(三)紧张冲突的解决及其后果

1. 紧张冲突

来源于工作中的紧张感有很多,包括感到被列为从属的地位、竞争的地位,感到单调乏味和经济上的不确定性。就拿从属性的紧张感而言,在大多数大规模的工业生产中,劳动力总是被分成各种层次,一些层次发出命令,一些层次执行命令。那些属于执行命令层次的劳动者总会感到自己对自由和自主的需求被这种工作场所的劳动分工结构剥夺,他们由此在工作中承受着较大的压力。当工人长期处于彼此竞争的环境时,竞争性的紧张感便产生了。单调乏味的紧张感则是在这样的情况下产生的:工人们需要一个多样性和富有挑战的工作环境,但他们的工作性质决定了他们只能日复一日地从事单调、例行公事式的工作。经济上不确定性的紧张感是由以下情况引起的:工人们不知道哪一天会被解雇,或者工人们不知道什么时间他们公司的生意会好起来。

2. 紧张冲突的解决

有三种解决工作紧张冲突的方法:第一种也是最普遍的方法,雇主一方在解决雇员工作紧张或冲突中所做出的反应,即管理。第二种是工人的个人撤出,撤出有两种形式:身体撤出和心理撤出。从工作场所的身体撤出就意味着辞职,或转换和离开现有的雇佣关系;心理撤出是指撤出努力、许诺,或心理上从工作场所撤出但并没有实际离开雇佣关系。第三种是工人们的集体行动,也就是开展劳工运动。这种方法的运用依赖于紧张冲突的内容、工作场所的性质、个人的需求和价值观,以及影响劳动关系的外部环境等。

3. 冲突解决的过程及集体协议的签订

集体谈判是工会用来解决紧张冲突的主要手段,集体谈判的基本产物是集体协议或集体合同的签订。基于谈判而签订的集体协议一般会就工作时间及其补偿做出规定,集体协议还要详细地说明工人什么时间可以或不可以罢工,人们对集体协议的适应过程和对集体协议的管理过程也是集体协议的一部分。

4. 工作场所的改善

基于集体谈判而签订的集体协议对工作场所的雇主和雇员双方均会产生十分重要而具体的影响。关于工资的协议将很可能包含一个工人工资增长的计划和雇主提高工资支出的规定;关于工时的协议可以规定某些特殊工人可以增加多少额外工作时间,也可以要求雇主在生产的高峰期雇用额外的工人,以满足生产的需要;关于工作条件的协议不仅可以规定雇员工作的场所要较为安全和整洁,而且可以要求雇主购买某些新设备或削减某些设备。

5. 外部环境的改善

工作场所的改善和发展变化会对劳动关系及其运作的外部环境产生积极的影响。而从逻辑上来说,工作场所的改善和发展变化起因于集体谈判而签订的集体协议。因此,联系集体协议与外部环境的中间纽带和桥梁是工作场所的改善和发展变化。因此,从眼前来说,人们一般只关注集体谈判对工作场所的影响。实际上,工作场所也是一个大的社会经济系统的一部分。

(四)桑德沃理论模型的局限性

尽管桑德沃理论模型是建立在多学科基础之上的、多因素的理论模型,但这一模型也有明显的局限性。这一模型尽管也考虑了影响劳动关系的诸多外部环境,但它仅将劳动关系的处理看作冲突的解决,这显然是片面的。实际上,劳动关系的运作主要表现为两种形式:既有可能是冲突,又有可能是合作。在劳动关系冲突中,工人一方主要采取的斗争手段包括罢工、怠工和抵制等,管理者一方主要采取的手段包括关闭工厂、黑名单等;劳动关系合作有多种实现形式,主要有工人参与管理、双方协议制度和集体谈判制度三种。与此同时,劳动关系的处理还涉及劳动合同、集体合同和工会等内容。此外,与劳动关系处理相关的内容还包括影响劳动关系的外部环境,主要有思想文化环境、社会经济环境、体制法律环境和劳动力市场环境等。

第三节　员工问题处理

一、员工抱怨

(一)员工抱怨的内涵

员工抱怨是指员工在工作中对某些不公平或不公正的待遇感到不满,并以非正式的方式表达出来。从此定义可以看出,员工抱怨主要强调三个方面:①员工所表达的不满只限于与工作有关的问题;②某些不公平或不公正待遇是员工所感受到的,可能真实存在,也可能只是个人感知;③是以非正式形式表达的不满,例如口头形式的发牢骚、非正规书面、非正规电子邮件以及表情、肢体语言等形式的抱怨。

员工抱怨是当员工认为自己受到不公正待遇时,所采取的一种最常见、破坏性最小的发泄心中怨气的方式。伴随着抱怨,员工有可能出现降低工作效率、拒绝执行工作任务,甚至破坏公司财物等过激行为。有时抱怨者在抱怨时需要听众,并且要争取听众的认同,这可能导致越来越多的员工相信抱怨者,最终加入抱怨者的行列。抱怨与员工个体性格相关,针对同一件事情,不同性格的人会有不同的反应,有些员工似乎对任何事情都不满意而整天抱怨,有些员工则是知足常乐。抱怨经常发生在那些刚刚进入社会的年轻人身上,他们有知识、受过良好的教育、喜欢提意见、愿意发表自己的看法,但可能出于与老一代人性格的差异或新入职年轻人容易被忽视等原因,所以常有不公正的感觉并以抱怨的形式表达出来。有时员工抱怨也有积极的作用,员工可以通过抱怨向管理者反馈一些事情,若加以利用,则通常是对组织有利的。

(二)员工抱怨的原因

引发员工在工作中抱怨的原因有很多,比如员工感受到薪酬不公平、晋升不公正、管理者的领导风格不适应、同事关系不融洽、部门间矛盾冲突、工作环境和工作条件差等,都会引发员工抱怨。薪酬方面,薪酬直接关系着员工的物质利益,也是员工情绪的敏感地带,组织对员工的薪酬支付或报酬分配是否公平、公正和公开等,都是容易引发员工抱怨的领域;公司管理者方面,一些管理者领导风格比较强硬,不太注意与员工的沟通和交流,有时尽管问题不是管理者自身原因,员工也会归结或迁怒到管理者,很容易引发员工的抱怨;同事关系方面,工作分工协作不当、合作者的脾气禀性不和,以及与上级或下属之间存在沟通问题、产生利益冲突,也会引发员工抱怨;部门关系方面,当部门之间由于利益矛盾、工作衔接不畅而出现相互扯皮现象时,也会导致员工抱怨情绪的产生;工作环境和工作条件方面,员工对工作环境和工作条件的抱怨包括工作的各个方面,小到公司信笺的质量,大到工作场所的地理位置等,工作环境是员工工作的基本条件,一旦一些工作条件不利于员工工作,或影响了其工作情绪,就特别容易引发员工的抱怨。

(三)员工抱怨的处理

抱怨是一种正常的心理情绪,对员工和企业既有积极的作用又有消极的作用,这就体现了员工抱怨处理的重要性。处理好员工抱怨,可以促进员工关系和谐,实现人本管理,有利于组织的长远发展。基层管理者和直接主管是员工抱怨的主要处理者,在抱怨处理中,不仅要依靠制度、规则和良好的沟通反馈机制,更重要的是要依靠直接主管的耐心、诚心和娴熟的人际关系处理技巧。推荐以下处理员工抱怨的原则[①]:

1. 倾听,信任第一

对于抱怨,管理者要认真对待、冷静倾听,要树立解决好员工的抱怨是管理成功表现的信念,抱着这种心态就会乐于接受抱怨。抱怨无非是一种发泄,需要听众,而这些听众往往是抱怨者最信任的那部分人。对管理者来说,处理抱怨的最简单方式就是不带任何偏见和情绪地倾听。组织如果能够让下属无所顾忌地抱怨,就证明管理效果已经体现,因为获得了员工的信任。

2. 了解起因,敢于面对

管理者要尽量了解抱怨的起因,任何抱怨都是有原因的,尤其是当这些抱怨是合理

---

① 参见李新建.员工关系管理[M].天津:南开大学出版社,2009:177-178。

的抱怨时,它有利于管理者改进局部或整体工作。如果了解到抱怨的起因是不正当的,则管理者可以通过劝说或与员工充分沟通将问题解决掉;如果这些抱怨是合理的,则管理者应当及时改进工作。对于抱怨的调查,管理者要采取仔细认真的态度,注意倾听多方面的意见;对因同事关系或部门关系而产生的抱怨,管理者要认真听取双方当事人的意见,不要偏袒任何一方。在事情没有完全了解清楚之前,管理者不应该发表任何言论,过早表态只会使事情变得更糟。

3. 有则改之,无则加勉

实践证明,80%—90%的抱怨可以通过平等有效的沟通解决,因为80%的抱怨源自小事或是不尽合理的地方,是某些员工的情绪化行为。管理者在认真听取抱怨者意见的基础上,对问题做出认真、耐心的解答,就可以消除绝大多数抱怨。另外20%的抱怨往往是因为企业的管理出现了问题,需要做出处理。在抱怨者情绪激动时,管理者要尽量使其先平静下来,阻止不良情绪的扩散,然后再采取有效的措施。

4. 对事不对人

对一些员工的抱怨,管理者不要凭借对其以往的印象和表现进行处理,即要对事不要对人。例如,一些管理者对表现好的员工的抱怨愿意听取,而对表现不好的员工的抱怨则置之不理,这种按照刻板印象去处理抱怨的方式不仅不能消除抱怨,还有可能激化矛盾。

5. 果断处理,努力化解

一些观点认为,需要做出处理的抱怨中有80%是管理问题造成的,员工个人的原因只占20%,所以规范和认真执行工作流程、岗位职责和规章制度等是处理这些抱怨的重要措施。在规范管理制度时,应采取民主、公开、公正的原则;对企业的各项管理规范,要让当事人参与讨论、共同制定;对制定好的规范要向所有员工公开,并使其深入人心,只有这样才能保证管理的公正性。如果是员工失职,则要及时对当事人采取处罚措施,尽量做到公正严明。一旦把抱怨的原因弄清楚,与员工进行沟通之后,管理者就要果断处理,以防止不满情绪的扩散。

二、员工申诉

申诉是员工对上级或组织的决定、行为、制度、政策等提出意见或建议,以及发表观点、宣泄情绪的一种途径,是维护员工合法权益、保障员工知情权和参与企业管理权的措施之一。员工如果感到其本身没有得到公平的待遇,或对雇佣条件不满,则会影响其工作情绪、降低工作效率及增加意外事件,并严重打击员工的士气。所以,许多企业为掌握员工动态、及时采取应对措施,都制定了员工申诉制度,使员工能够遵循正常途径宣泄不满情绪,化解内部紧张关系,消除劳资争议。

（一）员工申诉的内涵与范围

员工申诉是指组织成员以口头或书面等正式方式，表示对组织有关事项的不满。它是一种正式的、事先安排好的方式，为澄清员工和组织管理之间的纠纷提供了一种机制，有利于劳资双方在不同层次上的协商，确保员工问题能够得到及时有效的解决。

员工申诉的范围包括：①对职位、职级的调整存在异议；②对绩效考评结果存在异议；③对奖惩处理存在异议；④对培训、薪酬、福利等方面存在异议；⑤对劳动合同的签订、续签、变更、解除、终止等方面存在异议；⑥认为受到不公平对待；⑦申诉人有证据证明自己权益受到侵犯的其他事项。

（二）建立员工申诉制度的意义

对企业而言，建立员工申诉制度具有以下意义①：

1. 依照正式程序维护员工合法权益的渠道

申诉程序是一种处理争议的机制。多层次申诉程序的安排，使得企业和员工双方能够利用一切机会达成共识、解决纷争，并不是被迫地接受仲裁者的最终解决方案。从这一意义上看，申诉的程序类似集体谈判的过程。

2. 化解员工情绪，改善工作氛围的手段

申诉也是为员工提供的一种表达不满的渠道和压力释放策略。相对而言，申诉是一种较为温和而又规范的矛盾处理机制，它的负面影响小于发牢骚，在一般情况下，也不会导致劳资矛盾激化，引发罢工和集体行动等。通过申诉制度，企业也可以了解员工的需求、监测管理人员的管理水平，将矛盾化解在萌芽之中。

3. 有效防范权力不当使用的工具

申诉是一种规范的员工抱怨处理的管理制度，在这一制度下，员工被给予针对个人或管理问题进行畅所欲言的权利，不用顾虑因此而受到上级的报复或不公平待遇。因此，企业建立申诉制度本身体现了民主和公平管理的原则。

4. 提高组织自行解决问题能力的方式

申诉可以作为解决组织内部冲突及问题的政治手段，避免由于外力的介入或干预使问题扩大或恶化。管理者通过员工申诉制度，不仅可以了解员工的心理动向，还可以通过对事件的处理，总结经验，提高解决问题的能力。

（三）员工申诉程序

处理员工申诉通常遵循"先内后外"的原则，即先进行企业内部申诉再进行企业外部申诉。员工先通过企业内部申诉渠道提出申诉，依据企业制定的申诉制度和程序，在企业内部进行申诉。内部调解不成功的，再进行外部申诉即劳动仲裁，在劳动仲裁机构的主持下，依据国家有关法律法规进行申诉。

---

① 参见程延园.员工关系管理[M].上海：复旦大学出版社，2004：121-122。

处理员工申诉的程序,视企业规模大小、事情轻重,以及有无工会组织而有所不同。第一种申诉程序是从员工到直接主管,经过部门经理再到部门总监和企业领导;第二种申诉程序则是从员工到企业人力资源部(或是其他具有相似职能的部门)再到企业领导。一般来讲,处理员工申诉的程序包括四个阶段①:

(1) 受理员工申诉。也就是由申诉者与监督者、管理者商谈,管理者在接受申诉的过程中,要了解申诉事件产生的关键所在。

(2) 查明事实。管理者要查明争议事实,不得有偏袒,对双方的事实都要认真调查了解。查明事实的方法有:实地调查、与员工面谈,分析和检讨各项政策、规定和措施,检查员工资料,以及向有关人员了解情况等。

(3) 解决问题。管理者在了解员工申诉的事实真相之后,应设法予以解决,并向当事人说明情况,防止员工误解。一般而言,解决员工申诉的方法主要有:①调查与申诉事宜发生有关的原因;②对事实真相迅速了解清楚、做出解释;③尊重申诉人,对员工的困境和苦恼表示理解与同情;④对员工进行与申诉相关的培训,让员工了解申诉制度建立的目的和意义;⑤帮助员工消除顾虑,解决问题。

(4) 申请仲裁。如果员工的问题在组织内部得不到满意的解决,则可以诉诸第三方或公共权力进行仲裁。在中国,可经劳动争议仲裁委员会对争议进行裁决,仲裁之后如果双方当事人仍不服,则还可以在规定的期限内向人民法院提起申诉。

员工申诉一经仲裁裁决,双方必须完全服从。但如果裁决被证明不实、不当、有重大错误或明显违反法律,则当事人可以请求法院予以撤销。申诉仲裁大多属于自愿仲裁,当事人可以自由确定仲裁员。

三、员工惩处

(一) 员工惩处的内涵和标准

1. 员工惩处的内涵

员工惩处是指针对在考勤、绩效、行为和遵守规则等方面没有达到预期标准的员工,企业管理者按照组织的规章制度所采取的正式的带有惩罚性的处理行为。其目的并不是要压迫员工,而是要纠正和优化违规员工的行为,保护其他员工免受不公正和不合理的对待,同时也为企业保留和辞退员工提供参考。

2. 员工惩处的标准

企业之所以对员工进行惩处,主要是因为员工没有按照规则和契约履行其行为约定,或者说没有达到组织的期望,因此管理者要合理和正当地对员工实施惩处措施。换言之,惩处的前提是必须规定"什么样的行为会受到惩处,什么样的行为不会受到惩处"。

---

① 参见程延园.员工关系管理[M].上海:复旦大学出版社,2004:124。

一般而言,员工受到惩处是因为违背了三类规则:

(1) 一般社会准则。员工的个人行为要受到一般社会准则的约束。作为一个社会公民,要遵守社会准则,这些准则不仅约束员工工作之外的行为,还约束其工作行为。例如,社会准则强制我们在工作之外的生活中不能干扰他人的生命和财产安全,不能侵犯他人的利益等,在工作中也是如此。打架斗殴、偷盗抢劫等通常被看作严重的不当行为,员工在工作场所外或工作场所内发生此类行为都应受到惩处。

(2) 法律规则。国家的法律是对所有公民行为的规范和约束,员工违反了国家法律要受到法律的制裁,同时也要受到企业的惩处。除要求企业规则的制定要遵守法律之外,许多法律还规定,员工在工作中如果发生与职务相关的违法行为,则雇主也负有连带责任。例如,员工违反安全健康方面的法规造成严重后果和损失后,员工和雇主都要承担相应的法律责任。

(3) 组织规则。企业为了保障正常的生产和经营秩序,要制定并实施企业的制度和规则,但是这些规则不能由企业单方面制定,一要依法,二要有员工和工会的参与。无论是员工还是管理者,违反了企业内部的规则,均属于一种违背契约的行为,都要承担相应的违规责任。

(二) 员工受惩处行为的类别

对受惩处行为的类别进行界定也很有必要,尽管各企业对受惩处行为的规定有所不同,但主要可以归纳为以下类别[①]:

(1) 非直接工作行为。这些行为不与工作相关,但也会对企业和员工管理造成不良的影响,主要为一些与员工个人品质和不良表现相关的行为,例如打架、偷盗、吸毒、诈骗等;此外,还包括在工作场所的一些歧视行为,例如种族歧视、性骚扰等都属于受惩处的非直接工作行为。

(2) 一般工作行为。这些行为直接影响了企业正常的工作秩序和工作氛围,包括旷工、缺勤和怠工等。例如,员工的无故缺勤或旷工,特别是一些持续的、有规律的旷工加大了企业的运行成本;怠工主要表现为员工迟到、早退、偷懒、磨洋工等,以及不适宜的穿着、滥用组织的设施和资源等。这些都属于不遵守劳动契约的行为,纵容这些行为的发生有可能严重影响企业工作和生产的正常进行。

(3) 不胜任工作或工作绩效差的行为。由于企业越来越重视绩效管理,通常会采取一些规则和措施来提升员工的工作绩效,或者约束员工不能完成绩效标准的行为。但是造成员工未达到绩效标准的原因有很多,对未达标员工的处理需要慎重,如果不是员工违规行为所致,则不主张采取硬性的惩处程序,而应采取其他更为柔性的管理措施,例如

---

① 参见李新建.员工关系管理[M].天津:南开大学出版社,2009:112。

调岗、培训等。

（4）危及安全健康的行为。目前，法律对企业员工安全健康行为的规范越来越重视，特别是在一些高危行业，不允许员工有任何违反安全健康法律与规则的行为和苗头发生。这些行为不仅危害企业的利益，还伤及员工本人、同事、客户及其他人员的安全和健康，一些重大的事故甚至造成严重的社会影响。对员工危及安全健康的行为不仅需要法律规制，还需要企业制定严格的安全健康管理制度，强化安全健康方面的员工关系管理。

（5）对企业利益和形象造成伤害的行为。这些行为主要包括对企业生产和经营造成损害的泄密、伪造记录、受贿和行贿，以及制造一些不符合事实的损害企业形象的言行等。

（三）员工惩处的原则和方式

1. 员工惩处的原则

员工惩处既有积极作用，又有消极作用。其积极作用是：有利于员工改变不良行为，提高自觉性，统一员工的认识和行为。其消极作用是：不当的惩处可能引起员工不良的情绪反应，使其产生畏惧心理，提高缺勤率，甚至可能引起破坏性行为。因此，对员工的惩处一定要慎重，应大致遵循以下原则：

（1）惩处适当原则。该原则认为，惩处一定要适当，如果惩处太轻，不足以改变不良行为，则有可能因惩处不足使该事件成为奖励而使行为得到巩固；如果惩处过重，则会激起员工强烈的不满情绪，使其工作倦怠，甚至出现报复行为。

（2）惩处及时原则。该原则认为，当员工个体完成一个违规行为时，应尽可能及时地实施惩处，这样才能更有效地抑制该行为的再次发生。

（3）不相容原则。该原则认为，惩处的行为应该是与希望达到的行为不相容的。因此，要正确运用惩处措施，使被惩处者知道惩处的原因，清楚什么是该做的、什么是不该做的。

（4）私下原则。在对员工实施惩处时要尽可能私下进行，为员工留有余地和"面子"，这样可以在一定程度上避免员工过激的负面情绪，效果比较良好。

2. 员工惩处的方式

员工受到惩处自然是因为出现违反规章制度、行为规范的行为或事实，但就像触犯刑法也会因主观意愿、社会危害性、危害结果的程度不同而给予不同的刑事处罚一样，企业惩处员工也要区分违纪程度，量事而为，按照级别、类型和范围给予惩处。

（1）口头警告。对一些危害不大、主观意识不强、违纪行为较轻的行为通常采取这种惩处方式，并告知员工惩处原因。例如，迟到或早退在30分钟以内，当月累计两次以上；在工作时间聊天、嬉戏，或者做与工作无关的事情而影响自己或他人工作，或者造成不良影响;在禁烟区内吸烟;浪费或损毁企业财物;不按照规定使用办公用计算机,滥用或误用企业计算机软件、因特网或企业内部局域网等其他情节类似行为。

(2) 书面警告。对员工的一些程度较重或屡教不改的违规行为,可以采取这种惩处方式,并书面告知其惩处原因、惩处细节及改进措施等。例如,员工迟到、早退或离岗 4—8 小时;旷工一天;无视企业的考勤纪律,代替他人打卡、签到,或者接受上述代办行为;在 3 个月内受到 3 次或 3 次以上口头警告;丢失企业文件,但未造成重大损失等其他情节类似的行为。

(3) 工作性惩处。对程度较严重,以口头或书面警告惩处较轻,而解雇又惩处过重的违规行为,可以采取这种惩处方式。例如,视员工的违规程度,对员工进行减薪、降职或停职等物质性惩处和地位性惩处。

(4) 解雇。如果经历上述惩处阶段之后,员工的行为和绩效改进仍然不能令人满意,则通常就会被解雇。解雇时员工将得到书面通知,内容包括解雇原因、雇佣结束的日期,并告知员工对此有上诉权。对于特别严重的行为不当,企业可即时解雇,而不需要事先通知本人或给予经济补偿。

第四节 员工援助计划

一、员工援助计划的内涵和特征

(一) 员工援助计划的内涵

员工援助计划是美国自 19 世纪 70 年代以来,在企业界推行的一种帮助员工解决健康、心理、经济等方面问题的福利方案。它不仅可以为员工解决工作和生活中的问题,还可以防范员工因个人问题而对工作产生不利影响,从而提升个人和组织绩效。对员工援助计划的定义,主要有广义和狭义之分:

(1) 广义的员工援助计划是指企业通过合理的干预措施,积极主动地了解、诊断及解决影响员工工作绩效的问题的过程。这些干预措施包括组织为员工"提供诊断、辅导、咨询等服务,解决员工在社会、心理、经济与健康等方面的问题,消除员工各方面的困扰,最终达到预防问题产生、提高员工工作和生活质量的目的"[1]。

(2) 狭义的员工援助计划是指为面临情绪、压力等心理问题的员工及其家属提供心理评估、咨询服务、治疗措施及家庭、法律、医疗与财务等方面的援助,以帮助他们度过困

---

[1] BOHLANDER S. Managing human resources[M]. Cincinnati, Ohio: South-Western Publishing Company, 1992.

难的过程。①

国际员工帮助专业协会认为,员工援助计划是一项为工作场所中的个人和组织提供咨询服务的专项方案,旨在帮助识别和解决员工所关心的问题,而这些问题会影响员工的工作表现,同时也会影响整个组织机构的绩效目标的实现。

(二) 员工援助计划的特征

一个系统的员工援助计划一般具有以下基本特征:

(1) 员工援助计划是企业组织设计和推动的一项正式、系统的福利项目,项目的实施是为了解决员工遇到的问题和困难,改善组织的工作氛围和工作环境,最终达到提升员工工作绩效和工作、生活质量的目的。

(2) 员工援助计划是为员工及其家属提供的长期、系统的专业服务项目,虽然服务项目一般会根据员工的具体需要而设计,但带有一定的组织干预的性质。

(3) 员工援助计划项目的实施一般需要内部或外部专业人员的干预和介入,通常由专业人员提供专业咨询、培训、指导以及治疗等相关服务。

二、员工援助计划的内容

员工援助计划的内容丰富多彩,国内外研究人员对此也是各抒己见。

朱迪斯·刘易斯(Judith Lewis)和迈克尔·刘易斯(Michael Lewis)将员工援助计划的内容分为个体咨询、团体咨询、咨询服务、教育培训、职业生涯规划、特别服务、研究工作、紧急服务等八个方面。乔治·柏兰德(George Bohlander)等人认为,员工援助计划的主要内容包括社会、心理、经济与健康四大方面的问题。Interlock EAPs(连锁员工援助计划)将员工援助计划的内容分为个人事务和工作事务两大类。个人事务包括酒精和药物滥用、情绪控制、家庭关系、财务、健康、法律和人际关系技巧;工作事务包括工作职务、工作环境、工作场所性骚扰、人际冲突、工作绩效、工作压力与退休规划。

目前,国内在员工援助计划方面的研究只是结合中国企业的实际对国外研究结论进行细化。例如,栾春玉(2003)等人提出,员工援助计划包括压力评估、组织改编、宣传推广、教育培训、心理咨询等内容。

李静(2008)基于人力资源管理目标,认为可将员工援助计划的内容概括为:第一,诊断内部环境因素。通过问卷、访谈、观察等方式发现组织中存在的职业心理问题,并分析判断产生的原因,提出建议,减少和消除容易影响员工心理健康的不良因素,优化人力资源管理机制和组织环境,实现人力资源管理由事后控制向事前预防的转变。第二,宣传心理健康知识。依据调查获取的信息,采取讲座等方式,对相关问题进行针对性的宣讲、

---

① DESSLER G. Human resource management[M]. Upper Saddle River, NJ: Englewood Prentice Hall International Inc., 1994.

培训、推广,提高员工的心理健康保健意识,使其能够及时地自我疏通和调节,增强管理者的心理咨询意识和技巧,将其纳入企业文化体系,形成良好的人际沟通环境和氛围。第三,解决个体心理障碍。通过热线电话、上网、心理咨询室等方式,结合个人情况,进行全面辅导,改变员工不合理的信念、行为方式和生活习惯,使其重新恢复健康的心理状态,提高人力资源管理的实际质量。①

通过文献研究,我们发现员工援助计划的内容目前没有一致的结论,但是可以通过现有的各种标准对其进行分类。例如,可以根据员工的需求,根据员工援助计划内容的社会属性,根据干预的深度与广度,根据援助的方法、问题的来源、服务的方向,根据员工是否自愿参与等标准,来对员工援助计划的内容进行分类。

三、员工援助计划的作用

综合国外专业机构的研究,员工援助计划有三方面的作用:降低成本,提高生产效率;提高个人生活质量,维护社会安定;提高投资回报。我们可以从员工和组织两个层面归纳员工援助计划的作用。

(一)员工层面

1. 树立健康的心理

在现代企业竞争压力越来越大的背景下,企业员工因压力过大而产生心理问题的现象日益增多。员工援助服务能够通过一系列的访谈、咨询,对员工心理进行积极的正确引导,化解员工的工作压力,解除员工的心理负担,从而使员工获得健康的心理。

2. 建立良好的人际关系

员工援助计划通过与员工之间的交流,帮助员工改善人际关系,化解员工之间的矛盾,为员工营造积极健康、和谐温馨的工作氛围。

3. 规划职业生涯发展

员工援助计划能够根据员工的实际情况,为员工制订详细的职业生涯发展计划,帮助员工明确奋斗目标,并定期检验员工个人的发展情况,及时调整员工职业生涯规划的内容,确保员工个人奋斗的成功。

(二)组织层面

1. 提高生产效率

组织中的员工出现了心理问题,自然会影响员工的工作热情,降低员工的工作效率,进而会影响组织绩效。员工援助计划通过为员工制订帮助计划,帮助其缓解压力、消除心理困扰、改善工作情绪,组织的生产效率也会随之得到提高。

---

① 李静.员工援助计划(EAP)相关研究综述[J].长沙民政职业技术学院学报,2008(3):64—67.

2. 优化组织人力资源管理

员工的心理问题不解决,会导致缺勤率、事故率的上升,影响组织的人力资源管理效率。员工援助计划的实施有助于降低缺勤率和事故率,达到优化组织人力资源配置和管理的目的。

3. 降低人工成本和管理成本

员工由于心理问题容易出现离职、离岗情况,这迫使组织不断更换员工来补充岗位需求,从而导致成本增加。招聘新员工不仅需要支付管理和培训费用,而且频繁的人员流动也不利于员工情绪的稳定。一些实践也证明,组织为解决员工心理问题,避免员工离职、离岗而导入员工援助计划所支付的费用,要远远低于招聘与培训新员工所支付的直接成本和间接成本。

4. 增强组织凝聚力

员工一旦产生心理问题,必然会影响其工作积极性,同时也会影响周围的同事和整体的工作氛围,使组织内的人际关系紧张,影响团结。员工援助计划在解决员工心理问题的同时,也有助于改善人际关系,增强组织的凝聚力和向心力。

一些西方企业的实践经验证明,员工援助计划的实施达到了上述目标。中国的一些企业引入员工援助计划之后,也收到了良好的效果。相信员工援助计划未来会在更多的企业推广和实施。

四、员工援助计划的设计与实施

一个成功的员工援助计划不仅需要优良的设计,同时还需要切实可行的实施保障。一般来说,企业在设计员工援助计划时应考虑组织的实力、组织的规模和特性、行业差异、员工特性等因素。早期的员工援助计划在实施时,一般都是企业请有关专家探讨如何采取有针对性的措施缓解和疏导行为异常员工的问题。随着员工援助计划的广泛应用,其计划的实施过程也逐步规范化。一个员工援助计划的实施需要经过以下基本步骤[①]:

(一) 制定政策和程序

在实施员工援助计划时,企业首先需要制定一套清晰的、书面化的政策和程序,用以规范员工援助计划在企业中的运作和执行。在确定政策和程序时,企业需要考虑的因素有:

(1) 结合本企业的特色,选择合适的员工援助计划及运行机制。

(2) 明确员工援助计划的实施部门和成员以及相应的职权。

---

① 参见李新建.员工关系管理[M].天津:南开大学出版社,2009:271-275。

人力资源管理

（3）根据需要选择合适的外部专家或外部服务机构，共同商讨确定外部服务机构的服务范围和企业内部员工援助计划的服务范围，并在外部服务机构的参与下建立内部员工援助计划服务体系和流程。

（4）支持和鼓励员工认识到自己存在的问题并寻找问题的根源。

（二）需求分析

在开展员工援助计划之前，企业还需要进行需求分析。

1. 需求分析的目的

通过进行员工援助计划需求分析，企业要达到以下目的：第一，了解组织特点，制定合适的服务方法和服务模式；第二，了解员工和组织需要，提高员工援助服务的针对性，减少不必要的浪费；第三，通过评估、挖掘组织和员工的深层次问题，使企业管理层对本身出现的问题有全面和深刻的了解，增强其开展员工援助计划的意愿和决心。

2. 需求分析的内容

员工援助计划需求分析的内容包括三个方面：

（1）组织特征和工作环境。主要包括组织类型、工作类型、组织的主要任务和目标、员工的数量及其相关人口统计学变量、工作场所的数量和分布等信息。

（2）员工需求。需要从员工自身的心理年龄特点，工作、生活环境，以及工作性质本身的影响等方面来考虑。概括起来主要包括：员工的自身特点、基本心理健康状况及凸显的心理问题；员工在福利待遇、工作关系、工作家庭平衡、职业生涯发展（如进修、培训、生涯规划）、经济、法律等方面的主观需求。

（3）组织需求。对组织进行需求分析的主要目的有两个：一方面是配合员工的需要，开展员工援助计划，即如何充分地利用企业现有的资源完成员工援助计划；另一方面是评估组织内部的需要，据此设定专门解决组织自身问题的目标。因此，对组织的需求分析应把企业内部和外部信息结合起来。

在需求分析的基础上，企业需要编制员工援助计划需求分析报告，其内容包括：通过企业现有的数据记录评估是否需要引入员工援助计划，这些数据包括出勤记录、人员变动、工伤事故、卫生保健津贴、工作满意度、组织承诺、组织公民行为等；企业引入员工援助计划的主要目的，即主要想解决的问题，以及企业急需改善和改进的方面等。同时，还需了解组织内部的规章制度和国家相关的法律法规，以避免在计划设计和实施过程中发生冲突。此外，还需对社区内可利用的资源进行评估，主要涉及员工援助计划提供者的需求；了解一些社区机构（如医院、心理咨询中心等）的规模、声誉、水平以及地理位置等，以便形成可利用的社区资源清单。

企业可以根据实际情况选择不同的需求分析方法，例如现场观察、问卷调查、结构化个人访谈、团体焦点访谈等。使用得比较广泛的需求分析方法是管理者观察法和员工调查法。

(三) 宣传与推广

根据国外经验,在员工援助计划实施过程中,宣传与推广很少作为一个独立的模块放入整体规划中,但国内企业对员工援助计划还不够了解,没有意识到员工援助计划的重要性及其可能带来的收益。从某种意义上讲,员工援助计划的实施效果依赖对其的大力宣传。

员工援助计划的宣传和推广工作主要包括:说明心理健康的重要性和不良心理健康的症状及危害;指出员工援助计划的作用、意义、主要内容、实施原则及保密原则,以及管理者与员工的角色定位等。通过全面的宣传与推广,可以提高员工的信任感,消除员工的顾虑,使员工接受并乐于参与到员工援助计划中来。鉴于不同企业在企业性质、所在行业、区域位置以及人员规模和结构等方面存在很大的差异,因此员工援助计划在前期调查、教育推广以及服务形式等方面都应有所不同。

员工援助计划的宣传形式包括:

(1) 印刷品宣传,即使用手册、海报和宣传栏等。这种形式的优点是内容受篇幅限制较小,便于深入报道;保存性强,可以反复阅读;便于携带和翻阅。缺点主要是传播速度较慢,信息只能以文字和图片为主,直观性、生动性和互动性较差。

(2) 媒体宣传。同传统的印刷品宣传相比,这种形式的优点是媒体形式多样、渗透力强、覆盖面广,信息传递生动活泼,如果能够依托组织内部的宣传设备,则成本会大幅降低,并有利于反复传播。缺点是难以保存,很难反复接收相关信息,深刻程度也有限,会限制人们想象的空间。

(3) 网络宣传。这种形式的优点是传播速度快、信息呈现方式多、互动性强,可以多渠道地宣传大量信息,是非常有效的宣传工具。但网络宣传也有可能因使用不当而对宣传造成负面影响,降低可信度。因此,需要合理、正确地使用网络资源。

(四) 制定目标

企业应在对员工援助计划进行需求分析的基础上,进一步确定员工援助计划的预期目标及项目预算。主要有三个层面目标的确定与实施:

(1) 结果层面。该层面主要目标确定和实施的关注要点为:注意满足个人与组织的共同需求;注意目标设置要具体、可行;注意根据期望目标和现状之间存在的差距提出改进措施;注意拓展效益,即不仅注意本项目的完成效果,而且注意项目所带来的持续影响。

(2) 执行层面。该层面主要目标确定和实施的关注要点为:具体,即具有清楚的执行内容、步骤等;实际,即能切实达到预期的目标;可行,即确实可以执行;弹性,即能够随情景变化而适当改变。

(3) 规划层面。该层面主要目标确定和实施的关注要点为:知道为谁而做;清楚为何而做；了解可做什么；明白如何去做。

此外，在明确员工援助计划目标后，企业仍需考虑员工援助计划的预算问题。企业在编制员工援助计划预算时，应结合自身的财务状况和年度预算，并尽可能地在细化的基础上进行量化。

（五）实施计划

在具体实施员工援助计划的过程中需要注意以下问题：

（1）明确目的，提高认识。要对员工解释清楚员工援助计划的重要意义和作用。

（2）打消顾虑。要向员工承诺处理好涉及其隐私和敏感的问题，消除员工的顾虑。

（3）以预防为重点，做好三个层面的工作：一级预防，旨在减少或消除导致职业心理问题的因素，营造积极、健康的工作环境，主要通过改变人事管理制度来实现；二级预防，即教育和培训，旨在帮助员工了解心理健康知识并培养处理心理问题的技能，以提高企业处理员工心理问题的能力；三级预防，即心理咨询和辅导，由心理专家向员工提供个别或团体心理辅导服务，使他们能够保持良好的生活与工作状态。

（六）实施效果评估

实施员工援助计划后，企业需要对其结果进行评估。评估的主要目的在于考察干预措施是否按计划进行并取得预期结果，同时为管理者决定是否继续投资提供依据。员工援助计划实施效果评估主要在四个层面进行：

（1）员工援助计划的使用情况和服务满意度。该层面考察的指标有：员工援助计划服务的便捷性和及时性；员工援助计划的使用率；一般员工对员工援助计划的满意度；管理者对员工援助计划的满意度。该层面的评估描述了员工援助计划的使用情况和相关反应，有助于发现和改善执行中存在的问题，提高效率。根据该层面的评估效果，有助于管理者初步判断员工援助计划的有效性。

（2）员工援助计划对员工个人的影响。该层面主要考察在使用了员工援助计划之后，员工在知识、技能、态度、行为、心理健康、心理成长等方面的变化。该层面的评估结果有助于管理者进一步分析员工援助计划对组织的影响，并计算出投资回报率。

（3）员工援助计划对组织运行的影响。该层面包括两类考察指标：硬性指标和软性指标。硬性指标有生产率、销售额、产品质量、总产值、缺勤率、员工赔偿、招聘及培训费用等；软性指标有人际冲突、员工士气、工作满意度、员工忠诚度、组织氛围等。

（4）员工援助计划投资回报率分析。该层面建立在前几个层面评估结果（尤其是第二、三层面的评估结果）的基础之上。综合个人和组织两个方面的数据，在分离出其他因素之后，可以计算出员工援助计划的投资回报率。投资回报率分析虽然在原理上易于理解，但在实际操作过程中比较复杂。

(七)提供管理改进建议

员工援助计划的实施主要起到两个方面的作用:一是解决员工的压力和心理问题;二是在解决员工问题的同时,力求发现组织本身存在的问题,为组织改进和完善其管理体制提供建议和帮助。所以,在员工援助计划实施的具体过程中,计划的提供者必须在对员工接受援助过程中反映的一些情况及组织存在或潜在的问题进行整理和分析后,提供给组织和相关部门,以供参考。

本章小结

1. 员工关系管理从广义上讲,是指企业管理人员和员工关系管理人员,通过拟定员工管理政策、实施员工行为管理标准,完善和优化企业与员工、员工与员工之间的相互关系,从而更有效地实现组织目标;从狭义上讲,是指企业与员工通过采用柔性的、激励性的、非强制性的手段进行沟通,化解冲突和矛盾,达成心理契约,从而提高员工满意度,促成组织目标实现。

2. 员工关系管理的目标主要有四点:推行以人为本的管理,以良好的员工关系提升组织绩效,促进人力资源管理职能的深层次开发,以及创造企业与员工双赢的局面。通过员工关系管理,能够提高员工满意度,降低员工的关系冲突,提高员工的工作热情,减轻员工的工作压力,促进员工之间的沟通与交流,以及培养员工团队意识。

3. 员工满意度是指反映员工感知效果与其期望值比较之后的满意程度的指标。企业可以通过访谈调查法、问卷调查法和观察记录法调查员工满意度。员工满意度的测量工具主要有工作描述指数法,明尼苏达满意度调查量表,彼得需求满意度调查表,工作说明量表,工作诊断调查表,工作满足量表及洛克、阿莫德和菲德曼量表。

4. 桑德沃理论模型从理论上较为全面地分析了企业劳动关系的一些具体影响因素,以及劳动关系运作中紧张冲突的解决及其后果。其中,劳动关系管理的影响因素包括外部环境因素、工作场所因素和个人因素。

5. 员工问题主要包括员工抱怨、员工申诉和员工惩处。员工抱怨是指员工在工作中对某些不公平或不公正的待遇感到不满,并以非正式的方式表达出来。员工抱怨的处理原则包括:①倾听,信任第一;②了解起因,敢于面对;③有则改之,无则加勉;④对事不对人;⑤果断处理,努力化解。员工申诉是指组织成员以口头或书面等正式方式,表示对组织有关事项的不满。员工惩处是指针对在考勤、绩效、行为和遵守规则等方面没有达到预期标准的员工,企业管理者按照组织的规章制度所采取的正式的带有惩罚性的处理行为。员工惩处的原则有惩处适当原则、惩处及时原则、不相容原则和私下原则。

6. 员工援助计划是一项为工作场所中的个人和组织提供咨询服务的专项方案,旨在帮助识别和解决员工所关心的问题。员工援助计划有三方面的作用：①降低成本,提高生产效率；②提高个人生活质量,维护社会安定；③提高投资回报。员工援助计划的实施需要经过以下步骤：制定政策和程序、需求分析、宣传与推广、制定目标、实施计划、实施效果评估、提供管理改进建议。

复习思考题

1. 简述员工关系管理的内容与作用。
2. 怎样提升员工满意度？
3. 如何诊断和处理员工问题？
4. 企业为什么实施员工援助计划？怎样实施员工援助计划？

案例与讨论

沃尔玛的口号——"员工是合伙人"

沃尔玛创立于1945年,2019年公司名列《财富》世界500强榜首。巨大的成功离不开沃尔玛独特的激励机制——把员工视为合伙人。创始人山姆·沃尔顿非常重视人的作用,他说："高技术的设备离开了高层的管理人员以及为了整个系统尽心竭力工作的员工是完全没有价值的。"沃尔顿一直致力于建立与员工的合伙关系,并使沃尔玛40多万名员工团结起来,将整体利益置于个人利益之上,共同推动沃尔顿向前发展。沃尔顿将"员工是合伙人"这一概念具体化的政策包括三个计划：利润分享计划、雇员持股计划和损耗奖励计划。1971年,沃尔顿开始实施第一个计划,保证每个在沃尔玛工作31年以上及每年至少工作1000个小时的员工都有资格分享公司利润。雇员持股计划下,员工离开公司时可以现金或股票方式取走他应得的利润。沃尔玛让员工通过工资扣除的方式,以低于市价15%的价格购买公司股票。损耗奖励计划的目的就是通过与员工共享公司因减少损耗而获得的赢利来控制盗窃的发生。损耗是零售业的大敌,沃尔顿对有效控制损耗的分店进行奖励使得沃尔玛的损耗率降至零售业平均水平的一半。出色的组织结构、激励机制,加上独特的发展战略,使得沃尔玛成为世界上顶级的明星企业。

资料来源：沃尔玛和丰田公司的奖励机制[EB/OL].[2020-08-05].http://learning.cmr.com.cn/shixue/015999zk108a/content/xgal/xgal-06-01.htm,有删改。

思考题：员工合伙人制度有哪些利弊？为什么越来越多的企业选择员工合伙人制度？

本章参考文献

[1] 程延园.员工关系管理[M].上海:复旦大学出版社,2004.

[2] 李海娇.我国企业管理中员工援助计划的应用[J].中小企业管理与科技,2018(33):3-4.

[3] 李静.员工援助计划(EAP)相关研究综述[J].长沙民政职业技术学院学报,2008(3):64-67.

[4] 刘磊,韩佳.员工关系管理实务[M].北京:中国物资出版社,2010.

[5] 刘青平.员工关系管理——中国职场的人际技能与自我成长[M].第2版.北京:机械工业出版社,2017.

[6] 李新建.员工关系管理[M].天津:南开大学出版社,2009.

[7] 李新建,孙美佳.员工关系管理实务[M].北京:中国人民大学出版社,2015.

[8] 王长城,关培兰.员工关系管理[M].武汉:武汉大学出版社,2010.

[9] 游坚平.员工满意度评价方法与工具评析[J].全国商情(经济理论研究),2008(08):31-32+142.

[10] 湛艳琳,石景秀.国内外员工满意度研究综述[J].商,2013(10):23-24.

[11] BRAYFIELD A H, ROTHE H F. An index of job satisfaction[J]. Journal of Applied Psychology, 1951, 35(10): 307-311.

[12] BOHLANDER S. Managing human resources[M]. Cincinnati, Ohio: South-Western Publishing Company, 1992.

[13] DESSLER G. Human resource management[M]. Upper Saddle River, NJ: Englewood Prentice Hall International Inc. 1994.

[14] HACKMAN J R, OLDHAM G R. Development of the job diagnostic survey[J]. Journal of Applied Psychology, 1975, 60(2): 159-170.

[15] SMITH P C, KENDALL L M, HULIN C L. The measurement of satisfaction in work and retirement[M]. Chicago: Rand and Mcnally, 1969.

[16] WEISS D J, DAWIS R V, ENGLAND G W, et al. Manual for the minnesota satisfaction questionnaire[M]. Minneapolis, Minn: University of Minnesota Industrial Relations Center, 1967.

第十二章　国际人力资源管理

【学习目标】
1. 了解国际化背景下的公司类型和员工类型；
2. 了解国家间差异对人力资源管理的影响；
3. 了解跨国人力资源管理工作与本国人力资源管理工作的异同点；
4. 了解如何对外派员工进行管理和激励。

引导案例

海尔的跨国经营之路

海尔把1999年定为自己的"全球化年"，这一年中，张瑞敏与海尔得到国际舆论的不断喝彩，使上述称呼显得名副其实。在这一年中，海尔国际化步伐最大的一步莫过于在美国独资建厂。1999年4月30日，海尔开始在美国南卡罗来纳州的坎登（Camden）建设它在北美的第一个家用电器生产基地。

记者曾经问张瑞敏在美国建厂有什么意想不到的困难？张瑞敏认为，其中一大困难就是海尔的管理是否被外国人接受。中美不仅有文化差异，还有制度上的差异。美国的工会、工人本来对中国就有一些敌视或误解，这些都可以影响海尔。而海尔最好的办法就是借鉴多方面的东西，中国企业在那里的失败教训，以及其他外国企业在那里的成功经验。张瑞敏笑着说："因为连哈佛都用案例来教学，我们何必自己闷着头来想呢？"

海尔的全球化理念正一步步地向前推进，而世界各地的海尔分部也在积极地进行着本地化的改良。张瑞敏在接受记者访问时谈道，海尔在海外的本地化一定要跳出产品的概念，海尔的目标就是要做到在当地融资、在当地融智。海尔认为，真正的国际化应该是当地融智，也就是说人力资源应该主要用当地的，因此美国海尔的员工都是美国当地人。张瑞敏做了有关美国和日本公司的比较，发现美国公司往往比较成功地进行国际化，其原因是日本公司很难接受外来人，而美国公司敢于放手让当地员工大干。

海尔从跨出国门之初，就努力朝着管理本地化的方向发展。管理本地化首先就是人力资源的本地化。本地人才管理本地企业，是全球化战略实施过程中，对企业组织行为和人力资源配置管理的一项基本要求。知名跨国公司早就开始聘用既有工作经验又有管理才能的本地经理人。原因很简单：在一个国际化企业进行本地化实践的过程中，不得不考虑与本地文化相结合的问题。市场和所处的政治、文化、法律等环境具有本地属性，员工、客户、合作伙伴和供应商大多数也是本地化的。跨国公司要在本地市场参与竞争，离不开对本地消费文化的了解和把握，在这方面，本地化的管理人才显然更有优势。

为了加快国际化进程，海尔的做法是：先把海外员工海尔化，再由海尔化了的海外员工实现海尔国际化的目标。这其中的关键是怎样才能使海外员工海尔化。海尔以企业文化为核心，通过各种形式让他们认同海尔的价值观。

海尔运作庞大的海外网络系统，主要依靠海外经理，很少从青岛本部派人。如何保证系统有效率同时又不失控？除了组织设计和薪酬制度创新，张瑞敏的办法很简单：利用海尔文化进行融合。一年一度的全球经理人年会、若干次地区经理人会议，使海尔全球经理人充分交流达至文化认同。2001年2月11日至13日，海尔在青岛召开首届全球经理人年会，张瑞敏为本次年会设计的宗旨是互动、发展和创新。据称在中国，召开全球经理人会议的企业，海尔为首家。这次会议海尔一下拿到5亿美元的订单，但张瑞敏说："订单是必然的结果，更重要的是通过互动、沟通、感染海尔全球经理人，在企业文化及经营理念方面达成共识。"全球经理人年会也是海尔对全球经理人的文化培训会，其最大的特点是培训是互动的，海尔文化感染着每一位海尔的海外经理人，而海外经理人的经验和信息对国际化经验尚不丰富的海尔来说是一笔很大的财富。

文化摩擦是有成本的。在美国设厂需要处理跨文化管理的问题，在这个过程中，海尔不是迁就美国人，而是一定要让美国人接受海尔的文化。为了防止新雇员和海尔文化发生冲突，公司挑选的新员工要经过40个小时的培训过程才能够被最终录用。在工厂，海尔文化在很多场合都得到了强化。

海尔也会根据美国文化将自己的文化本土化。现在海尔在全球各地的工厂车间里都有"6S大脚印"。在美国，一开始有人接受不了。美国人的价值观是个人英雄主义，而海尔的价值观是创新，在这点上寻找共同之处，最后海尔把6S大脚印变成了谁干得好谁站在上面，结果每个人都想站在上面。

美国人喜欢突出个人价值，海尔在美国工厂的布告栏上贴了很多激励员工的照片。如果在中国，贴上员工个人的照片他就会很高兴了，但在美国，这还不够，要贴上他全家的照片。此外，表现出色的员工会在胸前佩戴笑脸徽章，不过青岛工厂里的哭脸徽章在这里就不见了。人事经理里夫斯说，美国人很少在大庭广众之下批评一个人，因为这容易挫伤员工的积极性。不能给个人挂就给集体挂，给小组的笑脸和哭脸就挂在车间里。班长克拉拉说，每次他们小组拿到一张笑脸，他就笑得比那张脸还高兴。

资料来源：海尔集团的国际化经营之路[EB/OL].[2020-08-05].http://www.renrendoc.com/p-21009416.html，有删改。

思考题：海尔在全球化经营中是如何进行文化融合的？

第一节　国际人力资源管理概述

一、企业全球化与国际人力资源管理战略

全球化是世界经济发展的主要驱动力,它改变了人们的生活方式。此外,迅速发展的科技和信息经济使全球化趋势越来越明确,并且在这种经济下形成了新的商业周期。全球性地考虑企业经营活动、全球性地开展企业研发活动,以及全球性地进行商业活动,是衡量企业是否已经形成全球观的标准。

在公众眼中,跨国公司和全球化是同义词。因此,跨国公司有责任在经营业务时做一名合格的企业公民,保护环境、维护劳工标准、提供良好的工作环境和有竞争力的工资、公平对待员工、为所处社会做出贡献。

同时,在全球市场竞争环境下,获取资本密集、低成本、高技术等优势,其核心都指向国际人力资源管理,尤其当越来越多的组织参与跨国经营时,国际人力资源管理者要担负起承前启后的责任。

无论是跨边界的选拔、培训、绩效管理,还是从国外引进人才或由本国派遣人员至国外工作,这些工作都非常重要。因为只有全球性的人才调配,才能让公司享有最佳的智能资本,增加公司的核心资源,并提升公司的竞争优势。

国际人力资源管理实际上是在人力资源管理学的基础上加入了跨文化和国际化的因素。赵曙明(2001)指出,区分国内人力资源管理和国际人力资源管理的关键变量是后者在若干不同国家经营并招募不同国籍的员工所涉及的复杂性。而邱羚和秦迎林(2014)认为,国际人力资源管理是对组织在将原来经营范围拓展为多个国家的过程中,人力资源管理本身职能(比如招聘、甄选、培训、绩效管理、薪酬管理、职业生涯规划等)及其职能的演化拓展,实行整体、动态管理的过程。

孙进海和柳朝晖(2013)等从战略管理学家亨利·明茨伯格(Henry Mintzberg)的战略 5P 模型和美国学者罗纳德·舒勒(Randall Schuler)的人力资源 5P 模式入手,通过仔细筛选和总结,提出了国际人力资源管理的 5P 战略,如表 12-1 所示。

表 12-1　国际人力资源管理的 5P 战略

项目	内容
定位(Position)	跨国公司未来希望达到的境界
方案(Program)	形成各种不同的人力资源管理战略
运作(Practice)	针对每一种战略提出不同的运作方式

(续表)

项目	内容
模式（Pattern）	将每种运作方式结合地位标准化
哲学（Philosophy）	将每种模式抽象，形成文化

资料来源：孙进海，柳朝晖.跨国公司人力资源管理模式研究——从国际人力资源获取的高度[J].商，2013(6)：29。

跨国公司的一体化、当地化是国际人力资源管理的两个战略方向。因不同的公司存在不同的组织特征和战略重点，针对多国型、全球型、国际型、跨国型这四种不同类型的公司，苏方国（2014）总结了四种不同的人力资源管理战略，具体如表12-2所示。

表12-2 国际人力资源管理战略类型

项目	多国型公司	全球型公司	国际型公司	跨国型公司
战略类型	当地化人力资源管理战略	全球化人力资源管理战略	平衡化人力资源管理战略	网络化人力资源管理战略
人力资源管理重点	当地需求快速响应能力	全球一体化程度、全球资源高效配置能力	学习能力，强化知识和能力的创新和转移	资源高效配置能力、快速响应能力、学习能力的综合能力
决策权配置	各子公司拥有很多决策权	母公司拥有很多决策权	母公司拥有较多决策权	母公司与子公司分享决策权
协调方式	横向协调	纵向协调	中等水平横向和纵向协调	高水平横向和纵向协调
雇员招募标准	当地化人才标准	全球化人才标准	兼顾当地化人才标准和全球化人才标准	兼顾当地化人才标准和全球化人才标准
雇员培训	当地化运作素质培训	全球化思维和视野素质培训	广泛的培训规划	兼顾全球化思维素质与当地化运作素质培训
晋升路径	人才从各子公司晋升到各公司的重要岗位	人才从母国公司晋升到各子公司的重要岗位	人才从各子公司晋升到公司全球的重要岗位	人才从各子公司晋升到公司全球的重要岗位
薪酬制度	根据各子公司当地的薪酬水平设计	母公司较受重视，薪酬更加丰厚，职业声望较高	奖励对实现全球和地方目标做出突出贡献者	奖励对实现全球和地方目标做出突出贡献者

资料来源：苏方国.跨国经营和国际人力资源管理战略研究[J]，现代管理科学，2014(8)：54-56。

人力资源管理

二、国际人力资源管理的影响

(一) 文化和价值观

国与国之间在文化和价值观上存在很大的差异,这正是人们做事方式各异的原因。

价值观反映了在一个社会中人们看重什么。不同的价值观决定了人们的思维意识和民族文化。比如,在阿拉伯文化中,尊严、荣誉、声望被认为是至高无上的美德。而每一种文化在其价值体系中都有一套行为规范,被称为当地习俗。例如,在东方国家,商人在建立好私人关系以后才努力争取商业利润;而在西方国家,则是在确定了商业利益之后才开始发展社交关系。

文化差异是影响国际运营最重要的因素。不同国家的文化差异要求企业在不同的国家实施不同的管理实践。国际人力资源管理的真正挑战在于,在不违背各个国家不同文化传统的条件下,充分利用国际多样化的劳动力资源。

文化因素是广义上的文化,主要包括语言、行为价值观、教育水平、宗教、风俗习惯等。文化影响工作方式的有关模型已经比较多了,目前被普遍认可的是人力资源学家理查德·霍夫斯泰德(Richard Hofstede)的"组织实践的文化相关性理论"。

霍夫斯泰德认为,国际文化差异是一直存在的,即使是那些仅仅在表面上与工作有关的一些规范、价值观等。因此,他认为,文化的国际差异将会继续对不同商业行为产生深远影响。根据霍夫斯泰德的论述,文化至少在以下五个方面对人们理解商业经营活动有着重要影响:

1. 集体主义与个人主义

一个人在处理大我和小我的关系时,各国的文化存在差异。在集体主义导向的社会,如秘鲁和日本,集体的成就和利益被看作高于个人的;与此相对,在个人主义导向的社会,如美国和澳大利亚,就更强调个人的行为、成就和目标。

2. 权力距离

人们对待权力距离的文化氛围也有所不同。尽管人类的不公平是不可避免的,但是那些权力距离比较大的文化更强调这种不公平,在这些国家里,那些象征着权威和权力的政府办公室、头衔等都更为常见;相反,在那些权力距离比较小的文化中,却很少强调这种不公平。

3. 风险规避

像日本、葡萄牙等属于高风险规避的国家,人们就倾向于预测、控制甚至影响未来发生的事件;而那些风险偏好者则更愿意听之任之。既然进行控制能够降低事情的不确定性,那么管理控制系统就会更多地应用于那些高风险规避文化的组织中。

4. 男权主义

它是指特定文化环境赋予男性和女性的不同角色。男权主义文化有着非常严格的性别角色定位,而女权主义文化则较少定义这类角色。从组织的角度来讲,像澳大利亚和日本这样男权主义较为严重的国家,可能不会支持女性晋升到高级管理岗位。

5. 长期导向和短期导向

它通常是指文化思维在多大程度上体现了未来,又在多大程度体现了眼前。

实际上,上述文化差异中的一个或多个因素都会影响组织的人力资源管理活动。例如,风险偏好和权力距离方面的文化差异就会影响组织行为的选择。同样,个人主义和集体主义方面的文化差异也会影响一个针对不同文化背景的被培训者所开展的培训计划的成败。

人力资源管理实践同样会受到文化差异的影响。例如,在美国,管理者和员工之间直呼其名;相反,在许多亚洲国家,对经理、主任等领导要称呼其头衔。另外,一些国家的下属希望和上司保持一定的距离,而不要太亲密。

从对文化差异的审视中我们可以得到三点经验:

(1) 不要把公司总部所在国的偏见带到其他国家。正如我们所见,在总部所在国行之有效的人力资源管理方法在另一个国家很可能不适用。承担着国际化运营责任的管理者要理解业务所在国管理系统固有的内在文化差异。

(2) 全球性思考。我们生活在全球化时代,物质和人力资源的全球配置对可持续发展是必需的。

(3) 认识到没有一个国家有万全之策。弹性工作时间、质量管理以及各种生产创新方法都是在美国之外兴起的。高效的跨国经营管理者不仅要进行全球性思考,还必须综合最好的管理方法以解决复杂问题。

 小案例

迪士尼在法国遭遇"滑铁卢"

迪士尼乐园凭借其巨大的吸引力被各国纷纷引入。日本和法国,作为两个比较早引进迪士尼乐园的国家,经历却大不相同。东京的迪士尼乐园自开业以来年年盈利,而巴黎的迪士尼乐园却经营惨淡,开业两年亏损9亿多美元,游园人数和购物消费也都远远低于预期。

出现这种现象最主要的原因就是文化差异。法国迪士尼乐园的经营危机在某种程度上反映了欧洲传统文化与美国文化的差异,欧洲人具有回归的文化倾向,他们具有保护本民族文化、排斥外来文化的民族心理,在他们看来,迪士尼乐园是美国文化的鲜明象征,在美国文化的冲击下,他们本民族的文化必将面临威胁,一旦迪士尼乐园在法国取得成功,那么法国本土的娱乐和旅游业必将面临挑战,在这种担忧下,他们必然会排斥迪士尼乐园。这正是不同文化之间的差异和排他性造成的。迪士尼公司没有清楚地认识这一点,在法国就遭遇了"滑铁卢"。

资料来源:跨文化传播中的融入与超越[EB/OL].(2014-12-13)[2020-08-05].http://www.doc88.com/p-1876536130028.html,有删改。

(二)法律和民族环境

当企业决定进行跨国经营时,它将会面临一些新的、潜在的有关法律和民族规范方面的独特标准。国际业务就是在国际贸易协议、母国法律以及东道国对国外企业的一些法律法规这样一种环境下开展的。

各国的政治体制特点和稳定性不尽相同,人力资源条例和法律更是存在巨大的差异。从事国际人力资源管理,要对一国的法律和民族环境进行了解与分析。

世界各国都有自己的有关劳工和就业的法律。跨国公司往往被各国千差万别的劳工法搞得晕头转向。几乎所有的东道国,尤其是发展中国家,都十分希望外国公司雇用自己的本国公民,以尽可能地为本国人创造就业机会。即使像美国这样的发达国家,对外来移民就业问题也有详细的法律规定,除非被雇用者具有特殊的才能和素质,否则美国公司想雇用外国人也十分困难。此外,东道国政府还对外国公司中外国人的数量(或比例)进行了一定的限制。这种限制不仅是为了迫使外国公司雇用本国人,而且是为了促使外国公司增加对本国人的培训,把本国人提拔到公司较为重要的管理岗位上。由于不同跨国公司的行业特点和战略不同,这些规定对跨国公司的国际职员配置政策通常是一种制约。

(三)经济和政治制度

一国的经济制度会通过多种方式对人力资源管理产生影响。通常来说,一国的文化与其经济制度是紧密融合在一起的,并且这些制度对本国的人力资本开发提供了多方面的激励。在社会主义经济体制下,存在大量开发人力资源的机会,因为教育系统是免费的。然而,在这种经济体制下,对开发人力资源的经济激励却很小,因为开发人力资源并不会得到货币报酬。

经济制度方面的差异对薪酬制度可能会产生深刻的影响,尤其是对于那些希望开发国际性薪酬系统的全球化公司来说,因为这些公司的薪酬系统一方面需要保持适当的成本控制,另一方面还要确保各个地方的分支机构在当地的人才争夺战中具有竞争力。

除了经济制度本身对人力资源管理的影响,经济制度的健康程度对人力资源管理也会产生重要的影响;同时,经济制度还会通过对总收入征税直接对人力资源管理产生影响。不同的劳动力成本,并不总是能够反映员工实际的收入水平。一些国家的税收制度通过采用累进税制来进行收入的再分配;而另一些国家的税收制度则通过允许个人保留较多的劳动收入作为对个人努力工作的回报。

总而言之,每个国家都有其独特的民族文化、人力资本、经济制度和政治环境,多种因素共同影响着企业人力资源管理系统的开发。

(四)伦理道德和行为准则

跨国经营也经常会碰到道德上的两难困境,这主要与追求利润和保护基本人权两者之间的潜在冲突有关。也许最著名的一个案例是,在种族隔离的年代,许多美国企业脱离南非,由此引发了商业、道德和政治冲突。今天,类似的道德困境在全球的发展中国家时有发生,特别是那些滥用童工且成人的工作条件也比较恶劣的国家。一方面,这些工厂为那些贫穷的人们提供了一个不错的谋生机会;另一方面,这些工厂普遍存在健康和安全方面的问题。

解决这种道德问题绝不是一件容易的事情。对一家企业来讲,滥用劳动力资源,或者干脆不到发展中国家投资,哪一种情况会更糟?为了更有助于回答在南非种族隔离期间所发生的种种问题,非裔美国人牧师里昂·苏利文清楚地阐述了在雇佣实践中促进种族平等所需遵循的六大原则,这些原则最基本的目的就是消除南非普遍存在的强烈的种族主义。

苏利文原则

- 在所有工作场所不允许进行种族隔离;
- 对所有员工实行公平、平等的雇佣政策;
- 对从事同一工作的员工实行同样的薪酬;
- 按照实际的数量,对管理和技术性的岗位实行培训计划,而不论员工的肤色;
- 增加黑人和其他非白种人等少数群体在管理层的席位;
- 改善在特定工作环境中工作的员工的生活质量。

第二节 在全球化背景下管理员工

一、跨国经营的公司类型

一般来说,商业的发展总是倾向于从本地(作为出口商)开始升级,发展到国际化(将制造和一些技术资源配置到母国之外),再发展到多国化(将资源在国家和地区之间进行配置),最后成为全球化组织(把整个地球当作一家大公司)。今天,在众多高科技公司中发展出了一种新的模式,叫作跨国公司(Transnational Corporation)。它们利用地域多样化的优势,将其高管和核心运营职能安置到不同的国家和地区,通过获取资源禀赋,实现低成本运营或者接近最重要的客户,以获得一种竞争优势。当然,是互联网让这一切成为可能,因为先进的通信设备促成了全球运营网络的布局。

中国的跨国公司数量和对外投资额也在逐年增加,商务部、国家统计局和国家外汇管理局于 2018 年 10 月联合发布的《2017 年度中国对外直接投资统计公报》显示,2017 年年末,中国对外直接投资存量 18 090.4 亿美元,占全球对外直接投资流出存量份额的 5.9%,分布在全球 189 个国家或地区。对欧洲、非洲的投资快速增长,流向"一带一路"沿线国家(或地区)的投资增长三成。2017 年,流向欧洲的投资 184.6 亿美元,创历史最高值,同比增长 72.7%;流向非洲的投资 41 亿美元,同比增长 70.8%。对"一带一路"沿线国家(或地区)的直接投资流量为 201.7 亿美元,同比增长 31.5%,占同期中国对外直接投资流量的 12.7%。2017 年,境外企业向投资所在国缴纳的各种税金总额达 376 亿美元,雇用外方员工 171 万人,较 2016 年年末增加 36.7 万人。

公司的跨国经营已成为经济全球化背景下的必然结果,我们以联想为例,过去它是中国的一家电脑制造商,2005 年它收购了 IBM 的个人电脑业务。最初,它打算将总部从北京移到纽约,但是高管团队认为,建设一个中心基地会降低公司发展的速度。如今,联想在香港联合交易所上市,但其高管团队和运营机构是分散在世界各地的:其首席执行官在新加坡,董事长在美国北卡莱罗纳州的罗利,首席财务官在中国香港,首席人力资源官在美国华盛顿州的西雅图,全球市场营销官在印度协调,并且公司的 20 位高层领导每个月在不同的地方聚集一次开会。

克里斯托弗·巴特利特(Christopher Bartlett)和苏曼特·高沙尔(Sumantra Ghoshal)依据全球一体化与当地差异化的分析架构,将从事跨国经营的公司分成四种类型,分别是多国型公司(Multinational)、全球型公司(Global)、国际型公司(International)、跨国型公司(Transnational),这些公司的组织特征不同,所采取的人力资源管理政策也相对不同,如表 12-3 所示。

表 12-3 公司的跨国经营组织特征

组织特征	多国型公司	全球型公司	国际型公司	跨国型公司
资产和能力配置	分散、各国自足	集中、全球规模	核心能力的来源集中,其他的分散	细分、互相依存、专业化
海外业务的角色	寻找和利用各地机会	贯彻母公司的战略	调整并利用母公司的能力	各子公司对全球经营的贡献不同

(续表)

组织特征	多国型公司	全球型公司	国际型公司	跨国型公司
知识的开发和扩散	各子公司自己开发并拥有知识	母公司开发并拥有知识	母公司开发知识,并将其转移到海外各子公司	世界范围内开发和分享知识

资料来源:克里斯托弗·A.巴特利特,苏曼特·高沙尔.跨边界管理:跨国公司经营决策[M].马野青等,译.第2版.北京:人民邮电出版社,2002:56。

(1)多国型公司追求的最重要的核心能力是快速响应能力。母公司通常将海外子公司看成相互独立的业务单元,对海外子公司进行比较简单的财务控制。所以,各海外子公司拥有非常大的决策权,通过寻找和利用各地机会,对当地需求快速响应。

(2)全球型公司追求的最重要的核心能力是全球规模经济能力。母公司通常将海外子公司看成统一全球市场的传送渠道,对海外子公司进行严密且集中的财务、人事等多方面控制。所以,各海外子公司基本没有决策权,主要是作为执行者贯彻母公司的战略。

(3)国际型公司追求的最重要的核心能力是母公司集中开发知识并在全球进行知识的快速扩散能力。母公司通常将海外子公司看成其附属物,对海外子公司进行财务等方面控制。所以,各海外子公司拥有一定的资源配置和决策权,对于当地需求积极响应。

(4)跨国型公司追求的最主要的核心能力是对当地需求的快速响应能力、全球规模经济能力、知识创新和快速扩散能力,以建立多层竞争优势。母公司和海外子公司分享资源和决策权,共同决定环境中协调和合作的复杂过程;母公司和海外子公司都积极地在世界范围内开发和分享知识,各海外子公司努力建构当地需求快速响应能力,并与其他分部相互协作,构建全球规模经济能力。

我们可以应用帕拉哈拉德和多茨(2001)的一体化—当地化方格图来表示这四类公司进行跨国经营的战略重点(见图12-1)。

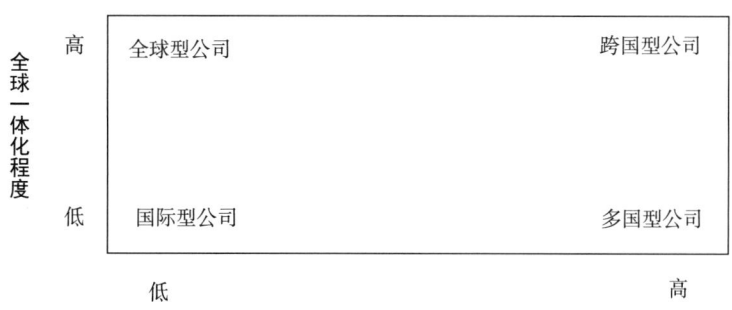

图12-1 跨国经营的一体化—当地化方格图:战略重点

资料来源:苏方国.跨国经营与国际人力资源战略研究[J].现代管理科学,2014(08):54-56。

二、跨国公司的员工类型

通常来说,跨国公司的员工有三种来源:一是母国员工(Parent-country Nationals, PCNs),指那些从跨国公司总部所在国家外派的员工;二是东道国员工(Host-country Nationals, HCNs),指那些来自业务经营所在地本土的员工;三是第三国员工(Third-country Nationals, TCNs),指那些来自除跨国公司总部所在国家以及业务经营所在地国家之外任何国家的员工。对于关键的管理和技术岗位,这三种来源在跨国公司中都经常用到。然而,到底采用哪一种,更多地取决于公司的全球人力资源管理观念。例如,微软设在日本的机构招募当地人员作为东道国员工,并且经常安排美国人到亚太地区任职作为母国员工,此外还派遣英国籍员工到微软在日本的公司工作作为第三国员工。

这三类员工由于各自文化价值观及各国文化环境的差异,在同一个公司或部门供职,必然会产生文化上的碰撞和冲突,如何对他们付酬、如何在他们之间取得平衡以维持公平,以及他们各自的激励措施应包括哪些等,已成为跨国激励管理所必须面对的问题。

对于三种基本的跨国公司员工类型,有四种主要方法来加以配置:民族中心、多中心、区域中心、地域中心。这反映出组织如何制定人力资源政策,并按不同职位配置各种指定类型的员工。

(1)民族中心人力资源配置。它是指公司主要由外派人员担任国外经营机构的高级职位。这种配置下,外派人员是作为国外运营机构与母公司高效率连结的纽带,然而由于人员配置成本可能会因财务薪酬以及与东道国员工的摩擦而提高,因此外派人员的使用必须慎重。

(2)多中心人力资源配置。它是指整个组织,从高层到底层都是东道国员工。相较于传统的外派人员管理方式,日本、加拿大、英国等发达国家的公司,更加依赖当地人作为行政管理者。多中心人力资源配置模式的使用,是建立在东道国公民能更好地处理当地市场的假设之上。使用这种方法的组织,通常会在每一个国外子公司设立一个运作良好的人力资源管理部门,由该部门负责当地的人力资源问题。

(3)区域中心人力资源配置。区域中心人力资源配置与多中心人力资源配置方法类似,但是区域集团附属公司反映了组织战略和运作起来如同一个单元的结构。区域集团附属公司在区域决策制定、区域内的晋升上有一定程度的自主权,但是鲜有人员能够从区域提升到总部。每个区域开发了一套通用的雇佣措施。

(4)地域中心人力资源配置。地域中心人力资源配置是在全球范围内整合业务的战略。针对一个职位,公司总是希望能雇用到最合适的员工,而不会考虑这个员工来自什么地方。真正的跨国公司可能会选择地域中心人力资源配置模式。通常,选择这种模式的公司的人力资源活动会非常复杂。

三、国际人力资源管理体系与实务

1. 外派人员的招聘与甄选

招聘合适的人并将其安排在合适的岗位上使其发挥最优作用是每个组织的一大目标,国际环境使跨国公司的人力资源管理变得更加复杂,而且随着经济全球化和跨国经营的发展,跨国公司已改变了传统的海外派遣政策,人才本土化战略成为跨国公司人力资源管理的发展趋势。

例如,一家美国跨国公司要任命在中国分公司的市场总监,它可以从母公司总部外派一名员工担任,即母国员工;它也可以在当地招聘一名员工,即东道国员工,或者从其他国家的子公司中寻找人员担任,即第三国员工。具体怎样做,国际著名管理学大师彼得·道林(Peter Dowling)将其归结为总部或其他子公司的关键岗位配备政策,即民族中心法、多中心法、全球中心法和地区中心法的区别。

跨国公司对关键岗位的配备政策如表12-4所示。

表12-4 跨国公司对关键岗位的配备政策

配备政策	内容	优点	缺点
民族中心法	关键岗位都由母国人员担任	保证子公司服从母公司的整体目标	不利于子公司的本土化经营
多中心法	子公司关键岗位由所在国人员担任	消除子公司内文化差异,并节省费用	母、子公司之间容易造成隔阂
全球中心法	选择最佳人员担任而不考虑其国籍	能够组建一支国际高层管理团队	成本大幅增加
地区中心法	按地理区位划分,人员在地区间流动	从民族中心到全球中心的一种途径	形成"联邦主义",限制了全球定位

不同国家和地区对员工招聘有不同的法律法规,跨国公司员工甄选与录用必须遵守本国、东道国及第三国的制度规定。

外派和在国内工作还是有很大差异的,外派人员需要和那些与自己具有不同文化价值观的同事融洽相处,而且当外派人员被单独派驻海外时,会感到不同程度的压力。如果带配偶和孩子一起去国外,那么情况可能会更复杂,整个家庭还有一些新的问题要去面对,从学习新的语言到结交新的朋友以及孩子在新的学校学习。

外派人员的灵活性和适应性也非常重要。甄选外派人员就有必要对其进行适应能力筛选,即对外派人员(及其配偶)能否成功适应海外工作的新环境进行评估。

那些曾经在国外旅行或参加了国外留学项目的人可能会更容易适应外派工作。先前的类似经验往往是预测将来是否成功的一个最好依据。公司在挑选外派人员时,要注重考察候选人的工作或非工作经验、教育背景和语言技巧等,看看这些能否表明他们愿意并且容易在一种不同的文化中工作和生活。

总结起来,在甄选外派人员时,所需考虑的因素主要包括以下几个方面:

(1) 专业技术技能。包括技术技能、行政技能和领导技能。

(2) 交际能力。包括文化容忍和接受力、沟通能力、对模棱两可的容忍度、适应新行为和态度的灵活性、对紧张的适应能力等。

(3) 国际动力。包括外派职位与原职位的差异程度、对派遣地区的兴趣、对国际任务的责任感、对职业发展阶段的吻合程度等。

(4) 家庭状况。包括配偶愿意到国外生活的意愿、配偶的交际能力、配偶的职业目标、子女的教育要求等。

(5) 语言技能。包括口头和非口头的沟通能力。

此外,工作经验、独立精神、信任和被信任能力等也会在考虑之列。

当然,跨国公司对于派往不同国家或地区的人员,其具体甄选标准或指标权重分配会有所不同。

随着员工队伍的多元化,招聘中的公平就业问题也显得愈发重要。例如,美国政府就针对国内的性别歧视、种族歧视、信仰歧视、年龄歧视等问题制定了相应的反歧视法律条文,中国也有类似的法律文件和相关规定。

2. 外派人员的跨文化培训与开发

跨文化培训(Cross-cultural Training)是指设计正式的项目,让拥有不同文化背景的人进行更有效的交流与互动。跨文化培训既是调动公司员工积极性、满足员工发展需要,使员工潜在能力外在化的重要手段,又是保持公司核心竞争力以迎接新技术革命挑战的必要手段。

根据 Black and Mendenhall(1990)之前所做的调查,一项失败的外派任务将浪费大约 50 000 到 150 000 美元,实际上,这个数字随着经济全球化在持续地增长。不难看出,基于财政原因,公司应尽全力来完善和准备每一项外派任务,包括通过对外派人员日常事务处理能力的培训来提高外派成功的可能性,以及尽力避免失败。

另外,曾有跨国公司高管建议最适宜的培训时间是离开母国前的三个星期到一个月,因为如果时间隔得太近,则学员的培训会显得过于紧张,如果培训过早,则他们会很快忘记培训的内容。

仔细的甄选只是确保外派人员工作成功的第一步,接下来,还要对外派人员进行特殊的培训。外派人员到底需要什么样的特殊培训呢?一家专门从事此项目的公司提出了一种四步培训法:

第一步:聚焦于不同文化差异的影响,让受训者了解这些差异及其对经营效果的影响。

第二步:让受训者理解人的态度(包括积极的和消极的)是如何形成的,以及态度如何对人的行为产生影响(例如,一些陈规陋习可能会下意识地影响新外派经理对待海外机构新下属的方式)。

第三步:为受训者提供拟派驻国家的一些实际知识。

第四步:在语言、调整和适应能力等方面提供一些技能培训。

除了这些特殊的培训,还需要对外派人员进行传统的培训。例如,在IBM,包括外派轮岗在内的一系列培训措施使得外派人员变得更为专业。除此之外,IBM和其他跨国公司还在世界各地建立了管理技能开发中心,管理人员可以在这里提高他们的技能。课堂培训项目(如当地大学提供的总裁培训班)也为外派经理们提供了各种接受教育以及与当地管理者共同学习和相互理解的机会。

外派人员的培训一般包括三个阶段:预备教育、启程前教育和抵达后教育。预备教育大约持续一个星期,内容主要是子公司所在国的情况介绍,如政治制度、经济制度、历史背景、文化传统等,工作任务、职责与待遇介绍,以及家庭安排等;启程前教育一般为4—5天,主要是子公司所在国的语言训练、跨文化教育以及旅途和抵达的注意事项教育;抵达后教育包括周围环境介绍、公司基本情况介绍、公司实际运营状况介绍。

当然,外派人员除了赴任前后的专门培训,任职期间还享有母公司提供的其他培训机会,如管理技能开发、语言培训、跨文化沟通等。

岗位轮换能够帮助管理人员在世界范围内与同事建立联系,他们可以借助这些关系网络更快地做出决策。此外,很多跨国公司还举行定期的研讨会(通过研讨会,公司把各海外分公司的经理们聚集在一起,利用一两个星期的时间讨论公司的价值观、战略和政策),作为对外派人员的一种培训。

当然,和一般的培训一样,外派人员的培训也需重视培训方法的选择和培训效果的评估。

综上所述,国际人力资源培训与开发需要适应整个社会背景已经发生变化的现实,应当识别新的行为,并将其整合到个人和组织的行为中。技术、交通和通信为我们提供了创造新的文化沟通方式的可能性。国际人力资源培训与开发需要强化跨文化培训的内容,但不再仅仅局限于课堂,而是贯穿于跨国经营与管理的全过程。

3. 外派人员的绩效和薪酬管理

外派人员的绩效和薪酬管理被人们看作国际人力资源管理实践的核心问题,因为薪酬可以为管理人员提供明确的效果和绩效导向机制,是非常有效的激励机制。

外派人员的绩效考核中最关键的问题是谁来考核这些外派人员。很显然,一方面,当地的管理人员应该参与考核,但是文化差异可能会扭曲评价事实。比如,东道国的领导者可能会给某位在印度工作的美籍外派人员一个负面的绩效评价,因为领导者发现他采取的参与式决策方式不适合当地的文化传统。另一方面,母国总部的管理人员由于相隔遥远,也无法对外派人员进行有效的考核,因为他们无法全面了解外派人员在国外所面对的实际情况。同样,如果用一些诸如利润和市场份额这样的客观标准对外派人员进行绩效考核,则当地发生的一些事件(如政治不稳定性)都有可能影响外派人员的绩效。

为了改善外派人员的绩效考核过程,建议如下:

(1) 把握不同外派工作任务的难度和等级,并在绩效考核标准中考虑这一点。

(2) 在考核中加大当地管理人员的考核权重,不要太重视国内管理人员的考核。

(3) 如果必须由母国总部的管理人员来填写绩效考核结果,那么最好请曾经在国外相同地点工作过的人为自己提供一些建议。

由于外派人员薪酬最重要的原则是合理和公正,因此外派人员薪酬领域的任何问题都很棘手。一方面,公司有必要维持整个组织的薪酬水平和政策,例如世界各地的人力资源总监的薪酬水平要差不多,这样可以减少同事之间的不公平感,也可以在很大程度上简化追踪国际派遣及其不同国家薪酬水平的工作。而另一方面,如果不考虑当地的市场状况就决定外派人员的薪酬,则会带来更多的麻烦。解决这一问题的一个办法是,在整个公司领域内设定一个差距不大的基本工资,然后再根据各地市场的具体情况来增加各种津贴。

Hyer(1993)早在 1993 年就已经提到,外派人员的薪酬体系应该具有竞争性、低成本、激励性、公平与易于理解、与国际财务管理相配合、易于管理、沟通方便等特点。外派人员薪酬方案应满足以下几点要求:

(1) 提供出国工作的激励;

(2) 能够保持与母国国内相同的生活水平;

(3) 能够方便地归国;

(4) 提供子女教育;

(5) 能够维持与家庭、朋友和同事之间的关系。

在许多国家,确定一个公平的薪酬水平并非易事。许多公司将外派人员薪酬的问题单纯化,统一以一定的加成作为对人员外派任务的补贴(例如,凡是人员外派,薪酬一律按原公司待遇加计 35%),这样的做法固然单纯,但也可能失去外派人员薪酬的公平性。相反,我们考虑的因素越完整,越能体现出不同人员出任不同派遣职务的价值。

外派人员薪酬管理的最大难点之一就是,在不同国家之间建立一种具有一致性的薪酬衡量标准。有些跨国公司每年都要对当地进行年度薪酬调查,而其他跨国公司则委托专业咨询公司代为调查。这类调查包括薪酬的所有组成部分,如工资、红利、福利、奖励及其他各种形式。

邱羚和秦迎林(2014)认为,影响外派人员薪酬的因素有三项,即地域、任务和个人,如图12-2所示。

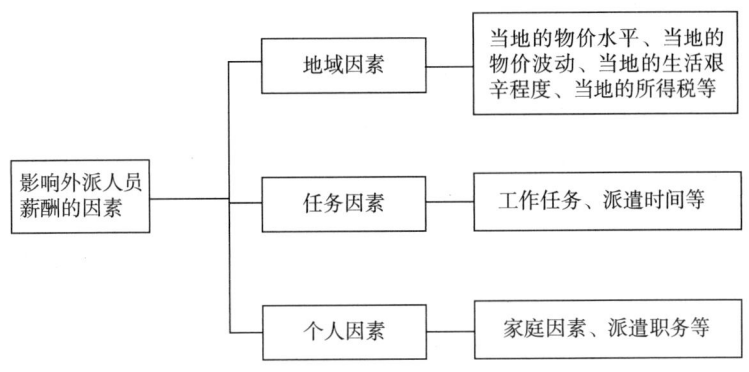

图 12-2　影响外派人员薪酬的因素

制定外派人员薪酬最常用的方法是使他们在各国的购买力相当,这种做法就是众所周知的资产负债表法,即雇主估算外派人员所得税、住房、商品和服务、储蓄等开支,然后补贴其额外的支出,用这样的方式使外派人员维持与其在国内相同的生活标准。

有些跨国公司也会向外派人员提供一些特殊激励,以鼓励员工接受国际派遣任务。例如,海外服务津贴是在正常的基本工资的基础上额外增加的一部分经济补偿;艰苦津贴(Hardship Allowance)用来补偿外派人员在国外某个艰苦的生活和工作环境中工作。

制定外派人员薪酬时有四点注意事项:

(1) 外派人员薪酬要具有竞争力。竞争力具体表现在两个方面:第一,对内具有竞争力,即外派人员的薪酬水平要高于总部同级人员的薪酬水平,这样才能鼓励员工承担外派工作;第二,对外具有竞争力,即外派人员的薪酬水平要高于东道国的薪酬水平,否则可能导致外派人员跳槽。

(2) 对外派人员的各种补贴要说明其用途。对外派人员来说,各种补贴包括商品服务补贴、个人纳税补贴、住房补贴等,占据其薪酬相当大的部分。外派人员的各种补贴用于鼓励外派人员接受外派任务和弥补他们在外派时生活与工作上的困难。在支付外派人员各种补贴时,一定要说明公司支付这些补贴的用意,否则,外派人员在回国工作后,会感觉他们的薪酬毫无理由地下降了。

(3) 外派人员薪酬中一定要包含一定比例的长期激励机制。长期激励对公司来说具有以下三方面的好处:第一,长期激励便于把外派人员的薪酬与其一段时间内的绩效挂钩,这样使支付给外派人员的薪酬更合理;第二,"金手铐"作用,长期激励对外派人员具有束缚性,能更有效地留住外派人员。第三,长期激励有利于公司节省其人力成本,因为长期激励是使用未来的钱支付员工现今的工作。

(4) 外派人员薪酬要建立在有效的绩效评估体系上。公司外派员工的主要目的是拓展国际视野、寻找新的商业机会。因此,在构建外派人员的 KPI 时,不仅要关注财务指标,还要使 KPI 与外派员工的目的以及公司的长期战略挂钩,这样才能使对外派人员的绩效考核更加有效,支付给其更加合理的薪酬。

4. 国际劳工关系管理

在国外设立分支机构的企业会发现,世界上不同国家和地区之间在劳资关系问题上存在本质的差别。跨国公司选择进入某个国家时,这个国家具体的劳资关系体制是一个重要的限制因素。常见的劳资问题包括工作条件和工时、集体谈判、工会认可、投诉处理、争端解决和罢工等。

国际人力资源管理者处理劳资关系主要是通过回避破坏性冲突及保持员工劳动生产力,这些是决定公司跨国经营成功与否的关键因素。在公司跨国经营中,经营管理方与东道国工会的关系也是举足轻重的。特别是西方的一些发达国家,工会的作用相当强大。处理好劳资关系是跨国经营成功的关键。而工会应该建立完整的约束机制来保护跨国公司劳动者的权益,目的是既要使工会在国际社会活动中推动国家经济和社会的发展,又要规范与约束跨国公司的行为。

一般来说,工会可能在三个方面约束跨国公司的选择:通过影响薪酬水平使其费用结构到达不再具有竞争力的地步;通过限制跨国公司的能力,改变雇员水平;阻碍或防止这些公司的全球化整合(例如,通过强迫公司在不同国家发展平行业务)。

国际劳资关系最耐人寻味的一点是跨国集体谈判,由几个国家的工会共同与一家公司谈判。跨国集体谈判是解决跨国公司和工会成员问题的一种有效方案,为此,需要工会的协调努力和合作。

美国企业往往设立高度发达和专业化的人力资源管理部门,为员工提供高报酬和额外的福利,作为协调劳资关系的替代方法。全球零售巨头沃尔玛在中国的"工会门事件"具有典型的代表意义。1976 年创立至今,沃尔玛一直保持着在美国国内决不雇用工会成员和海外分公司不设工会的惯例。1996 年沃尔玛进入中国后,各地总工会根据中国《工会法》总则第十条要求其建立基层工会,沃尔玛以"不符合其全球惯例"予以回避。2004 年 10 月,中华全国总工会态度强硬地指出,如果沃尔玛再不组建工会,则将依中国法律提起诉讼。经过 10 年的博弈,2006 年 9 月,随着沃尔玛(中国)公司汕头南国店工会的成立,沃尔玛在华 62 家分店已全部建立工会。之前沃尔玛在德国和韩国市场分别受挫,因此保住庞大的中国市场,被认为是沃尔玛在工会问题上妥协的重要动机。

跨国公司劳资冲突产生的原因主要是利益冲突和文化冲突。其中,利益冲突包括资源分配冲突,以及公司与员工、各子属公司员工之间、公司高层与工会之间目标的不一致性。由于跨国公司的劳动力分散在不同的国家,母公司有自己的文化背景,下属员工具有不同的价值观、信念、工作态度及工作方式,这些都有可能导致在工作期间文化冲突的发生,而使公司缺乏凝聚力和绩效低下。

在不同的文化背景下,解决冲突的方式也不同,具体如图12-3所示。

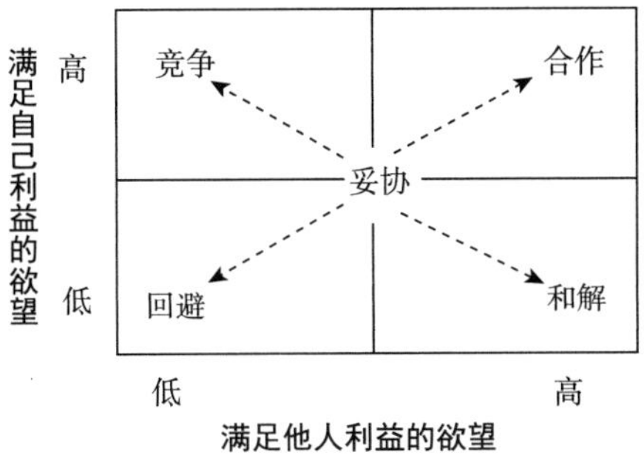

图 12-3　解决冲突的方式

在集体主义、高情境文化与高权力距离的国家,通常会采取左下、右上这种策略;相对的,在个人主义、低情境文化与低权力距离的国家,通常会采取左上、右下这种策略。例如,在集体主义与高情境文化的日本,由于劳资双方比较会考虑公司整体利益,并且冲突不易公开化,因此较不会采取竞争、和解的方式,而是多采取回避、妥协或合作的方式来解决双方的冲突;而在个人主义与低情境文化的美国,劳资双方代表为了自己的利益来谈判,通常容易以竞争、妥协或和解的方式来解决双方的冲突。另外,在高权力距离的印度,人们较愿意接受领导与权威式的命令,因此较容易倾向左下、右上这种战略;相对的,在低权力距离的澳大利亚,人们较不愿意接受权威式的命令与指挥,工会姿态较高,双方冲突比较明显且频繁。

本章小结

1. 国际人力资源管理是对组织在原来经营范围拓展为多个国家的过程中,人力资源管理本身职能(比如招聘、甄选、培训、绩效管理、薪酬管理、职业生涯规划等)及其职能的演化拓展,实行整体、动态管理的过程。

2. 国际人力资源管理战略可以根据组织类型的不同分为当地化、全球化、平衡化、网络化四种。

3. 国家差异对人力资源管理的影响具体表现在文化和价值观、法律和民族环境、经济和政治制度、伦理道德和行为准则等方面。

4. 依据全球一体化与当地差异化的分析架构,可以将从事跨国经营的公司分成四种类型,分别是多国型公司、全球型公司、国际型公司和跨国型公司,这些公司的组织特征不同,所采取的人力资源管理政策也相对不同。

5. 跨国公司员工的类型有三种,分别为母国员工、东道国员工和第三国员工。

6. 国际人力资源管理体系主要是指对外派员工的招聘与甄选、跨文化培训、绩效与薪酬管理以及国际劳工关系管理。

人力资源管理

复习思考题

1. 未来国际人力资源管理与开发的趋势如何？
2. 管理者在全球化经营中面临哪些挑战？
3. 针对外派员工招聘、培训、绩效管理和薪酬管理等人力资源实践与国内一般员工有何异同点？
4. 在研究国际人力资源管理时为什么要反复强调文化差异？

案例与讨论

人力资源的国际化风险管控问题

在经济全球化过程中，中国企业"走出去"面临全方位的、多层次的人力资源风险管控问题，而国际政治、经济摩擦更是加大了人力资源管理的难度。2018年9月，美世中国合伙人崔杰分析指出，中国企业走出去，在人力资源管理方面面临五大风险，包括交易风险、高管和关键人才保留风险、国际化人才供给风险、交割后人力资源管理风险，以及海外人员健康和安全风险。中国企业在"走出去"时更多关注财务问题，却忽视了人力资源问题。

人力资源的国际化风险管控是一个非常专业的话题，需要我们的企业认真学习和研究。有一篇文章《从人类文明的结晶中，找到解决世界问题的钥匙》指出：我们要解决在西方遇到的问题，首先要充分认识西方的价值观，站在他们的立场去理解他们。孟晚舟事件中，华为的应对非常值得被人称道：一是对外只有一个声音，那就是公司的声明；二是两次声明都非常客观、冷静但观点鲜明。我们看孟晚舟获保释后华为的声明："我们相信加拿大和美国的法律体系后续会给出公正的结论。正如我们一直强调的，华为遵守业务所在国的所有适用法律法规，包括联合国、美国和欧盟适用的出口管制和制裁法律法规。"华为的冷静、专业与一个多年国际化的大企业的能力是相匹配的。

"居安思危，思则有备，有备无患"。中国企业的国际化最困难的考试是人力资源管理的国际化。

资料来源：李直.从抢人大战到孟晚舟事件：2018年人力资源十大观察［EB/OL］.（2018-12-20）［2020-05-05］.https://t.qianzhan.com/daka/detail/181220-97b9e040.html，有删改。

思考题：中国企业跨国经营过程中在人力资源管理方面面临哪些风险？如何有效管控这些风险？

本章参考文献

[1] 克里斯托弗·A.巴特利特,苏曼特·高沙尔.跨边界管理:跨国公司经营决策[M].第2版.马野青等,译.北京:人民邮电出版社,2002.

[2] 林新奇.国际人力资源管理[M].第3版.上海:复旦大学出版社,2017.

[3] 李直.从抢人大战到孟晚舟事件:2018年人力资源十大观察[EB/OL].(2018-12-20)[2020-05-05].https://t.qianzhan.com/daka/detail/181220-97b9e040.html

[4] 帕拉哈拉德,伊夫·多茨.跨国公司使命[M].王文彬等,译.北京:华夏出版社,2001.

[5] 邱羚,秦迎林.国际人力资源管理[M].北京:清华大学出版社,2014.

[6] 苏方国.跨国经营和国际人力资源管理战略研究[J].现代管理科学,2014(8):54-56.

[7] 孙进海,柳朝晖.跨国公司人力资源管理模式研究——从国际人力资源获取的角度[J].商,2013(06):29.

[8] 赵曙明.人力资源管理研究[M].北京:中国人民大学出版社,2001.

[9] 赵曙明等.国际人力资源管理[M].第5版.北京:中国人民大学出版社,2012.

[10] HYER R M. Executive compensation in the international arena: back to the basics[J]. Compensation & Benefits Review, 1993, 25(2):49-54.

教辅申请说明

　　北京大学出版社本着"教材优先、学术为本"的出版宗旨,竭诚为广大高等院校师生服务。为更有针对性地提供服务,请您按照以下步骤通过**微信**提交教辅申请,我们会在1~2个工作日内将配套教辅资料发送到您的邮箱。

◎ 扫描下方二维码,或直接微信搜索公众号"北京大学经管书苑",进行关注;

◎ 点击菜单栏"在线申请"—"教辅申请",出现如右下界面:

◎ 将表格上的信息填写准确、完整后,点击提交;

◎ 信息核对无误后,教辅资源会及时发送给您;如果填写有问题,工作人员会同您联系。

温馨提示:如果您不使用微信,则可以通过以下联系方式(任选其一),将您的姓名、院校、邮箱及教材使用信息反馈给我们,工作人员会同您进一步联系。

联系方式:

北京大学出版社经济与管理图书事业部
通信地址:北京市海淀区成府路 205 号,100871
电子邮箱:em@ pup.cn
电　　话:010-62767312 / 62757146
微　　信:北京大学经管书苑(pupembook)
网　　址:www.pup.cn